Hubert Ortkemper:
Engel wider Willen

Die Welt der Kastraten
Eine andere Operngeschichte

Mit 32 Schwarzweißabbildungen

Deutscher
Taschenbuch
Verlag

Bärenreiter
Verlag

Ungekürzte Ausgabe
Mai 1995
Deutscher Taschenbuch Verlag GmbH & Co. KG, München
© 1993 Henschel Verlag GmbH, Berlin
ISBN 3-89487-006-0
Umschlaggestaltung: Klaus Meyer, Antonia Berger
Umschlagfoto Vorderseite: Wilfried Petzi
Satz: Offizin Andersen Nexö, Leipzig
Druck und Bindung: C. H. Beck'sche Buchdruckerei, Nördlingen
Printed in Germany · ISBN 3-423-30486-5 (dtv)
                    ISBN 3-7618-1227-2 (Bärenreiter)
                    ISMN M-006-31493-5 (Bärenreiter)

Das Buch

Was heute dem Opernliebhaber ein Luciano Pavarotti oder dem
Rockfan ein Mick Jagger bedeuten, waren den Musikfreunden des
18. Jahrhunderts die Kastraten Senesino, Farinelli oder Caffarelli – lebende Sehenswürdigkeiten und Superstars aller Bühnen. Ihre
besondere stimmliche Faszination ist heute nur noch zu ahnen:
Weder weibliche Soprane noch männliche Falsettisten, Altos und
Countertenöre schaffen jene extreme Beweglichkeit und Stimm-
kraft der Kastraten. Die ersten Kastrationen wurden in den Konservatorien – einst «Bewahr»-Anstalten für elternlose Kinder – vorgenommen, als diese Findelhäuser Kirchengesang und andere
Auftritte ihrer Sprößlinge als systematische Einnahmequelle entdeckten. In der Hoffnung auf Ruhm und Reichtum vermittelten
später Eltern einen ihrer Söhne an entsprechende Musikschulen.
Hubert Ortkempers «faszinierende Mischung aus anekdotischen
Erzählungen und hochinformativen Passagen» (Rhein Neckar Zeitung) erzählt von den Megastars unter den Kastraten, aber auch
von denjenigen, die es nicht zum Star schafften, weil ihre Stimme
oder Musikalität nicht ausreichte, und die froh sein konnten, in
irgendeinem Kirchenchor unterzukommen. Der Autor legt eine
umfassende Studie eines bisher eher am Rande liegenden Aspekts
der Musik- und Operngeschichte vor, die trotz größter sachlicher
Sorgfalt stets spannend und unterhaltsam geschrieben ist.

Der Autor

Hubert Ortkemper, geboren 1943 in Beckum/Westfalen, ist pro-
movierter Theater- und Kunstgeschichtswissenschaftler. Seit 1971
Fernsehproduzent und -regisseur, von 1979 bis 1987 Beauftragter
für Filmförderung in Berlin. Daneben arbeitete er als Koproduzent
von zahlreichen Filmen, unter anderem von Frederico Fellini und
Jan Troell. Das Thema Kastraten hat er auch in einer erfolgreichen
Fernsehdokumentation für den WDR präsentiert.

INHALT

ANHANG

Die genauen Quellenangaben
zu den kursiv gesetzten Texten
findet der Leser ab S. 369

1

Heldensoprane

Im Barock gab es auf der Opernbühne keine Heldentenöre, es gab Heldensoprane. Die berühmte Arie «Ach, ich habe sie verloren» aus Glucks Oper «Orpheus und Eurydike» wurde für einen Kastraten geschrieben.

Die Zuschauer des 18. Jahrhunderts fanden es nicht lächerlich, wenn der Held und Liebhaber eine höhere Stimme hatte als seine Geliebte. Sie erwarteten auf der Bühne keinen Realismus, sondern Verzauberung: durch prachtvolle Kostüme, ausgefeilte Beleuchtung, raffinierte Bühneneffekte, und durch die engelgleichen Stimmen der Kastraten.

Wenn wir heute von Countertenören gesungene Barock-Arien hören, denken wir kaum daran, daß mehr als dreihundert Jahre lang Kinder gequält und verstümmelt wurden, nur damit ihre hohen Stimmen erhalten blieben. Berühmte Kastraten erhielten im 17. und 18. Jahrhundert Traumgagen, sie waren allgegenwärtig auf den großen Opernbühnen und an den Fürstenhöfen Europas. Die Ärmsten in Italien sahen eine Möglichkeit, ihrem Elend zu entfliehen: Sie mußten ihren Sohn nur zum Chirurgen bringen.

Unzählige Kinder wurden kastriert, aber nur für wenige erfüllte sich der Traum von der glanzvollen Zukunft. Und selbst die auf der Bühne umjubelten Sänger waren als Menschen diskriminiert. Die Operation hatte ihnen die hohe Stimme bewahrt und ihnen gleichzeitig das Geschlecht genommen. Sie waren keine «richtigen» Männer mehr, aber ihre Sexualität war durchaus nicht gänzlich wegoperiert.

1944 beobachtete der italienische Schriftsteller Curzio Malaparte im gerade von den Alliierten befreiten Neapel, wie auf dem sogenannten Kindermarkt *Knaben von acht bis zehn Jahren halb nackt vor den marokkanischen Soldaten saßen, die sie aufmerksam*

prüften und aussuchten und über den Preis mit den abstoßend
häßlichen, zahnlosen Frauen feilschten, die mit diesen kleinen
Sklaven Menschenhandel trieben. Niemals hatte man ähnliches in
Neapel erlebt in all den Jahrhunderten des Elends und der Skla-
verei. Man hatte mit allem gehandelt in Neapel, seit jeher, aber nie-
mals mit Kindern. Man hatte in Neapel niemals Kinder auf der
Straße verkauft. In Neapel sind die Kinder heilig. Sie sind das ein-
zig Heilige, was es in Neapel gibt.

Malaparte übersieht, daß über drei Jahrhunderte in Italien, und
vor allem in Neapel, ein Handel mit Kindern getrieben wurde, der
nicht weniger abstoßend war.

Die Gesangskastraten der europäischen Opernbühnen kamen
fast ausschließlich aus Italien. Vielleicht ist Italien deshalb heute
das Land, das am wenigsten von den Kastraten weiß, wissen will.
In Padua, Bologna und Neapel lebten in den achtziger Jahren des
18. Jahrhunderts die berühmtesten Sänger Europas. In keiner der
drei Städte gibt es auch nur die leiseste Erinnerung an sie. Ein
ganzes Kapitel der europäischen Musik- und Kulturgeschichte
scheint ausradiert.

Seit einigen Jahren werden die italienischen Opern, die für Kastraten geschrieben wurden, immer häufiger wieder aufgeführt
(nahezu ausschließlich außerhalb Italiens). Dabei greift man immer seltener auf den Notbehelf zurück, die Heldensoprane von
einer Sängerin oder gar von einem Bariton singen zu lassen. Aber
auch die Countertenöre können nur einen Teil der Faszination hör-
bar machen, die das Publikum zweier Jahrhunderte in Ekstase versetzte und rufen ließ: «Eviva il coltello – es lebe das Messerchen!»

2

Porporas Schüler

1720 wird Neapel von einem österreichischen Vizekönig regiert.
Nachdem Ludwig XIV. von Frankreich im Jahr 1700 seinen Enkel
Philipp als König von Spanien proklamiert hat, ist es zum Krieg
zwischen Österreich und Frankreich um das spanische Erbe gekommen. Unter diesem Krieg haben vor allem die Italiener zu leiden. Auf ihrer Halbinsel findet ein großer Teil der Kampfhandlun-
gen statt. 1707 besetzen österreichische Truppen Neapel. Im Vertrag
von Den Haag werden Süditalien mit Neapel und die Insel Sizilien,

das ehemalige «Königreich beider Sizilien», offiziell österreichisch. Für die Neapolitaner ändert sich dadurch nicht viel. An fremde Herrschaft sind sie seit langem gewöhnt. Welche Nationalität der Regent im königlichen Palast hat, ist ihnen ziemlich gleichgültig.

Am 28. August 1720 veranstaltet der Fürst della Torretta in seinem Stadt-Palais eine musikalische Soirée. Der Fürst hat für diesen Abend ein Musikstück in Auftrag gegeben, eine kleine Serenata für ein paar Instrumente und Gesang. Komponiert hat sie Nicola Porpora, der vierunddreißigjährige Gesanglehrer am Conservatorio di Sant'Onofrio.

Nicola Porpora hat als Komponist keinen großen Namen. Zwölf Jahre zuvor wurde seine erste Oper in Neapel aufgeführt. Sie ist damals zwar nicht gerade durchgefallen, aber sie war kein richtiger Erfolg. Der Komponist hat jedenfalls in Neapel keinen weiteren Opernauftrag erhalten. Bei seiner zweiten Oper, die er erst zehn Jahre später in Rom herausbringen konnte, mußte er sich die Komposition mit dem gleichaltrigen Domenico Scarlatti teilen. Auch in Rom reichte der Erfolg nicht für weitere Kompositionsaufträge. Um Geld zu verdienen, unterrichtet Nicola Porpora seit fünf Jahren an einer der vier Musikschulen Neapels.

Für die männliche Titelrolle seiner Serenata hat der Komponist einen seiner Schüler mitgebracht, der an diesem Abend erstmals vor Publikum auftreten darf. Er heißt Carlo Broschi, ist gerade fünfzehn Jahre alt. Der Textdichter der Serenata ist ebenfalls ein Debutant. Der zweiundzwanzigjährige Pietro Trapassi lebt erst seit wenigen Monaten in der Stadt, er arbeitet als Gehilfe bei einem Advokaten. Trapassi ist nach Neapel gekommen, weil er davon träumt, Operndichter zu werden. Er hat deshalb bei Porpora Gesangs- und Kompositionsunterricht genommen.

Beide Schüler Porporas, die an dem Augustabend des Jahres 1720 im Haus des Fürsten della Torretta ihr Debut haben, nehmen bald darauf einen Künstlernamen an, unter dem sie für den Rest des Jahrhunderts ganz Europa bewundert. Carlo Broschi wird unter dem Namen Farinelli zum berühmtesten Sänger Europas. Der Textdichter Pietro Trapassi wird als Metastasio mehrere Jahrzehnte die europäischen Bühnen mit Operntexten beliefern. Mit dem Sänger Farinelli wird ihn eine lebenslange Freundschaft verbinden, in Erinnerung an ihr gemeinsames Debut in Neapel wird Metastasio ihn immer nur seinen *caro gemello*, seinen geliebten Zwillingsbruder, nennen.

9

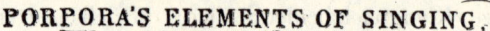

PORPORA'S ELEMENTS OF SINGING.

EXTRACTED FROM THE ARCHIVES AT NAPLES.

Edited by

MARCIA HARRIS,

Professor of Singing and the Piano Forte.

Ent^d acc. to Act.　　　　　　　　　　　　　　　　　　　　　*Price 1/6.*

LONDON, PUBLISHED BY ADDISON, HOLLIER & LUCAS, 210, REGENT STREET,
and by the Editor, 5, Kingswood Place, Dacre Park, Lee, Kent.

N.B. Porpora wrote all his vocal exercises on one sheet of paper and considered practical examples of teachers as essential to all vocal students.

The vowel A as pronounced in Italian to be used to each note of the scale as the best calculated for the production of a correct intonation.

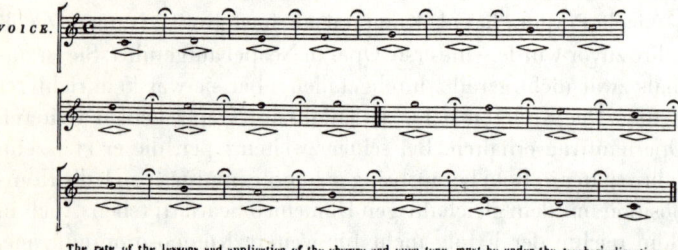

The rate of the lessons and application of the obscure and open tone, must be under the teacher's direction.

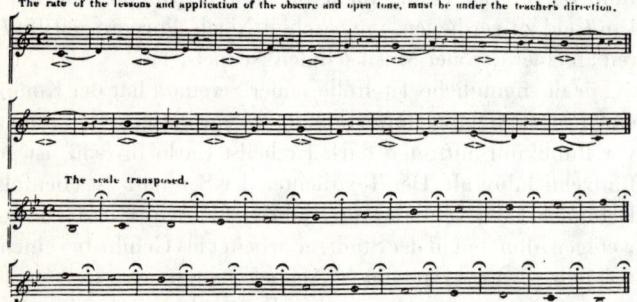

The scale transposed.

Porpora gilt durch den Erfolg seiner Schüler bald als der beste Gesanglehrer Europas, und auch seine Opern werden an vielen Theatern gespielt – mit seinen Schülern in den Hauptrollen. Als Komponist mochte er nicht mehr als durchschnittlich sein, aber von Stimmen versteht er mehr als alle anderen Musiker in Neapel. Er weiß nicht nur, was Gesangstechnik ist, er weiß auch, was Ge-

10

Porporas Gesangsübungen

Nach Marcia Harris: Porpora's Elements of Singing,
extracted from the Archives at Naples, London 1841

sangskunst ist. In den vier Jahren seiner Tätigkeit am Conservatorio di Sant'Onofrio hat er nicht nur sein Wissen an seine Schüler
weitergegeben, er hat beim Lehren auch selbst sehr viel gelernt. Er
begnügt sich nicht damit, den Schülern Noten und Intervalle einzurichten, ihnen ein Gefühl für korrekte Intonation beizubringen.
Eine schöne Stimme allein macht noch keinen großen Sänger, die

Stimme muß dem Sänger auch bewußt werden. Er muß sie im Körper spüren, sie muß eins werden mit ihm.

Porpora macht sich Gedanken darüber, wie sich sein theoretisches Wissen um die Stimme in eine pädagogische Methode umsetzen läßt. Er spürt bald, daß die einfachste Methode die beste sein wird, wenn aus seinen Schülern wirklich große Sänger werden sollen, die den Ruhm ihres Lehrers in die musikalische Welt tragen. Ein Jahr vor dem Hauskonzert mit Carlo Broschi hat er in seine Gesangsklasse den erst zehnjährigen Gaetano Majorano aufgenommen. Mit ihm versucht Porpora ein Experiment.

Hundert Jahre später berichtet darüber der 1784 geborene belgische Komponist und Musikwissenschaftler François-Joseph Fétis in seinen «Curiosités historiques de la Musique»: *Porpora, einer der bedeutendsten Gesanglehrer Italiens, faßte Freundschaft zu einem seiner jungen Schüler. Er fragte ihn, ob er den Mut habe, beständig dem Weg zu folgen, den er ihm zeigen wolle, wie langweilig er ihm auch erscheinen möge. Auf dessen zustimmende Antwort notiert er auf einem Stück Notenpapier diatonische und chromatische Skalen, auf- und absteigend; dann Tonsprünge, Terzen, Quarten, Quinten usw., damit der Schüler lernt, Intervalle zu nehmen und den Ton zu tragen; dazu verschiedene Arten von Trillern, Gruppen, Vorschlägen und Läufen zur Stimmübung.*

Dieses eine Blatt beschäftigt ein Jahr lang Lehrer und Schüler. Im folgenden Jahr ist es immer noch unumstößlich. Im dritten ist nicht davon die Rede, etwas zu ändern. Der Schüler beginnt zu murren. Aber der Lehrer erinnert ihn an sein Versprechen. Das vierte Jahr geht vorüber, das fünfte folgt, und jeden Tag das ewige Blatt. Im sechsten Jahr wird es immer noch nicht beiseitegelegt, aber es kommen andere Übungen hinzu: Aussprache, Betonung und schließlich Vortragskunst. Am Ende dieses Jahres ist der Schüler, der nichts anderes glaubt, als daß die richtige Gesangsausbildung endlich beginnen werde, sehr überrascht, als der Lehrer zu ihm sagt: «Geh, mein Sohn, es gibt für dich nichts mehr zu lernen: du bist jetzt der beste Sänger Italiens, ja der ganzen Welt.» Er hatte recht, denn dieser Sänger war Caffarelli.

So nannte sich Gaetano Majorano, als er seine Bühnenlaufbahn begann. Wie fast jede Anekdote übertreibt auch die von seiner Gesangsausbildung bei Porpora. Und wie fast jede Anekdote enthält sie viel Wahrheit.

Das Notenblatt mit den Gesangsübungen Porporas hat es wirklich gegeben. In einem 1841 erschienenen Buch über Porporas Methode der Gesangsausbildung sind die Übungen – mit Klavierbegleitung – wiedergegeben. Auf den ersten Notenlinien sehen wir Schwelltöne in auf- und absteigender Folge, dann Schwelltöne, denen der nächst höhere oder tiefere Ton angebunden ist; danach ein Sekundintervall, das in sich steigerndem Tempo gesungen werden soll; schließlich Tonfolgen aufwärts und abwärts mit verschiedenen Varianten, und als Abschluß eine Serie von Trillern. Es sind Übungen, die noch heute jedem Sänger helfen, die Stimme geläufig und geschmeidig zu halten.

Vielleicht hat Porpora diese Übungen entwickelt und an seinen Gesangsschülern ausprobiert, und vielleicht war Caffarelli der erste, den er dieses Stimmtraining machen ließ. Ob aber Caffarelli während seiner Gesangsausbildung sechs Jahre lang von morgens bis abends nichts anderes als diese Stimmübungen gemacht hat...? Die Anekdote ist schon zu Porporas Lebzeiten erzählt worden, und er soll immer sehr unwirsch reagiert haben, wenn das Gespräch auf seine Lehrmethode und die Ausbildung von Caffarelli kam.

Zur Zeit, als Porpora in Neapel am Conservatorio di Sant'Onofrio lehrte, gab es in Italien bereits eine ausgeklügelte Gesangstechnik und traditionsreiche Gesangsschulen. Die italienischen Konservatorien waren führend in Europa. Wer in der Musik etwas werden wollte, ganz gleich, ob als Komponist, Sänger oder Instrumentalist, mußte in Italien studiert haben. Italien gab in der Musik den Ton an, italienische Musik wurde in ganz Europa gespielt, nur Frankreich machte eine Ausnahme.

Der Grund für die Vorherrschaft Italiens und des Italienischen in der Musik waren die Konservatorien. Dabei hatten die anfangs mit Musikausbildung überhaupt nichts zu tun.

3

Die Konservatorien

Das italienische Wort «conservatorio» heißt wörtlich übersetzt «Bewahranstalt», und genau das waren die Konservatorien ursprünglich auch.

Es gab viele elternlose Kinder in Italien, und diese elternlosen Kinder waren nicht unbedingt Waisenkinder. Nicht selten wurden sie gleich nach der Geburt ausgesetzt, einfach auf die Straße gelegt, vor den Pforten eines Klosters oder auf den Stufen einer Kirche zurückgelassen. Manchmal zwang die nackte Not mittellose Eltern zu einem solchen verzweifelten Schritt. Oft versuchten ledige Mütter, die ihre Schwangerschaft hatten verheimlichen können und im Verborgenen geboren hatten, den Beweis ihres «Fehltritts» loszuwerden. Das neugeborene Kind legten sie dann vor einer Kirche ab. Unerwünschte Schwangerschaften gab es reichlich. Das Wort «Geburtenkontrolle» war noch nicht erfunden, Empfängnisverhütung zwar nicht völlig unbekannt, es gab sogar schon Präservative. Die waren allerdings nicht sehr sicher und nicht ohne weiteres in jeder Apotheke zu haben. Abtreibung wurde insgeheim praktiziert, war aber gefährlich und strafbar. Die Alternative war das Aussetzen der neugeborenen Kinder. In manchen Kirchen gab es Ablageschränke für Babies, damit die schreienden Bündel auf den Kirchenstufen nicht versehentlich von Vorübergehenden zertreten oder von einem herumstreunenden Hund angefressen wurden. In der Kirche San Rocco in Vicenza ist ein solcher Schrank erhalten, an der Seitenwand der Kirche direkt gegenüber dem Haupteingang. Unter dem Schränkchen ist eine Schublade, in der Kleider abgelegt werden konnten (mit ihnen ließ sich die Herkunft der Findelkinder manchmal aufdecken, ein beliebtes Motiv in alten Tragödien und Komödien). Neben dem Schrank hing eine Glocke, mit der die Mutter anzeigen konnte, daß hier ein Kind abgelegt worden war. Eine Nonne eilte dann in den Kreuzgang, mit Hilfe eines Drehmechanismus konnte sie das Kind aus dem Schrank nehmen, ohne daß die Mutter gesehen wurde.

Das aus dem Sprachgebrauch fast verschwundene deutsche Wort «Findelhaus» trifft die Realität der italienischen Konservatorien sehr genau. Aber es verharmlost sie auch. Bevor die Kinder «gefunden» werden konnten, mußten sie von ihren Eltern ausgesetzt – und das heißt, einem völlig ungewissen Schicksal überlassen werden.

Schon im 16. Jahrhundert hatten in vielen Städten Italiens sozial engagierte Bürger Findelhäuser gestiftet, einem Kloster ein Haus vermacht, in dem ausgesetzte und elternlose Kinder ein Heim finden sollten. Andere brachten Geldbeträge als Kapital in die Stiftung eines solchen «conservatorio» ein. Die Schenkungen reichten nicht aus, die Kosten für den Unterhalt der Kinder zu decken. Es mußte um zusätzliche Spenden geworben werden. Schon vor dreihundert, vierhundert Jahren waren singende Kinder ein zuverlässiges Mittel, Herzen zu rühren und Menschen zur Mildtätigkeit zu bewegen. Deshalb wurden Wohltätigkeitskonzerte für die Findelhäuser veranstaltet. Wenn sich aus dem Chor noch solistisch eine Kinderstimme erhob, war der Erfolg gesichert.

Die Häuser waren meist einer Kirche angeschlossen. So lag es nahe, daß die Kinder an Festtagen den Gottesdienst mit ihrem Gesang verschönten. Auch das brachte dem «conservatorio» Einnahmen. Die Kinder erhielten in den Findelhäusern Schulunterricht. Die Musikausbildung nahm dabei einen immer breiteren Raum ein. Bald wurde nicht mehr nur das Singen geübt, die Kinder lernten auch, Instrumente zu spielen. Fachlehrer wurden eingestellt. In einigen Konservatorien erreichte der Musikunterricht eine solche Qualität, daß die Häuser zu Musikschulen wurden, die professionelle Musiker ausbildeten. Das Wort «conservatorio» erhielt eine neue Bedeutung. Besonders in Neapel und Venedig erlangten «Konservatorien» als Musikschulen einen besonderen Ruf.

Das älteste Konservatorium gab es in Neapel. Der spanische Priester Giovanni di Tappia soll neun Jahre lang bettelnd durch die Campagna gezogen sein, um Geld für ein Findelhaus zu sammeln. 1537 gründete er das Conservatorio di Santa Maria di Loreto. Es lag nicht weit von der heutigen Endstation der Vesuv-Bahn in der Nähe des Hafens von Neapel. Padre Giovannis Beispiel machte Schule. Ende des 16. Jahrhunderts gab es bereits mehrere Findelhäuser in der Stadt, in denen der Musikunterricht eine große Rolle spielte.

Fast alle bedeutenden italienischen Komponisten des 18. Jahrhunderts sind Schüler eines der Konservatorien von Neapel gewesen. Domenico Cimarosa studierte am Conservatorio di Santa Maria di Loreto. Alessandro Scarlatti war Schüler des 1576 gegründeten Conservatorio di Sant'Onofrio. Domenico Scarlatti und Giovanni Battista Pergolesi wurden im Conservatorio dei Poveri di Gesù Cristo ausgebildet, das seit 1589 bestand. An dieser Schule beendete auch der deutsche Komponist Johann Adolf Hasse sein Studium, das er in Deutschland begonnen hatte. Ohne die Weihen einer italienischen Musikschule wäre dieser später von den Italienern liebevoll «il caro Sassone – der geliebte Sachse» genannte Komponist kaum in ganz Europa bekannt geworden. Die italienischen Konservatorien waren der Grundpfeiler der Vorherrschaft der italienischen Musik an fast allen Fürstenhöfen Europas, in Wien und Dresden ebenso wie in St. Petersburg, London, Madrid und Lissabon.

Eine Ausnahme machte Paris, außerdem einige deutsche Städte, in denen nicht Fürstenhäuser, sondern Kaufleute das gesellschaftliche Leben bestimmten, wie Hamburg und Leipzig.

Nicola Porpora studierte am Conservatorio dei Poveri di Gesù Cristo. Nicht nur seine Schule war nach den Armen benannt. Auch Porpora stammte aus einer armen Familie. Mit etwa zehn Jahren wurde er 1696 in die Schule aufgenommen. Als Dreizehnjähriger mußte er sich bereits selbst seinen Lebensunterhalt verdienen, indem er regelmäßig bei den Musikveranstaltungen der Schule mitwirkte. Mit zwanzig Jahren verließ er das Konservatorium. Nach unseren Begriffen war er diplomierter Komponist und Gesanglehrer.

Österreichische Truppen hatten damals gerade Neapel besetzt. Porpora versuchte sein Glück in den Diensten des Kommandanten der neuen Besatzungsmacht, wurde Kapellmeister beim Prinzen von Hessen-Darmstadt. 1715, mit 29 Jahren, erhielt er eine Anstellung als Erster Gesanglehrer am Conservatorio di Sant'Onofrio. Hier unterrichtete er Carlo Broschi und machte das Experiment mit Gaetano Majorano, die später als Farinelli und Caffarelli berühmt wurden.

Porpora war nicht der erste Italiener, der sich theoretisch Gedanken über Gesang und Stimmbildung gemacht hat. Schon seit mehr als hundert Jahren gab es Gesangsschulen in Italien. Die ersten Lehrbücher über den Kunstgesang, den «canto figurato», erschienen zu Beginn des 17. Jahrhunderts. Der italienische Komponist Giovanni Andrea Bontempi, dem wir später als Kapellmeister am Hof des sächsischen Kurfürsten in Dresden wiederbegegnen werden, schildert in seiner Schrift «Historia Musica» von 1695 die Ausbildung an der Musikschule der päpstlichen Kapelle in Rom. Bontempi war um 1640 Schüler dieses Konservatoriums. Er schreibt:

In den Römer Singschulen mußten die Schüler täglich eine Stunde schwere Sachen singen, eine Stunde den Triller, eine andere Passagen (schnelle Tonfolge aus tonleiterartigen Gängen oder gebrochenen Akkorden) üben, um eine gewandte Technik zu bekommen, eine zweite Stunde verwendeten sie auf Übung des Trillers, eine dritte auf richtige und reine Intonation, alles in Gegenwart des Meisters und vor dem Spiegel stehend, um die Zunge und Mundstellung beobachten zu können und alle Grimassen beim Singen zu vermeiden. Zwei weitere Stunden widmeten sie dem Studium des Ausdrucks und Geschmacks sowie der Literatur. Dies waren die Be-

schäftigungen des Vormittags. Nachmittags verwendeten sie eine
halbe Stunde auf die Theorie des Schalls, eine weitere halbe Stunde
auf den einfachen Kontrapunkt (mehrstimmige Satztechnik), *eine*
Stunde auf die Komposition, die übrige Zeit des Tages auf Klavier-
spiel, Verfertigung eines Psalmes, einer Motette oder andere, dem
Talent des Schülers angemessene Arbeiten. Zuzeiten sangen sie in
einer oder der anderen Kirche Roms oder gingen dorthin, um die
Werke der Meister anzuhören; nach Hause zurückgekehrt, hatten
sie ihrem Lehrer Rechenschaft über alles zu geben. Häufig auch
gingen sie vor die Porta Angelica zum Monte Mario, um gegen das
Echo zu singen und aus dem Widerhall ihre Fehler kennenzulernen.

Das hört sich etwas anders an als die Anekdote von Porporas Gesangsübungen für Caffarelli. Der hätte demnach ja sechs Jahre lang
nichts anderes getan, als von einem Notenblatt Stimmübungen vor
sich hin zu trällern. Bei Fétis klingt das so, als sei es allenfalls ein
bißchen langweilig, aber doch keine anstrengende Arbeit gewesen.

In Wirklichkeit war die Ausbildung der italienischen Sänger sehr
hart, und das nicht nur, weil die Tage mit einem durchaus auch
körperlich anstrengenden Unterricht ausgefüllt waren. Wenn heute
junge Menschen an einer Musikhochschule Gesang studieren wollen, sind sie normalerweise sechzehn bis zwanzig Jahre alt. In den
italienischen Konservatorien des 17. und 18. Jahrhunderts lag das
Eintrittsalter der Sänger zwischen acht und zehn Jahren.

Ihre Jugend, oder besser ihr Kindsein, war nicht ihre einzige Besonderheit. Die kleinen Gesangsschüler hatten einen entscheidenden Einschnitt in ihr Leben hinter sich, dessen Konsequenzen sie
noch gar nicht erahnen konnten. Sie unterschieden sich von ihren
Altersgenossen nicht nur dadurch, daß die Zeit kindlicher Spiele
vorbei war. Carlo Broschi und Gaetano Majorano waren nicht heutigen Sängerknaben vergleichbare Schüler. Carlo Broschi und Gaetano Majorano waren Kastraten.

4

Die Kastration

Um einen Ton zu erzeugen, spannen wir die Stimmbänder an. Dabei verengt sich die Stimmritze im Kehlkopf zu einem schmalen
Spalt. Der Atem wird durch diese enge Ritze geführt, versetzt dabei die Stimmbänder in elastische Schwingungen und es entsteht

ein Ton. Die Höhe des Tons hängt von der Länge und der Spannung der Stimmbänder ab. Je kürzer die Stimmbänder sind, desto höher sind die Töne, die sie erzeugen können.

In der 1757 erschienenen deutschen Übersetzung eines italienischen Lehrbuchs über den Kunstgesang versucht Johann Friedrich Agricola, Hofkomponist Friedrichs des Großen, das Funktionieren der menschlichen Stimme im Vergleich mit einem Blasinstrument zu erklären: *Wenn sich die Luft durch eine enge Eröffnung geschwind hindurch beweget, so muß sie zusammengedrücket werden, und sich hernachmals wieder ausdehnen. Da sie nun solchergestalt in eine zitternde Bewegung geräth: so muß ein Schall entstehen, indem die Luft durch eine enge Eröffnung geschwind hindurch geht. Auf diesem Grunde beruht der Schall aller Instrumente, die geblasen werden. Je enger die Eröffnung ist, desto geschwinder wird die zitternde Bewegung der Luftteilchen: und desto höher wird der Schall, welchen man hervorbringt. Weil die Eröffnung der Luftröhre, welche Glottis genennet wird, vermittelst der dazu bestimmten Muskeln, erweitert und zusammen gezogen werden kann; so kann sie folglich hohe und tiefe Töne angeben.*

Die Stimmbänder eines erwachsenen Mannes sind etwa 18 mm lang, die einer Frau etwa 12 mm. Deshalb haben Männer tiefere Stimmen als Frauen. Im Verlauf der Pubertät verändert sich die Stimme von Knaben stark. Unter dem Einfluß der Geschlechtshormone kommt es bei ihnen zu einem sehr raschen Knochenwachstum und damit zu einer Vergrößerung des Kehlkopfes. Gleichzeitig verlängern sich die Stimmlippen um etwa 10 mm, auch ihre Masse nimmt zu. Die Schwingfrequenz verringert sich, die Stimme gewinnt an Umfang, die Sprechstimmlage sinkt um etwa eine Oktave. Während der Übergangszeit kann der Knabe die Stimmbänder nicht in der gewohnten Weise kontrollieren. Seine Stimme wechselt kieksend zwischen der hohen Knaben- und der tieferen Männerstimme. Er ist im «Stimmbruch».

Durch eine operative Entfernung der Keimdrüsen vor der Geschlechtsreife kann der Prozeß der geschlechtlichen Entwicklung ausgeschaltet werden. Damit wird gleichzeitig der in der Pubertät einsetzende Wachstumsstoß gebremst. Ohne das beschleunigte Pubertätswachstum vergrößern sich auch der Kehlkopf und die Stimmlippen weniger stark. Der Stimmbruch wird vermieden, die hohe «Knabenstimme» bleibt erhalten. Die übrige Körperentwicklung geht mit leichter zeitlicher Verzögerung im wesentlichen weiter. Brustkorb und Lunge erreichen nach einiger Zeit das Volumen eines erwachsenen Mannes, die Stimme bekommt die Kraft der Männerstimme. Die Mundhöhle gewinnt die Weite und damit die Resonanz eines Erwachsenen, nur die Höhe der Stimme bleibt die eines Knaben.

Wie die Operation, die die Knabenstimme konservieren sollte, bei dem kleinen Gaetano Majorano vermutlich ausgeführt wurde, schildert der Franzose Ancillon in seinem 1707 erschienenen «Traité des Eunuques – Abhandlung über die Eunuchen»: *Der Knabe wurde mit Opium oder anderen Narkotika betäubt und einige Zeit in ein sehr heißes Bad gesetzt, bis er in einem Stadium ziemlicher Gefühllosigkeit war. Dann wurden die Kanäle, die zu den Hoden führen, durchgeschnitten, so daß die Hoden im Laufe der Zeit zusammenschrumpften und verschwanden.*

Ganz so einfach, wie es Ancillon beschreibt, war es natürlich nicht. Die italienische Medizin war im 17. und 18. Jahrhundert führend in Europa, aber in den zahlreichen italienischen Lehrbüchern der Chirurgie suchen wir vergebens nach einer Beschreibung der Operation, die fast nur in Italien praktiziert wurde. Offiziell war sie nämlich streng verboten, und so erfahren wir von ihr nur indirekt, wie etwa in der 1841 in Leipzig erschienenen «Encyklopädie der gesammten Medizin» unter dem Stichwort *Castration: Entmannung, Ausrottung der Hoden. Es soll hier nicht von der in Italien zur Erhaltung der Sopranstimme ehemals mehr als jetzt gebräuchlichen, das Menschengefühl im höchsten Grade verletzenden Entmannung die Rede sein, sondern von derjenigen Operation, welche zur Erreichung eines Heilzweckes in der Hinwegnahme eines oder beider Hoden besteht. Die große Wichtigkeit dieser Organe in geschlechtlicher Beziehung und in Beziehung zum übrigen Organismus und selbst zum Seelenleben, machen ihre Entfernung auf operativem Wege immer zu einer der bedeutendsten und folgenreichsten Operationen. Sie ist höchst schmerzhaft und hat bisweilen gefährliche Nervenzufälle zur Folge, die durch eine aufmerksame Nachbehandlung aber sehr vermindert werden. Die durch die Operation gesetzte Verwundung ist auch an und für sich nicht so bedeutend, daß sie gefürchtet werden könnte, und die mit ihr verbundene Blutung aus den verletzten Gefäßen kann zwar sehr bedeutend und gefährlich werden, ist aber meistens von der Art, daß sie durch geeignete Mittel zum Stillstand gebracht wird.* ⟨Da die Operation wegen des offiziellen Verbots aber sozusagen im

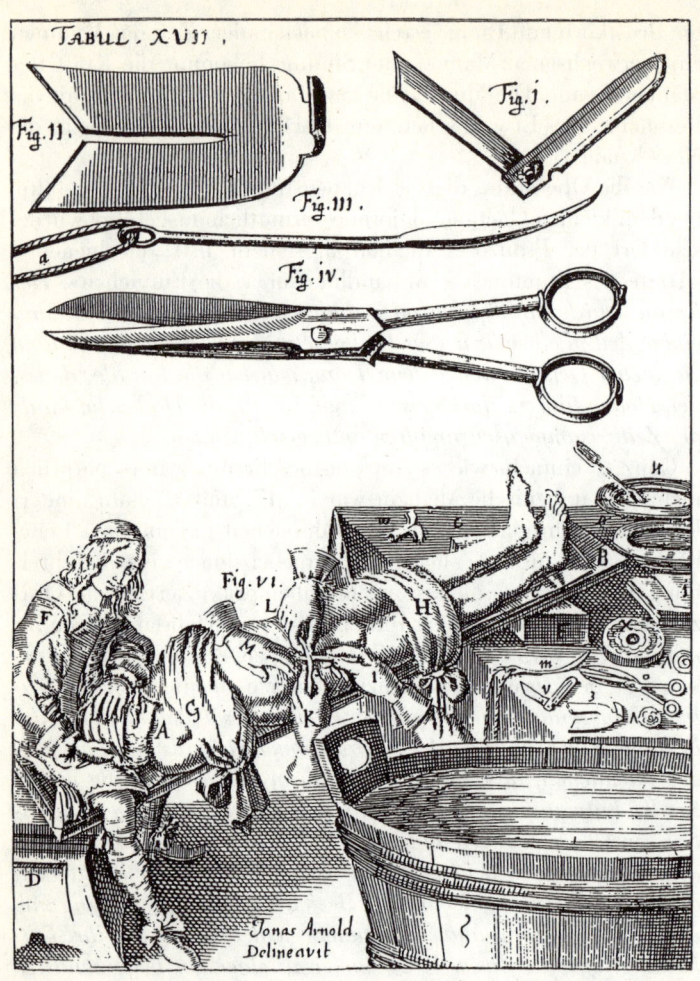

«Die Kastrierung oder Hoden-außschneidung»

Nach Johannes Scultetus: Wundt-Artzneyisches Zeug-Hauss,
Frankfurt/M. 1666

Hinterzimmer stattfinden mußte und aus demselben Grunde auch
von Kurpfuschern durchgeführt wurde, wird es gerade an der «aufmerksamen Nachbehandlung» oft gefehlt haben.)

*Die nöthigen Instrumente und Verbandgegenstände sind fol-
gende: ein convexes und ein gerades Messer, eine Schere mit stump-*

fer Spitze, eine Hohlsonde, die zur Unterbindung blutender Gefäße nöthigen Werkzeuge, eine krumme Heftnadel, nebst mehreren Heftfäden, ein spitzer Haken, Schwämme mit kaltem und warmem Wasser, ein ausgefasertes Leinwandstreifchen, Heftpflasterstreifen, eine Kompresse und eine Binde. Gehilfen sind ungefähr vier nöthig: zwei fixieren ⟨halten fest⟩ den Kranken, zwei assistiren dem Operateur. Nach vorläufiger Entleerung des Darmkanals und der Harnblase legt man den Kranken quer über eine mit Wachsleinwand bedeckte Matratze und entfernt die Beine von einander, oder man setzt ihn auf den Tischrand mit von einander entfernten Schenkeln und auf Stühlen ruhenden Füßen; Kopf und Brust müssen zurückgebeugt und mit Kissen unterstützt werden.

Es kommt uns heute unwahrscheinlich, fast unglaublich vor, daß im Italien des 18. Jahrhunderts kleine Kinder aus dem einzigen Grund, ihre kindliche Stimme zu erhalten, ihres Geschlechts beraubt wurden. Aber diese Operation, die Kastration, wurde fast dreihundert Jahre lang tausendfach aus diesem und nur aus diesem Grund an Knaben vollzogen.

Schuld an allem ist in gewisser Weise der Apostel Paulus, obwohl er nicht ahnen konnte, was er anrichtete, als er im 14. Kapitel seines ersten Briefs an die Gemeinde in Korinth schrieb: *Wie in allen Gemeinden der Heiligen, so sollen in euren Gemeinden die Frauen schweigen; denn es ist ihnen nicht verstattet, Vorträge zu halten.* Wenn wir ausnahmsweise einmal den ganzen Vers lesen, sehen wir sofort, daß Paulus seine Anweisung nicht so gemeint hat, wie sie später ausgelegt wurde. Paulus verbietet den Frauen das Wort, sie dürfen nicht predigen, sie haben in der Gemeinde nicht mitzureden und mitzuentscheiden. Die schrecklichen Vereinfacher verkürzten den Satz des Paulus zu einem «mulier taceat in ecclesia – die Frau hat in der Kirche zu schweigen», und in dieser Verkürzung wird er heute meist zitiert. Wenn die Frauen in der Kirche zu schweigen hatten, durften sie konsequenterweise auch nicht singen. Daß Paulus davon in seinem Vers 34 nichts sagt und auch kaum an so etwas gedacht hat, machte nichts. Das Singen in der Kirche blieb den Männern vorbehalten.

Das war weiter kein Problem, solange «ein»-tönige Mönchschöre die liturgischen Handlungen mit ihrem Gesang begleiteten. Als die Musik – und Musik war im späten Mittelalter hauptsächlich Kirchenmusik – mehrstimmig wurde, durften die hohen Stimmen nicht fehlen. Sopran und Alt wurde von Knaben gesungen, bei de-

21

nen der Stimmbruch noch nicht eingesetzt hatte. Als die Melodien kunstvoller wurden, ihre Gestaltung ein immer höheres technisches Können, auch eine ausgereifte Musikalität verlangte, war diese Notlösung nicht länger möglich. An die Stelle der Kinder traten spanische Sänger, die in der Lage waren, Sopran und Alt zu singen. Die «Spagnoletti», wie sie in Italien genannt wurden, waren Falsettisten. Sie sangen mit der sogenannten Kopfstimme, hatten eine Gesangstechnik erlernt, die es ihnen möglich machte, über längere Zeit in der Sopran- und Alt-Lage zu singen. Ihr Gesang hat wohl ähnlich geklungen wie die Stimmen der heutigen Countertenöre, die aus der englischen Schule stammen. Die Spagnoletti haben ihre Gesangstechnik vermutlich von den Mauren gelernt, die das südliche Spanien bis 1492 beherrschten. Da das Königreich Neapel seit dem frühen 16. Jahrhundert zu Spanien gehörte, kamen die Falsettsänger auch nach Italien. In der zweiten Hälfte des 16. Jahrhunderts traten sie überall in Europa bei besonders festlichen Anlässen in Gottesdiensten auf. Um sich ihr Monopol auf den Kirchengesang zu erhalten, waren sie bemüht, aus ihrer Gesangstechnik ein Geheimnis zu machen.

Auch im Chor der Cappella Pontifica, der päpstlichen Kapelle in Rom, wurden im 16. Jahrhundert die Knaben durch Spagnoletti ersetzt. Von 1571 bis zu seinem Tod im Jahr 1594 war Giovanni Pierluigi da Palestrina Kapellmeister an der Peterskirche. Die Oberstimmen seiner kunstreich komponierten, oft acht-, gelegentlich sogar zwölfstimmigen Messen und Motetten wurden von spanischen Falsettisten gesungen. Irgendwann gegen Ende des 16. Jahrhunderts muß ein Italiener auf die Idee gekommen sein, daß man das Monopol der spanischen Sänger auf eine ganz einfache, natürlich-unnatürliche Weise brechen könnte: durch Kastraten.

Sieben Jahre nach Palestrinas Tod, im Jahr 1601, ist ein vakanter Posten in der päpstlichen Kapelle zu besetzen. Beim öffentlichen Vorsingen der Bewerber ist Papst Clemens VIII. persönlich anwesend. Unter den Kandidaten ist auch ein Italiener, der 1581 in Perugia geborene Girolamo Rosini. Die Stimme dieses Italieners hat ein besonderes Timbre, sie klingt völlig anders als die Stimmen der spanischen Mitbewerber. Der Papst ist fasziniert von ihrem Klang und wünscht, daß Girolamo Rosini engagiert wird. Die Mitglieder des Chors, die spanischen Falsettisten, stimmen alle gegen ihn. Wenn sie argumentiert hätten, daß die Stimme Rosinis, die den

Papst so bezaubert hat, nicht zum Klang des Chores passen würde, hätten sie nicht einmal unrecht gehabt. Sie lehnen den Sänger aber nicht deshalb ab, *sondern weil er nicht ihr Landsmann ist und weil bis zu dieser Zeit alle Sopranisten* ⟨so wurden die Falsettisten des päpstlichen Chors in Italien genannt⟩ *Spanier gewesen sind.* So alt ist das Argument der «Beamten»: «das ist immer so gewesen». Der Papst gibt nicht nach. Girolamo Rosini wird Mitglied der päpstlichen Kapelle.

Die Spagnoletti hatten allen Grund, um ihr Monopol zu bangen. Denn Rosinis Gesanglehrer hatte nicht ihre Gesangstechnik ausspioniert und seinem Schüler das Falsett-Singen beigebracht. Girolamo war ganz einfach als Kind kastriert worden. Ob der Papst gewußt hat, woher der besondere Klang dieser Stimme kam, der ihn so fasziniert hat, wissen wir nicht. Auf jeden Fall kann er nicht geahnt haben, welche Konsequenzen seine Entscheidung haben würde: Wenige Jahre später waren alle neu aufgenommenen Sopranisten der päpstlichen Kapelle Kastraten. Der letzte spanische Falsettist der Cappella Pontifica, Giovanni de Sanctos aus Toledo, starb 1625. Das römische Beispiel machte Schule. Für die hohen Stimmen in den Kirchenchören Italiens wurden in Zukunft nur noch Kastraten engagiert.

«Erfunden» wurden die Gesangskastraten allerdings nicht erst um die Wende zum 17. Jahrhundert. Wenn Andrea Adami di Bolsena, selbst ein Kastrat und von 1700 bis 1714 Leiter des päpstlichen Chors, in seinem 1711 erschienenen Buch über den Chor der Cappella Pontifica von Girolamo Rosini sagt: *questo fu il primo soprano d'Italia,* meint er damit wahrscheinlich, daß Rosini der beste Kastrat in Italien war (die männliche Form «soprano», also «Sopranist», bedeutet künftig in Italien «Kastrat»). Denn es hat schon vierzig Jahre vor Rosinis Engagement, zur Regierungszeit des Papstes Pius IV., Kastraten in der päpstlichen Kapelle gegeben. Offenbar haben sich die Spagnoletti damals, im Jahr 1562, noch erfolgreich dieser unerwarteten Konkurrenz erwehren können, so daß es in den folgenden vier Jahrzehnten wenigstens in Rom zu keinem weiteren Engagement eines Kastraten gekommen ist.

Nicht nur in Italien ging in der zweiten Hälfte des 16. Jahrhunderts die Zeit der spanischen Falsettisten zu Ende. Auch die Münchner Hofkapelle, die seit 1560 unter der Leitung des niederländischen Komponisten Orlando di Lasso stand und eine Spitzenstellung in Europa einnahm, stellte Kastraten ein. 1569, also nur sieben Jahre nach dem ersten Engagement eines Kastraten in Rom, waren bereits acht erwachsene «Altisten» in festem Sold beim bayerischen Herzog.

5

Die Erfindung der Oper

Daß sich zu Beginn des 17. Jahrhunderts, unter Papst Clemens VII., die Kastraten in der päpstlichen Kapelle durchsetzen konnten und innerhalb von zwanzig Jahren die Spagnoletti restlos verdrängten, ist nicht nur auf den besonderen musikalischen Geschmack des gerade regierenden Papstes zurückzuführen. Zur gleichen Zeit wurde in Italien eine neue musikalische Lustbarkeit erfunden. Im Frühjahr 1598 wurde in Florenz während des Karnevals ein musikalisches Schauspiel mit dem Titel «Dafne» aufgeführt. Die Musik hatte der sechsunddreißigjährige Sänger und Komponist Jacopo Peri geschrieben. Er war seit 1591 bei der Fürstenfamilie der Medici als «principale direttore della musica e dei musici», also als Kapellmeister angestellt.

Die Geschichte der keuschen Nymphe Daphne, die sich, vom Gott Apollo aus Liebe verfolgt, in einen Lorbeerbaum verwandelt, deutet schon darauf hin, daß bei der Idee zu diesem Spektakel die neue florentinische Mode, antik-griechische Traditionen wieder zum Leben zu erwecken, Pate gestanden hat. Die «Renaissance», die Wiedergeburt der Antike, wollte auch das attische Theater, das in den gewaltigen Tragödien des Aischylos und Sophokles als Dichtung überliefert war, in einer zeitgemäßen Form wiederbeleben. Die vom Griechenfieber gepackten Florentiner wußten, daß die attischen Tragödien, die, selbst wenn man nur ihren Text las, noch so beeindruckend waren, bei der Aufführung im Theater eine ungleich stärkere Wirkung auf die Zuschauer gehabt hatten. Denn sie waren kein einfaches Schauspiel, kein schlichtes Sprechtheater. Die gewaltigen Monologe der Tragödien-Helden wurden in Athen im Theater des Dionysos als virtuoser Sprechgesang von Instrumenten begleitet. Die Chöre wurden gesungen, waren vielleicht sogar kunstvoll komponiert. Aus dem Versuch, die attische Tragödie in «moderner» Form wiederzubeleben, entstand das, was später «Oper» heißen sollte.

Vier Jahre nach der «Dafne» wurde in Florenz wieder ein musikalisches Schauspiel mit einer Handlung aus dem Sagenkreis der Antike aufgeführt. Im Rahmen des Festes zur Vermählung der florentinischen Prinzessin Maria Medici mit König Heinrich IV. von Frankreich führte Peri 1600 im Palazzo Pitti ein «dramma musicale» mit dem Titel «Euridice» auf. Der Erfolg übertraf alle übrigen Veranstaltungen der Hochzeitsfeier. Das neuartige musikalische Theater hatte sich durchgesetzt. 1607 wurde auch im norditalienischen Mantua eine «Oper» gegeben, der «Orfeo» des damals einundvierzigjährigen Claudio Monteverdi.

Wollte man mit diesen musikalisch-dramatischen Werken die antike Tragödie wiederbeleben, hatte das noch eine andere Konsequenz. In der Antike durften bei den Aufführungen zum Fest des Dionysos keine Frauen mitwirken. Antigone und Kassandra wurden in Athen von Männern gespielt, das Geschlecht einer Person erkannten die Zuschauer im alten Griechenland nicht an der Stimme, sondern an der Maske, die das Gesicht des Schauspielers verdeckte. Ganz so weit wollte man in Florenz bei der Nachahmung der antiken Tragödie nicht gehen. Eine Daphne oder Eurydike, die ihre Gesänge in profundem Baß vorgetragen hätte, wäre der Künstlichkeit zuviel gewesen, hätte vielleicht ein wenig lächerlich gewirkt.

Der Spanier Esteban Arteaga veröffentlichte 1783 in Bologna eine Geschichte der italienischen Oper, die bereits 1789 in einer deutschen Übersetzung in Leipzig erschien. Arteaga wurde 1747 bei Segovia geboren und trat in jungen Jahren in den Jesuiten-Orden ein. Nach dem Verbot des Ordens durch den spanischen König Karl III. mußte er seine Heimat verlassen. Im italienischen Exil trat er 1769 aus dem Orden aus, studierte in Bologna, wo sich der damals in ganz Europa berühmte Musiktheoretiker und Kompositionslehrer Giovanni Battista Martini für den angehenden jungen Wissenschaftler interessierte. Martini, 1706 geboren, hatte 1729 die Priesterweihe empfangen, deshalb hieß er allgemein «Padre Martini». Er stellte Arteaga seine einzigartige Bibliothek, die mehr als 15.000 Bücher umfaßt haben soll, zur Verfügung und ermunterte ihn, eine Geschichte des italienischen Theaters zu verfassen. Arteaga schreibt in seinem Buch über die Anfänge des modernen musikalischen Dramas:

Bei den ersten musikalisch-dramatischen Vorstellungen wurde die Sopranpartie meistens von Knaben gesungen. Aber die Verän-

25

derung der Stimme, welche mit den Jahren erfolgt, und die Schwie-
rigkeit, Knaben in einem so zarten Alter Ausdruck des Gesangs bei-
zubringen, zwangen die Direktoren der Opern, sich der Kastraten
zu bedienen. Da ihnen die weitere Entwicklung des Geschlechts
versagt ist, verhindert der unerklärte, aber von allen Anatomen be-
stätigte Zusammenhang zwischen den Zeugungs- und Stimmorga-
nen, durch den geringen Zufluß von Feuchtigkeit bei ihnen die Er-
weiterung der Kehle. Das macht die einzelnen Teile des Kehlkopfs
geschickter zu vibrieren, folglich auch geschickter, alle Abstufun-
gen des Gesangs hervorzubringen. Es verengt die Mündung der
Glottis ⟨der Stimmritze⟩ und verursacht dadurch, daß die höheren
Töne besser hervorgebracht werden können, als andere.

Arteaga erklärt nicht nur, warum für die neue Kunst der Oper
die Stimmen der Kastraten wie gerufen kommen. Er gibt uns auch
einen Einblick in die anatomischen Theorien des 18. Jahrhunderts.
Natürlich versuchte man, eine biologische Erklärung für das Phä-
nomen der Kastratenstimme zu finden. Der erste Schritt war die
richtige Erkenntnis, daß es einen Zusammenhang zwischen der
Entwicklung der Sexualität des Mannes und der Entwicklung seiner Stimme gibt. Die Mediziner des 18. Jahrhunderts wußten aber
nicht, worin genau dieser Zusammenhang besteht. Die Wirkung
der Hormone war ihnen unbekannt, sie konnten auch noch nicht
beobachten, wie die Stimme funktioniert. Die Schwingung der
Stimmbänder vollzieht sich mit einer solchen Geschwindigkeit,
daß unser Auge die einzelnen Phasen nicht wahrnehmen kann.
Erst durch Beleuchtung mit stroboskopischem Licht, das einen
Zeitlupen-Effekt erzeugt, sind die Schwingungen erkennbar geworden. Wir erfahren bei Arteaga, daß die Anatomen des 18. Jahrhunderts immerhin bereits die richtige Vermutung hatten, daß die
kürzere Stimmritze der Kastraten für die Höhe ihrer Stimme verantwortlich ist.

Lorenz Christoph Mizler schreibt 1737 in seiner Musikzeitschrift
«Musicalische Bibliothek»: *Der Endzweck der Verschneidung ist*
nicht, eine neue Stimme hervorzubringen, sondern nur die schon
vorhandene zu erhalten, welches geschiehet, wenn man den klei-
nen Knaben die männliche Krafft benimmt, damit die Luftröhre
sich nicht so, wie bey erwachsenen Mannspersonen zu geschehen
pfleget, erweitert, und sie also wegen ihrer engen Hälse, ordentlich
und natürlicher Weise, hohe Töne herausbringen können, da im
Gegentheil diejenigen, welche weitere Hälse haben, ordentlich tie-

fere Töne singen. Ich sage ordentlich oder natürlicher Weise. Denn
außerordentlich oder gekünstelter Weise kann auch jemand hohe
Töne hervorbringen, der doch von Natur tiefere Töne singet, wenn
er nemlich durch Zwingung und Zusammenziehung des Halses
höhere Töne hören zu lassen sich bemühet, und solches Singen
heißet eine Falsetstimme. Hingegen kann niemand, der von Natur
höhere Töne singet, eine tiefere i. E. eine Baßstimme singen, weil
der Halß sich wohl zusammenzwingen, wenig aber, oder gar
nichts, erweitern lässet.

Die frühen florentinischen Opern waren eine betont weltliche
Musik. Die Handlung stammte meist aus antiken Mythen, aus Göt-
ter- und Heldensagen der Griechen. Es ist sicher kein Zufall, daß
von den ersten Opern mehrere die Geschichte des thrakischen Sängers Orpheus erzählen, der mit seiner übernatürlich schönen
Stimme sogar wilde Tiere bezauberte, oder die der Nymphe Daphne, die sich auf der Flucht vor dem liebestollen Apollo in einen singenden Baum verwandelte. Die Geschichte verlangte geradezu,
daß die Stimmen von Orpheus und Daphne etwas Übernatürliches,
also am besten etwas Unnatürliches hatten. Die Stimme der Kastraten erfüllte den Wunsch nach einem nicht-menschlichen Klang.
Sie wirkte auf den Hörer beinahe wie ein Instrument, das ähnlich
klingt wie die menschliche Stimme, fast wie vom Körper gelöst. Sie
erhob so die dargestellte Person über das Menschliche hinaus.
Durch die Künstlichkeit der Kastratenstimme wurden Götter und
Heroen auf der Bühne darstellbar. Auch deshalb haben die neuar-
tigen Sänger sofort die ersten Rollen der neuen Kunstform für sich
erobert. Es war nicht so sehr die Verlegenheit, Frauenrollen von
Männern spielen zu lassen, die die «Oper» von der antiken Tragödie geerbt hatte. Die darzustellenden Helden waren Übermen-
schen. Sie sangen deshalb mit einer übermenschlichen Stimme,
buchstäblich «in den höchsten Tönen».

Als neue Form des Vergnügens, der Unterhaltung, setzte sich die
Oper bald in ganz Europa durch. In einer Hinsicht waren die ersten Opernaufführungen wirklich den antiken Theaterfesten ver-
gleichbar: Sie waren einmalige Ereignisse, komponiert und einstudiert, um krönender Höhepunkt eines Festes zu sein. Meist war das
eine Familienfeier des jeweiligen Fürstenhauses, die Hochzeit des
Kronprinzen, die Geburt eines Thronfolgers, Geburts- oder Na-
menstage. Da war kein Aufwand zu hoch, bei der Honorierung der
Künstler, die dem Fest die Aura des Außergewöhnlichen gaben,

waren die Höfe nicht knauserig. Die Sänger der Hauptrollen, und das waren bald die Kastraten, wurden im wahrsten Sinne des Wortes «fürstlich» bezahlt.

Bei festlichen Aufführungen zu Ehren des Fürstenhauses war der Eintritt für das Publikum, das zugelassen war, frei. Aber bald erkannten Geschäftsleute die kommerziellen Möglichkeiten der Oper. Theaterunternehmer versuchten, mit der neuen Lustbarkeit Geld zu verdienen. Schon 1637 wurde in Venedig nahe der Kirche San Cassiano von den römischen Musikern Francesco Manelli und Benedetto Ferrari das erste kommerzielle Opernhaus Italiens eröffnet. Wie die meisten venezianischen Theater wurde es nach der nächstgelegenen Kirche Teatro San Cassiano genannt. In einem 1730 erschienenen Verzeichnis aller bis dahin in Venedig aufgeführten Opern ist als erste Vorstellung angegeben: *«L'Andromeda», componiert von Francesco Manelli, aus Tivoli gebürtig. Die Poesie war von Benedetto Ferrari, einem fertigen (geschickten) Poeten und vortrefflichen Theorbisten (Baßlautenspieler), der mit den berühmtesten Virtuosen seiner Zeit in Gesellschaft trat, und die Oper auf seine Kosten aufs prächtigste aufführte.*

1640 wurde das Teatro San Moisè mit Claudio Monteverdis Oper «L'Arianna» eröffnet. Das Gebäude, in dem sich das Theater befand, existiert noch. 1678 eröffnete der Theaterunternehmer Giovanni Grimani in der Nähe der Rialto-Brücke das Teatro San Giovanni Grisostomo. Es war in der ersten Hälfte des 18. Jahrhunderts das berühmteste venezianische Opernhaus. Auch in anderen italienischen Städten wurden Theater gebaut, in denen regelmäßig, wenn auch nicht das ganze Jahr über, Oper gespielt wurde.

Die Oper war bald in Italien so populär, daß es in vielen Städten geradezu eine Theatersucht gab. Papst Innozenz XI. versuchte deshalb im zweiten Jahr seines Pontifikats kommerzielle Theateraufführungen zu verbieten. Eine 1731 in Frankfurt erschienene Chronik des 17. Jahrhunderts vermerkt für das Jahr 1678 unter den «Italiänischen Geschichten»:

Der Pabst machte auch wegen dem Spielen, der Music, dem Carneval und anderen dergleichen Kurtzweilen so strenge Verordnungen, daß viele, welche solche Eitelkeiten liebten, sich darüber von Rom wegmachten; denen Comödianten und Operisten wurde zwar erlaubet, mit ihren theatralischen Vorstellungen das Volck zu ergötzen, allein sie solten davor kein Geld nehmen, weilen es öffters

geschehen, daß arme hoffärtige Leute Weib und Kinder zu Hauß
kümmerlich haben darben lassen, um denen Schau-Spielen bey-
zuwohnen; so bald aber das Geld nicht mehr klunge, konten auch
die Stimmen nicht mehr singen; das Geld macht die Menschen al-
les thun, was man von ihnen begehrt, wo aber dieses fehlt, bleiben
sie stumme Marionetten. Also erhielte der gute Pabst damit auch
nicht seinen Zweck, dann die Italiäner lassen sich von dergleichen
Dingen nicht wohl zurück halten.

Die Opernaufführungen fanden meistens im Winter statt, wenn
die weiten Paläste der Reichen und Adligen kalt und ungemütlich
waren. Oder es wurden Volksfeste genutzt, zu denen viele Besucher
in die Stadt kamen, so daß sich das potentielle Publikum automa-
tisch erhöhte. In Venedig war die Saison für die Oper, die «stagione», von Anfang Oktober bis zum Ende des Karnevals. Außerdem wurden während des vierzehntägigen Himmelfahrtsmarktes
ein oder zwei Opern gespielt. Am Fest Christi Himmelfahrt fand
auch eine prachtvolle Regatta statt, die die Vermählung Venedigs
mit dem Meer feierte und zahlreiche Schaulustige nach Venedig
lockte.

Neben den neapolitanischen Konservatorien hatten sich inzwischen auch die venezianischen einen Ruf als Musikschulen erworben. Aber die Findelhäuser, die sich in Venedig mit der musikalischen Ausbildung der Kinder befaßten, waren sämtlich Häuser für
Mädchen. So kommt es, daß die meisten italienischen Sänger des
17. und 18. Jahrhunderts in Neapel ausgebildet wurden, während
die Sängerinnen zum großen Teil aus Venedig stammten.

Im Kirchenstaat und in einigen Ländern außerhalb Italiens wurden Frauen anfangs auf der Bühne nicht geduldet. Im republika-
nischen Venedig dagegen konnten bald auch Sängerinnen in der
Oper auftreten. Neben den Kastraten, den Ersten Sänger, italienisch «primo uomo», trat die «prima donna».

1642 brachte Claudio Monteverdi in Venedig seine letzte Oper
«Die Krönung der Poppea» auf die Bühne, ein Werk, das noch
heute zum Repertoire der Opernhäuser gehört. Der römische Kaiser Nero war in Monteverdis Oper ein Kastrat und sang Sopran. Die
Rolle seiner Geliebten und späteren zweiten Frau Poppea wurde
von einer Sängerin gesungen und war für Mezzosopran geschrieben. Die Frau hatte eine tiefere Stimme als der Mann, der Liebhaber sang höher als die Geliebte. Diese Paradoxie wird in der frühen
Barockoper fast zur Regel.

Drei Jahre nach der ersten Aufführung von Monteverdis «Poppea» kam der englische Jurist John Evelyn nach Venedig. Der fünfundzwanzigjährige machte, wie viele reiche junge Engländer, seine «Kavalierstour», eine Bildungsreise durch Italien. In seinem Tagebuch, das eine der wichtigsten kulturhistorischen Quellen für den «Alltag» des 17. Jahrhunderts ist, finden wir im Juni 1645 folgenden Eintrag:

Heute abend gingen wir in die Oper. Das ist ein Schauspiel, bei dem die Worte gesungen werden. Sie wird aufgeführt von den besten Gesangs- und Instrumentalmusikern. Die Opern haben eine Fülle von gemalten Bildern, die mit aller Kunst der Perspektive ausgeführt sind, dazu Maschinen, mit denen man durch die Luft fliegen und andere erstaunliche Bewegungen machen kann. Das alles zusammen ist ohne Zweifel eine der herrlichsten und aufwendigsten Zerstreuungen, die der Menschengeist ersinnen kann. Die Handlung war über Herkules in Lydien, die Bühnenbilder wechselten zweiunddreißigmal, es sang die berühmte Sängerin Anna Renzi aus Rom, die als die beste Sopranistin gilt; aber da war auch ein Eunuch, der nach meiner Meinung besser war als sie.

Als Evelyn Venedig besuchte, hatte sich die Oper in ganz Italien durchgesetzt. Jede größere Stadt hatte ein Opernhaus, manche Städte sogar mehrere. Der Direktor eines solchen Theaters, der Impresario, tat gut daran, für sein Haus einen bekannten Starsänger zu engagieren. Die hohe Gage, die er ihm zu bieten hatte, machte sich durch ein ausverkauftes Haus bezahlt. Auch an den Fürstenhäusern im übrigen Europa wurden Opern aufgeführt. Meist hatten die Kronprinzen auf ihrer «Kavalierstour» in Italien das neue Vergnügen kennengelernt und Agenten beauftragt, die gerade populärsten Sänger für ihren Hof zu engagieren. Die Fürstenhäuser in Dresden, Wien und München hielten sich italienische Kastraten wie fremde Wundertiere. Die phantastisch klingenden Berichte über die Reichtümer, die mancher Sänger sich zusammenverdient haben soll, waren nicht immer übertrieben.

1647 veröffentlichte der Advokat Giovanni Battista Doni in Florenz eine Schrift «De praestantia musicae veteris – Von der Vorzüglichkeit der Musik der Alten», die er dem Ersten Minister Ludwigs XIV., Kardinal Mazarin, widmete. Doni wurde 1594 in Florenz geboren, im selben Jahr, in dem dort die erste «Oper» aufgeführt wurde. Er war einer der ersten Wissenschaftler, die die Kultur des klassischen Altertums erforschten. In seiner Schrift versuchte er nachzuweisen, daß die zeitgenössische Musik, also die Musik der Renaissance, der antik-griechischen unterlegen ist. Doni schreibt: *Überall seht ihr jene verzärtelten Eunuchen, von denen ein einzelner mehr verdient als zehn Kantoren und Chormeister zusammen, die ihre Reichtümer nur zusammenraffen, um sie zu verprassen. Wie sie ihren Ruhm ausposaunen und alles andere verachten! Wie sie die gediegenen Musiker verlachen und die ganze musikalische Weisheit allein zu besitzen sich einbilden!*

Der von vielen Kastraten so offensichtlich zur Schau getragene Reichtum erregt Neid. Der Neid äußert sich in Verleumdungen. Verleumdungen sind am wirkungsvollsten, wenn man sich von ihnen distanziert und sie gleichzeitig in einem nebulösen Ungefähr weiterverbreitet. Doni fährt fort: *Von ihren Sitten und ihrem Privatleben werde ich nicht sprechen, damit man nicht glaube, daß ich die Laster der Einzelnen auf andere Unschuldige übertrage. Aber was vor aller Welt Augen geschieht, darf weder geleugnet noch entschuldigt werden.*

6

Singen wird zum Geschäft

Es hatte sich bald in Italien herumgesprochen, daß die meisten berühmten Sänger aus ganz einfachen Verhältnissen stammten, manche in ihrer Kindheit in bitterster Armut gelebt hatten. Das war nicht verwunderlich, denn welcher wohlhabende Mann ließ schon seinen kleinen Sohn kastrieren, nur damit der ein berühmter Sänger würde!

Viele der Ärmsten, vor allem in Süditalien, waren nur an einem reich: an Kindern. Und deren Unterhalt vergrößerte ihre Armut noch. Ihnen eröffnete sich eine Möglichkeit, aus ihrem Elend zu großem Reichtum zu kommen. Pier Francesco Tosi, ein bedeutender italienischer Gesanglehrer, der selbst ein Kastrat war, schreibt in seinem 1723 in Bologna erschienenen Lehrbuch der Gesangskunst: *Die Armuth machet die Aeltern glauben, daß Singen und Reich werden einerley sey; und daß man, um Singen zu lernen, weiter nichts nötig habe als ein hübsch Gesichtchen.* Ein armer Vater mußte mit seinem acht- bis zehnjährigen Sohn nur zum Chirurgen gehen. Ein Schnitt mit dem Messer, und die ganze Familie konnte auf eine glanzvolle Zukunft hoffen.

Caffarelli
Nach einem Stich von G. Stuppi

In seiner 1838 erschienenen Operngeschichte sagt der Herausgeber der «Allgemeinen musikalischen Zeitung», der 1783 geborene Gottfried Wilhelm Fink: *Porpora's zwei größte Zöglinge waren die Kastraten Farinelli und Caffarelli, beide erhob ihr Gesang zu fürstlichem Ansehen und Reichthum. Solche Vorbilder lockten. Man ließ kastriren, zum Erstaunen. Der Geldregen reizte fast mehr als der Ruhm. Einer suchte den Andern zu überbieten an schäumenden Tonschnellgängen und köstlichen Trillerketten, wodurch die erstaunte Hörerschar in ungemessene Entzückung versetzt wurde.*

Zu Tausenden wurden Knaben im 17. und 18. Jahrhundert der folgenreichen Operation ausgeliefert. Nur einige wenige wurden zu großen Sängern. Ihre Namen, ihre Geschichte sind überliefert. Von der Mehrzahl, denen die Operation nicht die Karriere brachte, die ihre Väter sich erträumten, wissen wir nur wenig. Sicherlich machte sie der chirurgische Eingriff noch ärmer, als sie ohnehin schon waren. Der kleine Bub ahnte nicht, was ihm geschehen sollte, wenn er in die Wanne mit heißem Wasser gesetzt wurde. Aber auch die Väter mögen nicht wirklich gewußt haben, was sie ihren Kindern antaten.

Geschieht die Kastration *vor der Pubertät, bleibt der Operirte in jeder Beziehung unmännlich; er bekommt eine weibliche Stimme, ein überhaupt mehr weibliches Ansehn, und nimmt selbst eine weibliche Gemüths- und Denkungsart an,* stellt die bereits erwähnte medizinische Enzyclopädie von 1841 fest. Durch die Operation wird nicht nur die Gesangsstimme beeinflußt, auch die Sprechstimme des Kastraten bleibt hoch wie bei einem Kind. Der als Sänger erfolglose Kastrat ist für sein Leben gezeichnet und sofort zu erkennen, wenn er nur seinen Mund aufmacht.

Man nimmt die Operation an ihnen vor, wenn sie sieben bis acht Jahre alt sind, aber oft verlieren sie im Jünglingsalter die Stimme überhaupt ganz, so daß ihnen bei dem Tauschgeschäft nichts als Gegenwert bleibt, bemerkt ein französischer Reisender 1740 in einem Brief aus Italien.

Wie viele Knaben Jahr für Jahr kastriert worden sind, können wir nicht sagen. Genausowenig wissen wir, wie viele Knaben einfach verbluteten, wie viele durch stümperhafte Durchführung der Operation oder fehlende Nachbehandlung über die verlorene Mannheit hinaus zu Krüppeln wurden. Die Zahlen, die gelegentlich im 18. Jahrhundert genannt werden, sind pure Phantasie. Das Besondere einer «Dunkelziffer» ist ja gerade, daß niemand die Zahl, nicht einmal die ungefähre Größenordnung, wirklich kennt. Jede Schätzung ist unseriös. So können wir auch die Zahl, die Voltaire in seinem Roman «Candide» nennt, nicht allzu ernst nehmen. Wir erfahren bei ihm nur, welche Zahlen um 1759 kolportiert wurden. Am Ende des 11. Kapitels von «Candide» wacht während des marokkanischen Bürgerkriegs auf einem mit den Leichen von Schwarzen übersäten Feld ein wie tot daliegender weißer Mann aus seiner Ohnmacht auf: *Er seufzte und murmelte zwischen den Zähnen:* «O, che sciagura, d'essere senza coglioni ⟨welches Unglück, ohne Hoden zu sein⟩. *Ich bin aus Neapel gebürtig, wo jahraus, jahrein zwei bis dreitausend Knaben kapaunt ⟨kastriert⟩ werden. Einige sterben daran, andere erhalten dadurch eine Stimme, die an Schönheit die weibliche übertrifft, wieder andere ziehen aus, um Länder zu regieren.»* (Die letzte Bemerkung von Voltaires Kastraten spielt auf Farinelli an. Wir werden darauf zurückkommen.)

Die Operation war überall in Italien streng verboten. Aber jeder wußte, daß sie tausendfach durchgeführt wurde, denn woher sonst hätten die vielen Kastraten kommen sollen? Man nahm die Operation offiziell nicht zur Kenntnis. War ein Knabe kastriert worden, wurden Geschichten erfunden. Der eine Junge war vom Pferd gefallen, einen anderen hatte ein Hund oder gar eine Gans gebissen. Da die Kinder der Armen in Süditalien im Sommer allenfalls mit einem zerrissenen Hemd bekleidet waren, konnte ja wirklich auch einmal eine Gans nach einem baumelnden Schwänzchen geschnappt haben. Kindliche Raufereien und gefährliche Spiele waren eine weitere glaubwürdige Ausrede, mit der die verbotene Operation vertuscht werden konnte. Weder die Justiz noch die Kirche scheinen Kastrationen ernsthaft verfolgt zu haben, solange sie im Verborgenen geschahen. Manche Väter machten deshalb mit ihren Kindern lange Reisen, um die Spuren der Operation zu verwischen.

Wie sehr sich die Italiener am Ende des 18. Jahrhunderts, als die Kastration schon fast zweihundert Jahre gang und gäbe war, immer noch darüber genierten, erfuhr der englische Musikwissenschaftler Charles Burney, der 1770 Italien bereiste, um an Ort und Stelle Material für eine geplante Geschichte der Musik zu sammeln.

Charles Burney war 44 Jahre alt, als er zu seiner «musikalischen Reise» durch Frankreich, die Schweiz und Italien aufbrach. 1726 geboren, war er mit 18 Jahren als Schüler des Komponisten Thomas Augustin Arne nach London gegangen (Arne war gerade durch das Lied «Rule Britannia» aus einem musikalischen Maskenspiel berühmt geworden). Burney spielte im Orchester des Drury Lane-Theaters, wurde Organist an einer Londoner Kirche, gab Musikunterricht, dirigierte, komponierte. 1751 zwang ihn eine schwere Krankheit, London zu verlassen und aufs Land zu gehen. Dort faßte er den Plan, eine Geschichte der Musik zu schreiben. 1760 hatte sich seine Gesundheit so weit stabilisiert, daß er eine ausgedehnte Studienreise vorbereiten konnte.

Nach seiner Rückkehr aus Italien versuchte Burney, in London eine Musikschule mit Waisenkindern nach italienischem Vorbild einzurichten, scheiterte aber damit. 1772 schloß sich an seine Italienreise eine zweite Reise durch Holland, Deutschland, Böhmen und Österreich an. In Wien traf er den alten Operndichter Metastasio, die Komponisten Gluck und Hasse. Die Tagebücher seiner beiden großen Reisen erschienen in England 1771 und 1773 und wurden sofort ins Deutsche übersetzt. Den ersten Band seiner Musikgeschichte veröffentlichte Burney 1776, der zweite Band folgte 1782.

Als Burney 1770 in Italien war, hätte er nur zu gern bei einer Kastration zugeschaut oder zumindest aus erster Hand Informationen über die Operation eingeholt. Doch es gelang ihm nicht, wirklich Substantielles ausfindig zu machen. In seinem Reisetagebuch schreibt er:

Ich erkundigte mich durch ganz Italien, an welchem Orte vornehmlich die Knaben durch Kastrieren zum Singen tüchtig gemacht würden, aber ich konnte keine gewisse Nachricht erhalten. In Mailand sagte man mir, es geschehe zu Venedig; in Venedig schickte man mich nach Bologna. In Bologna leugnete man es und wies mich nach Florenz, von Florenz nach Rom, und von Rom wurde ich nach Neapel geschickt.

Eine solche Operation ist offenbar an allen diesen Orten so sehr wider die Gesetze, als sie wider die Natur ist, und alle Italiener schämen sich derselben so sehr, daß sie sie in jeder Provinz auf eine andere schieben.

Doch versicherte mir in Bezug auf die Konservatorien in Neapel der britische Konsul Herr Jamineau, der lange daselbst gelebt und besondere Untersuchungen darüber angestellt hat, daß die Operation in den Konservatorien absolut verboten ist, und daß die jungen Kastraten von Leccia in Puglia ⟨Apulien⟩ kämen. Dr. Cirillo, ein berühmter Arzt in Neapel, bestätigte seine Aussage.

Allerdings werden die Knaben oft, bevor die Operation durchgeführt wird, in ein Konservatorium gebracht, um zu überprüfen, ob eine Aussicht auf eine gute Stimme besteht. Und dann werden sie von den Eltern wieder mit nach Hause genommen, um das barbarische Vorhaben auszuführen.

Wie man sagt, steht inzwischen die Todesstrafe darauf, für jeden, der die Operation durchführt, und der Kirchenbann für jeden, der sonst damit zu tun hat, es sei denn, daß sie, wie man oftmals vorgibt, wegen einer Krankheit an diesen Teilen medizinisch notwendig ist und sie mit Einwilligung des Knaben geschehe.

In manchen Büchern können wir lesen, es habe im 18. Jahrhundert in Italien, vor allem in Neapel, in mehr oder weniger jedem Barbierladen Schilder gegeben «Hier wird preisgünstig kastriert». Das ist nur eine der vielen Legenden, die sich um dieses zu allen Zeiten delikate Thema gerankt haben. Die Legende geht wohl zurück auf das Italien-Buch des Franzosen Joseph Jerôme de Lalande, das ab 1769 in 9 Bänden in Genf erschienen ist. In den Jahren 1765/66 hatte der dreiunddreißigjährige Professor der Astronomie am Collège de France eine Italienreise unternommen. In einer Fußnote seiner Musikgeschichte geht Burney auf diese Veröffentlichung ein:

Wo diese grausame Operation durchgeführt wird und von wem, konnte ich bei meiner Reise durch Italien nicht feststellen, obwohl es eine meiner beharrlichsten Nachforschungen war. Monsieur de La Lande scheint da erfolgreicher gewesen zu sein, wenn er in seiner «Voyage d'Italie» behauptet, daß es in Neapel Läden gibt mit Schildern «Hier werden Knaben kastriert». Aber mir ist es nicht nur völlig unmöglich gewesen, während meines Aufenthalts in der Stadt auch nur einen solchen Laden zu finden, mir wurde auch immer wieder versichert, und zwar sowohl von den Einheimischen als auch von den dort lebenden Engländern, daß die Gesetze gegen diese Praxis so zahlreich und so streng seien, daß die Operation allenfalls mit der größten Geheimhaltung durchgeführt würde.

Nicolaus Forkel erzählt in seinem «Musikalischen Almanach auf das Jahr 1783» eine Anekdote, die zeigt, wie sehr die Kastration – und die Kastrationsangst – die Phantasie zumindest der Musikliebhaber beschäftigte: *In Italien war eine Zeit hindurch das Castriren so eingerissen, daß sogar öffentliche Boutiquen errichtet wurden, wo man sich kastriren lassen konnte. Unter andern wurde auch in Ravenna eine solche Boutique errichtet, und ein Schild mit folgender Überschrift öffentlich ausgehängt: «Qui si castra ad un prezzo ragionevole* ⟨hier wird preisgünstig kastriert⟩*». Ein Franzos, der nur wenig italienisch verstand, hielt diese Boutique für eine Barbierstube, und da er ungefehr wußte, was prezzo ragionevole bedeutete, so wollte er sich der Gelegenheit bedienen, und sich für eine Kleinigkeit rasieren lassen. Si castra schien ihm barbiren zu bedeuten. Er gieng also ins Hauß, und da er mitten in der Bude einen Armstuhl fand, setzte er sich sogleich hinein, und sagte darauf zum Herrn der Bude: «Signore, castratemi* ⟨kastrieren Sie mich⟩*». Der Italiäner sah ihn einige Zeit an, und antwortete darauf: «Signor pellegrino, lo servo subito* ⟨Herr Reisender, sofort zu Diensten⟩*.» Er gieng hierauf in ein Nebenzimmer, und kam einige Augenblicke hernach wieder mit einem Instrument zurück, welches auf keine Weise zum rasiren gemacht war... Der Franzose konnte* mit knapper Not seinem Schicksal entgehen.

Das Bild, das wir uns heute vom Leben im Italien des 18. Jahrhunderts machen können, setzt sich aus vielen kleinen Beobachtungen zusammen, die vor allem Reisende aufgezeichnet haben.

Ein großer Teil der überlieferten Literatur stammt von Ausländern, wie dem Franzosen Lalande oder dem Engländer Burney. Sie sind als Briefe oder Reisetagebücher im Heimatland der Autoren veröffentlicht worden. Die Beobachtungen eines Ausländers haben den Vorteil, daß sie meist mit offenen Augen und Gespür für das Außerordentliche, das «Merk»-würdige aufgeschrieben sind. Sie schildern oft Einzelheiten, die einem Einheimischen nicht mehr auffallen, weil sie selbstverständlich zu seinem täglichen Leben und seiner Umgebung gehören. Deshalb sind gerade die Briefe und Bücher ausländischer Reisender eine Fundgrube für Alltägliches, für das Leben dieser Zeit in Italien. Andererseits können Reisende nur berichten, was sie gesehen haben oder was man ihnen erzählt hat. Oft sind sie nur wenige Tage in einer Stadt. Ihre Eindrücke sind vom Zufall der Ereignisse und Erlebnisse dieser Tage bestimmt. Sie interpretieren, was sie sehen, und das sicher nicht immer richtig. Was ihnen ein einheimischer Führer, ein «Cicerone», erzählt, wird nicht immer die Wahrheit gewesen sein. Vielleicht haben sie ihn auch nicht richtig verstanden. Die Fremdenführer werden sich gelegentlich einen Spaß daraus gemacht haben, dem offenbar sehr naiven Ausländer die erstaunlichsten Geschichten zu erzählen, denn sie haben die Erfahrung gemacht, daß das Trinkgeld um so größer ausfällt, je unwahrscheinlicher die Erklärungen sind, die sie dem Fremden in sein Tagebuch diktieren.

Reiseberichte waren im 18. Jahrhundert beim Publikum beliebt. Zu einer Zeit, in der das Reisen noch recht beschwerlich war, war es verlockend, in Pantoffeln am Kamin zu sitzen und beim Schein einer Kerze lesend die Reisen nachzuvollziehen, die man gern gemacht hätte, die man sich aber schon aus Zeitgründen nicht leisten konnte, und deren Strapazen man vielleicht auch gar nicht auf sich nehmen wollte. Die Reisebücher sollten natürlich gut verkauft werden. Der Autor bemühte sich deshalb, sein Buch durch die Erzählung von Kuriositäten interessant zu machen. Dabei wird die Wirklichkeit schnell ein wenig entstellt, manche Kuriosität ist vielleicht ganz und gar vom Reiseschriftsteller erfunden.

Es kommt sehr selten vor, daß in der Literatur dieser Zeit ein Autor, der selbst Augenzeuge war, zurechtrückt, was in einem anderen Buch an Unwahrheiten oder Halbwahrheiten verbreitet wird. Burneys Fußnote zu der Bemerkung Lalandes über die Reklameschilder in Neapels Barbierläden ist eines der seltenen Beispiele.

7

Nach der Operation

Caffarelli wurde wahrscheinlich in der kleinen Stadt Bitonto in der Nähe von Bari geboren. Als der Junge neun Jahre alt war, machte der Vater mit ihm eine lange und beschwerliche Reise in das mehr als 500 km entfernte Norcia in Umbrien. Man hatte ihm erzählt, die Chirurgen in dem kleinen Gebirgsstädtchen verstünden sich besonders gut auf die kleine Operation, die bei seinem Sohn den Stimmbruch verhindern sollte. Das abgelegene Nest galt im 18. Jahrhundert als eines der italienischen «Kastrationszentren».

Nach Burneys Schilderung können wir uns vorstellen, daß die Bewohner von Norcia überhaupt nicht glücklich darüber waren, daß ihr Städtchen immer wieder mit der Kastration in Zusammenhang gebracht wurde. Norcia ist eine kleine, vom Tourismus kaum erfaßte Stadt in den Bergen Umbriens. Ihr lateinischer Name war Nursia, sie ist der Geburtsort des Ordensgründers Benedikt und seiner Zwillingsschwester Scholastika. Aber die Stadt ist so abgelegen, daß nicht einmal diese prominenten Heiligen Norcia zu einem bekannten Wallfahrtsort machen konnten. Zwar verbindet heute eine Autostraße den Ort mit der übrigen Welt, aber noch immer ist er nicht zu jeder Jahreszeit leicht zu erreichen. Steinlawinen und Erdrutsche machen die Straße häufig unsicher und schwer befahrbar.

Die Stadt ist heute bekannt für einige kulinarische Spezialitäten, vor allem für eine hervorragende Salami und für Schweinswürstchen. In einem der Feinkostgeschäfte an der Piazza wird als besondere Delikatesse «Coglioni di Mulo» – Maultierhoden angeboten. Ein anderes preist im Schaufenster an: «Specialitá Agnello Castrato» – kastriertes Lamm.

Im 17. und 18. Jahrhundert gab es in Norcia und Umgebung regelrechte Mediziner-Dynastien. Schon seit dem 13. Jahrhundert bestand im nahegelegenen Bergdorf Preci eine Chirurgenschule. Ein Arzt aus Preci soll 1588 die englische Königin Elisabeth I. am grauen Star operiert haben, ein anderer wurde im 17. Jahrhundert Leibarzt des türkischen Sultans Mehmed. An vielen italienischen Krankenhäusern waren die «Chefärzte» Chirurgen aus Preci. Ihre «Spezialität» war neben Augenoperationen die Behandlung von Blasenleiden. Am Torbogen des heutigen Hotels «Agli Scacchi» ist eine Inschrift, sozusagen das Arztschild, eines berühmten Chirurgen des 18. Jahrhunderts erhalten: «Caesar Scaccus Phisicus». Auch Cesare Scacchis Vater Durante war ein bekannter Arzt. Der Empfang des Hotels war der Behandlungsraum der Arztfamilie, hier sind vermutlich viele Kastrationen durchgeführt worden.

Am Ende des 18. Jahrhunderts erschien eine Schrift, die «beweisen» sollte, in Norcia sei die verbotene Operation nie durchgeführt worden und alle Berichte darüber seien völlig aus der Luft gegriffen: Am 20. September 1788 veröffentlichte ein Francesco Crispoli einen «Historisch-kritischen Verteidigungsbrief über eine schriftliche Veröffentlichung gegen die altehrwürdige Stadt Norcia».

Ein besonders kurioses Zeugnis für eine Kastration in der umbrischen Stadt findet sich in den Memoiren des Kastraten Filippo Balatri. Balatri wurde 1676 in einem Dorf bei Pisa geboren. 1724 wurde er unter Maximilian II. von Bayern Mitglied der kurfürstlichen Kapelle. In München hat Balatri seine Lebenserinnerungen ausführlich in Versen niedergeschrieben. Das Manuskript wird in der Bayerischen Staatsbibliothek aufbewahrt.

Etwa 1691, mit erst 15 Jahren, kommt Balatri als Sänger nach St. Petersburg an den Hof Peters des Großen. Bald nach seiner Ankunft wird eine Gesandtschaft zum Großkhan der Tataren geschickt. Balatri muß mitreisen. Als der Großkhan den Kastraten zum ersten Mal singen hört, ist er von der ungewöhnlichen Stimme bezaubert. Balatri erzählt in seinen Memoiren:

Er fragt mich sofort, ob ich ein Mann oder eine Frau bin, und wo Menschen geboren werden, die mit einer solchen Stimme und mit einer solchen Geläufigkeit singen können, oder ob sie etwa vom Himmel regnen. Ich gerate in Verwirrung und weiß nicht, was ich antworten soll. Sage ich, ich sei ein Mann, ist es gewissermaßen gelogen, sage ich, eine Frau, ist es auch nicht besser, und wenn ich sage, daß ich ein Neutrum bin, werde ich dabei erröten. Schließlich fasse ich Mut und antworte ihm, daß ich männlichen Geschlechts bin, aus der Toskana stamme, und daß es in meiner Heimat Hähne gibt, die Eier legen, aus denen die «soprani» schlüpfen. Die Hähne nenne man Norcini. Es daure viele Tage, bis die Eier ausgebrütet sind. Und wenn dann endlich der Kapaun ausschlüpfe, würden die Eier mit Schmeichelreden und Liebkosungen überhäuft und mit Münzen beworfen.

Der Großkhan will den seltsamen Sänger unbedingt bei sich behalten. Nur mit Mühe erreicht Balatri, mit der Gesandtschaft wieder zurück nach St. Petersburg reisen zu dürfen. Der Khan schenkt ihm zum Abschied einen wundervollen Pelzmantel, mit dem der Kastrat einige Jahre später in Paris mehr Aufsehen erregt als mit seinem Gesang. In München bleibt er 15 Jahre Mitglied der bayerischen Hofkapelle. Dann tritt er in ein Kloster ein. Mit 63 Jahren liest er unter dem Ordensnamen Fra Theodoro in der Kirche des Klosters Fürstenfeld seine erste Messe. Balatri wird 80 Jahre alt, stirbt 1756 im Kloster.

Der Tatarenkhan wird sich nicht nur über die Stimme Balatris gewundert haben, auch sein Aussehen dürfte ihm merkwürdig vorgekommen sein. Balatri war extrem groß und dürr. Es gibt mehrere Karikaturen des Kastraten, die trotz aller Übertreibung wohl doch die charakteristischen Merkmale seiner Gestalt wiedergeben.

Balatri hat einen typischen Kastratenkörper. Der ist, wie die Stimme, eine Folge der Operation. Durch die Ausschaltung der Keimdrüsen bleibt der Wachstumsschub der Pubertät aus, die Reifung der Knochen wird verzögert. Das führt dazu, daß sich das Längenwachstum auch noch nach dem 20. Lebensjahr fortsetzt, in extremen Fällen bis ins dritte und vierte Jahrzehnt. Ein Kastrat erreicht deshalb oft eine über dem Durchschnitt liegende Körpergröße, Arme und Beine sind gegenüber dem Rumpf zu lang. Wir finden diese körperliche Besonderheit auf vielen Kastraten-Bildern des 18. Jahrhunderts.

Endet das zeitlich gestreckte Wachstum schließlich, kommt es sehr häufig zu einer weiteren körperlichen Anomalie. Neigte der Knabe bereits zur Korpulenz, wird der erwachsene Kastrat, sobald die Knochenreifung abgeschlossen ist, extrem dick. Auf den zahlreichen Karikaturen des 18. Jahrhunderts begegnen uns die Kastraten entweder als spindeldürre Latten oder als kugelrunde Fettwänste. Diese beiden Körpertypen treten zwar sehr häufig auf, aber Kastraten haben nicht zwangsläufig ein so extremes, manchmal geradezu entstellendes Aussehen.

Es ist auch heute noch schwierig, allgemein gültige Aussagen über die körperlichen Folgen der Kastration zu machen. Systematische Beobachtungen sind nicht möglich, da es keine Kastraten mehr gibt. Und wenn bei einem Kind durch Unfall oder eine medizinisch notwendige Operation die Geschlechtsreifung unterbunden wird, können die körperlichen Folgen durch künstliche Hormone reduziert werden. Im 18. Jahrhundert hat sich, obschon –

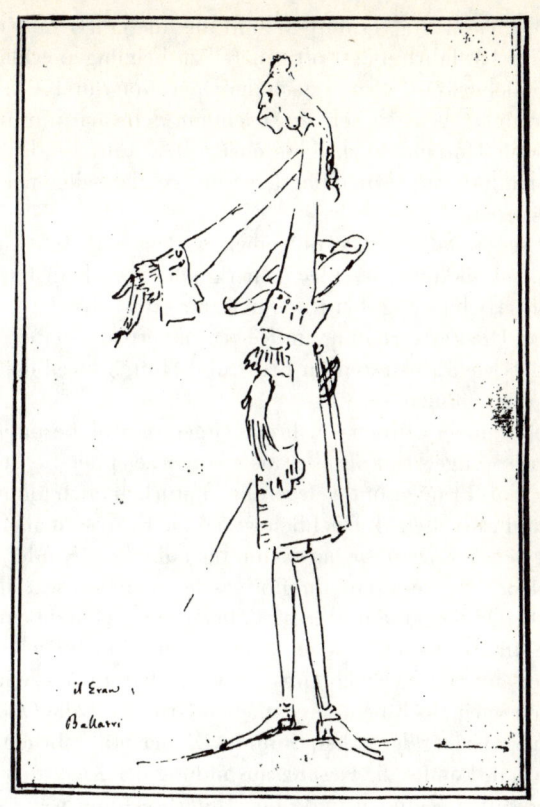

Filippo Balatri

Federzeichnung von Antonio Maria Zanetti,
Fondazione Cini, Venedig

besonders in Italien – die Medizin wissenschaftlich weit fortge-
schritten war, niemand dafür interessiert, was die Operation neben
dem eigentlichen Zweck, die hohe Stimme zu erhalten, für Auswirkungen hatte. Deshalb läßt sich eigentlich nie mit Sicherheit sagen, ob eine beobachtete körperliche oder auch geistige Entwicklung nach der Operation wirklich eine direkte und zwangsläufige
Folge der Kastration ist.

Nach allem, was wir aus dem 18. Jahrhundert wissen und was
die Medizin heute beobachten kann, gehört zu den möglichen Folgen der Kastration im Kindesalter, daß sich die Muskulatur

schlecht entwickelt. Vermutlich sind aus diesem Grund die Kastraten im 18. Jahrhundert oft generell zu Feiglingen erklärt worden. Möglicherweise kam es nach der Operation durch Chromosomenstörungen gelegentlich zu leichtem Schwachsinn oder zu psychischer Unreife. Auch diese eher selten auftretenden Folgen der Kastration sind manchmal den Sängern ganz allgemein nachgesagt worden.

Eher schon läßt sich verallgemeinernd sagen, daß die sogenannten sekundären Geschlechtsmerkmale, vor allem Bartwuchs und Körperbehaarung, bei Kastraten nur schwach oder gar nicht auftreten. Die Fettverteilung im Körper nähert sich der einer Frau an, so daß viele Kastraten an Brust und Hüften «weibliche Rundungen» bekommen.

Manche Sänger wurden von ihren Zeitgenossen als besonders gutaussehend, einige sogar als überaus schön bezeichnet. So ist es kein Wunder, daß Frauen, und gelegentlich natürlich auch Männer, die Sänger anhimmelten. Tatsächlich waren die Kastraten als Liebhaber sehr begehrt. Denn sie hatten nur die Fähigkeit, Kinder zu zeugen, vollständig verloren. Ihr übriges Sexualleben war dagegen durchaus nicht total lahmgelegt. Manche Frau schätzte einen Kastraten sehr als Liebhaber. Konnte sie sich ihm doch hingeben, ohne Angst vor einer unerwünschten Schwangerschaft haben zu müssen.

Bleiben wir jedoch beim eigentlichen Grund für die Operation, der Konservierung der hohen Stimme. Da der Stimmbruch ausgeschaltet war, konnte die Gesangsausbildung der Kastraten bereits im Kindesalter beginnen und ohne Unterbrechung weitergeführt werden. Dadurch hatten die Kastraten anderen Sängern gegenüber einen Vorteil, der mit dazu beigetragen hat, daß sie bald nach der «Erfindung» der Kastration führend in Europa waren. Ihre Perfektion und Brillanz erreichten andere Sänger nicht. Die Unterbrechung durch den Stimmbruch ist ja für die Stimmbildung nicht nur eine kurze Pause, nach der der Gesangsunterricht wie vorher weitergehen kann. Die Stimme hat sich verändert, der Sänger muß zwar nicht völlig bei Null, aber doch weitgehend von vorn anfangen, seine neue Stimme erst finden. Beim Kastraten fällt diese Neuorientierung weg. Die Knaben waren normalerweise acht bis zehn Jahre alt, wenn sie in das Konservatorium eintraten. Die Ausbildung dauerte sechs bis acht Jahre. Mit 15 Jahren waren die meisten Kastraten nicht nur fertig ausgebildete, sondern auch stimmlich ausgereifte Sänger.

Ihre Stimme ist nur in der Tonhöhe mit einer Frauenstimme zu vergleichen. Im Klang unterscheidet sie sich. Der Franzose Charles de Brosses hielt sich 1739 und 1740 in Italien auf. Er war damals 30 Jahre alt. In Dijon geboren und im dortigen Jesuitenkolleg erzogen, wurde er 1756 Präsident der Gerichtskammer des Parlaments von Dijon. Er hatte vielseitige Interessen, betätigte sich als Historiker und Archäologe, übersetzte Operntexte Metastasios ins Französische. Seine «Vertraulichen Briefe» aus Italien an Freunde in Dijon wurden nach seinem Tod veröffentlicht. In einem Brief aus Rom heißt es:

Man muß schon an die Kastratenstimmen gewöhnt sein, um daran Geschmack zu finden. Sie sind in der Klangfarbe ebenso hell und durchdringend, wie die der Chorknaben und viel lauter. Mir scheint, daß sie noch eine Oktave höher singen als die gewöhnliche Frauenstimme. Es liegt, ganz wenige ausgenommen, etwas Sprödes und Herbes in ihrem Gesang, das von der weichen Lieblichkeit der Frauenstimme weit entfernt ist, aber ihre Stimme hat Glanz und Leichtigkeit, dabei Kraft und Umfang.

Ein absolutes Gehör hat de Brosses nicht gehabt. Denn daß die Kastraten eine Oktave höher als Frauen singen konnten, stimmt natürlich nicht. Vielleicht sind die Kastratenstimmen ihres metallisch-instrumentalen Klanges wegen dem Franzosen höher erschienen, als sie tatsächlich waren. Es kann aber auch sein, daß de Brosses sich davon täuschen ließ, daß, wie schon erwähnt, die Heldenrolle des Soprankastraten oft höher angelegt ist als die Partie der Primadonna, die seine Geliebte spielt.

Weil ein Kastrat eine kürzere Stimmritze hat als ein erwachsener Mann mit seinen längeren Stimmbändern, benötigt er beim Singen weniger Luft. Er kann nicht nur ohne Anstrengung die höchsten Töne erzeugen, er hat außerdem einen geradezu endlosen Atem. Die besondere Form des Kehlkopfs ermöglicht den Kastraten, die schwierigsten Gesangspassagen mit der größten Leichtigkeit zu bewältigen. Ihre natürlichen Fähigkeiten wurden durch die auch in der Theorie immer mehr verfeinerte Gesangsausbildung noch verstärkt. Und die besten von ihnen, die als Idealbild des singenden Menschen das Publikum in Begeisterung, ja Raserei versetzen konnten, hatten im Konservatorium außerdem noch einen sicheren stilistisch-musikalischen Geschmack erworben.

Der 1586 in Rom geborene italienische Schriftsteller und Weltreisende Pietro Della Valle (auf einer Pilgerfahrt zu den Kulturstätten der Bibel und der antiken Geschichte, zu der er am 8. Juni 1614 von Neapel aufbrach, gelangte er bis nach Indien) vergleicht die Musikausübung des Jahres 1640 mit der Zeit seiner Jugend, als in der Kirche die hohen Stimmen noch von Knaben gesungen werden mußten, wenn man sich keine spanischen Falsettisten leisten wollte oder konnte:

Damals war man zufrieden, einen Knaben zu haben, der singen konnte. Aber in dem Augenblick, in dem er anfing, das Singen wirklich zu verstehen, verlor er schon seine Stimme. Und wenn wir ehrlich sind, müssen wir zugeben, daß zu der Zeit, zu der die Stimme die höchste Vollendung erreicht zu haben scheint, der Gesang des Knaben wegen seiner Jugend und Unerfahrenheit doch unvermeidlich ohne Geschmack, ohne musikalische Gestaltung, ohne Anmut sein muß. Er klingt vielmehr wie mechanisch auswendig gelernt. Und wenn ich ehrlich bin, muß ich sogar zugeben, daß ich eigentlich nie einen Knaben gehört habe, dessen Gesang mir nicht mehr Pein als Vergnügen bereitet hätte. Die Sopranisten unserer Zeit sind dagegen erwachsene Menschen, die ein eigenes Urteilsvermögen haben. Sie singen mit einem solchen Verständnis, mit Ausdruck und Geschmack, daß sie jeden Hörer, der empfindsam ist, einfach überwältigen müssen.

Was den Zuschauern und Zuhörern so leicht und mühelos erschien, war das Ergebnis harter Arbeit, täglicher Übung, einer umfassenden Ausbildung, die sich nicht auf Gesangstechnik und Stimmbildung beschränkte. Ein junger Sänger lernte nicht nur Singen. Er mußte auch mindestens ein Instrument spielen können, und er wurde in Komposition unterrichtet. Das Improvisieren war ein wesentlicher Bestandteil der Musik des 18. Jahrhunderts, deshalb mußte jeder Sänger und Instrumentalist sozusagen sein eigener Komponist sein. Der Sänger mußte eine stilistische Sicherheit gewinnen, musikalischen Geschmack entwickeln. Der ist zwar nicht wirklich erlernbar, muß aber durch Erziehung geweckt werden. Eine gute Allgemeinbildung, auch kulturhistorischer Unterricht gehörte notwendig zum Ausbildungsprogramm eines Sängers, sollte er ein Gespür für Stil entwickeln.

Viele Kastraten stammten aus ärmsten Verhältnissen in Süditalien. Sie waren, bevor sie ins Konservatorium kamen, nicht nur Analphabeten, sie sprachen einen fürchterlichen ländlichen Dialekt. Und nicht jeder Sänger hatte ein Konservatorium besucht, gelegentlich schafften bei Privatlehrern ausgebildete Kastraten den

Sprung auf die Bühne. Manchen dieser Sänger hat man es offenbar angemerkt, daß ihr Lehrer sie nur in der Musik unterrichtet hat. Jedenfalls rät Tosi in seiner Gesangsschule dem angehenden Sänger: *Er lerne recht vollkommen lesen, um nicht die Schande zu haben, daß er die Worte erbetteln muß; und um nicht in die Ungereimtheiten zu verfallen, welche aus der schändlichsten Unwissenheit entspringen. O wie viele hätten noch nöthig das ABC-Buch in die Hand zu nehmen! Hätte sein Meister etwan die Fehler der Aussprache nicht zu verbessern gewußt: so bemühe er sich selbst die beste zu erlernen: denn die Entschuldigung, daß man nicht in Toscana gebohren ist* ⟨und darum kein reines «Hoch»-Italienisch spricht⟩, *reichet nicht zu, die Unwissenheit damit zu bedecken.*

Wir müssen uns immer wieder vergegenwärtigen, daß die Schüler, die in den Konservatorien zu Sängern ausgebildet werden, Kinder sind. Kinder zwischen neun und fünfzehn Jahren, die in der Pubertät wären, wenn die Operation eben diese nicht verhindert hätte. Das ist ein Aspekt, über den sich im 18. Jahrhundert offenbar niemand Gedanken gemacht hat. Kinder in der Pubertät gelten allgemein als schwierig. Der ungestümen körperlichen Entwicklung entspricht eine geistig-psychologische. Die Unsicherheit, die der pubertierende Knabe den Veränderungen seines Körpers gegenüber empfindet, führt ihn zu Verhaltensweisen, die ihn äußerlich launenhaft erscheinen lassen. Wir wissen nicht, ob durch die Operation auch dieses natürliche Verhalten eines heranwachsenden Knaben verändert wurde, und wenn es sich verändert hat, in welcher Weise. Vielleicht sind die kapriziösen Launen, die wir bei Kastraten immer wieder finden, auch eine direkte Folge der Operation und nicht nur eine Reaktion auf den Jubel und Rummel, dem sich erfolgreiche Sänger ausgesetzt sahen, zu einer Zeit, da sie fast noch Kinder waren.

Nicht alle Schüler eines Konservatoriums waren Kastraten. Die Kastraten waren in den Musikschulen eine Minderheit, aber eine privilegierte Minderheit. Denn schließlich waren sie die möglichen Stars von morgen. Die Operation hatte sie zu einer kleinen Kostbarkeit gemacht. Kastraten erhielten deshalb besseres Essen, wärmere Kleidung, bekamen die besten Zimmer. Sie wurden ganz anders umsorgt als ihre Mitschüler, die «nur» Instrumente oder Komposition studierten. Damit wurde schon im Konservatorium der Grund gelegt für etwas, was die Kastraten, oft sicherlich zu

Recht, in Verruf brachte: ihre Allüren, ihr launisches Gehabe, ihre Egozentrik. Ein guter Gesanglehrer muß, wie Tosi in seiner Gesangslehre fordert, dem entgegenwirken: *Er gewöhne den Scholaren, oft in Gegenwart von solchen Personen zu singen, die wegen ihres Standes, oder wegen ihrer Einsicht in die Musik in Ansehen stehen: damit derselbe nach und nach die Furchtsamkeit verliere, und also dreist, aber ja nicht unverschämt und frech werde.*

Charles Burney besuchte 1770 in Neapel das Conservatorio di Sant'Onofrio, in dem genau fünfzig Jahre früher Caffarelli seine Gesangsausbildung bei Nicola Porpora absolviert hatte. Burney schreibt in seinem Tagebuch: *Es sind sechzehn junge Kastraten in diesem Collegio, und diese liegen oben allein, in wärmeren Zimmern als die übrigen Knaben, aus Furcht, sich zu verkälten, wodurch ihre weiblichen Stimmen nicht nur zu ihren gegenwärtigen Übungen ungeschickt werden, sondern auch Gefahr laufen mögen, ganz verlorenzugehen.*

Wir dürfen uns die Unterrichtsbedingungen in den italienischen Konservatorien aber durchaus nicht ideal vorstellen. Der englische Sänger Michael Kelly, ein Tenor, ist 1779 nach Neapel gegangen, um bei dem Kastraten Giuseppe Aprile seine Gesangsausbildung zu vervollkommnen. In seinen Erinnerungen schildert er seinen ersten Eindruck von einer neapolitanischen Musikschule:

In diesem Konservatorium waren damals zwischen dreihundert und vierhundert Knaben. Sie studierten Komposition, Singen und alle möglichen Instrumente. Es gab mehrere Übungsräume, aber in dem großen Unterrichtsraum, in den ich geführt wurde, waren einige Schüler beim Singen, andere spielten Violine, Oboe, Klarinette, Horn, Trompete, usw., usw., jeder eine andere Musik und in einer anderen Tonart. Der Lärm war schrecklich. Und in der Mitte dieses fürchterlichen Babel stand ein Junge, der Komposition studierte. Er sollte da seine Übung durchführen, nämlich eine Melodie, die ihm sein Lehrer vorgegeben hatte, harmonisieren.

Michael Kelly war 17 Jahre alt, als er nach Neapel kam. Wir werden ihm später in Wien bei der Uraufführung von Mozarts «Figaro» wiederbegegnen.

8

«Modernes Theater»

1720, also im selben Jahr, in dem Porpora in Neapel seinen Schüler Farinelli zum erstenmal vor Publikum auftreten läßt, erscheint in Venedig ein Buch mit dem Titel «*Il teatro alla moda – Das moderne Theater, oder sichere und leichte Methode, italienische Opern auf modische Art gut zu verfertigen und aufzuführen*». Der Titel läßt bereits vermuten, daß es sich bei dem Buch um eine Satire handelt. Geschrieben hat sie der damals vierunddreißigjährige Venezianer Benedetto Marcello. Marcellos Vater war, wie viele wohlhabende Venezianer, ein begeisterter Musikdilettant, der seinen beiden Söhnen einen fundierten Musikunterricht geben ließ. Benedetto Marcello wurde Jurist, neben seiner beruflichen Tätigkeit komponierte er Kirchenmusik, Lieder, Madrigale, Kantaten und leitete ein Liebhaberorchester venezianischer Adliger. Er hat Opern geschrieben, zu denen er selbst die Texte verfaßte. In seinen musikalischen Veröffentlichungen bezeichnet er sich als «nobile Veneta dilettante di contrappunto» – als einen adligen (oder auch nur: vornehmen) venezianischen Amateur-Komponisten.

Marcellos Buch über die Oper ist eine Satire und keine realistische Beschreibung der Musik- und Theaterpraxis seiner Zeit. Aber wenn wir seine Bemerkungen als das nehmen, was sie sind, eine auf die entlarvende Pointe angelegte Übertreibung, können wir aus ihnen ein ziemlich genaues Bild vom Zustand der Oper im Jahr 1720 gewinnen.

Das Buch ist in Kapitel eingeteilt, die als Überschrift jeweils «Anweisungen für...» tragen: Anweisungen für Komponisten, für Theaterdirektoren, für Sänger. Im Kapitel «Anweisungen für Gesanglehrer» schreibt Marcello: *Armen Jungen und Mädchen gebe er aus Mitleid Unterricht und begnüge sich, im Falle sie ein Engagement finden, mit bloßen zwei Dritteln ihres Gehalts für ihre ersten 24 Spielabende, mit der Hälfte für weitere 24 und einem Drittel für den Rest ihres Lebens.*

Marcello erwähnt mehrmals in seinem Buch, daß Kastraten meist aus ärmlichen Verhältnissen stammen. Wir lassen unserer Phantasie sicherlich nicht freien Lauf, wenn wir seine «Anweisung für Gesanglehrer» so in die Realität zu übersetzen versuchen: Der Gesanglehrer ist meist selbst ein Kastrat. Er hat die beschriebene intensive Gesangsausbildung am Konservatorium mitgemacht und ist deshalb theoretisch mit der Kunst des Singens durchaus vertraut, aber für die Praxis hat seine Stimme nicht gereicht; die erhoffte Karriere ist ausgeblieben. Er hat dennoch Glück gehabt, er ist in den kirchlichen Dienst übernommen worden, leitet den Kirchenchor einer kleinen Stadt. Das wird nicht allzugut bezahlt, und so bessert er sein Gehalt mit privaten Musikstunden auf. Kastraten kann sich die Kirchengemeinde nicht leisten, die hohen Stimmen im Chor werden von Knaben gesungen. Die müssen nicht wie Kastraten, die ja Berufssänger sind, bezahlt werden. Zwei oder drei Chorknaben haben eine sehr schöne Stimme. Der Chorleiter redet den Eltern ein, ihr Bub habe etwas, das ihn zum großen Opernsänger prädestiniere, er habe Gold in der Kehle, wenn er nur eine Ausbildung erhielte. Der Vater kann sich private Musikstunden nicht leisten. Der Chorleiter bietet an, dem Jungen Unterricht zu geben, völlig kostenlos, aus purer Liebe zur Kunst. Ein solches Talent zu fördern sei Ehrensache für ihn. Ganz nebenbei macht der Chorleiter die Bemerkung, natürlich müsse man bei Gelegenheit die kleine Operation durchführen lassen, der Vater wisse schon. Er weiß auch eine Adresse: ein guter Chirurg, verschwiegen, ohne Risiko für die Gesundheit des Knaben.

Später dann, wenn der Junge ein berühmter Sänger geworden sei, woran er, der Gesanglehrer, nicht den geringsten Zweifel habe, könne er die Musikstunden bezahlen. Einen bestimmten Prozentsatz seiner Gage, das sei doch nicht zuviel verlangt für die Mühe, die er sich mit ihm machen werde. Für den Buben würde von dem vielen Geld, das er dann verdiene, immer genug übrigbleiben, um auch seine armen Eltern unterstützen zu können. Für den Vater sei das ganze ohne Risiko. Und daß er, der Gesanglehrer, mit der Bezahlung so lange warten wolle, sei doch Beweis genug, daß er von einer glanzvollen Zukunft des Knaben überzeugt sei. – Vielleicht ist es auf diese Weise gelegentlich sogar zu regelrechten Verträgen gekommen, die den Gesanglehrer an den späteren Gagen seines Schülers beteiligten.

Der Reichtum, den ein Kastrat erringen konnte, war eine große Verführung, nicht nur für die Eltern eines Jungen. Es ist mit Kindern regelrecht gehandelt worden. Einen solchen Fall schildert der Jurist Pierre-Jean Grosley, der 1745/46 mit 27 Jahren Verwaltungsattachée bei der französischen Italien-Armee war:

Wir entdeckten in Florenz ein eigentümliches Handelsobjekt, dessen Manöver und Details wir nicht aufklären konnten. Der Wirt unserer Herberge war nach Rom gefahren mit einem jungen Mann, welchen er von Kindheit an für die Musik erzogen und in allem diesbezüglichen Unterricht hatte zuteil werden lassen, nachdem er an ihm eine in solchem Fall gebräuchliche Operation hatte vornehmen lassen. Hatte er ihn als Kind aus einer Findelkindanstalt genommen nach den Formalitäten, die diese Häuser für die Erziehung der ihnen anvertrauten Bastarde einhalten? Ging er nach Rom, um ihn nun zu verkaufen oder nur, um ihm eine Stelle zu suchen, deren Erträgnisse er zu seinem Profit in Anspruch nahm, bis zur Erreichung seiner Spesen und eines seinem Risiko proportionierten Gewinns? Dies war, was wir nicht entdecken konnten; aber wir erfuhren genug, um sehr erstaunt zu sein, daß ein solcher Handel in einem christlichen Staate stattfände.

Was der Franzose Grosley vermutet, wird der Wahrheit sehr nahe gekommen sein. Es ist vielleicht übertrieben, von einem schwunghaften Handel mit Knaben zu sprechen. Aber kriminelle Methoden wurden angewandt, Kinder wurden von ihren Eltern verkauft, auch Kindesraub hat es gegeben. Matteo Sassano, der sich als Sänger Matteuccio nannte, wurde 1667 in Foggia geboren. Er war ein uneheliches Kind, und seine Mutter verkaufte ihn an skrupellose Geschäftemacher, die ihn kastrieren ließen. Zwischen 1677 und 1687 erhielt er seine Gesangsausbildung am Conservatorio dei Poveri di Gesù Cristo in Neapel. Danach sang er in der erzbischöflichen und königlichen Kapelle und wurde «usignolo di Napoli – die Nachtigall von Neapel» genannt. 1695 trat er in den Dienst des Wiener Hofes. Der schickte ihn 1698 nach Madrid, damit er durch seinen Gesang die Melancholie des stets kranken spanischen Königs Karl II. lindere. Nach dessen Tod kehrte Matteuccio nach Wien zurück.

Bereits aus dem ersten Jahrzehnt, in dem es Gesangskastraten gab, ist ein Fall von Anstiftung zur Kindesentführung überliefert. Im November 1580 schickte der bayerische Herzog Wilhelm V. seinen Rat Anselm Stöckl aus, einige der begehrten Sopransänger für seine Hofkapelle zu besorgen. Zwei Sopranisten, mit denen Stöckl verhandelte, waren dem Herzog zu teuer. Er gab seinem Rat brieflich Anweisung, sich aus Kostengründen nach ganz jungen Kastraten umzusehen: *Wann sie alt sind, lassen sie sich um so weniger sättigen. Uns aber wäre mit einem jungen Kapaun von 11, 12 oder 13 Jahren besser gedient, er wäre leichter zu unterhalten.* Der

Herzog teilte seinem Rat noch mit, 500 Kronen würden ihn als «Verehrung» für die Eltern – also als Kaufpreis – nicht reuen. Wenn es sich machen ließe, solle er aber versuchen, *einen solchen Knaben heimlich zu bewegen, daß er einwilligt, ohne Wissen seiner Eltern oder Obern.* Eine feine Umschreibung für Kindesraub: Der bayerische Herzog wollte schlicht die Bezahlung sparen. Diese kriminellen Machenschaften verweigerte der bayerische Rat jedoch. Er kam mit drei «Kapaunen» nach München zurück, für die er statt der für einen Sänger bewilligten 500 Kronen nur insgesamt 348 gezahlt hatte. Wilhelm V. lobte seinen Beamten durchaus nicht für seine Sparsamkeit. Ihm wäre es lieber gewesen, Stöckl hätte das Geld für nur einen Kastraten ausgegeben, *der der Mühe wert gewesen wäre.* Denn nun hatte er drei Jungen durchzufüttern, und die würden das Ersparte mehrfach wieder auffressen. Der bayerische Herzog erhielt später den Beinamen «der Fromme», 1597 dankte er ab und zog sich in ein Kloster zurück.

Der Chor, für den diese Knaben «gekauft» wurden, wurde von Orlando di Lasso geleitet, der selbst als Kind wegen seiner schönen Stimme das Opfer von Räubern geworden war, ohne allerdings kastriert zu werden. Nicolaus Forkel berichtet über den 1532 im Hennegau geborenen Chorleiter und Komponisten: *Schon als Knabe von 7 Jahren wurde er zur Musik angeführt und machte so glückliche Fortschritte darin, daß er bald jedermann lieb und angenehm wurde. Seiner schönen Stimme wegen wurde er zu drey verschiedenen malen seinen Eltern entführt, die aber immer glücklich genug waren, ihn wieder zurück zu bringen, bis er endlich zum drittenmale in Sicilien, Meyland und Neapel freiwillig blieb.*

Benedetto Marcello hat sein Buch über die Oper in einer Mischung aus Liebe und Wut geschrieben. Marcello liebt die Musik und die Oper, und deshalb beschreibt er mit zorniger Ironie die Auswüchse, die nach seiner Meinung diese neue Kunst hundert Jahre nach ihrer «Erfindung» in Gefahr bringen. Die Kommerzialisierung des Opernbetriebs, die Marcello gerade in Venedig mit seinen rivalisierenden Opernhäusern beobachten kann, scheint ihm ein wesentlicher Grund dafür zu sein, daß die wahre Kunst mittlerweile ins Hintertreffen geraten ist. Mit der Kommerzialisierung eng verbunden ist der Starkult, der um die Kastraten getrieben wird. Auf der Bühne spielen sie die Helden und Liebhaber, sie sonnen sich im Beifall, und auch außerhalb des Theaters werden die Kastraten bewundert und angehimmelt. Sie lassen sich nicht mehr gern an ihre erbärmliche Kindheit erinnern, und dann ist da auch noch der Makel der Operation, die offiziell verboten ist. Das alles veranlaßt manchen Kastraten, Mystifikationen über seine Herkunft und den Anlaß der Kastration zu verbreiten. Marcello schreibt in seinen «Anweisungen für Sänger»:

Ist der Gesangskünstler Altist oder Sopranist, so sollte er einen guten Freund haben, der in Gesellschaft für ihn Reklame macht; ihn – obwohl es nicht wahr ist – als Sprossen einer feinen und angesehenen Familie ausgibt, mit der Erklärung: er habe wegen einer höchst gefährlichen Krankheit seine Mannheit opfern müssen. Ferner: er habe einen Bruder, der Universitätsprofessor für Philosophie, einen anderen, der Arzt und eine Schwester, die Nonne sei, eine andere Schwester habe einen angesehenen Bürger zum Mann; und dergleichen schöne Sachen mehr.

Vielleicht sollten auch die Künstlernamen mithelfen, die Herkunft zu verschleiern. Allerdings stand der bürgerliche Name des Sängers zumindest auf den meisten italienischen Theaterzetteln. In Venedig lesen wir zum Beispiel «Carlo Broschi, detto il Farinello – genannt Farinello». Mit der Schreibweise von Namen nahm man es im 18. Jahrhundert nicht allzu genau. Rechtschreibung war überhaupt eine vernachlässigte Kunst. Man schrieb nach dem Hören, und da es in der Aussprache starke regionale Unterschiede gab, werden Namen manchmal so geschrieben, daß sich die Identität der bezeichneten Person nur noch erahnen läßt. Gaetano Majorano wird auf den venezianischen Theaterzetteln «Gaffariello» genannt, Metastasio nennt ihn in seinen Briefen «Caffariello». Wir wollen bei Caffarelli bleiben, denn diese Form seines Künstlernamens begegnet uns in den Schriften des 18. Jahrhunderts am häufigsten, ebenso wie Farinelli für Carlo Broschi.

Caffarelli soll seinen Künstlernamen nach seinem ersten Musiklehrer gewählt haben, der Caffaro hieß. Wenn unsere aus Marcellos Satire gewonnene Vermutung auch auf Caffarelli zutrifft, wäre es dieser Caffaro gewesen, der den Vater überredet hat, seinen Sohn kastrieren zu lassen.

Woran Farinelli mit seinem Namen erinnern wollte, wissen wir nicht sicher. Eine Deutung besagt, daß es Dankbarkeit gegenüber zwei Brüdern namens Farina war, die sich während seiner Gesangsausbildung in Neapel um den kleinen Buben gekümmert haben. Vielleicht haben sie auch sein Studium finanziert. Farinelli war einer der wenigen Kastraten, die wirklich aus einer vornehmen

Familie stammten. Zur Zeit der Geburt des kleinen Carlo war sein Vater, Salvatore Broschi, königlicher Gouverneur der Gegend von Maratea, etwa 180 km südlich von Neapel. Als Carlo vier Jahre alt war, verlor der Vater sein Amt. Es war die Zeit, in der die Österreicher vorübergehend die Herrschaft in Neapel übernommen hatten. Bis zu seinem Tod im Jahr 1717 betätigte sich Salvatore Broschi als Musiklehrer in Terlizzi. Hier gab er seinem kleinen Sohn auch den ersten Musikunterricht. Als der Vater starb, war der zwölfjährige Carlo bereits in Neapel Schüler von Porpora. Und drei Jahre später hatte er sein eingangs geschildertes sensationelles Debut im Haus des Fürsten della Torretta. Farinellis älterer Bruder Riccardo Broschi wurde auch Berufsmusiker. Als Komponisten werden wir ihn später an der Seite seines Bruders finden.

Die künstlichen Namen, die sich die Kastraten oft geben, klingen wie Kosenamen. Der Künstlername geht dem Publikum leicht von den Lippen, er prägt sich schnell ein, suggeriert Popularität. Er bewirkt eine gewisse Vertraulichkeit zwischen Publikum und Künstler, schafft zugleich auch Distanz. Denn er gibt dem Sänger die Aura des Besonderen.

Nicht nur mit ihren Künstlernamen versuchten die Kastraten, diese Aura um sich zu verbreiten. In ihrem Ursprung war die Oper ein Luxus der Fürstenhäuser gewesen, an den Höfen Europas wurden Familienfeste auch weiterhin mit prächtigen Opernaufführungen begangen, in den Fürstentümern Italiens, wie Mantua und Parma, ebenso wie in nördlicheren Regionen, in Wien und Dresden zum Beispiel. Daneben gab es «kommerzielle» Opernhäuser, vor allem in italienischen Städten, in denen die Eintrittskarten verkauft wurden. Also mußte Reklame gemacht werden. Die Sänger prunken damit, im Dienst fremder Fürsten zu stehen. Das zahlende Publikum soll wissen, welche Gnade es ist, daß sie sich herablassen, auch vor einfachem Volk aufzutreten. Die Sänger versuchen, ihren «Marktwert» dadurch zu steigern, daß sie sich mit Titeln schmücken, die ihnen offiziell vielleicht nie verliehen worden sind.

1721, ein Jahr nach der Veröffentlichung von Marcellos Buch, sind auf dem Besetzungszettel des Teatro San Giovanni Grisostomo in Venedig zur Oper «Plautilla» des Komponisten Antonio Pollarolo bei allen Sängern auswärtige Engagements aufgeführt:

Plautilla – Francesca Cuzzoni, virt. di camera della Ser. Gr. Pr. Violante di Toscana (Kammersängerin Ihrer Hoheit der Großherzogin Violante von Toskana)

Bassiano – Gaetano Berenstadt, virt. di S. M. il Re di Polonia e Elett. di Sassonia (Sänger Seiner Majestät, des Königs von Polen und Kurfürsten von Sachsen)

Geta – Antonio Bernacchi, virt. del Ser. Elett. di Baviera (Sänger Seiner Hoheit des Kurfürsten von Bayern)

Giulia – Vittoria Tesi, virt. di S. A. Ser. il Pr. Antonio di Parma (Sängerin Seiner Allerhöchsten Hoheit des Prinzen Antonio von Parma)

Annio – Giovanni Ossi, virt. di S. E. il Pr. Borghese, Vicerè di Napoli (Sänger Seiner Excellenz, des Prinzen Borghese, Vizekönig von Neapel).

Ein Diener, der Zutritt zu den Privatgemächern des Fürsten hatte und dadurch großen Einfluß besaß, führte den Titel eines «Kammerherrn». In Analogie dazu entstand der Titel «Kammersänger». Die Sänger der «Plautilla» haben alle irgendwann einmal ein Engagement an den genannten Fürstenhöfen gehabt, und sie prunken jetzt damit. Je entfernter die Stadt, in der der Sänger aufgetreten ist, je höher der Rang des Fürsten, in dessen Diensten er stand, um so höher sein Prestige beim Publikum. Deshalb wird auch beim sächsischen Kurfürsten, der zu dieser Zeit in Personalunion König von Polen ist, die Königswürde zuerst genannt, obwohl der Auftritt Baerenstadts in Dresden und nicht am Warschauer Hof stattgefunden hat. Mit Ausnahme von Giovanni Ossi werden wir allen Sängern und Sängerinnen der «Plautilla» später mehrfach wiederbegegnen.

Nicht nur auf dem Theaterzettel ließen die Sänger ihrer Eitelkeit freien Lauf. Auch auf der Bühne war ihr Selbstbewußtsein nicht zu bändigen, am wenigsten von der Rolle, die sie zu spielen hatten. Als Marcello seine Satire schrieb, waren die Heldenrollen der italienischen Oper für die Kastraten reserviert. Der Held war für gewöhnlich in die Primadonna verliebt. Das Publikum fand es nicht komisch, daß der Liebhaber von einem Kastraten gesungen wurde. Die eigentlichen Männerstimmen hatten in der Oper allenfalls Nebenrollen. *Die Tenöre und Bässe spart man für die Hauptleute der Leibwache, die Vertrauten des Königs, Hirten und Boten auf,* schreibt Marcello. Ein anonymer englischer Musikschriftsteller schreibt 1709: *Bässe gibt es in Italien nur in den Kirchen, sie eignen sich überhaupt nicht für das Theater. Würde dort ein Baß eine Heldenrolle singen, würde es beim Publikum nur Lachsalven geben. Wenn sie auftreten, singen sie die Rolle eines Zauberers, eines Riesen oder eines Teufels.*

Ein Operist in römischer Tracht

Typisches Kastratenkostüm. Kupferstich, wahrscheinlich von
Johann Christoph Dehne, 1723

Dem Ersten Sänger, dem Kastraten, gibt Marcello in seiner Satire diese «Anweisung»: *Richtet in den Dialogen sein Partner, wie
es der Gang der Handlung verlangt, das Wort an ihn, oder hat der
Partner eine kleine Arietta zu singen, so grüße der Kastrat unterdessen die Masken in den Logen und lächle dem Orchester oder den
Statisten zu, damit das Publikum deutlich merkt, daß es der Herr
Alipio Forconi, der berühmte Kastrat ist, und nicht der Prinz Zoro-
aster, den er darstellt* ⟨das italienische Wort «forconi» heißt «Mist-
gabel»⟩. *Sollte der große Sänger die Rolle eines Gefangenen oder*

eines Sklaven darzustellen haben, so muß er wohlgepudert, in juwelenbesetzten Kleidern, mit sehr hohem Helmschmuck, mit Schwert und hübsch langen und schimmernden Ketten erscheinen. Er klirre und rassle mit ihnen recht häufig, um das Publikum zum Mitleid zu bewegen.

Ein Kupferstich zeigt uns das typische Kastratenkostüm, das unabhängig von der Rolle, die der Sänger auf der Bühne zu verkörpern hatte, obligatorisch war. Der Stich mit der Unterschrift: «Ein Operist in Römischer Tracht» wurde 1723 in einem in Bayreuth erschienenen Buch veröffentlicht. Der dargestellte Sänger trägt ein reichbesticktes, rockartiges Gewand mit einer langen Schleppe und breiten Puffärmeln, auf dem Kopf einen Helm mit Federbüschen.

Benedetto Marcello hat in seiner Satire auch einen wichtigen Rat für den Opernkomponisten parat: *Geht der Komponist mit großen Sängern, insbesondere mit Kastraten, auf der Straße, so lasse er sie immer rechts gehen, wage den Hut nicht aufzusetzen und halte sich stets um einen Schritt hinter ihnen, mit Rücksicht darauf, daß der geringste von den Kastraten in der Oper zum mindesten einen General, einen Hauptmann des Königs oder der Königin darstellt.*

Es waren nicht nur die Rollen eines Generals oder Königs, die den Kastraten mächtiger machten als den Komponisten. Für das Publikum verkörperte der Sänger die Musik, er hatte den endlosen Atem, er sang die Spitzentöne, bezauberte mit halsbrecherischen Koloraturen. Der Komponist lieferte nur das Rohmaterial dazu. Nicola Porpora wußte, daß er als Komponist am einfachsten mit Hilfe der Kastraten Karriere machen würde. Ein anderer Opernkomponist, der sich in London auf ein kommerzielles Opernunternehmen einließ, mußte diese Wahrheit erst am eigenen Leibe erfahren.

9

Händel, Nicolini und Senesino

1720 war ein ereignisreiches Jahr in der Geschichte der Oper. In Neapel präsentierte Porpora seinen Schüler Farinelli. Marcello veröffentlichte in Venedig seine Satire «Il teatro alla moda», und in London eröffnete Händel die erste Spielzeit der neu gegründeten «Royal Academy of Music».

Seit 1710 lebte Georg Friedrich Händel mit kurzen Unterbre-

chungen in England. Er war vor allem mit Vokal- und Instrumen-
talkompositionen für den Königshof und den englischen Adel bekannt geworden. Aber auch einige von ihm komponierte italienische Opern hatten in London viel Beifall gefunden.

1711 war Nicolo Grimaldi, genannt Nicolini, der Star in Händels
erster Londoner Oper «Rinaldo». Den großen Erfolg, den Händel
fortan in England hatte, verdankte er sicher auch dem Glück, daß
er diesen Sänger für sein Londoner Debut zur Verfügung hatte.

1673 in Neapel geboren, wurde Nicolini 1691 als Sopranist in
die königliche Kapelle seiner Heimatstadt aufgenomen. In Neapel
sang er in mehreren Scarlatti-Opern. Als Dreiundzwanzigjähriger
ist Nicolini in Rom noch mit dem legendären Begründer der bolo-
gnesischen Gesangsschule, Francesco Antonio Pistocchi, aufgetreten.

1708 kam Nicolini nach London. Nicht nur ein Kastrat war etwas Neues auf dem englischen Theater, auch die italienische Oper
kannte das Londoner Publikum bis dahin nicht. Opern wurden in
englischer Übersetzung aufgeführt. Es irritierte die Zuschauer anfangs sehr, daß Nicolini italienisch sang, während die meisten anderen Sänger bei der englischen Sprache blieben. Die satirische
Zeitung «The Spectator» berichtet darüber am 21. März 1711 in
einem «wahrhaftigen Bericht über die italienische Oper und ihre
Entwicklung auf der englischen Bühne»: *Ein weiterer Schritt war
die Einführung italienischer Sänger in unseren Opern. Sie sangen
ihre Rollen in ihrer Sprache, während gleichzeitig unsere Landsleute ihre Rollen in ihrer Muttersprache gaben. Der König oder der
Held einer Oper sprach normalerweise Italienisch, seine Sklaven
antworteten ihm Englisch. Der Liebhaber warb um das Herz seiner Prinzessin in einer Sprache, die sie nicht verstand. Man sollte
eigentlich glauben, daß es sehr schwierig ist, sich auf diese Weise
zu unterhalten, ohne daß dauernd ein Dolmetscher bei den Ge-
sprächen anwesend ist. Aber es ging so auf der englischen Bühne
ungefähr drei Jahre lang. Schließlich war es das Publikum leid, die
Hälfte der Oper zu verstehen, und um sich von der Mühe des Den-
kens zu befreien, verlangte es, daß die ganze Oper in einer unbekannten Sprache aufgeführt würde. Wir verstehen deshalb die
Sprache auf unserer eigenen Bühne nicht mehr, und ich bin, wenn
ich unsere italienischen Sänger in heftiger Aktion zwitschern höre,
oft besorgt, daß sie uns mit Schimpfworten beleidigen. Aber da wir
sie mit so großem Vertrauen bewundern, hoffe ich, daß sie nicht vor*

unseren Augen gegen uns reden, obwohl sie es so unbesorgt tun könnten, als wenn es hinter unserem Rücken geschähe. *Manchmal denke ich auch, daß ein Historiker, der zweihundert oder dreihundert Jahre nach uns schreiben mag, und den Geschmack seiner weisen Vorfahren nicht kennt, zu folgender Schlußfolgerung kommen mag: Am Anfang des 18. Jahrhunderts wurde die italienische Sprache in England von allen verstanden, so daß die Opern im Theater in dieser Sprache aufgeführt wurden.*

Nicolini begeisterte nicht nur durch seine Gesangskunst, er wurde gleichermaßen als Darsteller gerühmt. Alle Vorstellungen, in denen er auftrat, hatten erhöhte Eintrittspreise; auch das war neu im englischen Theater. Die Zeitung «The Tatler» veröffentlichte im Januar 1710 die folgende Eloge auf den Sänger: *Er gestaltet jede Opernrolle ebensosehr durch sein Spiel, wie die Worte mit seiner Stimme. Jedes Glied, jeder Finger ist an seinem Spiel beteiligt: ein tauber Mensch würde den Sinn seiner Worte sofort verstehen. Es gibt kaum eine schöne Gebärde einer antiken Statue, die er nicht nachvollziehen kann, wenn ihm die Handlung Gelegenheit dazu gibt. Er gestaltet die einfachste Aktion in einer Weise, die der Größe seiner jeweiligen Rolle entspricht, und zeigt den Prinzen noch dann, wenn er einem Boten einen Brief überreicht.*

Den nachhaltigsten Eindruck machte Nicolini in London aber nicht mit seiner Gesangs- und Darstellungskunst, sondern als er 1710 in der Oper «Idaspe fedele» von Francesco Mancini auf der Bühne mit einem Löwen kämpfte. Der achtunddreißigjährige Mancini war neben Alessandro Scarlatti der Leiter der königlichen Kapelle in Neapel. Seine Bühnenwerke gehörten zum Typ der prunkvollen barocken Ausstattungsoper.

Johann Friedrich Agricola bemerkt in seiner deutschen Übersetzung von Tosis Gesangslehre zu einem Zitat aus dem «Spectator»: *Nicolini hatte damals, wie es seine Rolle in einer gewissen Londoner Oper mit sich brachte, mit einem Löwen kämpfen müssen, welcher erst durch einen cholerischen Lichtputzer, hernach durch einen sanftmüthigen Schneider, und endlich durch einen lustigen Dorfjunker zum Zeitvertreibe war vorgestellet worden; bey welchem Kampfe der Löwe, unter dem Pöbel, mehr Bewunderer gefunden hatte, als Nicolini selbst.*

Welche Attraktion der Löwe war, macht ein langer Artikel deutlich, den Joseph Addison, einer der Herausgeber des «Spectator», im März 1711 in der Zeitschrift veröffentlichte: *Nichts hat im letz-*

ten Jahr die Stadt mehr amüsiert als Signor Nicolinis Kampf mit dem Löwen im Haymarket-Theater, den er so oft zur vollen Befriedigung von Adel und Bürgertum ausgeführt hat. Auf das erste Gerücht von dem bevorstehenden Kampf wurde vertraulich geflüstert, an jedem Vorstellungstag würde ein zahmer Löwe aus dem Tower geschickt, der dann von Hydaspes auf der Bühne getötet würde. Obwohl dieses Gerücht offensichtlich grundlos war, wurde es von manchen Besuchern der oberen Galerie geglaubt. Ähnlich unsinnig waren die Spekulationen, wie Signor Nicolini den Löwen behandeln würde. Einige vermuteten, er werde ihn mit einem Rezitativ überwältigen, wie einst Orpheus die wilden Tiere zähmte, und er würde ihn dann durch einen Schlag auf den Kopf töten. Andere meinten, der Löwe würde nicht wagen, seine Pranke auf den Helden zu legen, da nach allgemeiner Ansicht ein Löwe niemals eine Jungfrau verletze. Um den Fall, über den so unterschiedlich berichtet wurde, aufzuklären, hielt ich es für meine Pflicht, zu untersuchen, ob dieser angebliche Löwe wirklich das Ungeheuer ist, als das er erscheint, oder nur eine Fälschung.

Bevor ich meine Entdeckungen mitteile, muß ich meinem Leser berichten, daß ich bei meinen Nachforschungen hinter der Bühne im letzten Winter, als ich an etwas völlig anderes dachte, versehentlich über ein riesiges Tier stolperte, das mich zutiefst erschreckte. Als ich es mir näher anschaute, erwies es sich als ein wilder Löwe. Der Löwe sah mein Erschrecken und erlaubte mit sanfter Stimme, daß ich mich ihm nähern könne. «Denn», so sagte er, «ich tue niemandem etwas zuleide.» Ich dankte ihm freundlich und ging weiter. Nach kurzer Zeit sah ich ihn auf die Bühne springen, wo er seine Rolle mit großem Applaus spielte. Mehrere Zuschauer haben bemerkt, daß der Löwe seit seinem ersten Auftritt seine Darstellungsweise zwei oder dreimal geändert hat, was niemanden mehr verwundern wird, wenn ich mitteile, daß der Löwe mehrmals ausgewechselt wurde. Der erste Löwe war ein Kerzenzieher mit einem reizbaren und cholerischen Temperament, der seine Rolle übertrieb und sich nicht so leicht töten lassen wollte, wie er gesollt hätte. Und nachdem er hier und da Worte fallen ließ, er habe nicht so gut gekämpft, wie er gekonnt hätte, und daß er sich nicht mehr auf den Rücken werfen lassen und mit Mr. Nicolini einen Ringkampf machen wolle, wenn er aus seinem Löwenfell gekrochen sei, hielt man es für besser, ihn zu ersetzen. Und es ist sehr wahrscheinlich, daß es ein Unglück gegeben hätte, wenn er auch nur ein einziges Mal *mehr auf der Bühne erschienen wäre. Außerdem wurde gegen den ersten Löwen eingewandt, daß er sich auf seinen Hintertatzen so sehr erhob und so aufrecht ging, daß er mehr wie ein alter Mann denn wie ein Löwe aussah.*

Der zweite Löwe war von Beruf Schneider, er arbeitete in der Kostümabteilung des Theaters und war ein sanfter und friedfertiger Mensch. Während sein Vorgänger zu wild war, war er zu schüchtern für seine Rolle. Nach einem kurzen, vorsichtigen Gang über die Bühne fiel er bei der ersten Berührung von Hydaspes, ohne Kampf und ohne ihm die Gelegenheit zu geben, eine Auswahl seiner italienischen Machenschaften vorzuführen. Es wird behauptet, daß er ihm einmal einen Prankenhieb auf sein fleischfarbenes Wams gegeben habe, aber das geschah nur, weil er es in seinem eigentlichen Beruf als Schneider wieder flicken wollte. Ich sollte nicht vergessen zu erwähnen, daß es dieser zweite Löwe war, der mich hinter der Bühne so menschlich behandelte.

Der gegenwärtige Löwe ist, soweit ich informiert bin, ein Landedelmann, aber er besteht darauf, daß sein Name nicht genannt wird. Er entschuldigt sich sehr hübsch, daß er es nicht für Geld tut, sondern vielmehr ein unschuldiges Vergnügen darin findet, und daß es besser ist, seine Abende auf diese Art zu verbringen als mit Spielen und Saufen. Aber zugleich sagt er mit einer sehr sympathischen Selbstironie, wenn sein Name bekannt würde, würde ihn eine mißgünstige Welt den «Esel in des Löwen Fell» nennen. Das Temperament dieses Gentleman ist eine so glückliche Mischung aus Sanftmut und Jähzorn, daß er seine beiden Vorgänger völlig aussticht und das Publikum in einer Weise begeistert, die beispiellos ist.

Ich sollte nicht schließen, ohne auf eine völlig unbegründete Meldung einzugehen, die einen Gentleman in schlechtes Licht setzt, zu dessen Bewunderern ich gehöre: nämlich, daß Signor Nicolini und der Löwe hinter der Bühne friedlich nebeneinander gesessen und eine Pfeife geraucht hätten; woraus ihre Feinde den Schluß zogen, daß sie auf der Bühne nur einen Schaukampf abliefern. Ich habe das untersucht und herausgefunden, daß, wenn es wirklich eine solche Unterhaltung zwischen den beiden gegeben hat, sie erst stattgefunden hat, nachdem der Kampf zu Ende war und der Löwe nach den Regeln des Schauspiels als tot zu gelten hatte. Nebenbei ist das nichts anderes, als was man jeden Tag in Westminster sehen kann, wo es ganz normal ist, daß man zwei Anwälte, die sich gerade eben vor dem Gericht auf das übelste beschimpft haben, auf der Straße Arm in Arm davongehen sieht.

Ich sollte noch von Signor Nicolini bemerken, daß er bei der Gestaltung dieser Rolle über den jämmerlichen Geschmack seines Publikums klagt. Er weiß sehr wohl, daß der Löwe mehr Bewunderer findet als er selbst. Es ist ähnlich wie mit der berühmten Pferdestatue von König Heinrich IV. auf der Pont-Neuf in Paris: auch dort bewundern mehr Leute das Pferd, als den König, der auf ihm sitzt.

Addison spricht in seinem Artikel von einem «fleischfarbenen Wams», das Nicolini in dieser Szene angehabt habe. Wie wir einem Brief der damals einundzwanzigjährigen englischen Schriftstellerin Lady Mary Wortley Montagu, die fünfzig Jahre später mit ihren «Briefen aus dem Orient» berühmt wurde, entnehmen können, ist Nicolini in dieser Aufführung tatsächlich nicht im traditionellen Kastratenkostüm mit Puffärmeln, Schleppe und Federbusch aufgetreten, sondern ganz realistisch, wie es der Rolle entsprach, nur leicht bekleidet, in der Sprache der Lady: «nackt» (und so werden es die Zuschauer, vor allem die Damen, 1710 auch empfunden haben):

Ich war am Donnerstag in der neuen Oper und sah Nicolini mit großer Tapferkeit gegen einen Löwen kämpfen. Er spielte in seiner Nacktheit so natürlich, daß ich erstaunt war, dieselben Damen, die in der Komödie bei jeder harmlosen Zweideutigkeit völlig schockiert sind, ihn ganz ohne jedes Erröten anstarren zu sehen. Das überzeugte mich davon, daß diese Prüden, die, wenn sie das Wort «nackt» nur hören, gleich aufschreien, keinerlei Skrupel haben, wenn sie Nacktheit sehen.

Die Schilderung der Lady Montagu setzt noch mehr in Erstaunen, wenn wir uns Bilder von Nicolini ansehen. Er hat einen selbst für einen Kastraten gewaltigen Leibesumfang gehabt. Wir müssen uns also vorstellen, daß ein nur leicht bekleideter, in ein fleischfarbenes Trikot gezwängter fast kugelrunder Sänger vor seinem Kampf mit einem Bühnenlöwen diesen nach den Gesetzen des Belcanto anzusingen hatte: «Mostro crudele – grausames Ungeheuer...», und verstehen, daß die unfreiwillige Komik dieser Szene noch für Jahre Gesprächsstoff in London bot. Bis 1716 ist Mancinis Oper sechsundvierzigmal gespielt worden.

In die Satire um Nicolinis Löwenkampf mischen sich bald auch Töne, die die kulturelle Überfremdung durch die italienische Oper

Francesca Cuzzoni und Nicolini

Wahrscheinlich in einer Szene aus Hasses «Artaserse»
Venedig 1730; Federzeichnung von Antonio Maria Zanetti,
Fondazione Cini, Venedig

thematisieren. Im Februar 1712 veröffentlicht der «Spectator» diesen «Leserbrief»:

Mr. Spectator,

Sie müssen wissen, daß ich von Natur aus mutig bin und den Kampf wie jeder Mann in England liebe. Ich mag deshalb über alles Kämpfe auf der Bühne. Ich muß mich nun darüber beschweren, daß Nicolini sich geweigert hat, mich mit meiner Lieblingsszene in der Oper zu erfreuen. Ich habe beobachtet, daß es üblich ist, «Encore» oder «Altro Volto» zu schreien, wenn den Zuschauern ein Lied besonders gefällt, und daß der Sänger sich dann verpflichtet fühlt, es noch einmal zu singen. Ich war vor ein paar Tagen in der Oper, als «Hydaspes» gespielt wurde. In der Szene, in der sich der Held mit dem Löwen beschäftigt, hat mich die reizende Art, wie er das schreckliche Monster zu Tode bringt, so entzückt und mir gleichzeitig die Unerschrockenheit und die Haltung dieses Gentleman so vor Augen geführt, daß ich nicht anders konnte als nach einer Wiederholung zu verlangen, indem ich mit klar hörbarer Stimme «Altro Volto» rief; und meine Freunde machten mir Komplimente, daß ich

*diese Worte ziemlich richtig ausgesprochen habe, wenn man bedenkt, daß es erst die dritte Oper war, die ich in meinem Leben gesehen habe. Trotz alledem gab es keine Reaktion auf meinen Ruf.
Der Löwe wurde herausgeschafft und ging zu Bett, ohne an diesem
Abend ein zweites Mal getötet zu werden. Bedenken Sie nun, Sir,
daß ich kein einziges Wort verstanden habe, das Mr. Nicolini an
diese grausame Kreatur gerichtet hat. Da ich kein Ohr für Musik
habe, wurde ich während des langen Disputs zwischen den beiden
nur von dem unterhalten, was meine Augen sahen: warum nun
habe ich nicht dasselbe Recht, eine bezaubernde Aktion wiederholt
zu bekommen, wie andere eine gefällige Melodie noch einmal hören
dürfen. Als Engländer erwarte ich eine Erklärung.*

Nachdem Nicolini vier Jahre das Londoner Publikum bezaubert
hatte, erschien am 14. Juni 1712 im «Spectator» folgende Anzeige:
*Im Queen's Theatre auf dem Haymarket wird sich heute, Samstag
14. Juni, Signor Cavaliere Nicolino Grimaldi mit einer Aufführung
der Oper «Antiochus»* («Antioco» von Francesco Gasparini) *von
England verabschieden. Und wegen der großen Hitze wird der
Wasserfall während der ganzen Vorstellung in Aktion sein.* Eine
Wasserkaskade war eine der Attraktionen der Bühnenmaschinerie
des Haymarket-Theaters. In derselben Nummer der Zeitung
schrieb Joseph Addison im redaktionellen Teil:
*Ich bedaure sehr, aus der Theaterannonce der Oper von heute
entnehmen zu müssen, daß wir den größten lebenden Darsteller
der dramatischen Musik, der je auf der Bühne gestanden hat, verlieren werden. Ich muß meinem Leser nicht erklären, daß ich von
Herrn Nicolini rede. Die Stadt ist diesem hervorragenden Künstler
auf das höchste verpflichtet, der uns die italienische Musik so vollkommen vermittelt hat.*

Nicolini sang in den nächsten Jahren in Neapel und Venedig,
1715 kehrte er für zwei Spielzeiten nach London zurück, trat in
Händels Oper «Amadigi» auf und kämpfte von neuem als Idaspe-
Hydaspes mit dem Löwen. Im Mai 1719 wurde eine Parodie «Harlequin-Hydaspes» aufgeführt, deren Musik zum größten Teil aus
Mancinis Oper geklaut war.

Um diese Zeit etablierte sich in der englischen Hauptstadt ein
Konsortium, das ein ständiges Opernhaus unter Händels künstlerischer Leitung gründen wollte. Im Adel und im reichen Bürgertum
kursierte eine Subskriptionsliste, um ein Stammkapital für dieses
Opern-Unternehmen aufzubringen. Der König selbst ließ seinen

Namen auf die Liste setzen und garantierte eine jährliche Zahlung von 1000 Pfund für 21 Jahre. Das Unternehmen durfte sich deshalb mit dem prestigefördernden Namen «Royal Academy of Musick – Königliche Musikakademie» schmücken. Man schrieb damals in England wirklich «Musick». 62 weitere Aktionäre beteiligten sich mit Einlagen von mindestens 200 Pfund, einige Adlige, wie der Herzog von Kent, zahlten denselben Betrag wie der König. In kurzer Zeit kamen mehr als 50 000 Pfund zusammen.

Am 14. Mai 1719 wurde dem vierunddreißigjährigen Händel die Vollmacht erteilt, in Deutschland oder Italien Sänger zu engagieren. Händel reiste zuerst nach Dresden, denn der sächsische Kurfürst Friedrich August I., in Personalunion König von Polen (bekannt unter dem Namen «August der Starke»), unterhielt seit zwei Jahren eine italienische Oper, die alles in den Schatten stellte, was es außerhalb Italiens an Versuchen dieser Art bisher gegeben hatte.

Den Grund dazu hatte der älteste Sohn Augusts des Starken, Kurprinz Friedrich August, gelegt. Im Frühjahr 1716 war der knapp zwanzigjährige sächsische Thronfolger auf seiner «Kavalierstour» nach Venedig gekommen. Die Stadt gefiel ihm so, daß er bis zum Herbst 1717 blieb. Um Eindruck zu machen unterhielt der Prinz ein eigenes Kammerorchester. Er wohnte in einem Palast am Canale Grande in der Nähe der Rialtobrücke. Zu seinem 20. Geburtstag wurde am 7. Oktober 1717 vor dem Palast eine Serenade aufgeführt, Orchester und Sänger waren in Gondeln auf dem Wasser plaziert. Als ausländischer Fürstensohn erhielt Friedrich August auch Zutritt zu den Konzerten des Palazzo an den Fundamente nuove, in dem Benedetto Marcello ein aus venezianischen Adligen zusammengesetztes Liebhaberorchester leitete. Der hat zu dieser Zeit sicherlich schon an seiner Satire über das «moderne Theater» geschrieben.

Vor allem beeindruckte den sächsischen Kurprinzen die Oper. Er setzte sich in den Kopf, für Dresden eine komplette italienische Operntruppe zu engagieren. August der Starke erhob zuerst Einspruch, ihm schien das Unternehmen zu kostspielig. Doch nach längerem Briefwechsel setzte sich der Kurprinz durch. Im Sommer 1717 schloß er mit ausgesuchten Musikern Kontrakte auf ein Jahr ab. Alle Engagierten erhielten sofort Reisegeld und als Vorschuß das Gehalt für drei Quartale. Am 5. September 1717 machte sich die Operngesellschaft auf den Weg von Venedig nach Dresden.

Als Kapellmeister hat Friedrich August den Organisten an der

Ersten Orgel der Markuskirche, Antonio Lotti, engagiert. Erster Kastrat wurde der etwa siebenunddreißigjährige Francesco Bernardi, der sich nach seiner Heimatstadt Siena «Senesino» nannte. Außer ihnen bestand die italienische Operntruppe noch aus einem weiteren Kastraten, einem Tenor, drei Sängerinnen, zwei italienischen Souffleuren und einem Dichter. In Dresden stieß als dritter Kastrat Gaetano Baerenstadt zum Ensemble. Schon am 25. Oktober spielte man eine Oper von Lotti, «Giove in Argo – Jupiter in Argos». Im September 1718 wurde am Zwinger der Grundstein für den Bau eines neuen Opernhauses gelegt. Architekt war Matthäus Daniel Pöppelmann, der seit 1711 den Bau des Zwingers leitete. Bereits im August 1719 war das neue Opernhaus fertiggestellt, es faßte bis zu 2000 Zuschauer.

Am 20. August heiratete in Wien Kurprinz Friedrich August die österreichische Erzherzogin Maria Josepha, eine Tochter des verstorbenen Kaisers Joseph I. Am 2. September zog das jungvermählte Paar in Dresden ein. Bis zum 30. September dauerten die Hochzeitsfeierlichkeiten. Am 3. September wurde das neue Opernhaus mit der schon 1717 gegebenen Oper «Giove in Argo» von Lotti eröffnet. Die eigentliche Festoper wurde am 13. September gespielt, auch sie von Antonio Lotti komponiert: «Teofane», eine Geschichte um Kaiser Otto II., der 972 die byzantinische Kaisertochter Theophanu geheiratet hat. Der deutsche Kaiser wurde von einem Kastraten, von Senesino, gesungen.

Johann Joachim Quantz, später der Flötenlehrer Friedrichs des Großen, war als Einundzwanzigjähriger im Jahr vor der Hochzeit als Oboist und Flötist in die Kurfürstliche Kapelle engagiert worden. Er hörte alle Opernaufführungen des Jahres 1719 und schrieb später über den Ersten Kastraten in seinen Lebenserinnerungen: *Senesino hatte eine durchdringende, helle, egale und angenehme Sopranstimme (mezzo soprano), eine reine Intonation, und schönen Trillo. In der Höhe überstieg er selten das zweygestrichene f. Seine Art zu singen war meisterhaft, und sein Vortrag vollständig. Das Adagio überhäufte er eben nicht zu viel mit willkührlichen Auszierungen* ⟨so wurde im 18. Jahrhundert das italienische «fioriture» – musikalische Verzierungen – ins Deutsche übersetzt⟩. *Dagegen brachte er die wesentlichen Manieren* ⟨persönliche Gestaltung des Sängers⟩ *mit der größten Feinigkeit heraus. Das Allegro sang er mit vielem Feuer, und wußte er die laufenden Passagien, mit der Brust in einer ziemlichen Geschwindigkeit, auf eine ange-*

nehme Art heraus zu stoßen. *Seine Gestalt war für das Theater sehr vorteilhaft, und die Action natürlich. Die Rolle eines Helden kleidete ihn besser, als die von einem Liebhaber.*

Die Feiern zur Hochzeit des sächsischen Thronfolgers locken Schaulustige aus ganz Europa nach Dresden, unter ihnen auch bedeutende Musiker. Der italienische Kastrat und Gesanglehrer Pier Francesco Tosi, ehemaliger Musiklehrer der Braut in Wien, kommt nach Dresden in der Hoffnung auf eine Anstellung am sächsischen Hof. Den Komponisten Georg Friedrich Telemann hat die professionelle Neugier aus Frankfurt nach Dresden getrieben, ebenso wie aus London den neu ernannten Leiter der «Königlichen Musikakademie», Georg Friedrich Händel.

Händel ist von der Stimme des Kastraten Senesino so begeistert, daß er ihn sofort für die nächste Saison nach London verpflichtet. Der Dresdner Kapellmeister Antonio Lotti warnt Händel vor den unberechenbaren Launen und der Arroganz des Kastraten. Lotti mag dabei vor allem an eine Szene gedacht haben, die sich gerade erst bei einer Opernprobe ereignet hatte. Johann Adam Hiller, der erste Kapellmeister des 1781 eröffneten Konzertsaals im Gewandhaus zu Leipzig, berichtet in seinen 1784 erschienenen «Lebensbeschreibungen berühmter Musikgelehrten und Tonkünstler neuerer Zeit»: *Im Jahre 1719 ereignete sich, bey der Probe einer Oper von Lotti, eine Streitigkeit über die Ausführung des Accompagnements* 〈der Begleitung〉 *einer gewissen Arie, zwischen dem Sänger Senesino und dem Concertmeister Volümier* 〈der in Spanien 1677 geborene, in Frankreich ausgebildete Geiger Jean-Baptiste Volumier war seit 1709 Konzertmeister in Dresden〉. *Der erstere gab dem letztern Schuld, daß er in dieser Arie zu hart und zu rauh spielte; es kann auch wohl etwas davon wahr gewesen seyn. Bey einer andern Probe blieb Volümier außen, und Pisendel stand an der Spitze der Instrumentalmusik* 〈der Geiger Johann Georg Pisendel, 1687 geboren, war 1712 von Volumier nach Dresden engagiert worden, wo er, *gleich neben dem Concertmeister, den ersten Platz im Orchester bekam*〉. *Nach Endigung der erwähnten Arie reichte Senesino dem Herrn Pisendel, vom Theater* 〈der Bühne〉 *herab, die Hand, bezeigte ihm seine Zufriedenheit über den richtigen und zweckmäßigen Vortrag der Arie, und sagte dabey ganz laut: «Dieß ist der Mann, der zu accompagnieren versteht.»*

Bevor Senesino Dresden verließ und nach London ging, gab es einen weiteren, an sich harmlosen, aber sehr folgenschweren Skan-

Senesino

Schabkunstblatt von Alexander van Haecken,
1735 (nach einem Gemälde von Thomas Hudson)

dal. Neben Lotti, dem Kapellmeister der Italienischen Oper, war in
Dresden ein weiterer Kapellmeister für die «Kapell- und Kammer-
musik» engagiert. 1719 bekleidete dieses Amt der damals sechsunddreißigjährige deutsche Komponist Johann David Heinichen.
Er war Schüler der Thomasschule in Leipzig gewesen und ging
1710 zur Fortsetzung seines Studiums nach Italien. In Venedig
hatte er sich als Auftragskomponist von Opern, Serenaden, Kantaten und Konzerten durchsetzen können. Auch Heinichen war, wie
die Mitglieder der Italienischen Oper, 1716 vom Kurprinzen Friedrich August engagiert worden.

Uns sind die Jahresgagen überliefert, die die Dresdner Musiker 1719 erhielten, und sie zeigen deutlich die Wertschätzung, die die italienische Oper und die Kastraten damals genossen. Antonio Lotti und seine Ehefrau, die Primadonna der Italienischen Oper, erhielten zusammen 9975 Taler. Senesino, der Erste Kastrat, hatte die höchste Einzelgage von 6650 Talern. Der deutsche Kapellmeister Heinichen bezog dagegen nur ein Jahresgehalt von 1200 Talern. Vor diesem Hintergrund müssen wir die folgende Geschichte sehen, die Quantz, der als Mitglied der Hofkapelle vermutlich Augenzeuge war, in seinen Lebenserinnerungen erzählt:

Nach dem Beylager ⟨der Hochzeitsfeier des Kurprinzen⟩ *komponierte Heinichen noch eine Oper, welche nach der Zurückkunft des Königs aus Pohlen aufgeführet werden sollte. Bey der Probe aber, die auf dem königlichen Schlosse gehalten wurde, machten die beyden Sänger, Senesino und Berselli einen ungeschliffenen Virtuosen-Streich* ⟨Berselli war der Zweite Kastrat, ein Sopranist, er erhielt 4275 Taler Jahresgehalt; Quantz sagt von ihm, daß er das dreigestrichene f mit der größten Leichtigkeit erreichte, fügt aber einschränkend hinzu: *Hierdurch setzte er die Zuhörer mehr in Verwunderung, als durch die Kunst des Singens*⟩. *Sie zankten sich mit dem Capellmeister Heinichen über eine Arie, wo sie ihm, einem Manne von Gelehrsamkeit, der sieben Jahre sich in Wälschland* ⟨also in Italien⟩ *aufgehalten hatte, Schuld gaben, daß er wider die Worte einen Fehler begangen hätte. Senesino, welcher seine Absichten schon nach England gerichtet haben mochte, zerriß die Rolle des Berselli und warf sie dem Capellmeister vor die Füße. Dieses wurde nach Pohlen an den König berichtet. Inzwischen hatte zwar der damalige Graf von Wackerbarth, der sonst ein großer Gönner der Wälschen war, den Capellmeister und die Castraten zu des Capellmeisters völliger Genugthuung, in Gegenwart einiger der vornehmsten vom königlichen Orchester wieder miteinander verglichen. Es kam aber ein königlicher Befehl zurück, daß alle wälschen Sänger abgedancket seyn sollten. Hiermit hatten die Opern für diesmal ein Ende.*

Das klingt ganz so, als sei August der Starke recht froh gewesen, die kapriziösen und teuren italienischen Sänger bei erster Gelegenheit wieder loszuwerden, nachdem sie der Kronprinzen-Hochzeit Glanz verliehen hatten. Auch Senesino erhielt seine Entlassung und 120 Dukaten Reisegeld. Für ihn geriet die Auflösung der Dresdner Oper zum Vorteil, denn er wollte ja sowieso nach England gehen.

Händel hatte für sein Londoner Opernunternehmen mit Senesino einen der besten italienischen Kastraten seiner Zeit gewonnen. Als Spielort diente der Königlichen Musikakademie das eher bescheidene Theater am Haymarket. Es stand an der Stelle, an der sich heute das «Her Majesty's Theatre» befindet (seit Jahren wird hier das Musical «The Phantom of the Opera» gespielt). Der deutsche Reiseschriftsteller Johann Jakob Volkmann hat das alte Haymarket-Theater um 1780 besucht:

Von Pallmall geht eine Straße nach Piccadilly, welche Haymarket heißt, weil drei Mal wöchentlich Heu und Stroh darin verkauft wird. Hier liegt das Opernhaus. Es hat ein schlechtes Ansehen, daß man es für nichts weniger als ein Opernhaus halten sollte. Die Zuschauer nehmen die Seiten und die Hinterwand nebst dem Parterre ein. An den Seiten sind drei Reihen Logen. Die Bänke, welche hinter dem Parterre mit den Logen parallel in die Höhe gehen, heißen Gallerien. Die bretternen Decken dieser Gallerien machen eine Art von Resonanzboden, und man hört die Musik daselbst beinahe besser als im Parterre und in den Logen. Hingegen hat man nicht die beste Gesellschaft und steckt in einem Winkel, in welchen nicht das geringste Licht hineinfällt. In dem Haus haben ohngefähr 1500 Zuschauer Raum. Die Logen und Bekleidungen sind reinlich gehalten, ausgeschnitzt und vergoldet. Sonst ist nicht viel Pracht in dem Gebäude, und das Theater ist auch nicht genug erleuchtet.

Händels erste Oper in der neuen Königlichen Musikakademie heißt «Radamisto». Die Handlung geht auf eine von Tacitus überlieferte Episode aus der Geschichte Armeniens im ersten nachchristlichen Jahrhundert zurück. Polissena, die Schwester des Königs Radamistus, ist mit Tiridates, dem König des Nachbarlandes, verheiratet. Der hat sich in Zenobia, die Gattin des Radamistus, verliebt und führt deshalb Krieg gegen seinen Schwager. Radamistus und Zenobia fliehen vor dem siegreich in ihre Stadt dringenden Feind. Als sie von ihren Verfolgern eingeholt werden, stürzt sich Zenobia in einen Fluß. Anführer der Verfolger ist Tigranes, der in die Königin Polissena, die Schwester des Radamistus, verliebt ist und diesem deshalb Hilfe anbietet. Radamistus akzeptiert den Verrat des Tigranes in der Hoffnung, so Tiridates in seinem eigenen Lager ermorden und den Tod seiner geliebten Frau rächen zu können. Im Begriff, seinem Beschützer zu folgen, wendet er sich noch einmal dem Fluß zu und singt eine Arie, die zum Schönsten gehört, was Händel bis dahin geschrieben hat, «Ombra cara»:

Sel'ger Schatten meiner Teuren,
o sei ruhig und erwarte meine Rache!
Meine Rache kommt gewiß!
Und dann schnelle will ich eilen
– freudigen Laufs – zum Wiedersehen
und umarmen Glück und Ruh!
Sel'ger Schatten meiner Teuren...

In der Händel-Biographie von John Mainwaring, die wenige Monate nach Händels Tod 1760 in England anonym veröffentlicht und bereits im folgenden Jahr vom Hamburger Sänger Johann Mattheson in deutscher Übersetzung herausgebracht wurde, lesen wir zu dieser Szene: *Es mag zwar das Ansehen gewinnen, als ob der in der Aktion sowohl als in dem Gesange vortreffliche Senesino sein wichtiges Anteil an den wunderbaren Eindrücken der Zuhörer gehabt habe. Insonderheit möchten* ⟨Mattheson schreibt: *mögten*⟩ *dem Frauenzimmer die Verdienste des Senesino mehr in die Augen fallen, als des Händels seine. Vielleicht möchten sie! Daß auch alles vom Komponisten abhängig sein sollte, bin ich zu bejahen ebensoweit entfernt, als daß ein anderer Tonmeister einen Sänger dieser Art, mit gleichem Vorteil, hätte aufstellen können. Mein unparteiischer Richter mag erwägen, ob die ganze musikalische Welt imstande gewesen, dem Senesino eine solche Arie in den Mund zu legen, als «Ombra cara» in der Oper, von welcher hier die Rede ist.*

Senesino wird mit Händels Musik zum Liebling des Londoner Publikums. In den nächsten acht Jahren singt er in fast allen Händel-Opern die Hauptrolle. Händel freut sich, mit dem Engagement Senesinos einen so guten Griff getan zu haben. Es gibt zwar Auseinandersetzungen mit dem Kastraten, aber anfangs lacht Händel darüber, besonders wenn die Beleidigungen des Sängers anderen Mitwirkenden gelten. Besonders die jeweilige Erste Sängerin, die Primadonna, hat unter Senesino zu leiden. Sie könnte ja eine ernsthafte Konkurrenz für den Kastraten werden, wenn er sie nicht von Anfang an in ihre Schranken weist. Anastasia Robinson, eine seiner Partnerinnen, ist seit 1722 mit dem Earl of Peterborough verheiratet. Bei einer öffentlichen Probe beleidigt Senesino sie auf der Bühne vor allem Publikum mit unflätigen Worten. Der empörte Ehemann kommt ohne Rücksicht auf seinen Stand hinter die Bühne und verprügelt den Kastraten. Die Primadonna zieht es vor, sich vom Theater zurückzuziehen. Ihre Abschiedsvorstellung gibt sie am 13. Juni 1724.

Faustina Bordoni und Senesino

Federzeichnung von Antonio Maria Zanetti,
Venedig 1729, Fondazione Cini, Venedig

Nach und nach kommt es immer häufiger auch zwischen Händel und Senesino zu Auseinandersetzungen. Händel ist nicht der Typ, Beleidigungen wegzustecken und bei einem Streit klein beizugeben. Bald herrscht offener Krieg zwischen dem Komponisten und seinem Ersten Sänger. Händel erklärt im Zorn, für ihn nicht mehr komponieren zu wollen. Senesino kehrt 1728 nach Italien zurück. In der Händel-Biographie lesen wir:

Senesino, der, seit seiner ersten Ankunft, tiefe Wurzeln geschlagen hatte und in der Gunst derjenigen, die die Herrschaft besitzen, sehr gewachsen war, fing nun an, seine Stärke und Wichtigkeit zu fühlen; so gar, daß ihm alles, was bisher für ein rechtmäßiges Regiment gegolten, anitzo in einem Lichte offenbarer Tyrannei vorkam. Sobald Händel merkte, daß dieser weniger Gefälligkeit und Gehorsam bezeigte, nahm er sich vor, solche italienische Feuchtigkeit nicht durch gelinde, sondern durch beißende Mittel auszuführen. Säuberlich zu verfahren, schien verächtlich; und mit Trotz suchte er es vergeblich. Auf die eine Art vermehrte sich die Widerspenstigkeit beim Senesin, und auf die andre Art lief es bei Händel

*auf Schmähen hinaus. Kurz, die Sachen waren soweit gekommen,
daß keine Hoffnung zum Vergleich mehr da war. Wer hierin Recht
oder Unrecht hatte? davon ist mir nichts bekannt. Wie es auch
darum sein möchte, wollte doch der hohe Adel dem Händel darin
nicht beistimmen, daß er den Senesin abschaffen sollte. Und Händel blieb hergegen fest entschlossen, fernerhin nichts mit ihm zu tun
zu haben. Er blieb unbeweglich bei seinem Entschluß, den Senesin
deswegen zu strafen, daß er ihm den Respekt versagte, welchen er
zu empfangen gewohnt war, und wozu er groß Recht zu haben ver-
meinte. Wäre er aber ein wenig geschmeidiger hierbei gewesen,
würde ihn solches viel Ungelegenheiten erspart haben. Die durch
Abschaffung eines solchen Sängers leergewordene Stelle war nicht
leicht zu erfüllen. Das Mißtrauen, welches er durch seine unver-
söhnliche Empfindlichkeit bei vielen des hohen Adels erwecket
hatte, wegen einer Person, deren Gaben so sehr bewundert waren,
schien ihm einen gefährlichen Widerstand zu erregen. Denn obgleich er auf dem Heumarkt zu spielen fortfuhr, verursachten doch
diese hitzigen Entrüstungen, daß sich ein großer Teil der Zuschauer verlor.*

Händel hat den Kampf mit seinem Ersten Sänger nicht gewonnen. Die Königliche Musikakademie muß schließen, weil der Kastrat, der die ausverkauften Häuser garantiert, fehlt.

Senesinos großer Erfolg beim Publikum war hauptsächlich auf
seine betörend klingende Stimme und seine außerordentliche Gesangstechnik zurückzuführen. Als Darsteller ist der Kastrat eher
mittelmäßig gewesen. Nach seinem Debut in Venedig im Jahr 1714
soll der Impresario Zambeccari gesagt haben: «Er steht auf der
Bühne wie eine Statue, und wenn er sich bewegt, macht er das Gegenteil von dem, was richtig wäre.» Auch sein Körperumfang prä-
destinierte Senesino nicht gerade zum Publikumsliebling. In der
Oper kam es in den zwanziger Jahren des 18. Jahrhunderts aber
nicht auf das Aussehen, sondern auf die Stimme an. Charles Burney schreibt in einer kurzen Lebensbeschreibung Händels über
dessen langjährigen Ersten Sänger:

*Senesino hatte eine so edle Stimme und Singmanier, war ein so
trefflicher Schauspieler, und beim Publikum so beliebt, daß die
wirkliche Stärke seiner Stimme und der kräftige Ausdruck seines
Spiels, so oft er sang, durch den hohen Rang, den er in den Augen
der Zuhörer hatte, noch mehr erhöht und verstärkt wurden. Ich
habe verschiedene Meister und Männer von Urteil und Unbefan-*

genheit gekannt, die sich seines Spiels und der Wirkungen desselben auf das Publikum noch sehr wohl erinnerten und mich versicherten, daß keiner von den großen Sängern, die wir seitdem in England gehabt haben, ihnen jemals so ganz gefallen, und ihnen solch ein herzinniges Vergnügen gemacht habe, als Senesino, der ohne hohe Töne oder Schnelligkeit seiner Läufe, bloß durch die Majestät und Würde seiner Person, seiner Gebärden, seiner Stimme, seines Ausdrucks mehr einnahm, ob er gleich weniger überraschte als Farinelli oder Caffarelli.

Als Senesino nach einem erneuten England-Aufenthalt 1738 endgültig in sein Heimatland zurückkehrte, erschien der bereits achtundfünfzigjährige Kastrat den Italienern altmodisch. Seine Gesangskunst war durch die Virtuosität der Porpora-Schüler Farinelli und Caffarelli überholt. 1739 hörte der Franzose Charles de Brosses Senesino in Neapel in einer Wiederaufführung der 1722 uraufgeführten Oper «Parthenope» von Domenico Sarri:

Der berühmte Senesino gab die Hauptrolle. Ich war entzückt von der geschmackvollen Art seines Spiels und Vortrags und wunderte mich höchlich, daß seine Landsleute nur wenig von ihm erbaut waren. Sie beschwerten sich, er sänge im «stile antico»: «Was soll das heißen! Den haben wir doch schon gesehen! Der singt gewiß altmodisch!» Sie müssen wissen, daß der Musikgeschmack sich hier mindestens alle zehn Jahre ändert. Senesino hat freilich keine ganz frische Stimme mehr, aber sein Gesang war, meine ich, das musikalisch Feinste, was ich gehört habe.

Im selben Jahr, in dem de Brosses Senesino in Neapel hörte, sang der Kastrat in Florenz in einer privaten Abendgesellschaft ein Duett mit der damals zweiundzwanzigjährigen Maria Theresia, der späteren Kaiserin von Österreich. Maria Theresias Mann, Herzog Franz Stephan von Lothringen, den die österreichische Thronfolgerin 1736 geheiratet hatte, war im Jahr nach der Hochzeit Großherzog von Toskana geworden. Dem englischen Musikwissenschaftler Burney wird 1772 bei seinem Aufenthalt in Wien vom Duett der Kronprinzessin mit dem Kastraten erzählt, und Burney notiert in seinem Tagebuch, Maria Theresia habe 1739 so schön gesungen, daß sie durch ihre Stimme, die damals sehr lieblich war, und durch ihren angenehmen und festen Vortrag den alten Senesino (er war da fast sechzig Jahre alt) dergestalt einnahm, daß er nicht ohne Tränen des Vergnügens weiter fortsingen konnte.

Senesino verbrachte seinen Lebensabend in seiner Heimatstadt.

Der englische Romanschriftsteller Horace Walpole beschreibt in einem Brief aus dem Jahr 1740 eine Begegnung mit dem Sänger auf einer Landstraße in der Nähe von Siena. Bei einem Unfall war Walpoles Kutsche umgestürzt und hatte das Pferd unter sich begraben: *Da kam eine Kutsche heran, mit einer Person in einem roten Mantel, einem weißen Tuch um den Kopf und einem schwarzen Hut darauf. Wir hieltens für eine alte fette Frauensperson, aber es redete aus enger Kehle in einem hohen schrillen Ton und produzierte sich als Senesino.*

Doch kehren wir nach London zurück. Dort wurde das Publikum, was das Aussehen der Sänger auf der Opernbühne anging, wirklich nicht verwöhnt. Neben dem Kastraten Senesino war an Händels Oper die Primadonna Francesca Cuzzoni engagiert. Als Johann Joachim Quantz 1727 London besuchte, erlebte er in Händels Oper «Admeto» die beiden Stars von Händels Truppe auf der Bühne. Über die Cuzzoni sagt er in seinen Lebenserinnerungen: *Ihre Art zu singen war unschuldig und rührend. Ihre Auszierungen schienen wegen ihres netten, angenehmen und leichten Vortrags nicht künstlich zu sein; indessen nahm sie durch die Zärtlichkeit derselben doch alle Zuhörer ein. Im Adagio hatte sie, bei den Passagien, eben nicht die größte Fertigkeit, doch sang sie solche sehr rund, nett und gefällig. In der Action war sie etwas kaltsinnig; und ihre Figur war für das Theater nicht allzu vortheilhaft.*

Francesca Cuzzoni, um 1700 in Parma geboren, hat seit 1718 hauptsächlich in Venedig gesungen, von wo sie nach London engagiert wurde. In Venedig trat sie zweimal in einer Oper zusammen mit Gaetano Baerenstadt auf, einem der wenigen Kastraten deutscher Abstammung, der eine internationale Karriere gemacht hat, wenn auch nur als «secondo uomo», als Sänger von Nebenrollen. Auch er wurde von Händel nach London engagiert. Auf einem Kupferstich hat der neunundzwanzigjährige Buchillustrator John Vanderbank die Primadonna Cuzzoni und die Kastraten Senesino und Baerenstadt auf der Bühne des Londoner Haymarket-Theaters in einer Szene aus Händels Oper «Flavio, rè de'Longobardi (König der Lombarden)» dargestellt.

Das Textbuch von 1723 erzählt den Handlungsstrang der Oper, auf den sich das Bild bezieht, so: *Während Guido und Emilia sich auf ihre Hochzeit vorbereiten, kommt es zu einem sonderbaren Vorfall. Lotharius, der Vater von Emilia, gibt Hugo, dem Vater von Guido, eine Ohrfeige. Um die Ehre der Familie zu retten, fordert*

Gaetano Baerenstadt, Francesca Cuzzoni und Senesino

In einer Szene aus Händels «Flavio»;
Stich von 1723, wahrscheinlich von John Vanderbank

*Guido den Beleidiger seines Vaters und tötet ihn. Aber die Liebe von
Emilia und Guido ist so stark, daß sie sich das Versprechen geben,
nach der vorgeschriebenen Trauerzeit Hochzeit zu halten.*

Der ermordete Lotharius wie auch der Ohrfeiger Guido sind Minister des lombardischen Königs Flavio, der zudem – obwohl verheiratet – in Guidos, des Mörders, Schwester verliebt ist. Flavio befiehlt zum Schein die Hinrichtung Guidos. In der auf dem Bild
dargestellten 4. Szene des 3. Aktes bittet Emilia den König, das Leben des Mörders ihres Vaters zu schonen. Baerenstadt sang den
Flavio, Senesino den unglücklichen Liebhaber Guido. Die körperlichen Disproportionen aller drei Sänger werden auf dem Stich fast
ins Groteske übertrieben.

10

Geschlechtertausch

1721 stand Farinelli in Rom zum erstenmal auf einer Opernbühne, wie es für einen jungen Kastraten üblich war, in einer Frauenrolle. Da im Kirchenstaat Frauen im Theater nicht auftreten durften, wurden in Rom nicht nur die Helden und Liebhaber, sondern auch alle weiblichen Opernpartien von Kastraten gesungen. Debutierende Kastraten wurden in Frauenkleidern regelrecht ausprobiert. Acht Jahre nach Farinellis Debut hält sich der französische Philosoph Charles de Montesquieu in Rom auf. Der Vierzigjährige, durch seine politischen Schriften bereits bekannt, befindet sich auf einer Studienreise durch Europa. In seinen Reiseerinnerungen berichtet er vom Februar 1729: *In Rom dürfen Frauen die Bühne nicht betreten, ihre Rollen werden von Kastraten gespielt, die als Frauen verkleidet sind. Das hat einen sehr schlechten Einfluß auf die Sitten und nichts verführt die Römer mehr zur «philosophischen Liebe». Als ich in Rom war, traten im Teatro Capranica zwei junge Kastraten in Frauenrollen auf, Mariotti und Chiostra. Sie waren die größten Schönheiten, die ich je im Leben gesehen habe, und sie erweckten die Leidenschaften von Gomorrha in Männern, die dafür empfänglich waren. Ein junger Engländer, der glaubte, daß einer der beiden Sänger eine Frau sei, verliebte sich bis über beide Ohren und seine Leidenschaft überdauerte mehr als einen Monat.*

Auch Charles de Brosses berichtet 1740 seinen Freunden in Dijon von der besonderen Attraktion, die die römischen Opernhäuser bieten: *Hier werden überhaupt keine Frauen auf dem Theater geduldet. Die Kirche ist nämlich sittsam und läßt in Frauenrollen nur hübsche Bürschchen in Mädchenkleidern auftreten, denen teuflische Kesselflicker durch ein arges Mittelchen Flötenstimmen verschafft haben. Mit Hüften, rundem Hinterteil, weiblicher Brust und vollem rundlichen Hals kann man sie wirklich für Mädchen halten. Und, verzeih mir Gott, vernarrt wie die Welt nun einmal allenthalben in die Mädchen vom Theater ist, fürchte ich, daß es auch so nicht ganz ohne Unzucht abgeht. Es wird behauptet, daß Leute vom Lande sich bisweilen bis zum letzten Moment täuschen lassen.*

Bisweilen sind die barocken Schönheiten nicht gerade zierlich. Marianini, der seine sechs Fuß ⟨ungefähr 1,90 m⟩ hoch ist, spielt jetzt eine Frauenrolle im Teatro Argentina. Solch große Prinzessin sehe ich mein Lebtag nicht wieder.

Der französische Kirchenrechtler François Raguenet, der als Sekretär des Kardinals de Bouillon längere Zeit in Rom lebte, publizierte 1702 eine Schrift, in der er die Überlegenheit der italienischen über die französische Musik nachzuweisen versuchte. Für ihn ist der durch die Kastraten ermöglichte Geschlechtertausch ein Beweis für den Vorrang der italienischen Musik: *Die Italiener haben außerdem gegenüber uns den Vorteil, daß ihre Kastraten jede Rolle spielen können, die sie wollen, gleich ob einen Mann oder eine Frau. Sie sind so geübt darin, Frauenrollen zu spielen, daß keine Sängerin der Welt sie darin übertreffen könnte. Ihre Stimme ist so weich wie die einer Frau, aber dabei ist sie viel stärker; sie sind normalerweise größer als Frauen, und sie sehen deshalb majestätischer aus. Ja, sie sehen oft sogar auf der Bühne hübscher aus, als echte Frauen. 1685 habe ich in Rom in der Oper Themistocles den Kastraten Ferini in der Rolle der Sybaris gesehen, er war größer und schöner als Frauen normalerweise sind: er hatte, ich weiß nicht wie, ein Aura von Hoheit und Bescheidenheit in seinem Gesicht. In der Kleidung einer persischen Prinzessin mit Federbusch und Turban sah er wie eine wirkliche Königin oder Kaiserin aus. Und ich glaube, daß keine Frau auf der ganzen Welt in diesem Kostüm eine schönere Figur abgegeben haben würde.*

1761 erlebt Giacomo Casanova in Rom den prickelnden Reiz, den die Doppelgeschlechtlichkeit der Kastraten beim Publikum hervorruft. Er erzählt in seinen Memoiren: *Wir gingen ins Teatro Aliberti, in das die ganze Stadt strömte, um den Kastraten zu sehen, der die Rolle der Primadonna spielte* ⟨wahrscheinlich war dieser Kastrat Giovanni Osti, der in Rom «Giovanni di Borghese» genannt wurde⟩. *Er war der gefällige Liebling des Kardinals Borghese und speiste jeden Abend mit seiner Eminenz allein* ⟨Kardinal Francesco Borghese war allerdings bereits 1759 im Alter von 62 Jahren gestorben.⟩ *Die Stimme des Kastraten war herrlich. Noch herrlicher aber war seine Schönheit. Ich hatte ihn als Mann gekleidet bei der Villa Medici promenieren sehen. Aber obwohl er sehr hübsch war, hatte sein Gesicht auf mich keinen Eindruck gemacht, denn man sah sofort, daß er ein verstümmelter Mann war. Auf der Bühne dagegen, als Frau gekleidet, entflammte er.*

Man sollte denken, daß ein als Frau verkleideter Mann als solcher erkannt werden muß, wenn er zuviel von der Brust sehen läßt.

Aber gerade dadurch bezauberte dieser kleine Unhold die Zuschauer. In ein gut gearbeitetes Mieder eingeschnürt, hatte er eine Nymphentaille, und nur bei wenigen Frauen sah man eine festere und lieblichere Brust, als er sie zeigte. Man konnte sich nicht gegen die Täuschung wehren, die er aufkommen ließ. Man starrte ihn wie gebannt an, und man mußte sich einfach in ihn verlieben, wenn man nicht der unempfindlichste aller Deutschen war. Wenn er in Erwartung des Ritornells ⟨des Orchestervorspiels⟩ seiner Arie, die er singen sollte, auf der Bühne auf und ab ging, war sein Schreiten beeindruckend. Und wenn er seine Blicke auf die Logen auf- und niedergleiten ließ, dann entzückte der zärtliche und bescheidene Ausdruck seiner schwarzen Augen das Herz. Es war klar, daß er als Mann die Liebe all jener nähren wollte, die ihn als solchen liebten und die ihn vielleicht nicht geliebt hätten, wenn er kein Mann gewesen wäre. Aber er wollte auch diejenigen verliebt machen, die ihn, um ihn lieben zu können, als eine echte Frau betrachten mußten. Das heilige Rom, das auf diese Weise das ganze Menschengeschlecht zur Päderastie verführt, will dies nicht zugeben und stellt sich, als glaube es nicht an eine Illusion, die es sich im Geiste der Zuschauer zu erwecken bemüht.

Ein Monsignore sagte mir dazu: «Sie fragen, warum erlaubt man diesem Kastraten, seinen Busen zu zeigen, obgleich man möchte, daß alle Welt weiß, daß es ein Mann ist und keine Frau. Und wenn man es den Frauen verbietet, sich auf der Bühne zu zeigen, weil man die Sinne nicht erregen und zu Opfern ihrer Reize machen will, warum sucht man dann Männer, die mit den gleichen Reizen ausgestattet sind, die die Sinne täuschen und verführen und viel schuldhaftere Begierden erwecken als die natürlichen, die echte Frauen erregen. Die, die sich in jene künstlich veränderten Wesen verlieben, sind weit davon entfernt, es zu bereuen, wenn es zur Aufklärung kommt. Sie geben sich vielmehr mit Vergnügen der Sache hin und finden schließlich die Nachbildung so angenehm, daß viele Leute mit Geist und Verstand diese Herren den schönsten Mädchen Roms vorziehen. Denn man könnte eine schöne Sängerin nicht zu einem vertraulichen Zwiegespräch zum Souper einladen, ohne daß es einen Skandal gäbe, wogegen man dies mit einem Kastraten tun kann. Natürlich schläft man anschließend mit ihm, aber niemand will das wissen.»

Casanova übertreibt nicht, wenn er behauptet, Giovanni Osti sei auf der Bühne von einer Frau nicht zu unterscheiden gewesen. Ein

Ausstopfen des Busens war bei jungen Kastraten meist nicht nötig, denn als Folge der Operation bildeten sich an Brust und Hüften weibliche Körperformen. Wenn Kastraten Frauenrollen spielten, war ihre Verkleidung deshalb nicht plumpe Travestie. Die jungen Burschen machten sich einen Spaß daraus, auf der Bühne das andere Geschlecht überzeugend darzustellen. Das fiel auch dem deutschen Reisenden Johann Wilhelm Archenholtz auf, der ein paar Jahre nach Casanova die römischen Opernhäuser besuchte. Archenholtz, 1743 geboren, nahm nach dem Siebenjährigen Krieg als Hauptmann seinen Abschied, bereiste ab 1763 den größten Teil Europas und lebte von 1769 bis 1779 meist in England. Er gab Zeitschriften heraus und veröffentlichte Bücher, am erfolgreichsten war sein dreibändiges Buch «England und Italien», das 1787 erschien. Im Kapitel über Rom lesen wir:

Es herrscht hier der närrische Gebrauch, daß alle Frauenzimmer-Rollen durch verkleidete Mannspersonen gespielt werden. Auf den Operntheatern geschieht es durch Castraten, wodurch denn, um ein kleines Übel abzuwenden, ein viel größeres befördert wird. Man sollte glauben, daß diese Verkleidung alle Täuschung aufheben müßte, allein nichts weniger; denn diese Geschöpfe haben es soweit in der Nachahmung gebracht, daß der nicht unterrichtete Zuschauer aus der Ferne unmöglich ihr Geschlecht erraten könnte. Da durch die Stimme das größte Hindernis gehoben ist, so bemühen sie sich, das übrige in Gang, Stellung, Gebärden und Manieren auf das vollkommenste nachzuahmen, so daß auf dieser Seite das Schauspiel nicht im geringsten dabei leidet.

Außerhalb des Kirchenstaates, in Neapel oder Venedig etwa, war Sängerinnen der Auftritt auf der Bühne nicht verboten. Stand dort in einem Theater kein geeigneter Kastrat zur Verfügung, wurde seine Partie mit einer Sängerin besetzt. Mancher Impresario wollte auch einfach nur Geld sparen. Sängerinnen waren, wenn sie nicht zu den wenigen Stars gehörten wie die Cuzzoni, billiger als Kastraten. Konnte ein junger Kastrat wegen seines meist «weiblichen» Körperbaus überzeugend Frauenrollen spielen, fiel es auch nicht allzusehr auf, wenn eine Frau in Männerkleidern die Kastratenrolle des Helden oder Liebhabers sang. Die Hosenrolle war geboren, ein totaler Geschlechtertausch möglich. Der Zuschauer konnte nicht eindeutig erkennen, ob eine Frauenrolle von einer Sängerin oder einem Kastraten gesungen wurde, konnte nicht sicher sein, ob der Heldensopran ein Kastrat oder seine Partie mit einer Frau besetzt war.

Die Pikanterie dieses Geschlechtertausches, den die Stimmen der Kastraten so perfekt machten, hat sicher stark zu dem Erfolg beigetragen, den die Barockoper beim Publikum so rasch fand. Die Künstlichkeit der Oper, in der die Menschen sangen und nicht sprachen, wurde durch die Kastraten auf die Spitze getrieben.

Schon im 18. Jahrhundert verliebten sich die Zuschauer in die Sänger und Sängerinnen, die auf der Bühne in ihren phantastischen Kostümen, mit Schminke und in geschickter Beleuchtung, so verführerisch aussahen. Wer den Besetzungszettel nicht gelesen hatte (und nicht jeder Theaterbesucher hat um diese Zeit lesen können), wußte nicht, ob das attraktive Wesen auf der Bühne, in das zu verlieben er sich anschickte, Mann oder Frau war. An der Stimme jedenfalls war das Geschlecht nicht eindeutig zu erkennen. Und an der Rolle auch nicht. Manche Zuschauerin, mancher Zuschauer wollte es vielleicht auch gar nicht so genau wissen.

Ein guter Kastrat erhielt eine höhere Gage als eine Sängerin. Da lag es nahe, daß Sängerinnen, die nicht zu üppige weibliche Formen hatten, versuchten, sich als Kastrat auszugeben, um mehr zu verdienen. Fiel die Verkleidung nicht auf, konnte die Sängerin zugleich auch Engagements an Theatern im Kirchenstaat eingehen.

Casanova erzählt in seinen Memoiren vom vermeintlichen Kastraten Bellino. So unwahrscheinlich der Bericht klingt, alles könnte sich durchaus so zugetragen haben. Casanova sagt in seinen Memoiren, der falsche Kastrat sei 1744 im Theater von Ancona aufgetreten, das damals zum Kirchenstaat gehörte. Er habe sich auf den ersten Blick in ihn, oder besser in sie, verliebt, denn er habe gleich gewußt, daß Bellino eine Frau war. Casanova läßt die Geschichte, die sich kurz nach 1740 abgespielt hat, «Bellino» selbst erzählen:

Bei meinem Vater, einem armen Beamten in Bologna, wohnte der berühmte Kastrat Salimbeni. Er war jung und schön. Ich fühlte mich geschmeichelt, ihm zu gefallen und mich von ihm loben zu hören. Ich war erst zwölf Jahre alt. Er bot an, mich in der Musik zu unterrichten, und da er meine Stimme schön fand, wandte er mir alle Sorgfalt zu. Ich ahmte die graziöse Art des großen Meisters nach, der später bei dem Kurfürsten von Sachsen und König von Polen in Diensten stand.

Seine Schönheit und Klugheit, sein Benehmen, sein Talent und die hohen Vorzüge seines Herzens stellten ihn in meinen Augen weit über alle Männer, die ich bis dahin gekannt hatte. Er war beschei-

den und zartfühlend, reich und freigebig, und ich bezweifle, daß er einer Frau hätte begegnen können, die ihm Widerstand geleistet hätte.

Die Verstümmelung hatte aus ihm eine Mißgestalt gemacht, aber alle Eigenschaften, die ihn schmückten, machten aus ihm einen Engel. Als ich mich ihm hingab, machte er mich glücklich, wie auch ich ihn glücklich gemacht zu haben glaube.

Salimbeni unterhielt in Rimini bei einem Musiklehrer einen jungen Knaben meines Alters. Dessen Vater war arm und hatte zahlreiche Kinder. Als er sein Ende herannahen fühlte, wußte er nichts Besseres zu tun, als seinen unglücklichen Sohn verschneiden zu lassen, damit er durch seine Stimme für den Unterhalt seiner Geschwister sorgen könnte. Der junge Knabe hieß Bellino.

Seit einem Jahr gehörte ich Salimbeni an, als er mir eines Tages weinend die Mitteilung machte, er müsse mich verlassen, um nach Rom zu gehen. Er beschloß, mich nach Rimini zu bringen und mich in dieselbe Pension zu geben, wo er seinen jungen Schützling erziehen ließ. Als wir in Rimini ankamen, war Bellino den Tag vorher gestorben.

Da kam Salimbeni der Gedanke, mich unter dem Namen Bellino nach Bologna zu bringen. «In vier Jahren», sagte er zu mir, «werde ich dich nach Dresden kommen lassen, und zwar nicht als Mädchen, sondern als Kastraten. Dort werden wir miteinander leben, ohne daß jemand etwas dagegen einwenden könnte. Es handelt sich nur darum, dich für Bellino auszugeben, und nichts ist leichter als das, denn in Bologna kennt dich kein Mensch. Wenn in einem oder in zwei Jahren dein Busen sich gebildet hat, so wird das eine Eigentümlichkeit sein, die du mit vielen von uns gemeinsam hast. Außerdem werde ich dir, ehe ich fortgehe, ein kleines Instrument geben und werde dich lehren, es so zu befestigen, daß man dich leicht für einen Mann halten kann, wenn du dich jemals einer Untersuchung solltest unterwerfen müssen. Wenn dir mein Plan gefällt, so bin ich sicher, daß ich in Dresden mit dir werde leben können, ohne daß die Königin, die sehr fromm ist, Anstoß daran nimmt.»

Sobald ich als Junge eingekleidet war, reisten wir nach Bologna ab. Salimbeni gab mir auch noch ein Instrument, das meine Umwandlung zum Mann vollständig machen sollte. Das Ding ist so etwas wie ein kleiner weicher Darmschlauch, dick wie ein Daumen, weiß und aus geschmeidiger Haut. Man befestigt es im Schoß mit

Tragantgummi und es verdeckt dann völlig das weibliche Ge-
schlecht.

Vor einem Jahr ist Salimbeni in ganz jugendlichem Alter in Tirol
gestorben. Meine Mutter riet mir, mich auch künftig für einen Ka-
straten auszugeben; sie hoffte, mich auf diese Weise in Rom auf dem
Theater auftreten lassen zu können.

Ich bin bisher nur in zwei Theatern engagiert gewesen, und je-
desmal wurde ich gezwungen, mich der schmachvollen und
demütigenden Prüfung zu unterwerfen; denn man findet überall,
ich gleiche zu sehr einem Mädchen und will mich stets nur zulas-
sen, nachdem man sich vom Gegenteil überzeugt hat.

Bisher habe ich zum Glück nur mit alten Priestern zu tun gehabt,
die in gutem Glauben sich mit einer leichten Besichtigung begnügt
haben. Aber es kann der Fall eintreten, daß ich an einen jungen
Priester gerate, und dann würde die Untersuchung viel gründlicher
vorgenommen werden. Außerdem finde ich mich täglichen Verfol-
gungen von zwei Sorten Männern ausgesetzt: von denen, die sich
in mich verlieben, weil sie wie du nicht glauben können, daß ich
ein Mann sei, und von solchen, die sich Glück dazu wünschen, daß
ich es sei, oder die zum mindesten ihre Rechnung dabei finden,
mich für einen Kastraten gelten zu lassen. Besonders die letzteren
belästigen mich.

Casanova hat seine Memoiren in den Jahren 1790 bis 1792 im
böhmischen Dux geschrieben und bis zu seinem Tod im Jahr 1798
mehrfach überarbeitet. Bei der Niederschrift hat er sich zwar auf
ältere Notizen stützen können, aber keine regelmäßigen Tage-
buchaufzeichnungen zur Verfügung gehabt. Das meiste ist aus dem
Gedächtnis aufgeschrieben. Zwischen den geschilderten Ereignis-
sen und der Niederschrift liegen fünfzig Jahre. Natürlich konnte er
sich nach so langer Zeit unmöglich an alle Einzelheiten erinnern,
auch wenn er wirklich nur die Wahrheit schreiben wollte. Offensichtliche Unstimmigkeiten in Details sind jedenfalls kein Grund,
generell an der Glaubwürdigkeit seiner Lebenserinnerungen zu
zweifeln.

Bei der Bellino-Geschichte ist es der Tod von Salimbeni, der
nicht mit der Wirklichkeit übereinstimmt. Den Kastraten Salimbeni, der nach Casanova der Lehrer des falschen Bellino war, hat
es nämlich wirklich gegeben. Felice Salimbeni, zwei Jahre jünger
als Caffarelli, hat auch bei Nicola Porpora Gesang studiert. Der
Ruhm, den Porporas drei Schüler Farinelli, Caffarelli und Salim-

beni in den dreißiger Jahren des 18. Jahrhunderts errangen, begründete den Ruf Porporas, der beste Gesanglehrer Italiens zu sein. Als Salimbeni zum erstenmal in Venedig auftrat, zu Himmelfahrt 1733, stand auf dem Theaterzettel hinter seinem Namen der Zusatz «allievo del sig. Maestro Porpora – Schüler des Herrn Maestro Porpora». Salimbeni war auch, wie Casanova schreibt, in Dresden engagiert, aber erst 1750. Vorher war er sieben Jahre lang der Star der Berliner Oper unter Friedrich dem Großen, und dort werden wir ihm später wiederbegegnen. Salimbeni starb, wie Casanova erzählt, auf der Reise von Dresden nach Italien, allerdings nicht in Tirol, sondern in Laibach, im September 1751, also knapp zehn Jahre später, als Casanova seine Erzählung datiert.

Auf der Bühne sieht Casanova den angeblichen Kastraten zwar in Frauenkleidern, aber der Theaterzettel weist ihn als Mann aus. Als er später mit «Bellino» ins Bett steigt, kann er nicht sicher sein, wie dieses Abenteuer ausgeht. Natürlich erzählt Casanova ausführlich, wie er Bellino verführt hat, wer mag, kann das im zweiten Kapitel des zweiten Bandes der Memoiren nachlesen.

Casanova vergißt nicht zu versichern, daß er von Anfang an wußte, daß der angebliche Kastrat eine Frau war. Er betont das im Laufe seiner Erzählung mehrmals und so nachdrücklich, daß wir den Verdacht nicht los werden, daß es in Wirklichkeit anders gewesen sein muß und Casanova es vielleicht lieber gesehen hätte, Bellino wäre ein echter Kastrat gewesen. Jedenfalls setzt Casanova sich durch seine Erzählung selbst in ein zweifelhaftes Licht, und schon deshalb ist kaum anzunehmen, daß die Geschichte erfunden ist. Auch wenn wir nicht alles, was Casanova in seinen Memoiren erzählt, glauben wollen, eins ist sicher: Sich selbst sucht er immer ins beste Licht zu rücken, und vor nichts hatte der Venezianer mehr Angst, als daß man ihn homoerotischer Neigungen verdächtigen könnte. Daß er sie gehabt hat, scheint in den Memoiren an vielen Stellen durch. Ebenso deutlich wird, daß er sie nicht zugeben will, am wenigsten vor sich selbst.

Casanova will die Affäre mit Bellino 1744 gehabt haben. Der Abenteurer war damals noch blutjung, gerade neunzehn Jahre alt, die Sängerin ist nach Casanovas Angaben sechzehn gewesen, als er sie kennenlernte. Das war das übliche Alter, in dem Kastraten debütierten. Salimbeni, der Lehrer des falschen Kastraten, hatte im Jahr vorher, nämlich 1743, Italien verlassen und war nach Deutschland gegangen. Wenn in Casanovas Erzählung von Salimbenis «Mißgestalt» die Rede ist, kann damit nur seine geschlechtliche Verstümmelung gemeint sein. Salimbeni war ansonsten ein vollendet schöner Mann, das macht die Geschichte der fast besinnungslosen Liebe der jungen Sängerin zu ihrem Lehrer um so glaubhafter.

Casanova erzählt noch, daß er den falschen Bellino überredet habe, seine Verkleidung aufzugeben, und daß die Sängerin später unter dem Namen Teresa Palesi Karriere gemacht habe. Casanova hat sich in seinen Memoiren große Mühe gegeben, die echten Namen seiner vielen Geliebten durch Mystifikationen geheimzuhalten. Die meisten Pseudonyme konnten inzwischen von einer fleißigen Casanova-Forschung aufgedeckt werden. Wir wissen deshalb, daß Casanovas «Teresa» mit großer Wahrscheinlichkeit die Sängerin Angiola Calori ist, die auch wirklich eine Schülerin Salimbenis war. In Prag, wo Angiola Calori später engagiert war, traf Casanova sie 1766 wieder und hat nach dieser Begegnung die ersten Aufzeichnungen für die Geschichte vom Kastraten Bellino gemacht.

Wir finden in Casanovas Erzählung manche Einzelheit über das Leben der Kastraten in der ersten Hälfte des 18. Jahrhunderts in Italien, die durch andere Berichte aus der Zeit bestätigt werden. Aber eine sachliche Darstellung von Zuständen ist etwas anderes als das lebendig geschilderte Schicksal von Menschen: der Vater, der auf dem Sterbebett seinen Sohn zu der Operation bestimmt, damit er die übrigen Geschwister ernähren kann; die Bildung eines weiblichen Busens beim Kastraten mit etwa fünfzehn Jahren; der Priester, der sich durch Augenschein vom Geschlecht des Sängers überzeugen muß. Auf anderes werden wir später erneut stoßen, zum Beispiel, daß ein Kastrat nicht legal mit einer Frau zusammenleben konnte. Das war ja der eigentliche Grund dafür, daß Salimbeni seine Schülerin in den Kastraten Bellino verwandelt hat.

Casanovas «Kastrat» trat im Theater als Mann auf und sang auf der Bühne Frauenrollen. Im Leben, wo er Männerkleider trug, erwies er sich als Frau. Häufiger dürfte der umgekehrte Fall vorgekommen sein. De Brosses behauptet 1740 in einem Brief aus Rom, es komme im Kirchenstaat nicht selten vor, daß Ahnungslose sich bis über beide Ohren in eine «Sängerin» verliebten, ihr den Hof machten und beinahe den Verstand verlören, wenn sie schließlich «ihr» wahres Geschlecht entdeckten. Balzac erzählt eine solche Geschichte in seiner Novelle «Sarrasine».

Hugo von Hofmannsthal hat die Bellino-Geschichte 1899 zu seinem Drama «Der Abenteurer und die Sängerin» inspiriert, in der er sehr frei Elemente aus Casanovas Memoiren variiert. In ganz anderer Weise benutzt er die Bellino-Episode auch in seinem Libretto zur Oper «Der Rosenkavalier». Im dritten Akt hat Ochs von Lerchenau, ein Adliger «vom Lande», ein Rendezvous mit «Mariandl», der vermeintlichen Kammerzofe der Feldmarschallin, die in Wirklichkeit der als Mädchen verkleidete Graf Oktavian ist – und in der Oper von einer Sängerin gespielt wird. Die Stimmlage des Oktavian ist die der Kastraten. Baron Ochs merkt erst, als «Mariandl» das Mieder aufschnürt, daß das «Zoferl» ein Mann ist. Es ist dieselbe Situation, die die «Leute vom Lande» erlebten, von denen de Brosses in seinem Brief aus Rom sagt, daß sie sich «bisweilen bis zum letzten Moment täuschen lassen». Die Handlung des «Rosenkavalier» spielt «in den ersten Jahren der Regierung Maria Theresias», die 1740 auf den Thron kam. Es ist nur ein Zufall, daß im selben Jahr de Brosses seinen Brief schrieb.

Ob das päpstliche Gebot, keine Frauen auf der Bühne zu dulden, der Sittsamkeit diente oder eher die Unsittlichkeit herausforderte, darüber ist schon im 18. Jahrhundert viel spekuliert worden. Esteban Arteaga schreibt dazu in seiner Geschichte der italienischen Oper von 1783:

Es ist ein schwer aufzulösendes Problem, ob es der öffentlichen Sittlichkeit vorteilhaft sei oder nicht, die Frauenzimmer auf dem Theater spielen zu lassen. Das Beispiel der alten Griechen und Römer, die sie stets ausgeschlossen haben wollten; die Gefahr, welcher ihre Tugend bei der Ausübung einer Profession ausgesetzt ist, worin durch ein schreckliches, aber allgemeines Vorurteil die Schamhaftigkeit keinen Vorteil, die Ausgelassenheit aber so viele bringt; die Macht, welche sie über die Herzen der Zuschauer ausüben, die dem Zweck des Theaters nicht weniger entgegen als für die gute Ordnung der Gesellschaft gefährlich ist; die wollüstigen Empfindungen, welche sie durch ihre ausdrucksvollen Stellungen einflößen, da sie ohnedem bloß durch die Natur der Schönheit und des Geschlechts schon verführerisch genug sind; der Geist der Zerstreuung, welchen sie unter unabhängigen, freien Jünglingen verbreiten, dessen schlimme Wirkungen sich auf alle Stände des Staates erstrecken: dies alles scheint das Verbot zu rechtfertigen, wodurch man ihnen im Anfang der dramatischen Vorstellungen in Italien untersagt hat, auf dem Theater zu erscheinen. Aber die viel-

*leicht noch größern Unordnungen auf der andern Seite, welche
durch die feilen und frechen jungen Burschen entstanden, die man
an ihrer Stelle gebrauchen wollte, und denen es nach der Enteh-
rung ihres Geschlechts durch Frauenzimmerkleider nicht schwer
wurde, auch die Natur selbst zu entehren.*

Die feilen und frechen jungen Burschen in ihren Frauenzimmer-
kleidern sind nicht prüde gewesen, da hat Arteaga sicher recht. Mit
sechzehn Jahren, als halbe Kinder noch, standen sie auf der Bühne.
Endlich konnten sie ihre Kunst vorführen, für die sie acht Jahre
lang in den stickigen Zimmern der Konservatorien täglich geübt
hatten. War ihr Debut erfolgreich, wurden sie umjubelt, von Verehrern verfolgt, standen im Mittelpunkt der Gesellschaft, einer Gesellschaft, von deren Luxus und Verschwendungssucht sie bisher
nicht einmal träumen konnten, denn woher hätten sie wissen sollen, was sich hinter den Mauern der Paläste der Reichen abspielte.
Jetzt wurden sie zu deren Soupers geladen, die vornehmsten Damen machten ihnen den Hof, und auch manche Herren schienen
mehr als nur ihre Stimme zu bewundern.

In den Kastraten erfüllten sich die hermaphroditischen
Wunschträume des Barock. Die Suche nach dem Stein der Weisen,
die das spekulative Denken dieser Zeit beschäftigt, ist die Suche
nach einem mythischen Symbol, das zur Hälfte männlich, zur
Hälfte weiblich ist. In den Kastraten schien dieses Ideal gefunden.

Besonders eindrucksvoll zeigt sich der nach beiden Seiten mög-
liche Geschlechtertausch bei der Uraufführung von Händels letzter Oper «Deidamia» aus dem Jahr 1741. In der Besetzungsliste der
nur dreimal aufgeführten Oper ist für die Rolle des Achill eine Miß
Edwards angegeben. Eine Sängerin spielte den griechischen Helden, der sich, als Frau verkleidet, unter den Töchtern des Diome-
des versteckt hielt. Den Intriganten Odysseus, der Achill als Mann
entlarvt, singt der Soprankastrat Giovanni Battista Andreoni.

11

Die italienischen Gesangsschulen

Carlo Broschi, der sich Farinelli nennt, debutiert 1721 im Teatro
Aliberti in Rom. Die Oper mit dem Titel «Eumene» hat sein Ge-
sanglehrer Nicola Porpora komponiert. Farinelli ist 16 Jahre alt.
Noch sechsmal muß sich der junge Sänger in den nächsten drei

Jahren auf der Bühne in Frauenkleider zwängen, Palmira, Adelaide, Salonice heißen die Personen, die er darzustellen hat. Vier der sieben römischen Opern, in denen Farinelli auftritt, hat sein Lehrer Porpora komponiert. Mit Hilfe seines Schülers hat er sich endlich als Opernkomponist durchsetzen können.

Von der letzten Frauenrolle, die Farinelli im Karneval 1724 in Rom gesungen hat, gibt es eine Karikatur von Pierleone Ghezzi. Sie zeigt, wie die meisten Karikaturen Farinellis aus seiner Jugendzeit, eine aufgeworfene Oberlippe, die charakteristisch für viele junge Kastraten ist. Der Zeichner erklärt links unten im Bild: *Farinello aus Neapel, berühmter Sopran-Sänger, der im Teatro Aliberti im Jahr 1724 sang; gezeichnet von mir, Cav. Ghezzi, am 2. März 1724.* Im Teatro Aliberti wurde zu dieser Zeit die ernste Oper, die «opera seria» mit ihren Götter- und Heldenstücken gespielt. Zum Karneval 1724 war es die Oper «Scipione» von Luca Antonio Predieri, der 1737 Hofkapellmeister in Wien wurde. Farinelli sang die Partie der Salonice.

Die besondere Qualität der Kastratenstimme bestand nicht nur in der ungewöhnlichen Tonhöhe. Darin unterschied sie sich ja grundsätzlich nicht von einer Frauenstimme. Die Kastraten konnten auch mit unangestrengt wirkender Geläufigkeit die schwierigsten Tonkombinationen, Triller und Koloraturen singen, hatten außerdem einen endlos scheinenden Atem. Wie schon vermerkt, kommt ein Kastrat beim Singen mit weniger Luft aus, weil seine Stimmritze kürzer ist als die eines erwachsenen Mannes.

Porpora hat bei seiner Gesangsausbildung Wert darauf gelegt, diese natürlichen Fähigkeiten durch Training noch zu verstärken. Den Römern erschien sein Schüler Farinelli als wahres Stimmwunder, besonders, als er endlich in den «richtigen» Kastratenpartien des «primo uomo», des Ersten Helden, auf der Bühne stand. In der Oper «L'isola d'Alcina» seines Bruders Riccardo Broschi, die 1728 in Rom gespielt wurde, sang Farinelli eine Arie mit Trompetenbegleitung. Der Trompeter des Teatro Aliberti spielte sein Instrument besonders virtuos, und eines Abends kam es zum Wettstreit zwischen Trompeter und Sänger, der sich danach in jeder Vorstellung wiederholte. Charles Burney berichtet:

Dieser Streit schien anfangs freundschaftlich und eher sportlich, bis die Zuschauer anfingen, daran teilzunehmen, und sich auf die eine oder andere Seite zu schlagen. Nachdem Farinelli und der Trompeter jeder verschiedene Noten ausgehalten hatten, wobei je-

Farinelli in einer Frauenrolle

Federzeichnung von Pierleone Ghezzi,
1724, Collection Janos Scholz, New York

der die Kraft seiner Lunge zeigte und versuchte, den anderen an
Strahlkraft und Stärke zu übertreffen, hielten beide eine Note und
einen Doppeltriller in der Terz, und sie schlugen ihn so lange fort,
daß die Zuschauer unterdes mit Spannung darauf warteten, daß
sie erschöpft aufhörten. Der Trompeter, der ganz atemlos war, gab
in der Tat auf, dachte aber, daß sein Rivale ebenso ermüdet sein
müsse, wie er selbst, und daß der Wettkampf deshalb unentschie-
den sei. Da ließ Farinelli, ohne Atem zu holen, mit einer lächeln-
den Miene, um zu zeigen, daß er bisher nur gespaßt habe, die

87

Stimme wieder anschwellen, hielt nicht nur mit neuer Kraft den Ton lang aus und ließ einen Triller folgen, sondern sang zusätzlich die schnellsten und schwersten Läufe und konnte nur durch den aufbrausenden Beifall der Zuschauer zum Schweigen gebracht werden. Seit diesen Tagen hat er überall alle zeitgenössischen Sänger übertroffen. In ganz Italien nannte man ihn in seinen frühen Jahren nur «il Ragazzo», das Bürschchen.

Das Bürschchen machte rasch Karriere, und das bedeutete für einen Kastraten im 18. Jahrhundert vor allem reisen. Schon 1724 wurde Farinelli zu einem Konzert an den Kaiserhof nach Wien eingeladen. 1725 hörte Johann Joachim Quantz Farinelli mehrfach in Neapel. In seinen Erinnerungen sagt er über ihn: *Farinello hatte eine durchdringende, dicke, helle und egale Sopranstimme, deren Umfang sich damals vom ungestrichenen a bis ins dreygestrichene d erstreckte: wenige Jahre hernach sich in der Tiefe noch mit einigen Tönen, doch ohne Verlust der hohen vermehret hat; dergestalt, daß in vielen Opern eine Arie, meistens ein Adagio, in dem Umfange des Contralts, und die übrigen im Umfange des Soprans für ihn geschrieben worden. Seine Intonation war rein, sein Trillo schön, seine Brust, im Aushalten des Athems, außerordentlich stark, und seine Kehle sehr geläufig, so daß er die weit entlegensten Intervalle geschwind, auch mit der größten Leichtigkeit und Gewißheit, heraus brachte. Durchbrochene Passagien, machten ihm, so wie alle andern Läufe, gar keine Mühe. In den willkührlichen Auszierungen des Adagio war er sehr fruchtbar. Das Feuer der Jugend, sein großes Talent, der allgemeine Beyfall, und die fertige Kehle machten, daß er dann und wann zu verschwenderisch damit umgieng. Seine Gestalt war für das Theater vortheilhaft: die Action aber gieng ihm nicht sehr von Herzen.*

Im selben Jahr, in dem Quantz Farinelli in Neapel hörte, sang der junge Kastrat auch in Verona, im Jahr darauf in Parma, Mailand und Rom. Am 14. Juni 1727 stand er in Bologna in der Oper «La fedeltà coronata» von Giuseppe Maria Orlandini auf der Bühne. Farinellis Partner war Antonio Maria Bernacchi, ein zu dieser Zeit berühmter Kastrat, bereits 42 Jahre alt und deshalb für den inzwischen zweiundzwanzigjährigen Farinelli ein Sänger von gestern, kein ernsthafter Konkurrent. Bernacchi verkörperte das Ideal des Kastratengesangs des vergangenen 17. Jahrhunderts. Aber Farinelli irrte sich, wenn er glaubte, den alten Sänger einfach an die Wand singen zu können. Eine Opernvorstellung war zu die-

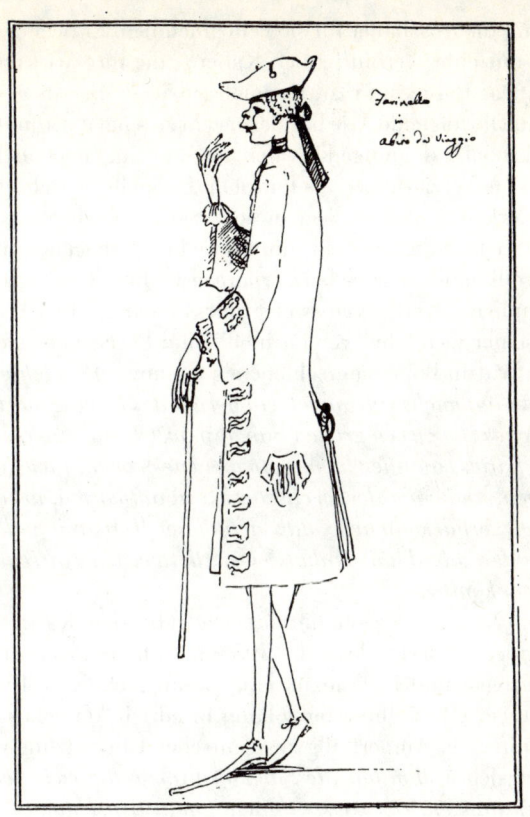

Farinelli in Reisekleidung

Federzeichnung von Antonio Maria Zanetti,
Fondazione Cini, Venedig

ser Zeit häufig ein Wettkampf. Sänger gegen Trompeter, wie in
Rom; Kastrat gegen Primadonna: wer hat den längsten Atem, singt
die schwierigsten Koloraturen, schlägt die schnellsten Triller. In
Bologna ist es 1727 der Wettkampf zwischen dem jungen Kastraten der neapolitanischen Gesangsschule und dem «altmodischen»
Sänger aus der Schule von Bologna. In seiner ersten Arie versucht
Farinelli mit einer Kaskade artistischer Gesangskunststückchen,
die Partie sofort und eindeutig für sich zu entscheiden. Er läßt alle
denkbaren musikalischen Launen spielen, sucht durch Effekte und

Virtuosität die Zuschauer für sich einzunehmen. Er beendet die erste Arie mit einer verblüffenden Kadenz, die ihre Wirkung nicht verfehlt. Das Publikum rast. Farinelli ist sicher, bereits gewonnen zu haben. Die folgende Arie hat Bernacchi zu singen. Er imitiert die Stimmakrobatik des jungen Rivalen, und er bringt noch mehr halsbrecherische Verzierungen als Farinelli. Farinelli versteht die Lektion. Er erkennt, daß er von diesem Sänger noch etwas lernen kann. Statt beleidigt zu sein, nimmt er bei Bernacchi Unterricht und vervollkommnet seine bei Porpora erworbene Gesangstechnik.

Ein ähnliches Wettsingen zweier Stars beschreibt Pier Francesco Tosi in seiner vier Jahre vor Farinellis und Bernacchis gemeinsamem Auftritt in Bologna erschienenen Gesangslehre: *Ich erinnere mich, oder hat michs geträumet, ein berühmtes Duett gehört zu haben, welches von zween großen Sängern, welche die Eifersucht angefeuert hatte, einander immer etwas neues vor und wieder nach zu machen, und einander wechselweise zu antworten, in so kleine Stückchen zerhacket wurde, daß sich dieser Wettstreit endlich mit nichts anders als damit endigte: wer die meisten Narrenspossen vorbringen könnte.*

Antonio Maria Bernacchi hat das Singen bei dem Kastraten Antonio Pistocchi gelernt, der sich 1705 mit 45 Jahren von der Bühne zurückgezogen und in Bologna eine Gesangsschule eröffnet hat. Der preußische Kapellmeister Johann Friedrich Agricola sagt von Pistocchi in einer Anmerkung zur deutschen Übersetzung von Tosis Gesangslehre: *Ihm hat die Singkunst unstreitig viele Verbesserungen zu danken. Die meisten nach ihm in Wälschland berühmt gewordenen Sänger und Sangmeister sind seine Schüler gewesen. Auch besaß er das Geheimniß, einen jeden nach seiner Fähigkeit, und den besonderen Eigenschaften seiner Stimme singen zu lassen. Daher ist die Singart vieler seiner Scholaren zwar sehr voneinander unterschieden, doch dabey immer gut gewesen, weil er das zufällige von dem wesentlichen Schönen in der Singkunst wohl zu unterscheiden wußte. Einer seiner berühmtesten Schüler ist der noch lebende große Sänger, gute Acteur, und geschickte Sangmeister, Antonio Bernacchi.*

In seiner Jugend hat Pistocchi Sopran gesungen. Mit etwa zwanzig Jahren hat er eine Stimmkrise, angeblich infolge seines liederlichen Lebenswandels und tritt zehn Jahre lang überhaupt nicht auf. In tiefstes Elend gesunken, nimmt er sich zusammen, arbeitet als Kopist bei einem Komponisten und beginnt dann eine neue

Antonio Maria Bernacchi

Als Timante in «Demofoonte» von G. M. Schiassi, Venedig 1735;
Federzeichnung von Antonio Maria Zanetti, Fondazione Cini, Venedig

Karriere, diesmal als Altist. Agricola berichtet weiter: *Er war zwar
ein Castrat, doch bey seiner großen Geschicklichkeit im Singen zugleich auch ein guter Componist seiner Zeit. Es sind mir von seiner
Arbeit nicht nur viele Cantaten, sondern auch Opern bekannt. Ums
Jahr 1697 war er Markgräflicher Capellmeister in Anspach.* Ansbach war damals die Residenz der fränkischen Hohenzollern. Im
Herbst 1700 kehrte Pistocchi nach einem mehrmonatigen Aufenthalt in Wien nach Bologna zurück. 1709 empfing er die Priesterweihe, wurde Mönch im Kloster San Filippo Neri, später ging er

nach Forlí in das Kloster der Oratorianer. 1720 kehrte er als einfacher Priester nach Bologna zurück und versammelte erneut Gesangsschüler um sich. 1726, im Jahr vor dem gemeinsamen Auftritt von Farinelli und Bernacchi ist er gestorben. Zu den Schülern Pistocchis gehörte auch Padre Martini, der bedeutende Musiktheoretiker und Kompositionslehrer des 18. Jahrhunderts.

Bernacchi muß einer der ersten Schüler von Pistocchi gewesen sein. Wahrscheinlich hat er schon Unterricht bei ihm gehabt, als Pistocchi noch auf der Bühne gesungen hat. Der erste öffentliche Auftritt des jungen Bernacchi kurz vor der Wende vom 17. zum 18. Jahrhundert ist ein totales Fiasko:

Die Natur hatte ihm keine schöne Stimme gegeben. Als er das erste Mal in Bologna in einer Kirche sang, mißfiel er so sehr, daß ihm einige seiner Bekannten rundheraus sagten, er solle das Singen lassen, wenn er's nicht besser könnte. Dieses reizte ihn derart, daß er sich die äußerste Mühe gab, weil er wohl wußte, daß es nun nicht mehr möglich wäre, einen anderen Beruf zu wählen. Ein Kastrat hat selten Mut oder Kräfte genug, sich etwas anderem als der Musik zu widmen.

Durch Fleiß und strenges Studieren erwarb er sich einen Stil und eine Art zu singen, die nachher zum Panier in dieser Kunst geworden ist.

Diese Einzelheiten hat Giambattista Mancini, ein Schüler Bernacchis, Charles Burney im September 1772 in Wien erzählt. Der Soprankastrat Mancini wurde 1714 geboren und hat in Bologna neben seinem Gesangsunterricht bei Bernacchi auch Komposition bei Padre Martini studiert. Wenn Mancini mit Bezug auf seinen Gesanglehrer feststellt, ein Kastrat, bei dem es mit dem Singen nichts wird, finde nur in der Musik einen anderen Beruf, spricht er auch aus eigener Erfahrung, denn er war als Sänger nicht sonderlich erfolgreich. Aber er hatte Glück: 1757 wurde er als «k. k. Cammer-Musicus» an den österreichischen Hof nach Wien berufen und war dort unter anderem Singmeister der Erzherzoginnen, der Töchter Maria Theresias. Er starb sechsundachtzigjährig im Jahr 1800 in Wien als «pensionierter Hofsingemeister» und hinterließ ein beträchtliches Vermögen.

1774, zwei Jahre nach dem Besuch Burneys, veröffentlichte Mancini ein Lehrbuch zur Gesangsausbildung. Darin betont er immer wieder, daß die wichtigste Voraussetzung für kunstvolles Singen das Erlernen einer perfekten Atemtechnik ist, was für Mancini

nichts anderes heißt, als sich diese selbstverständliche Körperre-
aktion bewußt zu machen, indem man ihr Funktionieren beobachtet. Dadurch wird es möglich, überflüssige Kraftanstrengung zu
vermeiden. Mancini schreibt:

*Der Schüler soll nie heftig ein- oder ausatmen, sondern die Luft
sachte strömen lassen. Wenn der Schüler gelernt hat, sparsam mit
dem Atem umzugehen, und ihn genau zu kontrollieren und abzu-
stufen, kann er mühelos die Stimme an- und abschwellen und wieder aufblühen lassen und, wenn es nötig wird, unhörbar dazwischen einatmen. Ich leugne aber nicht, daß dies am Anfang viel
Ausdauer kostet. Mit dem sparsamen Gebrauch des Atems wird die
Stimme für den Zuhörer lauter, ohne daß dabei die Brust des Sängers ermüdet oder überanstrengt wird.*

Die Gesangskunst der Kastraten wurde durch Sänger, die sich
wie Bernacchi und Mancini als Lehrer und Theoretiker betätigten,
über mehrere Generationen bis weit ins 19. Jahrhundert weiter-
vererbt. Viele der besten Gesanglehrer im Italien des 17. und
18. Jahrhunderts waren selbst Kastraten. Einer von ihnen war Pier
Francesco Tosi, aus dessen Lehrbuch über den Kunstgesang aus
dem Jahr 1723 wir bereits mehrfach zitiert haben. Schon im
18. Jahrhundert wurde es in mehrere Sprachen übersetzt. Die deutsche Übersetzung erschien 1757 in Berlin und stammt von Johann Friedrich Agricola, dem Königlich Preußischen Hofkomponisten Friedrichs des Großen. Agricola schreibt in der Einleitung
zu dieser «Anleitung zur Singkunst»:

*Der Verfasser des Buches, welches ich durch diese Übersetzung
gemeinnütziger zu machen suche, war von Geburth ein Italiäner,
von Profession ein Sänger, und zwar einer von denen, welche
durch Kunst oder Grausamkeit zugerichtet wurden, zeit Lebens
eine hohe Stimme zu behalten. Er hat die meisten europäischen
Höfe besuchet: daß er aber an keinem einen langen und in der
musikalischen Geschichtskunde sonderlich bekannt gewordenen
Aufenthalt gefunden, möchten einige vielleicht in der Ursache
gegründet zu seyn glauben, daß seine Stimme von Natur eben
nicht die schönste gewesen. Einer meiner Freunde versichert mich,
daß er ihn im Jahre 1719 zu Dresden, und im Jahre 1727 in London gekennet habe. Weil ihm die Vortheile einer reizenden, alle
Zuhörer einnehmenden Stimme abgingen, so suchte er solches
durch desto gründlichere Einsichten in die Musik selbst zu ersetzen. Wie tief er sein eigentliches Hauptwerk, die Singkunst er-*

gründet habe; davon wird seine eigene Schrift der beste Beweis seyn.

Der Freund, der Agricola als Ohrenzeuge einen offenbar kritischen Bericht von Tosis Stimme und Gesangskunst gegeben hat, war Johann Joachim Quantz, zum Zeitpunkt der Herausgabe der deutschen Übersetzung von Tosis Gesangslehre wie Agricola Mitglied der Berliner Hofkapelle Friedrichs des Großen und dessen Flötenlehrer. Ob Agricolas Vermutung zutrifft, daß Tosi gleichsam als Notlösung Gesanglehrer geworden sei, weil seine Begabung für eine Sängerkarriere nicht reichte, läßt sich heute nicht mehr mit Sicherheit beurteilen. Was wir über Tosis Leben wissen, spricht eher dagegen. Tosi wurde 1654 geboren, sein Vater, ein Komponist, gab ihm Musikunterricht und ließ den Knaben kastrieren. Tosi selbst sagt von sich, daß er als Sänger «nahezu alle Höfe Europas» besuchte, was auch Agricola mitteilt. Das deutet nicht eben auf eine eher mittelmäßige Stimme hin. Als der junge Quantz Tosi in Dresden hörte, war der Kastrat immerhin schon 65 Jahre alt, in London sogar 73. Wenn er in diesem Alter überhaupt noch singen konnte, muß Tosi eine phänomenale Gesangstechnik gehabt haben.

1705 wurde Tosi vom österreichischen Kaiser Joseph I. kurz nach dessen Thronbesteigung zum Hofkomponisten ernannt. Nach dem Tod des Kaisers im Jahre 1711 wurde er, noch bevor Karl VI. die Nachfolge seines Bruders angetreten hatte, im Rahmen allgemeiner Sparmaßnahmen entlassen. Die österreichischen Staatsfinanzen waren auf Grund der hohen Kosten des Spanischen Erbfolgekrieges total zerrüttet, der gesamte Hofstaat wurde drastisch verkleinert. Tosi blieb aber in Wien und stand offenbar weiterhin in Diensten des Kaiserhauses, wahrscheinlich als Musiklehrer der ältesten Tochter des verstorbenen Kaisers, der 1699 geborenen Erzherzogin Maria Josepha, die 1719 den sächsischen Kurprinzen Friedrich August heiratete. Aus Anlaß der Hochzeitsfeierlichkeiten reiste Tosi nach Dresden, wo Quantz den Fünfundsechzigjährigen hörte. Tosi hat sich in Dresden wohl eine neuerliche Anstellung als Komponist erhofft. Zumindest hat er einen Kompositionsauftrag erhalten und auch ausgeführt. Inzwischen hatte aber der Hof seinen Aufenthalt nach Warschau verlegt – August der Starke war seit 1699 in Personalunion auch König von Polen. Tosi wartete deshalb einige Monate vergeblich in Dresden auf Auszahlung seines Honorars. Vielleicht hat der erwähnte Streit zwischen Senesino und dem Kapellmeister Heinichen, der zur Auflösung der italienischen Oper in Dresden führte, die Anstellung Tosis verhindert. Jedenfalls kehrte der alte Kastrat ohne Bezahlung deprimiert nach Wien zurück. In einem Bittbrief, den er an die Witwe Kaiser Josephs I. und an den regierenden Kaiser Karl VI. schrieb, beklagt er sich nicht nur über die schäbige Behandlung in Dresden, er erinnert auch daran, daß er in Wien ebenfalls ausstehende Gehaltszahlungen aus dem Jahr 1712 hat. Der Brief ist nicht nur ein Zeugnis dafür, in welch aussichtsloser materieller Situation sich Tosi damals befand. Wir können verallgemeinernd aus ihm (und überhaupt aus Tosis beruflicher Laufbahn) entnehmen, von welch zufälligen äußeren Umständen Glück und Unglück eines Sängers in dieser Zeit abhingen, wie unsicher die Gunst der Herrscher war, wie oft ein Künstler um die verdiente Bezahlung kämpfen mußte. Immerhin hat Tosi mit seinem Brief Erfolg. Am 28. November unterzeichnet Karl VI. den Befehl, die offenen Forderungen aus den Jahren 1711/12 zu bezahlen. Tosis Anspruch an die Universal-Bancalität, die kaiserliche Finanzbehörde, betrug 1500 Gulden.

Drei Jahre später veröffentlichte der neunundsechzigjährige Kastrat in Bologna sein Lehrbuch über den Gesang: «Opinioni de' cantori antichi e moderni o sieno Osservazioni sopra il canto figurato – Ansichten über Sänger aus alter und neuer Zeit oder Bemerkungen über den Kunstgesang». 1727 reist Tosi ein zweites Mal nach London, wo ihn Quantz noch einmal hört. 1730 empfängt der alte Sänger in Italien die Priesterweihe. In der Totenliste der Accademia Filarmonica von Bologna steht Tosis Name unter dem Jahr 1732.

1729, zwei Jahre nach dem für die Entwicklung von Farinellis Gesangskunst so folgenreichen Aufenthalt in Bologna, wird Farinelli zum zweitenmal zu einem Konzert nach Wien eingeladen. Kaiser Karl VI. hatte nach dem Konzert eine ausführliche Unterhaltung mit dem jungen Kastraten. In einer 1784 erschienenen Biographie Farinellis ist diese Unterhaltung wiedergegeben: *Kaiser Carl VI. war ein großer Kenner der Musik. Da sich nun Farinelli eben so wie die meisten anderen Sänger nur bemühte, Bewunderung und Erstaunen zu erregen, und mehr für die Sinne als fürs Herz zu singen, auch zu dieser Absicht das Schwere dem Schönen vorzog, so sagte ihm der Kaiser eines Tages mit seiner gewöhnlichen Leutseligkeit: Alles ist von Ihnen bewundernswürdig und Sie haben sich schon hinlänglich berühmt gemacht.*

An dieses Lob schloß der Kaiser eine Mahnung an den dreiundzwanzigjährigen Sänger an, die dieser sein ganzes Leben lang nicht vergessen hat. Als Charles Burney 1770 den fünfundsechzigjährigen Farinelli an seinem Alterssitz in Bologna besuchte, konnte der Sänger sie noch fast wörtlich wiedergeben:

Ihr seid mit den Gütern, die Euch die Natur verliehen hat, zu verschwenderisch. Diese gigantischen Intervalle, diese endlosen Töne und Gurgeleien (der Kaiser sprach französisch mit Farinelli: «ces notes qui ne finissent jamais»), *setzen nur in Erstaunen. Wenn Ihr die Herzen bezaubern wollt, müßt Ihr einen geraden und einfachen Weg gehen.*

Zu dieser Zeit gilt Farinelli allgemein bereits als der beste Sänger Italiens. Johann Georg Keyssler, der um 1730 eine ausgedehnte Reise durch Italien machte und später darüber ein Buch veröffentlichte, schreibt: *Unter den Sängern in Italien macht heutzutage niemand dem Carlo Broschi detto Farinelli, sowohl was die fertige Geschmeidigkeit der Gurgel, als die Schönheit der Stimme anlanget, den Rang streitig. Er hat ohne Fistulieren* (im Falsett singen) *drey und zwanzig ganze Töne in seiner Gewalt, und weil sich niemand erinnert, seinesgleichen jemals gehört zu haben, so ist man auf die Gedanken geraten, daß dieses eine außerordentliche Gabe der heiligen Jungfrau sey, welche sie der Mutter des Farinelli für die sonderbare Andacht, so diese beständig zu ihr getragen, als eine außerordentliche Gnadenbeehrung an ihrem Kinde verheißen und gegeben habe. Er ist erst zwey und zwanzig Jahre alt und kann es also in seiner Wissenschaft noch sehr hoch bringen.*

Nach dem verdienet unter den Sängern in Italien Giovanni Carestini wegen seiner sonoren und starken Stimme das meiste Lob, und folgen ihm Senesino, Gaetano Majorano detto Caffarello, Nicolini usw., welches lauter Leute sind, denen die Natur die Zierde des Bartes versagt hat. Dieser Mangel nebst der klaren und weibischen Stimme macht es, daß es anfänglich gar fremde vorkömmt, wenn solche glatte Gesichter auf das Theater kommen, und als blutdürstige Kriegeshelden die ihrigen zur Tapferkeit anfrischen. Allein bey Opern siehet man nicht auf das Vergnügen eines scharfsichtigen Urteils, sondern auf die Kitzelung der Ohren, daher man auch die Wahrscheinlichkeit der Intrigen in diesen Schauspielen so wenig als die geschickte und poetisierte Ausdrückung der Gedanken suchen muß.

12

Caffarelli und Baerenstadt in Rom

Inzwischen hat auch der jüngere Schüler Porporas sein Bühnendebut hinter sich gebracht. Porporas Ausbildungsexperiment, wenn
es denn eines war, hat Caffarelli auf Anhieb zum Erfolg verholfen.
Auch er singt als erste Bühnenrolle 1726 in Rom eine Frauenpar-
tie, aber nicht wie Farinelli in einer opera seria, sondern in einer
opera buffa, einer komischen Oper. Im Gegensatz zu den mythologischen oder historischen Geschichten der «seria», behandelte die
«buffa» Geschichten aus dem täglichen Leben und verlangte deshalb eine andere Darstellung auf der Bühne. In den komischen
Opern des 18. Jahrhunderts traten normalerweise keine Kastraten
auf, aber im Kirchenstaat mußten wegen des Auftrittsverbots die
Frauenrollen auch in der opera buffa von Kastraten gesungen werden. Es sind Schäferinnen und Dienstmädchen, die sich anders zu
geben und zu bewegen haben als eine byzantinische Prinzessin
oder eine griechische Göttin. Der sechzehnjährige Caffarelli wird in
diesen neckischen Mädchenrollen zum absoluten Liebling des römischen Publikums. Er hat nicht die für viele Kastraten charakte-
ristische spindeldürre Übergröße. Zu einer perfekten Figur kommt
noch ein außerordentlich schönes Gesicht. Das Publikum will ihn
immer wieder und nur in Frauenrollen sehen. Caffarelli wird in
Rom zur «Primadonna buffa». Die Römer übertragen die Theater-
illusion ins Alltagsleben, Caffarellis wahres Geschlecht wird von
ihnen nicht zur Kenntnis genommen. Privat wird er nur mit den
weiblichen Rollennamen angesprochen, die er auf der Bühne gerade verkörpert, auf der Straße behandelt man ihn wie ein im Karneval als Buben verkleidetes Mädchen. Man erwartet von ihm, daß
er sich im täglichen Leben benimmt wie in der satirischen «Anweisung» von Benedetto Marcello: *Spielt der große Sänger für ge-*
wöhnlich weibliche Rollen, so trage er auf dem Leibchen stets eine
Büchse mit Schönheitspflästerchen, roter Schminke und einem
kleinen Spiegel und rasiere sich zweimal am Tage.

Dem jungen Caffarelli wird diese erzwungene Travestie bald zuviel. Er will endlich als «primo uomo», als Erster Kastrat, auftreten, die Helden und Liebhaber singen. Für das römische Publikum
ist der Sänger aber so sehr auf Frauenrollen festgelegt, daß die Zuschauer zwar applaudieren, als Caffarelli in seiner ersten «seria»-

Rolle, wie es sich für den «primo uomo» gehört, mit einem federgeschmückten Helm, Panzer, Schwert und der unvermeidlichen Schleppe, auf die Bühne tritt. Aber zugleich mit dem Auftrittsapplaus erfüllt das Theater ein einziges Gelächter. Um in Ersten und damit in ernsten Kastratenrollen zu überzeugen, muß Caffarelli in anderen Städten auftreten, in denen das Publikum den perfekten Frauendarsteller nicht kennt. Dort ist sein Erfolg so groß, daß auch das römische Publikum seinen Liebling wiederhaben will. 1728 tritt er im Teatro Argentina, dem Haus für die opera seria, auf. Hier hatte das Publikum ein paar Jahre früher allabendlich auf den Wettkampf zwischen Farinelli und dem Trompeter gewartet.

Jetzt wurde Caffarelli auf der Straße nicht mehr anzüglich von den Männern als verkleidetes Mädchen angemacht. Vornehme Frauen verliebten sich in den schönen jungen Mann. Mit seinen 18 Jahren war er der begehrteste Liebhaber der reichen Römerinnen. Bei einem seiner zahlreichen Liebesabenteuer soll er sich vor einem eifersüchtigen Ehemann eine ganze Nacht lang in einer Zisterne versteckt haben. Die Folge war ein Rheumatismus, der ihn einen Monat bettlägerig machte. Als er wieder ausgehen konnte, schickte ihm seine Angebetete vier bewaffnete Diener, die ihm überallhin folgen mußten. Sie erklärte ihre besorgte Vorsichtsmaßnahme damit, daß bei der Eifersucht ihres Mannes das Schlimmste zu befürchten wäre. Vielleicht sollten die Bewacher den Sänger aber auch nur von anderen Liebesabenteuern abhalten.

In dieser Zeit kam Caffarellis Lehrer Porpora mit einer neuen Oper nach Rom. Er traf dort auf einen zehn Jahre jüngeren Rivalen, den Komponisten Leonardo Vinci. Vinci hatte 1719, ein Jahr vor dem Debut Farinellis beim Fürsten della Torretta, in Neapel einen Sensationserfolg mit einer musikalischen Komödie. Er erhielt daraufhin die Kompositionsaufträge, die Porpora für sich vergeblich erhoffte. Im Jahr 1722 komponierte Vinci seine erste opera seria und kam auch in diesem völlig anderen Stil so gut an, daß er in Zukunft nur noch ernste Opern schrieb. Diese Form des musikalischen Theaters brachte nicht nur mehr Prestige, sondern auch höhere Einnahmen. Unsere heutige Klassifizierung in «U» und «E», also in Unterhaltungs- und «klassische» ernste Musik, war in gewisser Weise auch schon im 18. Jahrhundert gültig, nur daß es heute mit den Einnahmen der Komponisten und Interpreten eher umgekehrt ist.

Vinci komponierte in jedem Jahr eine Oper für Neapel und Rom und erhielt außerdem Kompositionsaufträge aus Venedig und Parma. Zu mehreren Opern schrieb der etwa gleichaltrige Metastasio, der damals noch in Rom lebte, den Text.

In Vincis Opern hatte die Melodie, und damit die Singstimme, die unumschränkte Herrschaft. Seine Satztechnik war eher anspruchslos. Aber seine melodische Begabung kam den Sängern entgegen und dem, was das Publikum in dieser Zeit von den Sängern und vom Gesang erwartete. Metastasio wird Vinci auch deshalb geschätzt haben, weil der Komponist ein sicheres Gespür dafür hatte, wie die Musik vom Dichter erdachte dramatische Wirkungen unterstützen und steigern konnte.

Für Porpora dagegen war der Gesang eher Ziel als Mittel des dramatischen Ausdrucks. Bedeutend für die Musikgeschichte ist er vor allem als Lehrer. Seine Satztechnik war zwar vollkommen und seine Musik von melodischer Eleganz, aber das Übermaß an Verzierungen, mit denen er die Sänger ihre Kunstfertigkeit vorführen ließ, verdeckte nur seine musikalische Ideenarmut. Er hatte ganz allgemein wenig Empfinden für dramatische Situationen auf der Bühne. Seine Stärke als Opernkomponist war vor allem das Gespür für die besonderen Fähigkeiten der Sänger, für die er gerade schrieb. Agricola sagt in einer Anmerkung seiner Übersetzung von Tosis Gesangskunst über Porpora:

Porpora hat beständig bey seinen Unterweisungen den richtigen Vortrag und Ausdruck der Worte, im Recitativ sowohl als in den Arien, mit Ernst vor Augen gehabt und eingeschärfet; so wie er auch die seltene und vielen Sangmeistern, wo nicht gar Componisten, beinahe unbekannte Gabe besitzet, die Fähigkeit seiner Schüler genau einzusehen und sich darnach genau zu richten; und keinen anders singen läßt, als es die Beschaffenheit und das Vermögen seiner Stimme mit sich bringt. Ich glaube daß kein unpartheyischer Musikgelehrter ihm, auch in Ansehung seiner Composition, diese Gerechtigkeit versagen wird.

Vinci und Porpora, diese beiden auch menschlich grundverschiedenen Neapolitaner, trafen immer wieder als Konkurrenten aufeinander. Als Quantz 1726 in Venedig war, gab es fast gleichzeitig einen «Siface» von Porpora und einen «Siroe» von Vinci. *Beyde Verfasser waren zugegen*, notierte Quantz später, *die letztere* ⟨also Vincis⟩ *Oper aber fand mehr Beyfall als die erstere.* Vom letzten Kampf der beiden in Rom erzählt der preußische Kriegsrat und musikalische Schriftsteller Friedrich Wilhelm Marpurg in seinen ab

1754 in Berlin herausgegebenen «Kritischen Briefen über die Tonkunst» diese Anekdote:

Leonardo Vinci und Nicolaus Porpora, zween zu ihrer Zeit berühmte italiänische Componisten, hatten einsmals in Rom, in einem Carneval, jeder zwo neue Opern von ihrer Arbeit auszuführen. Jeder von ihnen hatte sein eigenes Theater; jeder hatte seine besondere Gesellschaft guter Sänger; jeder hatte auch seine Anhänger; jeder war über den anderen eifersüchtig; jeder hatte sein eigenes Caffeehaus, wo er mit seinen Freunden zusammenkam, um seiner Galle wider den andern von Zeit zu Zeit Luft zu machen. Die erste Oper eines jeden fand Beyfall. Die zweite des Porpora sollte einige Tage eher aufgeführt werden, als die zweyte vom Vinci. Die Anhänger des Porpora gaben sich besondere Mühe, die Vorzüge seiner zweyten vor der ersten auszuposaunen, und hatten bey den Liebhabern der Musik eine große Erwartung erreget. Nunmehr fürchtete Vinci mit seiner neuen, weil sie zumal einige Tage später zum Vorschein kommen sollte, unterzuliegen. Er bildete sich ein, daß seines Nebenbuhlers Arbeit der seinigen allen Beyfall voraus nehmen würde. Kein Zureden seiner Freunde half. Er sann auf Mittel, den guten Fortgang der andern zu hindern. Bald wollte er 150 Einlaßbillette von dem Theater des Porpora kaufen, und dieselben an so viele von seinen Freunden austheilen, welche dann in der Hauptprobe dieser Oper pfeifen und Lärm anfangen sollten: allein dazu hatte er nicht Geld genug. Bald fiel ihm ein anderer Anschlag ein, welcher aber ebensowenig thunlich war. Man beliebe zu bemerken, daß in Rom der gute oder schlechte Erfolg der Hauptprobe einer Oper, als bey welcher man mit der größten Aufmerksamkeit zuhöret und prüfet, sehr viel von dem Schicksale der ganzen Oper entscheidet. Was war also zu thun? Der gute Vinci wollte verzweifeln, und erwartete das Schicksal seiner neuen Oper mit Zittern, in der gewissen Furcht, daß sie zu Grunde gehen würde. Es befand sich unter Vincis Sängern ein Castrat, Namens Gaetan Baerenstadt, welcher vom Singen eben gar nicht viel Werks machte, aber dagegen (eine seltsame Erscheinung bei Leuten von seyner Art!) sich destomehr aufs Studiren geleget, und sich dadurch in vielen vornehmen Häusern beliebt gemacht hatte. Dieser begnügte sich gemeiniglich in den Opern, worinn er agirte, mit der letzten Rolle. Porpora hatte, zu seinem Unglück etwan einmal was Übels von ihm gesprochen. Der gegenwärtige Vorfall schien also Baerenstadten eine bequeme Gelegenheit anzubieten, sich an Por-

pora zu rächen und dem Vinci damit zugleich aus der Noth zu hel-
fen. Er sprach also dem Vinci guten Muth ein, und bat ihn, sich nur
auf ihn zu verlassen. Darauf nahm er etliche Pfunde von dem
trockensten und feinsten spanischen Schnupftaback, der nur zu
bekommen war, und füllete damit viele kleine papierne Röhrchen
an, in welchen er unten und oben eine kleine Öffnung ließ. Mit die-
sem bewaffnet begab er sich, in einer ganz unkenntlichen Kleidung,
in den Schauplatz, wo des Porpora Oper zum letztenmal probiret
werden sollte. Daselbst mietete er in der obersten Reihe eine eigene
Loge für sich allein, und hielt sich darin so versteckt als möglich
war. Als nun, bey einer sehr zahlreichen Versammlung, die Haupt-
probe anfieng, und die Freunde des Porpora nicht ermangelten,
ihren Beyfall und ihre Bewunderung so oft und so laut als sie nur
immer konnten, zu verstehen zu geben: fieng Baerenstadt auch an,
aus ein paar von seinen Röhren den Taback, so stark als möglich
heraus zu blasen. Der Taback breitete sich sogleich weit über das
Parterre aus, und fiel nach und nach auf die untenstehenden
Zuhörer. Man wurde es bald gewahr und fieng an in die Höhe zu
sehen, um den Ursprung dieses so ungewöhnlichen Regens ausfün-
dig zu machen. Doch nunmehr bemeisterte sich der herabfallende
Taback auch der in die Höhe gerichteten Nasen, und jedermann
fieng an zu niesen. Baerenstadt säumete indessen nicht, immer
mehrere von seinen Tabackspatronen abzufeuern. Je mehr man
also in die Höhe sahe, je allgemeiner wurde das Niesen, und das
Geräusch über diese seltsame Begebenheit. Das Geschrey der Da-
men, welche ihre Kleider und Spitzen beklagten, fieng an die Stim-
men der Sänger zu übertäuben; und endlich suchte jedermann je
eher je lieber aus dem Schauplatze herauszukommen, so daß beym
Ende des ersten Acts kein Zuhörer mehr zu sehen war. Weil man
nun die Probe nicht ruhig hatte anhören und untersuchen können:
so bekam auch, wie in Rom gewöhnlich ist, die Oper des armen
Porpora einen gewaltigen Stoß; und desto mehr Beyfall erhielt da-
gegen die Oper des Vinci.

Ein sehr boshafter Streich von einem witzigen Sänger!

Marpurg berichtet diese Geschichte als auflockernde Randglosse
in seiner sonst seriösen Musik-Zeitschrift im Januar 1760. Sollte
sie auf einen tatsächlichen Vorfall zurückgehen, muß der sich genau dreißig Jahre vorher während des Karnevals 1730 abgespielt
haben. Am 2. Januar 1730 ist in Rom eine Oper Vincis gespielt
worden, die ein beliebtes Sujet der Barockoper, den Indienfeldzug

Alexanders des Großen, zum Thema hatte: «Alessandro nell'Indie». Die zweite Oper Vincis in diesem Karneval war sein «Artaserse». Die Texte für beide Opern hat Metastasio verfaßt, der bereits eine Berufung als Hofdichter nach Wien hatte (Metastasios «Artaserse» wird im selben Jahr auch in Venedig gespielt, mit der Musik von Johann Adolf Hasse). Die Premiere von Vincis zweiter Oper war am 4. Februar. Vinci spielte seine Opern in Rom im Teatro Aliberti, während Porpora am Teatro Capranica engagiert war. Von Porpora wurde im Karneval 1730 die Oper «Mitridate» aufgeführt. Die Hauptprobe dieser Oper, die Baerenstadt mit seinem Schupftabak störte, muß an einem der letzten Januartage stattgefunden haben.

Der Kastrat Gaetano Baerenstadt ist uns bereits in Dresden und in London in Händels «Königlicher Musikakademie» begegnet. Baerenstadts Eltern waren Deutsche, aber er wurde in Italien geboren, dort auch kastriert und als Sänger ausgebildet. Bis 1734 finden wir seinen Namen auf den Besetzungszetteln italienischer Theater. Wie Marpurg berichtet, hat Baerenstadt nie erste Rollen gesungen. Trotzdem wird er mehrfach erwähnt und abgebildet. Vielleicht hat der für einen Kastraten ungewöhnliche deutsche Name mehr Aufmerksamkeit erregt, als ein «secondo uomo» sonst erwarten durfte. Wir kennen ihn von dem englischen Stich mit einer Szene aus Händels «Flavio», wo er zusammen mit Senesino und der Sängerin Francesca Cuzzoni dargestellt ist.

Der Komponist Vinci ist wenige Monate nach Baerenstadts Schnupftabakattentat im Mai 1730 in Neapel nach kolikartigen Schmerzen plötzlich verstorben. Man munkelte in der Stadt, er sei wegen einer seiner vielen Liebesaffären von einem eifersüchtigen Ehemann oder Liebhaber vergiftet worden.

13

Theatersitten

Ganz gleich, ob die Anekdote Marpurgs nun wahr oder nur «ben trovato» – hübsch erfunden ist, sie gibt eine treffende Beschreibung von charakteristischen Besonderheiten der Opernpraxis des 18. Jahrhunderts. Die Opernhäuser der meisten italienischen Städte wurden von einem Unternehmer, einem Impresario betrieben, der häufig von Saison zu Saison wechselte. De Brosses beschreibt seinen französischen Freunden den Unterschied des italienischen Theatersystems zur festen Einrichtung der Oper in Paris, der «Académie Royale de la Musique»:

Die italienische Oper ist nicht wie bei uns ein fester Verband oder eine Akademie, bestehend aus den gleichen Mitgliedern, die nur bei Bedarf erneuert werden. Wenn hier jemand eine Oper für den Winter auf die Beine stellen will, so verschafft er sich die Erlaubnis des Gouverneurs, mietet ein Theater, holt sich aus verschiedenen Orten Instrumentalisten und Sänger zusammen, schließt mit den Theaterarbeitern und dem Dekorateur ab und macht am Ende ziemlich häufig mit seiner ganzen Gesellschaft pleite. Um sicher zu gehen, lassen sich die Arbeiter bestimmte Logen übertragen, die sie dann zu ihrem Nutzen vermieten. Jedes Jahr bringt andere Opern, andere Sänger. Kein Stück, keine Dekoration, keinen Sänger, die man im Vorjahr gesehen hat, will man ein zweitesmal sehen.

De Brosses hielt sich 1739/40 in Italien auf. Zu dieser Zeit hatte sich dort eine regelrechte Theatermanie entwickelt. Dabei stand die Oper im Vordergrund des Publikumsinteresses. Theater wurden nicht nur in den Residenzen und den großen Stadtrepubliken erbaut. 1783 stellt Arteaga in seiner «Geschichte der italiänischen Oper» fest: *In jeder kleinen Stadt, in jedem Dorf findet man ein Theater errichtet. Bloß allein der päpstliche Staat zählt ihrer mehr als vierzig. Es mag den Armen an Unterhalt fehlen, den Flüssen an Brücken, den Feldern an Abflüssen, den Schwachen an Krankenhäusern, und an Hülfsmitteln für öffentliche Unglücksfälle. An einer Art von Theater für Müßiggänger wird es gewiß nie fehlen.*

Die Oper war im 18. Jahrhundert für die Bewohner der Städte, die sich ein Theater leisteten, etwas Alltägliches und etwas Besonderes zugleich, etwas Besonderes schon deshalb, weil man damals nur im Theater Musik, Opernmusik, hören konnte.

Heute bereitet sich mancher Opernliebhaber auf einen Theaterbesuch vor, indem er sich das ganze Stück oder zumindest einige Arien auf der Schallplatte anhört. Das Wiedererkennen der Melodie vergrößert den Genuß im Theater. Im 18. Jahrhundert gingen viele Zuschauer zu demselben Zweck in die Proben, soweit Publikum zugelassen war (die Proben waren allerdings nicht überall und nicht zu allen Zeiten öffentlich). Danach besuchte man nicht nur die Premiere, sondern ging möglichst in jede Vorstellung. Nicht unbedingt pünktlich zu Beginn der Oper, und man blieb auch nicht den ganzen Abend in seiner Loge.

Die Logen waren für die gesamte Dauer der Opernspielzeit, für die «stagione», vermietet. Durchreisende Fremde, die keine Empfehlungsbriefe an einen Logenbesitzer hatten, konnten Einzelplätze im Parkett kaufen. Oft hatten die Opernhäuser über den Logenrängen auch noch eine Galerie für das «einfache Volk».

Während der «stagione» war das Opernhaus Treffpunkt der Gesellschaft. Wer auf sich hielt, ging an jedem Abend, an dem eine Vorstellung stattfand, ins Theater, um sich zu «unterhalten», in beiden Bedeutungen des Wortes.

Aus Rom schreibt 1740 Charles de Brosses: *Hier beginnen die Opern im November, gegen Weihnachten oder am Dreikönigstage und dauern bis Fastnacht. In der übrigen Zeit des Jahres wird nicht gespielt. Im Augenblick, wo die Theater hier begannen, haben die Kränzchen bei der Prinzessin Borghese und in der Casa Bolognetti aufgehört. Der allgemeine Treffpunkt der Gesellschaft ist von nun an die Oper, die sehr lange dauert, von acht oder neun Uhr abends bis gegen Mitternacht. Die Damen halten jetzt gewissermaßen ihre Empfänge in den Logen, wo die Zuschauer ihrer Bekanntschaft ihnen kurze Besuche machen. Ich habe Ihnen schon gesagt, daß hier jeder eine Loge mieten muß.*

Hierhin gehe ich wie in meine Wohnung. Man zückt sein Lorgnon, um zu sehen, was an Bekannten da ist, und besucht sich gegenseitig, wenn man Lust hat. Daß die Menschen hier Opernliebhaber sind, tritt übrigens weit mehr darin zutage, daß sie da sind, als daß sie etwa dem Stücke aufmerksam zuhörten. Sind die ersten Vorstellungen, wo es bis auf das Parterre hinunter ziemlich still ist, vorüber, so ist es nicht mehr guter Ton zuzuhören, außer an den Glanzstellen.

Die Hauptlogen sind prächtig ausgestattet, erhellt durch Kronleuchter. Manchmal wird hier auch Karten gespielt, öfter geplaudert, und man sitzt in einem Kreis in der Loge; es ist also nicht wie in Frankreich, wo die Damen das Theater zieren, indem sie in einer Reihe vorn an den Logen Platz nehmen. Einmal kam ich sogar auf den Einfall, Schach zu spielen. Schach ist eine herrliche Erfindung, um über die Leere der langen Rezitative wegzukommen, und die Musik eignet sich vortrefflich, um die allzu große Emsigkeit beim Schachspiel zu unterbrechen.

Einen sehr artigen Brauch pflegt der Herzog von Saint-Aignan, wenn er ins Theater geht: er läßt in allen Logen der Damen durch seine Lakaien Eis und Erfrischungen herumreichen.

Opernvorstellung in Turin 1740

«Arsace» von Francesco Feo; Gemälde von Pietro Domenico Olivero,
Museo Civico, Turin

Im selben Jahr, in dem de Brosses in Rom diese Beobachtungen
machte, schuf der Maler Pietro Domenico Olivero ein Ölgemälde,
das eine Opernvorstellung im Teatro Regio in Turin zeigt. Gespielt
wird die Oper «Arsace» des 1685 geborenen neapolitanischen
Komponisten Francesco Feo. Feo war der Lehrer von Giovanni
Battista Pergolesi und Niccolò Jommelli, den wir als Leiter der
Stuttgarter Oper noch kennenlernen werden. Mit seiner Oper

wurde das Turiner Theater am 26. Dezember 1740 eröffnet. Wir finden auf Oliveros Bild die Beobachtungen von de Brosses bestätigt. Während auf der Bühne eine Szene aus der Oper aufgeführt wird, bietet im Parkett eine Saaldienerin Orangen an, eine andere trägt ein Tablett mit Erfrischungsgetränken durch den Mittelgang. Verschiedene Besucher sind in eine lebhafte Unterhaltung vertieft, einige haben sich zu einem Zuschauer in der Reihe hinter ihnen umgedreht. Aus den Logen schauen mehrere Theatergäste nicht auf die Bühne, sondern richten ihr Lorgnon ins Parkett. Ein Herr in der vierten Reihe liest das Libretto.

Die Szene auf der Bühne zeigt, daß Benedetto Marcello in seiner Satire über das «moderne» Theater die Bühnenwirklichkeit seiner Zeit nicht allzusehr übertreiben mußte, um sie lächerlich machen zu können. Rechts an der Rampe kniet ein Gefangener in Fesseln, im Hintergrund halten sich seine vier Wächter bereit. Vor dem Gefangenen steht mit herrischer Geste der Herrscher, links von ihm die Primadonna, die sich weinend mit weißem Schnupftuch zur Seite wendet. Der Herrscher und der Gefangene sind durch ihr Kostüm als Erster und Zweiter Kastrat kenntlich, der Gefangene trägt, wie Marcello es beschrieben hat, eine wohlgepuderte Perücke, ist mit einem reichbestickten Rock bekleidet und schleppt seine langen Ketten dekorativ am linken Arm mit sich herum. Die Heldenrolle der Oper hat Giovanni Carestini gesungen.

Das Theater konnte zur Vorstellung noch nicht, wie heute üblich, abgedunkelt werden. An den Balustraden der Ränge brannten Kerzen. Je festlicher die Aufführung war, desto verschwenderischer wurden Kerzen angezündet. Das erhöhte nicht nur die Helligkeit, sondern verbrauchte auch die Luft. Eine Opernvorstellung dauerte vier bis fünf Stunden. Es ist erstaunlich, daß die Sänger in der verrußten und stickigen Luft überhaupt noch singen konnten und die Zuschauer das so lange aushielten. Das offene Kerzenlicht war auch der Grund für die häufigen Theaterbrände im 18. Jahrhundert. Fast jedes Theater ist irgendwann ein Raub der Flammen geworden, so daß kaum Opernhäuser aus der Kastratenzeit in ihrer ursprünglichen Form erhalten sind.

Vielleicht war die schlechte Luft ein Grund oder zumindest ein Vorwand, während der Vorstellung die Loge zu verlassen und in den meist sehr geräumigen Foyers zu promenieren. In manchen Theatern waren in Nebenräumen Spieltische aufgestellt.

Mancher Herr und manche Dame besuchte das Theater in der

Hauptsache, um Bekanntschaften zu machen. Die meist hufeisenförmige Anordnung der Logen erleichterte das Flirten. Man konnte von vielen Plätzen bequemer in die anderen Logen und ins Parterre blicken als auf die Bühne. Während des Karnevals gingen die Venezianer und die Römer maskiert ins Theater. Die Stimmung in der Stadt war in diesen Wochen ganz auf amouröse Abenteuer angelegt.

So chaotisch einem Fremden eine Opernvorstellung in Italien vorkommen mußte, so geregelt spielte sich alles ab. Diese Regeln galten im Zuschauerraum ebenso wie auf der Bühne. Realismus wurde vom Publikum nicht erwartet. Dekorationen und Requisiten, auch die Kostüme hielten sich nicht an die Zeit und den Ort der Handlung. Auf der barocken Opernbühne war immer Gegenwart, wenn auch oft eine sehr veränderte Gegenwart. Das konnte man philosophisch überhöht als Ausdruck des barocken Zeitgefühls sehen: Die Welt ist nur ein schwacher Abglanz der Ewigkeit, vor der Vergangenheit und Gegenwart zu einem kurzen Moment zusammenschrumpfen. Man konnte die szenischen Anachronismen aber auch einfach lächerlich finden, wie Arteaga in seiner Operngeschichte:

Bald sah man bei der Belagerung von Persepolis, der alten Hauptstadt des persischen Reiches eine Mine, welche mit Hilfe des Pulvers einen Theil der Stadt in die Luft sprengte; bald erschien der artige Alkibiades in einer kleinen, neumodischen Kutsche auf der Bühne, mit Kurieren und Läufern vorher; bisweilen machte der verliebte Praxiteles seiner Phryne eine Taschenuhr mit einem Zifferrnblatt zum Geschenk; bisweilen erschien die nämliche Kurtisane in der Volksversammlung von Athen in einer venezianischen Maske.

Es war ganz folgerichtig, daß die Sänger gar nicht erst versuchten, die Person darzustellen, die sie laut Besetzungszettel zu spielen hatten. Ihre Rolle war ihnen meist herzlich gleichgültig. Der Kastrat blieb auch im Kostüm der berühmte – oder sich berühmt vorkommende – große Sänger. War der Sänger wirklich ein bedeutender Künstler, dann konnte es im Zuschauerraum ganz still werden, so daß die Musik tatsächlich den Mittelpunkt der Opernvorstellung bildete. Alles lauschte hingerissen den Trillern und Koloraturen des Publikumslieblings, wartete auf neue Extravaganzen in seiner Kadenz. Denn in ihren Arien improvisierten die Kastraten, fast nie sangen sie eine Arie an zwei Abenden völlig gleich. War so eine Bravourarie schließlich mit einem effektvollen Schluß zu

Ende gebracht, donnerte im Zuschauerraum der Beifall los, manchmal war das Publikum erst zufrieden, wenn es ein «da capo», eine Wiederholung, erklatscht hatte.

Der Beifall konnte geradezu hysterische Formen annehmen. Der Deutsche Johann Wilhelm Archenholtz, der um 1765 Italien bereiste, berichtet aus Rom: *Gewiß ist, daß die Nerven der Römer für die Tonkunst außerordentlich empfindbar sind. Man sieht dieses bey Opern, wenn vortreffliche Arien gesungen werden; viele weinen vor Entzücken, bey andern glüht das Gesicht vor Vergnügen, und alle scheinen gerührt zu seyn. Dieser Enthusiasmus verleitet sie oft zu sonderbaren Ausschweifungen. Es ist nichts neues, nach vollendeter Oper noch eine Stunde und länger im Opernhause zu bleiben und unaufhörlich klatschen und jauchzen zu können, wenn ihnen die Musik sehr gefallen hat. Ja es werden neue Lichter angesteckt, damit sie diesen tobenden Beyfall nach Belieben verlängern können.*

Neben dem ersten Kastraten gab es in jeder opera seria auch noch eine erste Frauenrolle, die die «prima donna» sang. Auch sie konnte natürlich ein Star sein, und nicht selten bildeten sich im Publikum Parteien, die während der Vorstellung lautstark gegeneinander für ihren Star kämpften. Im März 1740 erlebte de Brosses in Mailand einen solchen Theaterkrieg:

In der Oper gibt man ein Stück mit Musik von Leo. Vermutlich ausgezeichnet, wenn ich's nur hörte. Aber das Parterre ist rein närrisch oder sternhagelvoll, der Lärm, den das Volk vollführt, ist frech, schamlos, zum Verrücktwerden. Nicht genug, daß sich jeder einzelne unterhält und schreit, daß ihm der Kopf dröhnt, daß man unter Geheul Beifall tobt, nicht dem Gesungenen, sondern den Sängern. Die Herren im Parterre haben sogar lange gespaltene Stöcke, mit denen sie zum Ausdruck ihrer Bewunderung auf die Bänke schlagen, so laut sie können. Sie stehen wieder im Bunde mit den Bewohnern der fünften Logen, die auf dieses Signal millionenweis Flugblättchen herabschleudern, auf denen ein Sonett zum Lobe der Signora oder des Virtuoso ⟨des Kastraten⟩, der gerade gesungen hat, gedruckt steht. Jeder beugt sich mit halbem Leibe aus seiner Loge, um eins zu erhaschen, das Parterre hüpft in die Höhe, und die Szene endigt mit einem allgemeinen Ah! wie beim Feuerwerk zur Johannisnacht. Soviel Sänger, soviel Parteien, und ebensooft wiederholt sich der Auftritt. Der lauteste Radau bedeutet den größten Triumph.

Nach ein paar Vorstellungen kam ich ahnungsweise dahinter,
daß die Oper die Keuschheit Scipios behandelte, und daß ein Sän-
ger namens Salimbeni, der den Gatten spielte, eine der schönsten
Kastratenstimmen hatte, die ich in Italien gehört habe. Die Deko-
rationen waren schön, freilich nicht so schön wie in Rom. Ein Gla-
diatorengefecht im Amphitheater wurde vortrefflich aufgeführt.
Unsere Bühnen (in Frankreich) sind so klein, daß man kaum eine
genügende Zahl Leute für Schlachten und ähnliche Darstellungen
unterbrächte.

De Brosses hat Felice Salimbeni in Mailand kurze Zeit vor dessen Begegnung mit Teresa/Bellino gehört. Vielleicht hatte der achtundzwanzigjährige Salimbeni in Mailand eine so lautstarke Cla-
que, weil er gebürtiger Mailänder war.

In Mailand lernte 1733, sieben Jahre vor dem Auftritt Salimbenis, ein junger ehrgeiziger Dichter aus Venedig, daß auch die Gestaltung eines Opernlibrettos nach festen Regeln zu erfolgen hat.

14

Goldoni trifft in Mailand Caffarelli

Den Venezianer Carlo Goldoni zog es nach einer juristischen Berufsausbildung ans Theater. Schon in seiner Kindheit erlebte er die
Illusion und Faszination der Bühne. Sein Großvater, ein wohlha-
bender venezianischer Notar, hatte in seiner Villa am Lido ein kleines Privattheater eingerichtet.

Nach dem Studium arbeitete Goldoni zwei Jahre als Gerichtsge-
hilfe in Chioggia am westlichen Rand der Lagune. 1728, mit 21
Jahren, erhielt er eine Stelle in der Kanzlei des Podestà in Feltre,
einem kleinen Städtchen etwa 90 km nordwestlich von Venedig.
Hier schrieb er für Liebhaberaufführungen seine ersten Theater-
stücke: *Damals wurden überall Metastasios Opern gegeben, sogar*
ohne Musik. Ich wandelte die Arien in Rezitative um und suchte, so
gut es ging, mich dem Stil dieses ausgezeichneten Dichters zu
nähern.

Nach der Promotion an der Universität Padua wurde Goldoni
1732 in Venedig zum Advokaten ernannt. Der junge Anwalt besuchte fleißig die Opernvorstellungen. Für ihn stand fest, daß er
Librettist werden mußte, schon aus finanziellen Gründen: *Die Be-*
träge, die ein Lustspiel seinem Verfasser einbringt, sind in Italien

sehr mäßig. Da gab es nur die Oper, die mir auf einen Schlag hundert Zechinen eintragen konnte.

Tatsächlich konnte zu dieser Zeit der Librettist mehr an einer Oper verdienen als der Komponist. Es kam äußerst selten vor, daß ein Verleger die Partitur einer neuen Oper herausgab. Die Noten mußten gestochen werden, die Druckplatten herzustellen war eine aufwendige und kostspielige Angelegenheit. Da die Opern nur sehr selten nachgespielt wurden, die Musik bereits in der nächsten Saison normalerweise als Schnee von gestern galt, lohnte sich das nicht. Es sind deshalb nur ganz wenige Opern der ersten Hälfte des 18. Jahrhunderts in ihrer originalen musikalischen Form erhalten. Nur die jeweils beliebtesten Arien von Erfolgsstücken wurden gedruckt, aber auch die nur für den «Hausgebrauch», also meist ohne die Orchesterstimmen.

Bei den Textbüchern sah das anders aus. Die wurden im Theater verkauft. Die Zuschauer wollten den Text nachlesen können. Wer keinen Bekannten traf, mit dem er sich unterhalten konnte, überbrückte mit dem Lesen des Textbuchs die langen Rezitative oder die Arien, die ihm nicht so attraktiv schienen. Marcello bemerkt in seiner Satire als «Anweisung für den Librettisten»:

Falls der moderne Operndichter bemerkt, daß die Sänger undeutlich sprechen, so darf er sie nie verbessern. Denn wenn die Virtuosen ihren Fehler einsehen und sich einer sauberen Aussprache befleißen, so schädigt das den Absatz der Textbücher.

Goldoni bemüht sich in Venedig sehr um Opernbekanntschaften, lernt 1732 den drei Jahre jüngeren Caffarelli kennen, der zum Fest Christi Himmelfahrt im Teatro San Samuele in Johann Adolf Hasses Oper «Euristeo» den Ormonte singt. Es ist Caffarellis zweites Engagement in Venedig.

Im Jahr darauf muß Goldoni seine Heimatstadt fluchtartig verlassen. Er hat Schulden gemacht. Auch glaubt er, nur so einem unüberlegten Heiratsversprechen entgehen zu können, dessen Erfüllung alle Theaterträume zunichte machen würde. In Mailand wird der sechsundzwanzigjährige Goldoni Kammerherr und Sekretär des venezianischen Gesandten. Er entschließt sich, nun endlich den Absprung zu wagen und ohne Wenn und Aber eine Theaterlaufbahn einzuschlagen. Ein fertiges Opernlibretto hat der junge Dichter in seinem Gepäck. Er ist überzeugt, daß einer glanzvollen Theaterkarriere nichts mehr im Wege stehen wird, wenn erst ein Impresario dieses Libretto gelesen hat. Zufällig ist in diesem

Jahr Caffarelli in Mailand an der Oper engagiert. Goldoni sieht darin ein gutes Omen. Die Bekanntschaft mit dem inzwischen berühmten Sänger wird ihm den Einstieg ins Theatergeschäft erleichtern. In seinen fünfzig Jahre später in Paris geschriebenen Memoiren erzählt Goldoni vom Zusammentreffen mit dem berühmten Sänger in Mailand im Jahr 1733. Caffarelli ist 23 Jahre alt, drei Jahre jünger als Goldoni.

Ich brannte darauf, mein Stück anzubieten und vorzulesen. Es war gerade in der Karnevalszeit, in Mailand war Opernsaison, und ich kannte Caffariello, den Ersten Sänger. Ebenso kannte ich den Ballettmeister und seine Frau, die Erste Tänzerin, Herrn und Frau Grossatesta.

Ich hielt es für schicklicher und auch für vorteilhafter, wenn ich mich dem Mailänder Theaterdirektor durch Bekannte vorstellen ließe. Es war gerade Freitag, der Tag, der fast überall in Italien spielfrei ist. Ich ging am Abend zu Frau Grossatesta, die in ihrem Haus Empfang hatte. Dort war der Treffpunkt der an der Oper tätigen Sänger und Sängerinnen, der Tänzer und Tänzerinnen. Es war noch früh, wir waren fast allein; ich benutzte den günstigen Augenblick, um ihnen meinen Plan mitzuteilen. Sie waren begeistert davon und versprachen mir, mich vorzustellen und beglückwünschten mich im voraus zu der Annahme meines Werkes.

Die Besucher mehrten sich; Caffariello erscheint. Er sieht mich, erkennt mich, begrüßt mich im Tone eines Alexander und nimmt neben der Hausfrau Platz. Bald darauf wird der Graf Prata gemeldet, einer der Direktoren des Theaters. Frau Grossatesta stellt mich dem Grafen vor und erzählt ihm von meiner Oper; er erbietet sich, mich der Direktionsversammlung zu empfehlen, doch würde er sich freuen, wenn ich ihn vorher mit meinem Werk bekannt machen würde. Meine Landsmännin hätte es ebenfalls sehr gern gehört, und ich wünschte mir nichts besseres, als es vorzulesen.

Man läßt ein Tischchen und eine Kerze bringen. Alle nehmen Platz und ich beginne zu lesen. Zunächst der Titel: «Amalasunta». Caffariello singt das Wort: «Amalasunta». Es ist lang, es kommt ihm lächerlich vor. Alle lachen, nur ich nicht. Die Dame wird böse, die Nachtigall schweigt. Ich lese die Namen der auftretenden Personen, es sind deren neun. Da ertönt ein feines Stimmchen, das von einem Kastraten herrührt, der im Chor mitsingt. Wie eine Katze schreit er: «Zuviel, zuviel, mindestens zwei zuviel!». Ich sah, daß hier nicht viel zu machen war und wollte das Vorlesen aufgeben.

111

Herr Prata hieß den Unverschämten schweigen, der, anders als Caffariello, ohne jedes Verdienst war. Und zu mir gewandt sagte er: «Es ist richtig, mein Herr, daß gewöhnlich nur sechs oder sieben Personen in einer Oper auftreten. Aber wenn es das Werk verdient, so wendet man gern zwei weitere Sänger daran. Bitte, haben Sie die Güte», fügte er hinzu, «in Ihrer Vorlesung fortzufahren!»

Ich lese also weiter: «Erster Akt, erste Szene. Clodesile und Arpagone.» Da fragt mich Herr Caffariello, wie der primo uomo in meiner Oper heißt. «Da ist er schon, mein Herr», erwidere ich ihm, «Clodesile». «Was!», sagt er, «Sie lassen das Stück mit dem primo uomo anfangen, und lassen ihn auftreten, während die Leute kommen, sich setzen, Lärm machen? Bei Gott, mein Herr, da wäre ich nicht Ihr Mann!»

(Geduld, Geduld!) Herr Prata nimmt das Wort: «Hören wir doch, ob die Szene interessant ist!» Umd während ich meine Verse vorlese, zieht ein impotenter Jämmerling ein Notenblatt aus der Tasche, tritt zum Klavier und geht eine Arie seiner Rolle durch. Die Hausfrau entschuldigt sich tausendmal. Herr Prata faßt meine Hand und führt mich in ein vom Salon weit entferntes Ankleidezimmer.

«Es scheint, daß Sie die Dichtkunst des Aristoteles und des Horaz mit Erfolg studiert haben. Sie haben Ihr Stück nach den Grundsätzen der Tragödie abgefaßt. Sie wissen also nicht, daß das musikalische Schauspiel eine unvollkommene Gattung ist, Regeln und Bräuchen unterworfen, die zwar wenig Sinn haben, die es aber streng zu befolgen gilt. Lebten Sie in Frankreich, so könnten Sie sich mehr bemühen, dem Publikum zu gefallen. Aber hier müssen Sie zuerst den Sängern und Sängerinnen gefallen. Dann müssen Sie den Komponisten befriedigen und ferner den Theatermaler zu Rate ziehen. Für alles und jedes gibt es Regeln, und es wäre ein Verbrechen gegen die Dramaturgie, sie zu übertreten und außer acht zu lassen.»

«Hören Sie», fuhr er fort, «ich will Ihnen einige dieser unwandelbaren Regeln nennen, die Ihnen unbekannt sind. Die drei Hauptpersonen der Oper müssen jede fünf Arien singen, zwei im ersten Akt, zwei im zweiten und eine im dritten. Die Zweite Sängerin und der Zweite Kastrat dürfen nur drei bekommen, und die übrigen müssen sich mit einer oder höchstens zwei begnügen.

Der Verfasser des Textes muß dem Komponisten die drei verschiedenen Stimmen liefern, welche das Halbdunkel der Musik *ausmachen. Auch muß er aufpassen, daß nicht zwei pathetische Arien aufeinanderfolgen. Ebenso vorsichtig muß er Bravourarien, dramatische Arien, halbernste Arien, Menuette und Rondi verteilen. Vor allem muß man sich hüten, den Nebenpersonen etwa leidenschaftliche Arien oder Rondi in den Mund zu legen. Diese armen Leute müssen sich zufrieden geben mit dem, was für sie abfällt, und es ist ihnen verboten, sich Ehre zu erwerben.»*

Herr Prata wollte noch weiterreden. «Ich habe genug, mein Herr», sagte ich zu ihm. «Sparen Sie sich die Mühe, noch mehr darüber zu sagen!»

Als ich wieder in meinem Zimmer war, wurde mir heiß und kalt. Ich fühlte mich tief gedemütigt. Ich ziehe mein Libretto aus der Tasche. Es kommt mich die Lust an, es zu zerreißen. Ich lese einige Verse und finde sie wunderschön. Verwünschte Regeln! Mein Stück ist gut, dessen bin ich sicher, es ist gut. Aber die Oper ist schlecht, die Sänger, die Sängerinnen, die Komponisten, die Theatermaler... Der Teufel hole sie alle und dich dazu, du unglückseliges Werk, das mich soviel Mühe gekostet und all meine Hoffnungen betrogen hat! Mag die Flamme dich verzehren!

Ich werfe es ins Feuer, und kaltblütig, mit einer Art Wohlgefallen, sehe ich zu, wie es verbrennt.

Es ist kaum anzunehmen, daß der sechsundzwanzigjährige Sekretär, der gern Operndichter geworden wäre, bei der kurzen Begegnung im Haus der Frau Grossatesta in Mailand einen bleibenden Eindruck auf den blasierten Kastraten gemacht hat. Caffarelli ist wahrscheinlich nie zu Bewußtsein gekommen, daß er mit seiner jugendlichen Arroganz dazu beigetragen hat, einen der größten Dichter des europäischen Theaters auf den richtigen Weg zu bringen. Carlo Goldoni findet, nachdem er das Libretto der Oper «Amalasunta» verbrannt hat, seine eigentliche Berufung: die Komödie, die «Commedia dell'arte», damals noch Stegreifkomödie, die Goldoni in literarische Höhen führt. Ganz gibt er die Oper allerdings nicht auf. Sieben Jahre nach dem Mailänder Debakel schreibt er für den venezianischen Komponisten Baldassare Galuppi den Text für zwei Opern, die beide 1740 aufgeführt werden.

Neben seinen Komödien, die Teil der Weltliteratur geworden sind, hat Goldoni in den folgenden zwanzig Jahren die Libretti für mehr als dreißig komische Opern geschrieben, von denen heute niemand mehr spricht. Zu den meisten hat Galuppi die Musik komponiert. In seinen Memoiren verliert Goldoni kein Wort über seine Libretti zur opera buffa, als ob er sie am liebsten hätte vergessen wollen.

Etwa zur selben Zeit, in der Goldoni seine Memoiren schreibt, läßt Arteaga in seiner Operngeschichte einen Theaterdirektor zu einem Librettisten, dem er den Auftrag für die Verfertigung einer Oper gibt, sagen: *Ich habe das Glück, einen Ersten Sänger zu haben, der mit der biegsamsten und leichtesten Stimme begabt ist; es wird daher gut sein, ihm Gelegenheit zu geben, sein Talent glänzen zu lassen. Aus dem Rezitativ macht er wenig. Folglich müssen Sie, selbst auf Kosten der Handlung, außerordentlich kurz darin sein. Hingegen liebt er die Arietten vorzüglich, in welchen man viel gurgeln kann, dergleichen die lärmenden oder diejenigen, welche irgendein Gleichnis enthalten. Da er einst das «Vo folcando un mar crudele» sehr gut sang, so wünschte ich eine Arie, die mit ähnlichen Worten gearbeitet wäre. Wenn es Ihnen nicht gefällt, eine solche zu machen, so macht das nichts, wir können dann die nämliche einschalten, und alles wird gut gehen. Und damit seine Geschicklichkeit desto mehr in die Augen falle, wollen wir einen musikalischen Wettstreit zwischen der Stimme des Sängers und irgendeinem Instrument einführen, welcher gewiß recht viel Vergnügen machen wird.*

15

Metastasio in Wien

Als Goldoni in Mailand erkannte, daß die Oper nicht sein Metier war, lebte Metastasio schon drei Jahre in Wien. 1730 war er als Hofdichter Kaiser Karls VI. in die österreichische Hauptstadt berufen worden. Sein Werkverzeichnis umfaßte bereits eine beträchtliche Zahl von Opern, mehrere sind in Rom mit der Musik von Leonardo Vinci, Porporas Rivalen, aufgeführt worden.

Sein Wiener Amt verpflichtete Metastasio, Huldigungspoesien für alle möglichen Gelegenheiten zu verfassen: für Staatsakte des österreichischen Kaiserreichs, zu dem damals auch große Teile Italiens gehörten, für Familienfeste des Hauses Habsburg. Er schrieb Texte für Oratorien und natürlich Opernlibretti.

Opern nach Texten Metastasios wurden nicht nur in Wien aufgeführt. Theater in ganz Europa beauftragten Komponisten damit, Dichtungen von Metastasio zu vertonen. Im 18. Jahrhundert ist eine neue Operninszenierung fast immer eine Uraufführung, in dieser Hinsicht hat die frühe Oper tatsächlich die Tradition der griechischen Tragödie fortgeführt. Wiederaufführungen besonders erfolgreicher Opern sind selten. Bei einer Oper mußte aber nur die Musik neu sein. Die Theaterdirektoren griffen gern auf erfolgreiche und beim Publikum beliebte Libretti zurück, wenn sie Kompositionsaufträge für die nächste Saison vergaben. Dabei wurden die Texte ein wenig überarbeitet, den Bedingungen der neuen Aufführung angepaßt. Rücksicht war zu nehmen auf das jeweilige Sängerensemble, die Arien mußten neu ausgezählt werden, weil vielleicht der Sänger der zweiten Kastratenrolle Anspruch auf eine zusätzliche Arie anmeldete.

Metastasio bereitete die Anpassung an die Konventionen und den Theateralltag nicht die künstlerischen Kopfschmerzen, die den neun Jahre jüngeren Carlo Goldoni in Mailand resignieren ließen. Er nahm bereitwillig die gewünschten Änderungen an seinen Libretti vor, soweit sie nicht eigenmächtig von den Theaterdirektoren veranlaßt wurden.

Metastasios erste Oper «Didone abbandonata» ist nach ihrer ersten Aufführung 1724 in Neapel mit der Musik von Domenico Sarri in den nächsten Jahrzehnten immer wieder komponiert worden, der Text ist eine der erfolgreichsten Operndichtungen des Jahrhunderts. Die Oper handelt von der karthagischen Königin Dido, die sich rettungslos in Aeneas verliebt, der nach der Zerstörung Trojas auf der Flucht in Nordafrika gelandet ist. Als er sie nach kurzer Liebesfreude verlassen will, versucht sie ihn dadurch zum Bleiben zu bewegen, daß sie mit dem Mohrenkönig Jarbas (Arbace) flirtet, und man wundert sich beinahe, daß sie sich am Ende dann doch, wie es die Sage verlangt, den Tod gibt. Die Oper ist unter anderem 1725 in Venedig mit der Musik von Tommaso Albinoni, 1742 in Dresden mit der Musik von Johann Adolf Hasse, in Rom 1747 mit Musik von Niccolò Jommelli und 1757, wieder in Venedig, mit der Musik von Tommaso Traetta gespielt worden.

Metastasio entwickelt in seinen Opern eine Typologie der Charaktere und der Handlung, die sie austauschbar macht und damit die für eine Neuaufführung erforderliche Bearbeitung sehr erleichtert, die andererseits aber auch sehr zeitgebunden ist, die Wünsche und Ideale des 18. Jahrhunderts widerspiegelt, so daß das Publikum seine eigenen Träume in den Operngestalten und der Handlung wiederfinden kann. Die wichtigste Identifikationsfigur ist der

Held, also der Kastrat. In seiner moralischen Stärke verkörpert er das Wunschbild des Dichters und seiner Zeit. Die Handlung läßt die Seelenstärke des Helden hell erstrahlen, hebt sie in schlichter Schwarz-Weiß-Zeichnung vom Laster der Intriganten und Gegner ab. Der Held schwankt zwischen Pflicht und Liebe: Pflicht gegenüber dem Vaterland, den Eltern, einem Freund. Liebende werden durch Intrigen oder unglückliche Umstände auseinandergerissen. Durch das Eingreifen edelmütiger Freunde oder durch seltsame Enthüllungen wendet sich alles zum Guten.

In Wien ist die Oper kein kommerzielles Privatunternehmen, sondern ein kultureller Luxus, den sich das Kaiserhaus leistet. Es gibt deshalb in Wien keine «stagione» wie in Italien, keine regelmäßigen Aufführungen zu bestimmten Zeiten des Jahres. Opernaufführungen sind der prunkvolle Höhepunkt eines höfischen Festes, sie werden zum Geburtstag des Kaisers, zur Hochzeit des Thronfolgers oder zu anderen familiären oder staatlichen Feiern aufgeführt. Trotz des betont ernsten Charakters der opera seria kann eine solche Festtagsoper schlecht tragisch enden. Es wird deshalb in Wien zur Konvention, daß die Oper ein versöhnliches Ende, ein «lieto fine», hat. Das ist selbst dann obligatorisch, wenn der Stoff aus der Geschichte oder Mythologie einen den Gebildeten unter den Zuschauern durchaus geläufigen blutigen Ausgang hat. Dann wird kurzerhand der Schluß der Oper umgebogen. Ein «deus ex machina» erscheint, löst den tragischen Knoten und kann zugleich von der Bühne eine erbauliche Nutzanwendung verkünden oder eine Grußadresse an das Herrscherhaus richten. Auch das ist ein Erbstück der griechischen Tragödie. Schon Euripides hat häufig am Schluß seiner Dramen einen Gott mit einer Flugmaschine auf die Bühne kommen lassen, weil ihm anders die tragische Situation nicht auflösbar schien. Der Satz «für Unglaubliches findet ein Gott einen Weg» beendet viele seiner Tragödien.

Esteban Arteaga schreibt in seiner Geschichte der Oper diese Konvention dem persönlichen Geschmack des österreichischen Kaisers zu: *Kaiser Karl VI., dem das italiänische Drama großentheils seinen Ruhm zu danken hat, liebte die blutigen Schauspiele nicht, weil er nicht wollte, daß das Volk mißvergnügt aus dem Theater kommen sollte. Sein individueller Geschmack wurde zu einem Gesetz gemacht. Hätte Karl VI. einen entgegengesetzten Geschmack gehabt, so können wir annehmen, daß die Dichter allen ihren Werken einen traurigen Ausgang gegeben haben würden, und daß ihr Beyspiel für ihre Nachfolger zu einer unverletzlichen Regel gemacht worden wäre. Die Kritiker würden alsdann ebenso geschwätzig gewesen seyn, uns zu beweisen, daß der unglückliche Ausgang der Oper wesentlich sey, als sie es nun sind, uns das Gegenteil zu beweisen.*

Durch den Erfolg, den Metastasios Operntexte in ganz Europa haben, wird das oft gewaltsam herbeigeführte «lieto fine» bald obligatorisch für die opera seria, unabhängig davon, ob es sich um die Festoper eines Fürstenhauses oder um eine «kommerzielle» Veranstaltung eines städtischen Theaters handelt. Nur ganz selten hat Metastasio in seinen Operndichtungen diese Konvention durchbrochen. Die verlassene Dido stürzt sich in den brennenden Scheiterhaufen, aber dieses Libretto hat Metastasio vor seiner Wiener Zeit geschrieben. 1727 verarbeitet er eine Episode aus der römischen Geschichte zur ebenfalls mehrfach vertonten Oper «Catone in Utica». Sie behandelt das Ende des Marcus Portius Cato, der sich als Stadtkommandant von Utica im April 46 v. Chr. selbst den Tod gab und eine Begnadigung durch Caesar ablehnte. Als überzeugter Republikaner vertrat er die Sittenstrenge einer untergegangenen Zeit. In der ersten Fassung der Oper, die in Rom im Teatro Aliberti aufgeführt wurde, reißt sich in der Schlußszene der verwundete Cato aus Caesars Armen los. Er will sterben, aber «nicht im Anblick des Tyrannen», er will in seinen letzten Minuten «die Luft des freien Latium» atmen. Dieser herbe Schluß, der wirklich etwas von antiker Tragik hat, wird von Metastasio umgeschrieben. Der Dichter begründet seine Änderung mit «dem zarten Genius des modernen Theaters, das den Schrecken der antiken Tragödie nicht gewöhnt ist».

Die Eleganz und der sprachliche Klang der Verse Metastasios sind ideale Vorlagen zum Singen. Sein großer und andauernder Erfolg als Librettist beruht auch darauf, daß er bei seiner Dichtung vor allem an die Sänger denkt. Metastasio baut die Handlung seiner Opern so auf, daß jede Operngestalt Gelegenheit hat, die unterschiedlichsten Empfindungen zu äußern: sei es nun Wut, Rache, Triumph, Liebe oder Klage. So haben seine Sänger die Möglichkeit, die ganze Skala ihrer Gesangskunst in den unterschiedlichsten Variationen vor den Zuhörern auszubreiten. Die musikalische Form der Arie wird zum Teil der Handlung. Und natürlich vergißt Metastasio am Szenenende auch nicht den effektvollen Abgang für den Sänger. Arteaga hat sicher nicht unrecht, wenn er behauptet:

Farinelli, Caffarelli und Guadagni ⟨wir werden diesem Kastraten später als Glucks erstem Orpheus begegnen⟩ *können mit eini-
gem Rechte Schüler des Metastasio genannt werden, weil es gewiß
ist, daß sie nie zu einer so großen Geschicklichkeit gekommen seyn
würden, wenn sie nicht von seinem Feuer erwärmt und ihre eigenen Talente durch seine Opern vervollkommnet worden wären.*

Was Goldoni wie ein Korsett erscheinen mußte, in das einge-
zwängt er seine dramatische Phantasie nie und nimmer hätte aus-
leben können, war für Metastasio ein kunstvoller Rahmen, der es
ihm ermöglichte, in vollkommener Weise die Erwartungen von
Sänger, Komponist und Publikum zu erfüllen. Goldoni würdigt in
seinen Memoiren ohne Neid den erfolgreichen Opernkollegen in
Wien:

*Metastasio steigerte die lyrische Tragödie zur größtmöglichen
Vollkommenheit. Sein reiner, eleganter Stil, seine flüssigen, wohl-
klingenden Verse, eine bewundernswerte Klarheit der Gefühle, eine
anscheinende Wichtigkeit, welche die peinliche Kleinarbeit verbirgt, eine ergreifende Gewalt in der Sprache der Leidenschaften,
seine Gestalten, seine Bilder, seine heiteren Beschreibungen, seine
milde Moral, seine einnehmende Philosophie, seine Zergliederung
des Menschenherzens, seine ausgebreiteten, sparsam und kunstvoll
angebrachten Kenntnisse, seine unvergleichlichen Arien, oder be-
ser gesagt: Madrigale* ⟨weltliche Kunstlieder⟩, *bald in der Art Pin-
dars, bald in der Art Anakreons – alles dies macht ihn bewunde-
rungswürdig und sichert ihm unverwelkliche Lorbeeren, die ihm
Italien zuerkannt hat und das Ausland nicht abstreitet.*

Metastasios Operntexte blieben über seinen Tod hinaus in Gebrauch. Mozarts letzte Oper «La clemenza di Tito» geht auf ein Er-
folgslibretto Metastasios zurück, das vor Mozart schon mehr als
fünfzehnmal vertont worden ist, unter anderem von Hasse und
Gluck.

Die universale Brauchbarkeit von Metastasios Dichtungen
konnte man auch kritisch sehen. Seine Arientexte sind so allgemein, daß sie austauschbar sind. Am Anfang des 19. Jahrhunderts
sagt Stendhal: *Wer achtet schon auf den Text einer opera seria? Es
geht immer um «Seligkeit», «glücklich für immer», «grausames
Schicksal» usw. In Venedig liest niemand ein solches Libretto, nicht
einmal der Impresario, der es bezahlt.*

Metastasio hat sich in Wien nicht nur ein europaweites Ansehen,
sondern auch ein beträchtliches Vermögen erschrieben. Trotzdem

blieb er als Mensch bescheiden und hatte nichts von den Allüren, die sich seine Mitschüler bei Porpora, die Kastraten, leisteten. 1753 besuchte der achtundzwanzigjährige Casanova den fünfundfünfzigjährigen Dichter in Wien:

In einer stundenlangen Unterhaltung fand ich den Dichter noch gelehrter, als er in seinen Werken erscheint. Metastasio war außerdem so bescheiden, daß ich anfangs diese Bescheidenheit nicht für natürlich hielt. Sehr bald aber überzeugte ich mich, daß sie vollkommen echt war, denn wenn er etwas von seinen Versen hersagte, verlor sie sich, und er war der erste, der auf die guten Stellen und die Schönheiten aufmerksam machte. Dies tat er mit derselben Einfachheit, mit der er schwache Stellen hervorhob.

Als ich ihn fragte, ob seine schönen Verse ihn viel Mühe kosteten, zeigte er mir vier oder fünf Seiten Geschriebenes mit vielen Ausstreichungen. Es waren im ganzen nur vierzehn Verszeilen, und er versicherte mir, an einem Tag hätte er niemals mehr machen können.

Metastasios Operngestalten sind Menschen, und sie fühlen menschlich. Sie sind aber so weit von der Gegenwart und der Wirklichkeit des 18. Jahrhunderts entfernt, daß der Dichter sie doch wie Helden behandeln kann.

Die Handlung für seine Opern fand Metastasio nicht so sehr in der griechischen Mythologie als in der antiken Geschichte. Seine Helden sind nicht Götter oder Heroen, sondern historische Gestalten, also Menschen, wenn auch in sagenhafter Heroisierung präsentiert: der römische Kaiser Titus, Alexander der Große, der griechische Politiker Themistokles. Auch die assyrische Königin Semiramis und die sagenhafte Königin Dido von Karthago versteht Metastasio eher als geschichtliche Persönlichkeit denn als mythische Heldin. Und der griechische Heros Achill ist bei Metastasio nicht der furchtbare Krieger vor den Mauern Trojas, der die Leiche Hektors durch den Staub schleift, sondern der junge «Achille in Sciro», der Achill, der als Mädchen verkleidet unter den Töchtern des Lykomedes auf der Insel Skyros versteckt wird, damit er seinem geweissagten Heldentum und dem damit verbundenen frühen Tod entgeht. Das war nicht nur eine ideale Geschichte für eine Oper, es war auch eine herrliche Rolle für einen Kastraten. Achill in Mädchenkleidern, der wie ein Mädchen singt und der darum für den Zuschauer genauso schwer unter den Töchtern des Lykomedes zu erkennen ist wie im Mythos für Odysseus. Und er ist natürlich als «primo uomo» für das Publikum doch sofort zu erkennen, wie ja auch Odysseus ihn gleich erkannte.

Noch am Ende des 18. Jahrhunderts, als Metastasio längst keine neuen Opern mehr schrieb, waren seine Dichtungen für die Komponisten ideale Textvorlagen. Johann Jakob Volkmann schreibt 1770 in seinem Italienbuch:

Metastasio ist zum Operndichter geboren. Seine Verse sind unnachahmlich leicht, fließend, und für die Musik gemacht. Die Wahl seiner Gegenstände ist glücklich. Er nimmt sie nicht aus der Götter- und Feengeschichte, wie die meisten Franzosen, sondern aus der wirklichen Geschichte, und weiß allenthalben solche Szenen, die für die Augen sind und zur Oper gehören, als Gefechte, Triumphe, Opfer und andere Feierlichkeiten geschickt einzumischen. Seine Arien handeln nicht wie vormals von nichts als Sturm und Ungewitter, sondern sind voll großer Gedanken und schöner moralischen Sprüche.

16

Artaserse

Eine typische Metastasio-Oper ist der «Artaserse», der sehr frei mit historischen Gestalten aus der persischen Geschichte umspringt. Im August 465 v. Chr. wurde der Perserkönig Xerxes, der in seinen letzten Regierungsjahren mehr und mehr in Ausschweifungen und Haremsintrigen versunken war, mit etwa 55 Jahren Opfer einer Palastrevolution. Artabanos, einer seiner Minister, ließ ihn ermorden. 464 konnte der Sohn des Xerxes, Artaxerxes I., die Nachfolge seines Vaters antreten. Artabanos wurde hingerichtet.

Metastasio erzählt die Geschichte so: Der Großkönig Xerxes (italienisch «Serse») wurde von Artabano, dem Obersten seiner Leibwache, ermordet. Artabano plant die Ausrottung der gesamten Königsfamilie. Deshalb läßt er den Thronfolger Darius als angeblichen Mörder seines Vaters hinrichten. Sein nächstes Opfer soll der jüngere Prinz Artaxerxes sein. Nach dessen Ermordung will Artabano seinen Sohn Arbace zum Großkönig ausrufen lassen. Um Arbace in das Komplott zu verstricken, sorgt der Vater dafür, daß die Mordwaffe bei seinem Sohn gefunden wird. Zwischen Arbace und Artaxerxes herrscht brüderliche Freundschaft. Zudem liebt Mandane, Artaxerxes' Schwester, Arbace, und Arbaces Schwester

Semira ist in Artaxerxes verliebt. Die Situation für leidenschaftliche Szenen und Arien ist aufs beste vorbereitet. Als die Mordwaffe bei Arbace gefunden wird, müssen Schwester, Geliebte und Freund ihn für den Täter halten. Mit einem Wort könnte Arbace seine Unschuld beweisen. Doch er schweigt und verrät seinen Vater nicht.

In treuer Freundschaft zu Artaxerxes und aus Liebe zu Mandane weigert sich Arbace, die Umsturzpläne seines Vaters zu unterstützen. Artaxerxes bestimmt Artabano zum Richter über den vermeintlichen Mörder Arbace. Der wahre Täter urteilt über den Schuldlosen, der Vater über den Sohn. Eine Situation, wie sie sich die opera seria schöner nicht wünschen kann. Artabano verurteilt den unschuldigen Sohn zum Tode. Die beiden Frauen beklagen das Schicksal des Bruders und Geliebten.

Doch Artaxerxes will an den Verrat des Freundes nicht glauben und begnadigt ihn. Während der Krönungsfeierlichkeiten ist von den Verschwörern ein Attentat auf Artaxerxes geplant. Der befreite Arbace kann es vereiteln und so dem Freund, der trotz aller augenscheinlichen Beweise unerschütterlich an seine Treue geglaubt hat, das Leben retten. Der Edelmut seines Sohnes veranlaßt Artabano zum Geständnis seiner Schuld. Er wird ins Exil geschickt. Die Doppelhochzeit von Artaxerxes und Semira, von Arbace und Mandane beendet das Stück.

Da ist alles versammelt, was die Oper braucht. Die schwarze Schurkerei des Usurpators Artabano, der vorgibt, dies alles nur zum Besten seines Sohns zu tun, dann aber nicht davor zurückschreckt, diesen selben Sohn in den Tod zu schicken: eine Rolle für den Altkastraten. Der edelmütige Fürst Artaxerxes, der unerschütterlich an die Treue seines Freundes glaubt, selbst dann noch, wenn ein Irrtum höchste Lebensgefahr für ihn bedeutet, wird vom Zweiten Soprankastraten gesungen. Und schließlich der Untertan, den die Versuchung der Macht nicht anficht, der seinem Fürsten treu bleibt, aber zugleich die Sohnespflicht soweit erfüllt, wie es die Loyalität zum Fürsten und Freund zuläßt, selbst wenn er dadurch sein Leben riskiert: die Rolle für den «primo uomo», den Ersten Kastraten.

Insgesamt hat die Oper vier männliche und zwei weibliche Rollen, neben den genannten gibt es noch die Nebenrolle eines Mitverschworenen des Artabano. Bei der ersten Aufführung der Oper in Venedig im Jahr 1730 werden alle Rollen von Sopran- oder Altstimmen gesungen, von zwei Sängerinnen und vier Kastraten. Es gibt keine Partie für einen Tenor oder Baß.

Komponist des «Artaserse» ist der einunddreißigjährige Johann Adolf Hasse. Er ist ein Jahr jünger als der Textdichter Metastasio, wurde 1699 in Bergedorf bei Hamburg geboren, hat als Chorknabe Gesangsunterricht gehabt. 1718 ist er an der Hamburger Oper am Gänsemarkt als Tenor engagiert. Ein Jahr später führt er in Braunschweig seine erste Oper auf, in der er selbst die Hauptrolle singt. 1722 geht Hasse nach Neapel, wo er Schüler von Nicola Porpora wird. Metastasio hat er bei Porpora nicht mehr kennengelernt, denn der war bereits 1721 nach Rom übersiedelt. Aber die jungen Kastraten Farinelli und Caffarelli hat er in Neapel bei seinem ersten italienischen Lehrer noch getroffen. Für kurze Zeit studiert Hasse auch bei Alessandro Scarlatti, der 1725 stirbt. In diesem Jahr kommt der siebenundzwanzigjährige deutsche Komponist und Flötenvirtuose Johann Joachim Quantz nach Neapel. In seinen Lebenserinnerungen erzählt er:

Herr Hasse nöthigte mich bey ihm zu wohnen: Wir wurden gute Freunde. Er hatte bis dahin noch keine öffentliche Musik in Wälschland aufgeführet. Ein vornehmer neapolitanischer Bankier aber ließ von ihm eine Serenata für zwo Personen in Musik bringen, welches er auch Zeit meiner Anwesenheit bewerkstelligte. Farinello und die Tesi sangen darin ⟨die Sängerin Vittoria Tesi – wir kennen sie von dem venezianischen Theaterzettel aus dem Jahr 1721, auf dem sie sich als Sängerin des Prinzen von Parma bezeichnete – war damals 25 Jahre alt, sie wurde später eine der berühmtesten Primadonnen; wir werden ihr noch häufiger begegnen⟩. *Durch diese Serenata erwarb sich Herr Hasse so vielen Beyfall, daß ihm gleich darauf die Musik, der im May dieses Jahres auf dem königlichen Theater vorzustellenden Oper, zu verfertigen anvertrauet wurde. Und diese Oper hat ihm den Weg zu seinem künftigen Glücke gebahnet.*

Auch Hasse beginnt seine Opernkarriere mit einem Hauskonzert in Neapel, bei dem der junge Farinelli singt. Seine erste Oper «Il Sesostrate» wird am 13. Mai 1726 in Neapel gegeben. 1727 zieht Hasse nach Venedig um, wird Kapellmeister am Conservatorio degli Incurabili, an dem Mädchen ausgebildet werden. Auf dem Theaterzettel der Uraufführung des «Artaserse» wird Hasse 1730 merkwürdigerweise als «detto il Sassone – genannt der Sachse» bezeichnet, obwohl er erst im Jahr darauf an den Hof von Dresden berufen wird. Als gebürtiger Hamburger und kurzzeitiger Braunschweiger hatte er bislang nichts mit dem kulturell hochstehenden Kurfürstentum zu tun. Vielleicht waren für die Italiener seit dem Auftritt von Georg Friedrich Händel, der 1709 mit seiner Oper «Agrippina» in Venedig als «il Sassone» gefeiert wurde, alle Komponisten, die aus den halbbarbarischen Ländern nördlich der Alpen kamen, einfach Sachsen. Noch im Jahr der Uraufführung des «Artaserse» heiratete Hasse in Venedig die italienische Sängerin Faustina Bordoni, die zusammen mit Francesca Cuzzoni und Vittoria Tesi das Dreigestirn der großen italienischen Primadonnen der ersten Jahrhunderthälfte bildet. Alle drei Sängerinnen sind übrigens im selben Jahr, 1700, geboren.

Francesca Cuzzoni, Händels ehemalige Primadonna, die nach der Schließung der «Königlichen Musikakademie» nach Italien zurückgekehrt war, sang bei der Uraufführung des «Artaserse» die Mandane. Arbace war der fünfundzwanzigjährige Farinelli, den Intriganten Artabano sang der bereits zweiundfünfzigjährige Altkastrat Nicolini, der Löwenkämpfer von London. Für die Darstellung des Intriganten im «Artaserse» wird Nicolinis Leibesumfang nicht sonderlich störend gewesen sein. Jedenfalls wurde die Uraufführung in Venedig ein rauschender Erfolg für alle Beteiligten. Der deutsche Komponist Hasse war von Stund an einer der großen Meister der italienischen Oper.

Vier Jahre nach der Uraufführung des «Artaserse» kommt es während des Karnevals in Venedig zu einer der seltenen Wiederaufführungen einer schon einmal gespielten Oper. Der Theaterzettel vermerkt: *Der «Artaserse» wurde zum erstenmal im Jahr 1730 im selben Theater und mit derselben Musik aufgeführt.* Der Grund für diese Wiederaufnahme ist nicht nur der beispiellose Erfolg der Oper. Dem Impresario des Teatro San Giovanni Grisostomo in Venedig ist es gelungen, seinem Publikum die beiden größten Sänger seiner Zeit zusammen auf der Bühne zu präsentieren. In allen drei Karnevalsopern des Jahres 1734 treten Farinelli und Caffarelli gemeinsam auf. Geblieben ist von dieser Theatersensation, die heute ein wortgewandter PR-Manager mindestens als «Sänger-Gipfeltreffen» hinausposaunen würde, nur der Theaterzettel, und der stellt für den letzten gemeinsamen Auftritt der beiden Sänger schlicht fest:

Artaserse – Gaetano Majorano, detto Gaffariello
Arbace – Carlo Broschi, detto Farinello.

Sonst nichts, kein Bild, kein Bericht, keine Erinnerung. Nur den

Teatro San Giovanni Grisostomo in Venedig

Kupferstich aus Vicenzo Maria Coronelli,
Venezia festeggiante, 1718

Ort dieses gemeinsamen Auftritts der beiden Schüler Porporas können wir noch wiederfinden. Das Teatro San Giovanni Grisostomo, wie die anderen venezianischen Theater nach der nächstgelegenen Kirche benannt, lag unweit der Rialtobrücke. Es wurde 1678 eröffnet und war im 18. Jahrhundert das Erste venezianische Opernhaus.

1835 wurde es völlig renoviert, zur Neueröffnung sang die damals berühmteste Sängerin Maria Malibran, deren Namen das Theater nach einer neuerlichen Renovierung 1890 erhielt. Als Teatro Malibran bot es Platz für 2500 Zuschauer, hatte 110 Logen in vier Rängen. Das Theater steht noch, ist aber im Innern völlig verfallen. Nur ein Straßenschild – «Calle del Teatro o de l'Opera» – deutet dem Venedigbesucher von heute an, daß hier einmal das berühmteste Opernhaus der Welt war.

Als Caffarelli der Star dieses Theaters war, gingen die meisten Zuschauer nach Hause, sobald er seine letzte Arie gesungen hatte. Eine Karikatur von Antonio Maria Zanetti zeigt den Sänger, wie er

Cafarelli trägt die Bühne des Teatro San Giovanni Grisostomo weg

Federzeichnung von Antonio Maria Zanetti,
Fondazione Cini, Venedig

auf seinem Rücken die Bühne des Theaters wegträgt. Der Text zu der Karikatur lautet: «Der berühmte Caffariello trägt, nachdem er im San Giov. Crisostomo gesungen hat, das Theater weg; denn wenn er seine Arie beendet hatte, leerte es sich.»

Farinelli mit Francesca Cuzzoni und J. J. Heidegger

Karikatur von Marco Ricci,
um 1730

17

Farinelli in London

Auf einer Karikatur von Marco Ricci sehen wir zwei Stars der Erfolgsoper «Artaserse», die korpulente Primadonna Cuzzoni, die etwas dümmlich zu dem überlangen Farinelli aufblickt. Der hat seinen Kopf in den Wolken, in der linken Hand trägt er galant die Ketten seiner Bühnenrolle wie ein Schmuckstück. Hinter ihm sitzt in einem Sessel der griesgrämige John James Heidegger, Impresario von Händels 1728 geschlossener Londoner Oper. Heidegger macht 1730 den Versuch, für ein neues englisches Opernunternehmen Sänger zu engagieren und ist deshalb zum Zeitpunkt der Uraufführung des «Artaserse» in Venedig.

John James Heidegger war, als schlichter Johann Jakob 1666 in Zürich geboren, ein ausgesprochen häßlicher Mann, dabei aber nicht ohne Charme. Er veranstaltete für die Londoner High Society prachtvolle Feste und Maskeraden. Auf dem Stich «Maskeraden und Opern» von 1724, mit dem der englische Maler und Zeichner William Hogarth die Begeisterung des Londoner Publikums für die italienische Oper karikiert, blickt Heidegger aus dem Fenster eines Gebäudes, dessen Fassade dem Theater am Haymarket entspricht, in dem Händels Opern aufgeführt wurden. Aus einem anderen Fenster des Theaters hängt eine Reklame-Fahne. Sie zeigt in der Mitte die Sängerin Francesca Cuzzoni, der von drei rechts vor ihr knienden Adligen Geld angeboten wird. Auf einem Spruchband steht: «Pray Accept 8000 l. – wir bitten, 8000 Pfund anzunehmen». Links hinter der Cuzzoni stehen die Kastraten Senesino und Baerenstadt. Hogarth zitiert hier offensichtlich den schon erwähnten Stich von Vanderbank mit denselben drei Sängern in einer Szene aus Händels Oper «Flavio».

Auf der Straße werden in einer Schubkarre die Werke der englischen Dichter Congreve, Dryden und Shakespeare als Altpapier weggefahren. Hogarths Bild ist Ausdruck einer am Ende der zwanziger Jahre des 18. Jahrhunderts sich verstärkenden Opposition gegen die Überlagerung der englischen Kultur durch Ausländer, zu denen neben den italienischen Kastraten und Primadonnen auch der schweizerische Theaterdirektor Heidegger zählte.

Die «nationale» englische Opposition gegen die italienische Oper drückte sich nicht nur in gezeichneten Karikaturen aus. Nicht allein der Krach, den Händel mit Senesino im Erscheinungsjahr von Hogarths Stich hatte, hat sein Opernhaus in die Krise geführt. Am 29. Januar 1728 hatte in London eine musikalische Komödie Premiere, die die Kastraten-Oper parodierte: «The Beggar's Opera», in englischer Sprache, Text von John Gay, musikalisch eingerichtet von John Christopher Pepusch. Mit 62 Londoner Aufführungen war diese Opernpersiflage die erfolgreichste Oper des 18. Jahrhunderts in England überhaupt. Noch im Uraufführungsjahr wurde das Stück auch in Dublin und in anderen englischen Städten herausgebracht. Eine Wiederaufführung des Werks im Jahr

Maskeraden und Opern

Kupferstich von William Hogarth, 1724 (Ausschnitt)

1920 hielt sich mehrere Jahre im Spielplan und brachte es auf nicht weniger als 1463 Aufführungen. Angeregt von diesem Erfolg schreiben zweihundert Jahre nach der Uraufführung der «Bettleroper» Bertolt Brecht und Kurt Weill 1928 eine moderne Version unter dem Titel «Die Dreigroschenoper».

Im Herbst des Jahres 1730 kehrt Senesino nach London zurück. Händel komponiert wieder für seinen Kastraten, aber ein wirklich partnerschaftliches Verhältnis zwischen Komponist und Sänger ist nicht mehr möglich. Nach knapp drei Jahren kommt es zum endgültigen Zerwürfnis. Am 2. Juni 1733 meldet der «Craftsman»:

Nach glaubwürdiger Mitteilung hat Mr. Hendel, Generaldirektor des Operntheaters, an den berühmten italienischen Sänger, Sign. Senesino, eine Botschaft gesendet und ihm sagen lassen, er habe für seine Dienste keine weitere Verwendung mehr. Senesino hat am nächsten Tag mit dem Verzicht auf alle seine Opernrollen geantwortet, die er so manche Jahre mit so großem Beifall innehatte. Die Welt erscheint über ein so unerwartetes Ereignis äußerst erstaunt; die wahren Liebhaber der Musik trauern, diesen prächtigen Sänger in einem so kritischen Augenblick entlassen zu sehen.

Die Zeitungsnotiz bleibt nicht der einzige Hinweis, daß die «öffentliche Meinung» eher auf Senesinos Seite steht. In der anonym erschienenen englischen Händel-Biographie von 1760 läßt der Autor einen «Gelehrten, der die Sache vollkommen verstehet», sagen: *Eine Schwierigkeit, mit der die Opernkomponisten zu ringen haben, bestehet in dem unrechtmäßigen Einfluß, welchen die Sängerinnen und Sänger in ihre Arbeit behaupten wollen. Ein guter Sänger oder eine gute Sängerin ermangelt selten, sich zu ihrem Behuf einen solchen Anhang zu machen, dem kein kluger Komponist zu mißfallen trachten wird. Dieser Umstand bringet ihn einigermaßen dahin, daß er sich dem Sänger, wegen der ihm bestimmten Arien, unterwerfen muß.*

Auch die Sängerkollegen solidarisieren sich zum großen Teil mit Senesino und kündigen Händel die Zusammenarbeit auf. Der stolze Komponist muß einmal mehr erfahren, wie recht Benedetto Marcello mit seiner Mahnung hatte, der Komponist solle auf der Straße immer einen Schritt hinter seinem Kastraten gehen. Denn es kommt noch schlimmer. Wenige Wochen nach Senesinos Entlassung wird ein Konkurrenzunternehmen gegründet. Der Name dieser Neugründung verrät ihren politischen Hintergrund: «Opera of the Nobility – Adelsoper». Eine Clique des hohen englischen Adels, angeführt vom Prinzen von Wales, dem Sohn des Königs (und späteren König Georg III.), verlegt politischen Streit auf den Nebenkriegsschauplatz des Theaters. Der Kronprinz kämpft gegen seinen Vater, König Georg II., in der Person von dessen Hofmusiker Händel. Als künstlerischen Leiter für das neue Opernunternehmen engagiert der Adel – Nicola Porpora.

Händel hat zwar keine Sänger mehr, aber er gibt nicht auf. Auf einer Italienreise hat er 1729 dort neben vielen anderen auch einen Sänger namens Farinelli gehört, «einen jungen Mann von erstaunlichen Talenten», wie er gesagt haben soll. Er engagiert ihn nicht, weil Farinelli ein Soprankastrat ist, Händel bisher aber all seine ersten Rollen für Altkastraten geschrieben hat. Er entscheidet sich für den mit Farinelli gleichaltrigen Giovanni Carestini als Ersten Sänger seiner Oper.

Carestini war ein Schüler von Antonio Bernacchi, hatte mit 16 Jahren das übliche Debut in einer Frauenrolle in Rom gehabt und zwei Jahre später, 1723, in Prag bei den Feierlichkeiten zur Krönung des österreichischen Kaisers Karl VI. zum König von Böhmen gesungen. 1726 war er in Venedig, wo er einmal auch mit Farinelli auf der Bühne stand. Der Hamburger Sänger, Komponist und Musikschriftsteller Johann Mattheson, der um 1703 zur gleichen Zeit wie Händel an der Hamburger Oper engagiert war, hörte Carestini in Venedig. Er schrieb über ihn in seiner Zeitschrift «Critica Musica»:

Der vornehmste Sänger heißt Carestini, ein Discant-Castrate, welcher an allerhand Variationen sehr reich ist. Er machte nämlich eine, die war nicht anders, als wenn man ein Rad mit der größten Gewalt herum jaget, und doch konnte man alle Töne unterscheiden, wobey es schien, als koste es ihn nicht die geringste Mühe. Er ist Kammer-Musicus am Kaiserl. Hofe (in Wien), und empfängt für die vierzehn Tage, so lange die Opera dauret, 1000 Gülden.

1730 war Carestini in Rom und sang zusammen mit Baerenstadt in den beiden Opern, die Leonardo Vinci in diesem Jahr dort herausbrachte: «Alessandro nell'Indie» und «Artaserse». Den Erfolg der zweiten Oper suchte Baerenstadt mit seinem Schnupftabak-Attentat auf Porporas Oper zu retten. Drei Jahre später ist Carestini bei Händel in London.

Dort beginnt ein regelrechter Opernkrieg zwischen Händels «Königlicher Musikakademie» und der «Adelsoper». Händel macht den ersten Punkt, aber nur, weil er die neue Saison in seinem Theater bereits am 30. Oktober 1733 eröffnen kann. Am 4. Dezember präsentiert er dem Londoner Publikum zum ersten Mal seinen neuen Kastraten Carestini. Die Adelsoper nimmt ihren

Spielbetrieb erst am 29. Dezember desselben Jahres im Lincoln's Inn Fields Theatre mit Porporas Oper «Arianna e Teseo» auf, dafür hat sie in ihrem Ensemble Händels frühere Stars, den Kastraten Senesino und die Primadonna Francesca Cuzzoni. Porporas Truppe hat von Anfang an größeren Erfolg. Am Ende der Saison, im Sommer 1734, muß Händel der Konkurrenz das Theater am Haymarket überlassen. Für die neue Spielzeit mietet er ein kleineres Haus am Covent Garden.

Den endgültigen Sieg bringt der Adelsoper die Eröffnungspremiere der neuen Saison am 29. Oktober 1734: Hasses Oper «Artaserse», die im Frühjahr in Venedig zum zweitenmal mit großem Erfolg aufgeführt worden war. Den Intriganten Artabano singt Senesino, die Mandane Francesca Cuzzoni, und als Arbace präsentiert Porpora dem Londoner Publikum seinen ehemaligen Schüler Farinelli.

Bisher hatten die Londoner Nicolini und Senesino für die absolute Erfüllung von Gesangskunst gehalten. In Händels Oper hatten sie gerade den jungen Kastraten Carestini kennengelernt. Charles Burney schreibt in seiner Musikgeschichte über den Eindruck, den Farinellis Gesangskunst auf das englische Publikum machte:

Nicolini, Senesino und Carestini erfreuten das Auge ebenso sehr durch die Würde, Anmut und Schicklichkeit ihres Auftretens und ihrer Darstellung, wie sie das Ohr durch den richtigen Gebrauch der wenigen Noten ihres Stimmumfangs bezauberten. (Burney will damit sagen, daß die drei Sänger Händels, denen die Londoner vor dem Auftreten Farinellis zujubelten, nur einen sehr begrenzten Stimmumfang hatten, er umfaßte kaum mehr als eine Oktave, denn alle drei Sänger Händels waren Altkastraten. Nicolinis Stimme reichte vom a bis zum zweigestrichenen f, Senesinos vom g bis zum zweigestrichenen a. Farinelli dagegen hatte als Dreiundzwanzigjähriger einen Stimmumfang von mehr als drei Oktaven, vom c bis zum dreigestrichenen d.) *Farinelli dagegen mußte keine bedeutsamen Gebärden oder graziösen Körperhaltungen zu Hilfe nehmen. Er bezauberte seine Zuhörer allein durch die Stärke, den Umfang und den wunderbaren Klang seiner Stimme. Er setzte sie in Erstaunen, ohne etwas zu spielen, zu artikulieren oder auszudrücken. Obwohl er während des Singens bewegungslos wie eine Statue auf der Bühne stand, war seine Stimme lebendig. Kein Intervall war zu kurz, zu lang oder zu schnell für seine Gesangstechnik. Es hatte den Anschein, daß die Komponisten seiner Zeit nicht in der Lage waren, eine Musik zu schreiben, die schwierig genug war, ihn die ganze Kunst seiner Gesangstechnik ausbreiten zu lassen. Die Orchester konnten oft bei der Begleitung nicht mithalten, wenn ihm Arien auf den Leib geschrieben waren.*

Seine Geduld und sein Feingefühl waren so groß, daß, solange er in England war, nie gesagt wurde, er habe seinen Unmut über die Unfähigkeit des Orchesters ausgesprochen oder auch nur angedeutet oder Fehler von einzelnen Musikern, die ihn begleiteten, gerügt.

Er paßte die Stärke seiner Stimme sehr genau dem Raum an, in dem er gerade sang. In einem kleinen, aber angesehenen Theater in Venedig beklagte sich der Operndirektor, daß er seiner Stimme nicht die volle Kraft gebe. Farinelli antwortete ihm: «Dann laßt mich in einem größeren Theater singen, sonst werde ich meinen guten Ruf verlieren und Ihr gewinnt nichts dabei.»

Bei seiner ersten Probe nach seiner Ankunft in England, die in privatem Rahmen in der Wohnung der Cuzzoni stattfand, bemerkte Lord Cooper, damals der geschäftsführende Direktor der unter Porporas Leitung stehenden Operntruppe, daß das Orchester Farinelli nicht mehr begleitete, sondern alle Musiker ihn verwundert anstarrten, als ob sie vom Blitz getroffen wären. Lord Cooper mahnte sie zur Disziplin. Da bekannten sie alle, daß sie nicht in der Lage seien, Farinellis Tempo zu halten, gelähmt nicht nur durch ihr Erstaunen, sondern auch überwältigt von seiner Gesangskunst.

Am meisten übertraf Farinelli alle anderen Sänger und begeisterte das Publikum mit seinem messa di voce, dem An- und Abschwellen von Tönen, die er durch die natürliche Beschaffenheit seiner Lungen und eine kunstvolle Atemtechnik zu solcher Länge ausdehnen konnte, daß selbst die, die es hörten, es nicht für möglich hielten. Und obwohl sie keinen Trick entdecken konnten, waren sie doch überzeugt, er nehme dabei ein Instrument zu Hilfe, das den Ton fortsetzte, während er Atem holte und neu ansetzte.

Wir können uns heute nur eine unvollkommene Vorstellung von seinem Stilgefühl und seiner Verzierungskunst machen. Soweit sie in Noten überliefert sind, zeigen sie allenfalls seine Erfindung und sein Wissen, wir können den Noten aber nicht den Ausdruck und die Zärtlichkeit entnehmen, die seinen Gesang so vollkommen und bewundernswert machten.

«Artaserse» wurde in London in einer ersten Aufführungsserie elfmal gespielt. Später mehrfach wiederaufgenommen, brachte die Oper es in den knapp drei Jahren, die Farinelli in England geblieben ist, auf die Rekordzahl von vierzig Aufführungen. Die Hysterie des Publikums beim Auftreten Farinellis übertraf alles, was es in London bisher gegeben hatte, und das englische Publikum war auch Senesino gegenüber nicht gerade zurückhaltend gewesen. Damen der Londoner Gesellschaft fielen in Ohnmacht, wenn nur Farinellis Name genannt wurde. Der Ausruf einer vornehmen Dame: «Es gibt einen Gott und es gibt einen Farinelli», wurde zum geflügelten Wort. Der Sänger wurde mit Geschenken überhäuft.

Johann Nicolaus Forkel berichtet in seiner 1778 erschienenen «Musikalisch-kritischen Bibliothek»: *So lange Farinelli in den Opern auf dem Haymarket sang, kam alle Welt, sogar Aldermänner* ⟨Ratsherren⟩ *und andere Bürger mit ihren Weibern und Töchtern, ihn zu hören, so daß es endlich in der Stadt zum Sprüchwort wurde: wer den Farinelli nicht singen und den Foster (einen berühmten englischen Prediger) nicht predigen gehört habe, dürfe nicht in eine artige Gesellschaft kommen.*

Die ausschweifende Liebe, welche die Noblesse für ihn hatte, die an ihn verschwendeten Caressen ⟨Schmeicheleien⟩ *und Geschenke, zeugen, wie sehr man von ihm bethört gewesen; die Güte artete daher in Verschwendung und der Beyfall beynahe in Anbetung aus. Mr. Hogarth hat in seinem* ⟨1735 entstandenen Kupferstich-Zyklus⟩ *Rake's Progress* ⟨Das Leben eines Wüstlings – der Titelheld trägt die Züge Farinellis⟩ *diese Thorheiten mit vieler Laune lächerlich zu machen gesucht, wo auf der zwoten Platte des Werks folgende Inschrift steht: «Liste der wertvollen Geschenke, die Herr Farinelli, der italienische Sänger, sich herabließ vom Adel und den besitzenden Ständen für einen Auftritt in der Oper «Artaxerxes» anzunehmen: Ein Paar diamantenbesetzte Kniespangen, verehrt von –* ⟨die Namen sind jeweils durch Striche ersetzt, die Personen damit von Hogarth anonymisiert⟩; *ein Diamantring von –; eine Banknote in einem reich verzierten Goldkästchen von –; eine goldene Schnupftabakdose, geschmückt mit einem Bild von Orpheus, die wilden Tiere zähmend, von T. Rakewell Esqu.; 100 Pfund; 200 Pfund; 100 Pfund.»*

Tom Rakewell (zu übersetzen etwa mit «Tom Liederjan») ist der Name, den Hogarth dem Titelhelden seines Bilderzyklus gibt. Die diamantenbesetzten Kniespangen waren ein Geschenk des Kronprinzen, der ja der Protektor der Adelsoper war. Durch eine Zei-

Ausschnitt aus: Der Morgenempfang

Blatt 2 aus dem Zyklus «The Rake's Progress» von William Hogarth,
Kupferstich, 1735
Vollständiges Blatt auf der Einband-Innenseite vorn

tungsnotiz war das in London allgemein bekannt: *Seine Königliche
Hoheit, der Prinz von Wales, hat sich das Vergnügen gemacht, dem
berühmten Signor Farinelli, der, seit er von Italien hierherkam, regelmäßig bei allen Konzerten Seiner Königlichen Hoheit mitgewirkt hat, eine goldene Schnupftabakdose, reich besetzt mit Diamanten und Rubinen zu schenken. In der Dose war ein Paar
wundervoller diamantenbesetzter Kniespangen, außerdem eine
Börse mit einhundert Guineen.*

Die Anonymisierung Hogarths ist also nur Koketterie. Es ist wahrscheinlich, daß auch bei den übrigen Geschenken, die Hogarth auflistet, bekannt war, wer sie Farinelli verehrt hat. Forkel fährt fort:

In der nämlichen Platte, welche ein Zimmer vorstellt, liegt auf dem Boden desselben ein Gemälde von Farinelli, welcher auf einem Piedestal steht, mit einem Altar vor sich, an dem verschiedene brennende Herzen sind; neben dem Altar steht eine Menge von Menschen, welche ihre Arme ausstrecken, und ihm Geschenke hinreichen. Am Fuße des Altars kniet eine Lady, und bietet ihm ihr Herz an, an deren Mund ein Zettel mit der Inschrift hängt: «Ein Gott, ein Farinelli!» eine Anspielung auf eine Lady, welche, vor Vergnügen über eine Passage des Farinelli, dieses laut aus ihrer Loge heraus rief.

In der That war es lächerlich, eine ganze Nation in einem solchen Zustand der Bethörung zu sehen. Mancher affektirte an dem Gesang des Farinelli ein Vergnügen zu finden, der nicht das mindeste musikalische Gehör hatte, und der, wenn er sich selbst überlassen wurde, auf keine Weise im Stande war, Farinelli von dem gemeinsten Sänger zu unterscheiden.

Auf Hogarths Stich kehrt der Cembalist dem Betrachter den Rücken zu, von seinem Kopf ist nur eine große Perücke zu sehen. Mit ihm ist wahrscheinlich Händel gemeint, der in seinen jüngeren Jahren in England durch sein Cembalospiel bei vornehmen Gesellschaften berühmt geworden ist. Auf dem Klavierauszug, den er gerade umblättert, lesen wir: *Der Raub der Sabinerinnen, eine neue Oper. Darsteller: Romulus – Sen. Farinelli* ⟨zu lesen sind, wie auch bei den folgenden Namen, nur die ersten und letzten Buchstaben Fari-li⟩; *Erster Entführer – Sen. Senesino; Zweiter Entführer – Sen. Carestini; 3. Entführer – Sen. Cuzzoni; Sabinische Jungfrauen – Sen. Strada* und zwei weitere Namen von Sängerinnen.

Die Sängerin Strada und der Kastrat Carestini gehörten zu Händels Ensemble, die übrigen zu Porporas Operntruppe. Hogarths erfundene Oper spielt mit der Ironie, daß Kastraten Frauenschänder spielen und die sprichwörtlich lockeren Sängerinnen als «jungfräuliche» Sabinerinnen auftreten.

Nicht nur die Zuschauer waren von Farinellis Stimme bezaubert, auch seine Sängerkollegen konnten ihm ihre Bewunderung nicht versagen, und das wollte bei Kastraten etwas heißen! Als Charles Burney 1770 den alten Farinelli in Bologna besuchte, erzählte ihm der Sänger ausführlich aus seinem Leben:

Er bestätigte mir gleichfalls die Wahrheit folgender sonderbaren Geschichte, welche ich oftmals gehört hatte und nun von ihm beglaubigt bekam. Senesino und Farinelli waren zu gleicher Zeit in England, allein sie hatten noch nicht Gelegenheit gehabt, einander zu hören. Schließlich traten sie beide am gleichen Abend als Sänger auf. Senesino hatte die Rolle eines wütenden Tyrannen und Farinelli einen unglücklichen Helden in Ketten vorzustellen. Allein gleich bei der ersten Arie erweichte er das Herz des aufgebrachten Wüterichs so sehr, daß Senesino seine Theaterrolle vergaß und in eigener Person zum Farinelli lief und ihn umarmte.

Der erste gemeinsame Auftritt von Senesino und Farinelli war in Hasses «Artaserse», und so stimmt die Beschreibung der Szene nicht ganz. Senesino sang nicht den König, sondern den Intriganten Artabano, der seinen unschuldigen Sohn Arbace zum Tode verurteilt – für den Königsmord, den er selbst zu verantworten hat.

Für die Londoner Aufführung hatte Farinellis Bruder, Riccardo Broschi, zusätzliche Bravour-Arien komponiert, die es dem Sänger ermöglichten, die ganze Fülle seiner Gesangskunst vor dem Publikum auszubreiten. Burney berichtet weiter:

Jeder, der ihn gehört hat oder ihn nur aus dem Gerüchte kennt, weiß, was für eine Wirkung seine erstaunenden Talente auf die Zuhörer taten. Es war Ekstase! Begeisterung! Bezauberung! In der berühmten Arie «Son qual Nave», die sein Bruder komponiert hatte, fing er die erste Note so sanft an, schwellte sie durch ganz unmerkliche Grade zu einer erstaunlichen Stärke und linderte sie auf ebendiese Weise wieder, daß man ihm völlig fünf Minuten klatschte. Sodann fing er mit einer so glänzenden raschen Fertigkeit an fortzusingen, daß es dem damaligen Orchester schwer ward, mit ihm Takt zu halten. Kurz, er übertraf alle Sänger so sehr, als das berühmte Rennpferd Childers alle anderen Renner übertraf. Doch war er nicht nur an Schnelligkeit ihnen überlegen, sondern er vereinigte in sich, was andere große Sänger je auszeichnete: in seiner Stimme Kraft, Schmelz und einen weiten Umfang; in seinem Vortrag Zärtlichkeit, Anmut und Tempo. Er hatte Vorzüge, wie man sie weder vor noch nach ihm bei irgendeinem Menschen zusammen antraf, Vorzüge, deren Kraft man nicht widerstehen konnte und die jeden Zuhörer, den Kenner und Nichtkenner, Freund und Feind besiegen mußten.

Der erfolgreiche Sänger wird natürlich auch bei Hofe eingeladen. Als er im Palast vor Georg II. singt, begleitet ihn die königliche

Prinzessin auf dem Cembalo. Sie besteht darauf, daß er zwei Arien Händels vom Blatt singt, und Farinelli erinnert sich noch vierzig Jahre später, daß diese Arien in einem anderen Schlüssel geschrieben waren und einen Stil hatten, der ihm völlig unvertraut war. Händel hat fast alle seine großen Kastratenarien für Altstimmen geschrieben. Er mußte bei ihnen auf die hohen Spitzentöne verzichten, die Wirkung eher durch musikalisch-empfindsame Gestaltung als durch Bravour und Effekte zu erzielen suchen. Daß die Kronprinzessin Farinelli Händel-Arien singen ließ, war nicht ohne Delikatesse. Der Londoner «Opern-Krieg» zwischen Händels und Porporas Truppe hatte auch die Königsfamilie entzweit. Der Kronprinz sympathisierte mit Porporas «Adelsoper», bei der Farinelli engagiert war. Die Königin und die Prinzessin favorisierten Händel.

Es bleibt für Farinelli nicht bei der Einladung des Hofes. In den langen Pausen zwischen den Opernspielzeiten ist er oft Gast des englischen Adels auf den Landsitzen rund um London. Mit dem Herzog von Leeds geht er nach Scarborough. Als die Prinzessin von Brasilien von einer Tochter entbunden wird, singt er in der portugiesischen Kapelle ein Te Deum. Die Gage eines Sängers wurde durch solche Auftritte in privatem Kreis erheblich aufgebessert, der englische Adel konnte sich zu dieser Zeit nahezu jeden Luxus leisten.

Die Star-Sänger hatten außerdem noch erhebliche Einnahmen aus sogenannten Benefiz-Vorstellungen. Es war üblich, daß die Einnahmen einer Vorstellung in der Saison dem Ersten Sänger zuflossen. Quantz, der 1727 in London war, schreibt: *Ein Benefit in England ist ein öffentliches Concert, welches gemeiniglich auf Veranstaltung einer Person von vornehmem Stande einem Virtuosen, der sich darin hören läßt, zum besten angestellet wird. Der Veranstalter läßt, für baare Bezahlung, Billette zur Erlaubniß des Eintritts austheilen und seine, und des Musikus, der sich hören lassen soll, Freunde bemühen sich um die Wette, deren so viel als möglich unterzubringen. Alles was einkömt, ist für den, dem zu Gefallen es angestellet wird, dagegen er aber auch die Kosten trägt. Bisweilen werden die Einkünfte von einer Vorstellung der Oper dem Componisten oder einem beliebten Sänger gelassen, nachdem es durch einen öffentlichen Anschlag bekannt gemacht worden: und dieses wird auch Benefit genennet. Die Faustina* ⟨Hasses Frau, die Sängerin Faustina Bordoni⟩ u*nd Farinello insonderheit, haben bey* *dergleichen Gelegenheiten die Großmuth der Engländer reichlich erfahren.*

In London gab es auch den Brauch, daß der Sänger bei Benefizvorstellungen Billette für die Logen persönlich verkaufte und die Interessenten in seiner Wohnung empfing. Für diese Ehre zahlten sie mehr als den üblichen Eintrittspreis. Es soll Damen gegeben haben, die Farinelli für eine einzige Eintrittskarte eine 200 Pfund-Note überreichten.

Den Auftritt eines Kastraten in privatem Kreis schildert Hogarth im vierten Blatt seines Zyklus «Marriage à la Mode». Es zeigt das «Lever», den Morgenempfang einer vornehmen Dame. Während sie frisiert wird und ein Priester ihr fromme Sprüche zur Morgenandacht vorliest, sind im Hintergrund zahlreiche Domestiken aus dem Vorzimmer, der Antichambre, versammelt. Vorn links sitzt in einem Sessel ein dicklicher Kastrat, der, begleitet von einem Flötisten, eine Arie singt. Opernkenner werden in dem Bild sofort die Sänger-Szene aus dem ersten Akt des «Rosenkavalier» wiedererkennen, selbst der kleine Mohr kniet rechts im Vordergrund am Boden. Zur Zeit Maria Theresias, in der die Oper von Strauss und Hofmannsthal spielt, wäre der Sänger mit Sicherheit ein Kastrat gewesen. Hogarths Bild zeigt auch, daß solche Auftritte in privatem Kreis durchaus nicht den Charakter eines «Hauskonzerts» hatten, bei denen der Sänger auf andächtige Zuhörer rechnen konnte.

Die Dame, die in der Mitte des Bildes den Sänger anhimmelt und dabei fast ihr Gleichgewicht verliert, konnte als Mrs. Fox Lane, später Lady Bingley, identifiziert werden, die den Aufschrei «one God, one Farinelli» getan haben soll. Der dicke Kastrat ist allerdings nicht Farinelli, sondern wahrscheinlich Giovanni Carestini, der wieder in London war, als Hogarth an dem Zyklus arbeitete. Hiller, der Carestini später in Dresden hörte, sagt über ihn: *Giovanni Carestini hatte eine starke und volle Sopranstimme, die sich nach der Zeit in einen der schönsten, stärksten und tiefsten Contralt verwandelte. Er hatte eine große Fertigkeit in Passagien, die er, der guten Schule des Bernachi gemäß, so wie Farinello, mit der Brust stieß. In willkührlichen Veränderungen unternahm er viel, meistentheils mit gutem Erfolg, doch auch zuweilen bis zur Ausschweifung. Seine Action war sehr gut, und so, wie sein Singen feurig.*

Auch mit Carestini bekam Händel bald Streit. Der Komponist wollte nicht einsehen, daß ein Sänger seinen eigenen Kopf hatte

Im Salon der Dame

Blatt 4 aus dem Zyklus «Marriage à la Mode» von William Hogarth,
Kupferstich, 1745 (Ausschnitt)
Vollständiges Blatt auf der Einband-Innenseite hinten

und nicht bereit war, sich bedingungslos der Kunst und Autorität
des Komponisten zu unterwerfen. 1735 studierte Händel seine
Oper «Alcina» ein, mit Carestini als Ruggiero. Charles Burney erzählt:

*Die Arie «Verdi prati», die man bei jeder Aufführung der Oper
«Alcina» immer mehr als einmal zu hören verlangte, wurde Händeln anfänglich von Carestini zurückgeschickt, weil er sie nicht zu
singen wisse. Voller Wut ging er zu ihm, und in einem Tone, worin*

wenige Komponisten, außer Händel, jemals einen Ersten Sänger anredeten, fuhr er ihn mit den Worten an: «Du Hund, muß ich nicht besser wissen als du, was du singen kannst? Willst du die Arien nicht singen, die ich dir gebe, so bezahle ich dir keinen Stüver!»

Unstreitig war sein Regiment über die Sänger etwas zu despotisch.

18

Händels Niederlage

Carestini verließ Händels Truppe noch im selben Jahr und kehrte nach Italien zurück. Händel wollte nicht aufgeben. Er versuchte, mit anderen «Ersten» Sängern gegen Farinelli und die Oper Porporas anzukommen. Vielleicht gab es auch noch eine andere Möglichkeit, den Starsänger der Adelsoper in der Publikumsgunst auszustechen. Wenn es auf der barocken Opernbühne überhaupt einen Rivalen für den primo uomo, den Ersten Kastraten gab, dann war es der Maschinenmeister. *Das Vergnügen, welches das Volk an den Maschinen und Dekorationen fand, machte, daß man einen guten Maschinisten höher schätzte, als einen guten Dichter oder Musiker,* stellt Arteaga fest.

Die barocke Oper ist ein Gesamtkunstwerk, in dem das optische Element einen gleichberechtigten Platz einnimmt. In theoretischen Betrachtungen zur Ästhetik der Oper, die im 18. Jahrhundert angestellt wurden, geht es nicht so sehr um die Frage, ob Wort oder Musik in der Oper den ersten Rang einnehmen. Es geht eher darum, ob mehr das Auge oder das Ohr überwältigt werden soll. Arteaga findet eine bemerkenswerte Begründung für die Bedeutung der Szene in der Oper:

So wie bei Vereinigung der Musik und Poesie die poetische Wahrscheinlichkeit bisweilen etwas durch die Schwierigkeit leidet, sich Personen vorzustellen, welche singend handeln, und gedachte Schwierigkeit nicht anders vermieden werden kann, als wenn man den Zuschauer in einer beständigen Täuschung erhält, welche ihn hindert, seinen Irrthum zu bemerken; so muß man suchen, ihn durch jedes Mittel darein zu versetzen, den einen Sinn zur Unterstützung des andern brauchen, und hauptsächlich jene müßigen Augenblicke dazu anwenden, in welchen die Musik ihre ganze Kraft nicht zeigen kann, der Zuschauer unbeschäftigt bleibt, folg-

lich Muße behält, über das, was er sieht, nachzudenken. Zu dieser
Absicht trägt die Perspective und die Decoration bey, indem sie
bald die Personen richtig ausschmückt, und dadurch das Auge er-
götzt, bald alle Schönheiten der Malerey zeigt, bald durch häufige
Veränderungen der Scene immer neue und immer reizende Gegen-
stände vors Gesicht bringt. Alle diese Dinge bewirken Täuschung,
nicht bloß als Zusatz zur Musik und Poesie, sondern als eine Ver-
stärkung beyder, weil es sehr einleuchtend ist, daß weder die aufs
schönste beschriebene Handlung des Dichters, noch die beste Mu-
sik des Componisten ihre vollkommene Wirkung thun können,
wenn der Ort der Handlung nicht so beschaffen ist, wie er den han-
delnden Personen zukommt, und wenn der Decorator nicht eine
solche Übereinstimmung zwischen Augen und Ohren bringt, daß
die Zuschauer glauben können, sich wirklich nach und nach an
den verschiedenen Orten zu befinden, wo sie die Melodie hören. Von
dieser Täuschung geblendet und gleichsam von allen Seiten be-
stürmt, läßt ihre ganz im Genuß versunkene Einbildungskraft der
kalten Vernunft nicht Zeit, darüber nachzudenken, ob das, was sie
sieht, wahr oder falsch sey. Das Bild des Ortes, welches sie vor sich
sieht, unterhält die Täuschung auch dann noch, wenn keine Töne
mehr gehört werden, und die große Kunst der vereinigten Musik
und Malerey besteht in der immerwährenden Unterhaltung dieses
Irrthums. Der Zweck der Oper ist mit einem Worte, die menschli-
chen Leidenschaften vermittelst der Melodie und des Schauspiels
durch Interesse und Täuschung vorzustellen.

Neben Trillern und Koloraturen erwarteten die Zuschauer in
einer ordentlichen Oper eine Feuersbrunst oder ein Erdbeben und
den Kampf des Helden mit einem wilden Tier. (Wir erinnern uns
an Nicolinis Kampf mit dem Löwen.) Benedetto Marcello schreibt
in seiner Satire im Kapitel «Anweisungen für Textdichter»:

Die schmückenden Ereignisse der Oper sind Kerker, Gift und
Dolch, Briefe, Bären- und Auerochsenjagden, Erdbeben, Gewitter,
Opferungen und Wahnsinnsszenen. Denn derartige unvermutete
Vorfälle erschüttern das Publikum ungemein. Um die Fähigkeiten
der Sänger kümmere sich der Dichter nicht, jedoch sehr darum, ob
der Direktor mit einem trefflichen Bären, einem guten Löwen, einer
tüchtigen Nachtigall, mit guten Blitzen, Erdbeben, Gewittern usw.
versehen ist.

Auch andere possierliche Tiere sind beliebt. Bis heute hat sich
nichts daran geändert, daß kunstvoll von geschmeidigen Statisten

gespielte Tiere das höchste Entzücken der Theaterzuschauer hervorrufen. Der Franzose Raguenet erzählt: *1697 sah ich in Turin eine Oper, in der Orpheus wilde Tiere durch die Kraft seiner Stimme zähmen mußte. Es waren alle möglichen Tiere auf der Bühne, sie hätten nicht natürlicher gestaltet sein können. Ein Affe spielte den anderen Tieren hundert Streiche, es war sehr lustig, wie er den anderen Tieren über die Rücken hüpfte, ihnen die Köpfe kraulte und die Zuschauer mit seinen äffischen Scherzen unterhielt. In Venedig sah ich einmal einen Elefanten auf der Bühne, und in einem einzigen Augenblick war dieses Riesentier verschwunden. An seiner Stelle füllte eine ganze Armee die Bühne. Die Soldaten hatten, versteckt hinter ihren Schilden, mit diesen den Körper des Elefanten gestaltet, und das war so geschickt gemacht, daß es wie ein lebendiger Elefant aussah.* Auf solche Theatertricks besinnt sich Händel, als er sich 1737 daran macht, eine neue Oper zu komponieren.

Die Handlung des «Giustino» geht zurück auf Legenden um den byzantinischen Kaiser Justinus I., den Vorgänger des großen Justinianus, der die Haghia Sophia erbaute. Justinus war als armer Bauernsohn aufgewachsen, wurde später in Konstantinopel in die Garde des Kaisers Anastasius I. aufgenommen, der von 491 bis 518 regierte. In dieser Zeit gab es im byzantinischen Reich eine Kette von Revolten und Bürgerkriegen. Höhepunkt war die Empörung des Befehlshabers von Thrakien, Vitalian, der 513 dreimal mit Heer und Flotte bis an die Mauern von Konstantinopel vorstieß. In dieser Zeit spielt die Oper, die Händel am 25. Februar 1737 herausbringt:

Dem Bauern Giustino erscheint im Traum die Göttin Fortuna und verspricht ihm Ehre, Ruhm und eine Krone, wenn er seinen Pflug und seine Ochsen im Stich läßt und als «Held» in die große Welt zieht. Auf seinem Weg befreit er eine junge Frau aus den Tatzen eines wilden Bären. Die Frau ist die Schwester des Kaisers. So kommt Giustino an den Hof. Die Gemahlin des Kaisers ist vom Tyrannen von Kleinasien, der den Thron von Byzanz für sich gewinnen will, geraubt worden. Er hat sie auf einer einsamen Insel an einen Felsen gekettet und sie einem fünfköpfigen Seedrachen zum Fraß überlassen. Der schiffbrüchige Giustino wird an eben dieser Insel an Land getrieben. Er tötet das Ungeheuer und befreit die Kaiserin.

Dies ist nur ein kleiner Ausschnitt der reich verzweigten Opernhandlung. Aber er genügt vielleicht, um zu erkennen, daß hier aufs schönste fast alle von Marcello genannten Publikumsattraktionen vom Ausstatter und Maschinenmeister vorgeführt werden konnten. Ein Jahr nach der Aufführung des «Giustino» in London schreibt der dänische Hofkapellmeister Johann Adolph Scheibe in seiner Zeitschrift «Critischer Musicus»: *Die Pracht der Schaubühne und deren Veränderung aber ist anfangs eigentlich daher entstanden, daß man mehr als einem Sinne, und also nicht nur dem Gehöre, sondern auch dem Gesichte schmeicheln wollte. Es ist wahr, man wird bey einer dreystündigen Musik endlich verdrießlich, und man will folglich noch durch etwas anders unterhalten werden, welches uns aufmuntert, und unsere Begierde unterhält und vermehret. Hierzu war also nichts besser, als die Schaubühne auf eine vortreffliche und sinnreiche Art auszuzieren. Weil man aber immer einerley zu sehen müde ward, veränderte man also die Schaubühne sechsmal, achtmal, zwölfmal und noch mehrere male. Allein, diese öftern Veränderungen verursachten endlich in der Vorstellung und Ausarbeitung der Handlung eine nicht geringe Unordnung. Man schweifte dabei auf das stärkste aus und rückte, den Maschinen zu gefallen, eine große Anzahl wunderbarer und abgeschmackter Zaubereyen mit ein. Die Götter, die Hexenmeister, die Thiere, die Wälder, Steine und Wiesen besprachen sich mit einander. Hierdurch ward der Zuschauer verwirrt gemacht, und es bekam zuletzt ein übler Geschmack die Oberhand, der nichts für gut hielt, was nicht mit diesem abgeschmackten Wunderbaren angefüllet war. So verbannte man also das natürliche Wunderbare, und erwählte statt dessen tausend Unmöglichkeiten.*

Händel führt in dieser Zeit einen Zweifrontenkrieg. Da ist auf der einen Seite die Adelsoper unter der künstlerischen Leitung von Nicola Porpora. Sie hat mehrere beim Publikum beliebte Sänger unter Vertrag, darunter Farinelli, den Superstar der Kastraten. Gegen ihn setzt der Operndirektor Händel den ganzen Bühnenzauber des Barocktheaters ein. Giustinos Kampf mit dem fünfköpfigen Drachen steht gewissermaßen für den beinahe aussichtslosen Kampf Händels mit Farinelli um die Gunst des Londoner Publikums. Für die Titelrolle hat Händel wieder einen Kastraten aus Dresden engagiert, Domenico Annibali, der den Urlaub für dieses Londoner Gastspiel dazu benutzt, seine Gage in Dresden in die Höhe zu treiben.

Wir können heute nicht mehr feststellen, ob Annibalis Kampf

mit dem Drachen besonders eindrucksvoll war oder ähnlich lächerlich, wie manche Zuschauer ein Vierteljahrhundert früher Nicolinis Kampf mit dem Löwen empfunden haben. Jedenfalls hat im Mai 1737 im Haymarket-Theater eine Opernparodie Premiere, «The Dragon of Wantley – after the Italian manner, Der Drache von Wantley – im italienischen Stil», komponiert von Johann Friedrich Lampe. Sie will, wie es im Vorwort heißt, «in englischer Sprache die Schönheit des Unsinns der italienischen Oper ausbreiten». Johann Adam Hiller charakterisiert später in seiner Musikzeitschrift «Wöchentliche Nachrichten und Anmerkungen die Musik betreffend» die «possenhafte Oper» so: *Eine erzlaunigte Schnurre, worinn die italiänischen Opern verlacht werden. Die Kleidung, Verzierung der Bühne und die Arien, alles war Burleske. In den Liedern war der italiänische Geschmack aufs drolligste nachgeäfft.*

Die Opernburleske ist die zweite, vielleicht noch viel gefährlichere Konkurrenz für Händels «Musikakademie»: eine neue volkstümliche Form des musikalischen Theaters. Es war ähnlich wie neun Jahre zuvor mit der «Bettleroper»: Die Parodie auf die Albernheiten der italienischen Oper hatte den Erfolg, den Händel sich vom Maschinentheater seines «Giustino» erhofft hatte. Der «Drache von Wantley» brachte es in London bis zum 20. November auf 22 Vorstellungen (von «Giustino» gab es nur 10), dann mußten die Aufführungen wegen des Todes der Königin Caroline ausgesetzt werden. Im Januar des nächsten Jahres wurde das Stück wiederaufgenommen. Das Textbuch des «Drachen von Wantley» erlebte 14 Auflagen.

Der Komponist Lampe war ein Landsmann von Händel, er wurde 1703 in Sachsen geboren. Mit 22 Jahren kam er nach London und wurde Fagottist in Händels Opernorchester. 1741 ging Lampe mit seiner Opernparodie auf Tournee durch England, bis zu seinem Tod 1751 mußte er immer wieder den «Dragon of Wantley» aufführen.

Nicht nur Händels Opern verzeichnen zu dieser Zeit nachlassendes Interesse beim Publikum. Am 28. Mai muß die mit Händel konkurrierende Adelsoper die zweite Aufführung der neuen Oper «Demofoonte» (von Egidio Romoaldo Duni) absagen. Offiziell ist Farinelli indisponiert, aber drei Tage später kann er in einer anderen Oper wieder singen. Am 14. Juni wird noch einmal eine Vorstellung der Adelsoper kurzfristig abgesagt, weil Farinelli erkältet ist. Schon im 18. Jahrhundert haben Theaterdirektoren Erkrankungen von Sängern vorgeschoben, wenn nicht genügend Eintrittskarten verkauft wurden. Aus Aufzeichnungen der Sängerin und Schauspielerin Katherine Cibber, die 1739 veröffentlicht wurden, erfahren wir, daß Vorstellungen, in denen Farinelli sang, nur schlecht besucht waren. Die Kasse habe an manchen Abenden gerade mal 35 Pfund betragen. Farinellis letzter Auftritt in London verlief ohne jeden äußeren Glanz. Keiner der Besucher der Oper «Sabrina» am 11. Juni 1737 konnte ahnen, daß er in der Opernvorstellung war, in der der größte Sänger des Jahrhunderts zum letzten Mal auf einer Bühne stand.

Ob Farinelli gespürt hat, daß die Zeit der Popularität der italienischen Oper und damit auch die Begeisterung für die Gesangskunst der Kastraten in England vorerst zu Ende ging, wissen wir nicht. Im Sommer 1737 nimmt er jedenfalls eine Einladung an den spanischen Hof nach Madrid an. In London heißt es, er werde rechtzeitig zur nächsten Opernsaison wieder in der Stadt sein. Vielleicht hat Farinelli bei seiner Abreise bereits gewußt, daß er nie mehr nach England zurückkehren würde. Am 7. Juli erscheint auf dem Theaterzettel der Adelsoper der Hinweis:

Sig. Farinelli, der berühmte italienische Sänger, der einige Zeit in Paris war, ist nach Spanien weitergereist, wo er bis zum Ende dieses Jahres bleiben wird. Danach wird er nach England zurückkehren.

Auch auf dem Kontinent nimmt man Notiz von den Geschichten um Farinelli. Der Hamburger Sänger und Musikschriftsteller Johann Mattheson berichtet in seinem 1739 erschienenen Buch «Der vollkommene Capellmeister»: *Farinelli, der vortreffliche Welsche Sänger (so schreibt man aus London den 7. und 18. Juli 1737) hatte kaum vor einem Jahr allhier (in England) seine güldene Erndte zurückgeleget, da er sich zu einer reichen parisischen Nachlese einiger tausend Louisd'or entschloß, und seine Sachen auch wol ausrichtete. Am 9ten Juli 1737 stellete er sich aufs neue zu Versailles ein, der Hoffnung, bey der vermuthlichen Geburt eines Herzogs von Anjou, abermahlige Ausbeute zu machen. Da ihm aber solches fehlgeschlagen, wird er sich nach Madrid begeben, und allda bis nähesten Winter einsammeln. Wornach ihn sodann die trächtigen Engländischen Beutel in London von neuem mit Schmertzen erwarten, damit er sie in etwas erleichtere, und, nächst seiner ordentlichen Besoldung, an Geschencken und Einkünfften, wenn eine Oper zu seinem Be-*

huf gespielt wird, wenigstens 5000 Pfund Sterling des Jahres er-
hebe.

In London kämpft Händel weiter um das Überleben seiner Oper. Er ist mittlerweile in ernsthafte wirtschaftliche Schwierigkeiten geraten. Am 13. April 1737 erleidet er einen Schlaganfall, der seinen rechten Arm lähmt und ihn daran hindert, die Opern in seinem Theater selbst zu dirigieren. Vielleicht ist er inzwischen zu der Einsicht gekommen, daß ein Komponist ohne einen Kastraten nichts ausrichten kann, oder anders gesagt, daß er mit der Qualität seiner Musik nicht gegen die Popularität eines Farinelli ankommt. Er muß versuchen, einen Sänger zu engagieren, der wirklich mit Farinelli konkurrieren kann. Und da gibt es nur einen. Am 21. Mai 1737, als Farinellis beabsichtigte Spanienreise noch nicht bekannt ist, läßt Händel in die Zeitung die folgende Nachricht einrücken:

Wir hören, daß die Direktoren des Königlichen Opernhauses am Haymarket für die kommende Saison den berühmten Caffariello engagiert haben, von dem man sagt, daß er der beste Sänger in Italien ist.

Schon längere Zeit hat Händel sich um Caffarelli bemüht, obwohl der ein Sopransänger ist, Händel sich also für ihn auch stilistisch umstellen muß. Caffarelli hat lange gezögert, das Engagement in London anzunehmen. Vielleicht hat er seine Ankunft in London deshalb so lange hinausgezögert, weil er die direkte Konkurrenz zu Farinelli fürchtet. Jedenfalls kommt er erst nach England, als feststeht, daß Farinelli in Spanien bleiben wird. Wenn das wirklich der Grund dafür ist, daß Caffarelli sein Engagement bei Händel so verspätet antritt, hat sich der Sänger allerdings völlig verkalkuliert.

Farinelli ist nicht mehr in London, aber über der italienischen Oper liegt für Jahrzehnte der Schatten Farinellis, die Erinnerung an seine überirdisch schöne Stimme, an seine übermenschliche Gesangstechnik. Und die Erinnerung wird für alle anderen Kastraten eine größere Konkurrenz als der Sänger selbst in Person. Die Legende Farinelli verhindert für lange Zeit, daß ein Kastrat in England wieder Furore machen kann.

Am 3. Januar 1738 singt Caffarelli zum ersten Mal in einer Oper von Händel: «Faramondo». Gleichzeitig wird in London der «Drache von Wantley» wiederaufgenommen. Der junge Lord Thomas Wentworth, späterer Earl of Strafford, schreibt am 19. Januar 1738 an seinen Vater: *Wir waren gestern abend im Covent Garden*

Theater in der Farce «The Dragon of Wantcliff» ⟨wir wissen inzwischen: die Namen!⟩. *Es hat mir riesig gefallen und die Musik ist überaus hübsch. Es ist eine Parodie auf die Oper von Mr. Handel, und er hält die Melodien für sehr gut komponiert* ⟨Händel scheint also seinem Landsmann Lampe nicht böse gewesen zu sein und offen dessen Parodie gelobt zu haben⟩. *Es wurde schon 36mal gespielt und war immer ziemlich voll. Die armen Opern scheinen dagegen schlecht zu gehen. Zwar lobt jedermann Caffarelli und die Oper* ⟨Händels «Faramondo»⟩, *aber sie war nie voll, und wenn sie es bei den ersten Aufführungen nicht ist, wird sie gegen Ende des Winters sehr leer sein.*

Händel läßt sich nicht beirren, er komponiert für Caffarelli eine Rolle, die beiden den großen Erfolg bringen muß, dem Sänger ebenso wie dem Komponisten. Die Oper, in der Farinelli vor vier Jahren das Londoner Publikum im Sturm eroberte, hieß «Artaserse». Caffarelli soll der Liebling der Londoner als «Serse», als Xerxes werden.

Sollte die Begegnung mit dem jungen Goldoni im Salon der Frau Grossatesta irgendeinen bleibenden Eindruck auf Caffarelli gemacht haben, müßte der Sänger sich daran erinnert haben, als Händel ihm die Partie des Xerxes vorlegt. Denn genau wie in Goldonis Libretto, das nie komponiert wurde, steht im «Xerxes» die Auftrittsarie des Ersten Kastraten ganz gegen jede Regel am Anfang der Oper. Auch sonst enthält sie nicht viel von dem, was zu einer richtigen opera seria gehört, keine Eifersuchtstragödien und keine finsteren politischen Intrigen, keine Schurken, keinen Staatsstreich, keine wilden Tiere. Händels «Xerxes» hat die Leichtigkeit einer opera buffa.

Der persische König hat sich in die Geliebte seines Bruders verguckt. Als Soldat verkleidet, kommt seine Verlobte Amastris mit heimkehrenden Truppen in die Residenz. Sie beobachtet unerkannt die Untreue des Königs und bringt durch eine Intrige die Geschichte zu einem guten Ende. Die als Krieger verkleidete Frau hat natürlich in einer Kastratenoper einen doppelten Reiz, ist doch das wahre Geschlecht der dargestellten Figur in einer Oper nicht an der Stimme zu erkennen.

Als sich am 15. April 1738 der Vorhang des Theaters im Covent Garden zur ersten Aufführung von Händels «Xerxes» hebt, hört das Publikum, von Caffarelli gesungen, zum erstenmal die Arie, die später die berühmteste der ganzen Kastratenzeit sein wird: «Om-

147

bra mai fu – Schattige Ruh». Wir kennen die Musik als das «Largo» von Händel (tatsächlich ist die Tempobezeichnung «Larghetto»), es ist zu einem der bekanntesten Musikstücke überhaupt geworden. Die Melodie wird heute meist zu traurigen oder zumindest ernsten Anlässen gespielt, von der Hochzeit bis zur Beerdigung. In Händels Oper verbreitet sie eine eher heitere Stimmung. König Xerxes liegt unter dem Blätterdach einer Platane und freut sich über den schönen Sommertag:

Zartes Laub, es ist schön unter meiner geliebten Platane. Durch deine Blätter strahlt das Glück. Donner, Blitz und Stürme sollen mir den süßen Frieden nicht stören. Nie wieder wird ein Schatten so angenehm und süß sein.

Man kann zwar nicht gerade von einem Mißerfolg sprechen, aber der Erfolg, den sich Händel und der Sänger erhofft hatten, war die Arie in London nicht. Caffarelli erlebte zum erstenmal in seiner bisherigen Sänger-Karriere, daß er nicht der umjubelte Star war, daß sein Auftritt eher beiläufig zur Kenntnis genommen wurde.

Der «Drache von Wantley» ist noch immer das Gespräch des Tages, die englische Opernburleske hat die italienische Oper in den Hintergrund des Interesses gedrängt. Porporas und Händels konkurrierende Operntruppen haben sich gegenseitig ruiniert. Caffarelli kehrt nach Italien zurück, auch Porpora verläßt England. Händel muß nicht nur eine Niederlage seiner Kunst beim Publikum verkraften, er steht auch vor dem finanziellen Ruin. 1741 führt er seine letzte Oper auf, in Zukunft schreibt er nur noch Oratorien, bei denen der kostspielige Aufwand einer Inszenierung wegfällt und deren Produktion deshalb nicht so riskant ist. Mit seinen Oratorien gelingt Händel einige Jahre später ein glanzvolles Comeback. Den Kastraten bleibt er auch in den Oratorien treu.

19

Farinelli in Spanien

Der spanische König Philipp V., ein Enkel Ludwigs XIV. von Frankreich, war im Jahr 1700 als Siebzehnjähriger von seinem Großvater zum König von Spanien proklamiert worden. Sein Einzug in Madrid 1701 führte zum Krieg zwischen Österreich und Frankreich um das spanische Erbe. Im selben Jahr heiratete Philipp die fünf Jahre jüngere Prinzessin Maria Luisa von Savoyen.

Der österreichische Erzherzog Karl, Bruder des regierenden Kaisers Joseph I., wird von den Habsburgern als spanischer Regent auf die Halbinsel geschickt; er ist zwei Jahre jünger als Philipp. 1710 wird er von dessen Truppen aus dem von ihm kurz vorher eroberten Madrid vertrieben. Er residiert seitdem in Barcelona, wo er 1711 nach dem Tod seines Bruders von seiner Wahl zum römischen Kaiser erfährt. Es ist Karl VI., der nach Arteaga für das obligatorische «gute Ende» der Barockoper verantwortlich ist und den jungen Farinelli mit seinen Ratschlägen beeindruckt. 1714 wird der «Spanische Erbfolgekrieg» mit der Eroberung Barcelonas durch französische Truppen endgültig entschieden. Mit 31 Jahren kann Philipp V. unangefochten in Spanien regieren. Im selben Jahr stirbt seine erste Frau Maria Luisa.

Die Prinzessin Orsini, erste Kammerfrau der verstorbenen Königin, zweifache Witwe und – trotz ihres Alters von 66 Jahren – Geliebte des Königs, möchte eine zweite Heirat Philipps arrangieren, die ihrem Einfluß nicht gefährlich werden kann. Sie beauftragt Giulio Alberoni, den fünfzigjährigen Geschäftsträger des Herzogs von Parma am spanischen Hof, eine Frau «bescheidenen Sinns und schwachen Geistes» zu finden. Alberoni ist ein typischer Aufsteiger der an Abenteurern und Hochstaplern reichen Epoche. Geboren als Sohn eines Gärtners in Piacenza, zog er abenteuerlustig durch Europa, erwarb sich in Frankreich die Gunst des Herzogs von Vendôme – wie ein altes Geschichtswerk zu berichten weiß – «durch die Kunst, gute Eierkuchen zu backen». In Madrid wird er zum Vertrauten der Favoritin des Königs und damit zu einem wertvollen Informanten für ausländische Fürstenhäuser. So erringt der «Eierkuchenbäcker» den Status eines Botschafters und erhält den inoffiziellen Auftrag, eine neue Königin für Spanien zu finden. Eine Karriere, wie sie im 18. Jahrhundert nicht selten ist.

Alberoni sucht nicht lange. Er schlägt eine Tochter seines italienischen Brotherrn vor, die zweiundzwanzigjährige Elisabetta Farnese. Der Prinzessin Orsini versichert er: *Sie ist ein braves Mädchen, rundlich, gesund, wohlgenährt, aufgewachsen am provinziellen Hof von Parma und hat von nichts anderem gehört als vom Nähen und Sticken.*

Am Weihnachtstag 1714 heiratet Philipp sie. Sobald die Prinzessin von Parma Königin von Spanien ist, erweist sie sich als das Gegenteil von dem, was die Prinzessin Orsini gewünscht hatte. Elisabetta ist gebildet und geistreich, sie versteht, sich beim spanischen Adel beliebt zu machen und beherrscht perfekt die Kunst der Heuchelei. Als erstes verbannt sie die Gräfin Orsini vom Hof. Alberoni macht sie zu ihrem Vertrauten, läßt ihn zum Herzog ernennen. 1717 wird er Erster Minister und Kardinal. Zwei Jahre später wird der Parvenu gestürzt und aus Spanien ausgewiesen.

König Philipp wird mit seinen familiären und politischen Problemen nicht fertig. Zehn Jahre nach seiner zweiten Heirat dankt er 1724 resigniert mit 41 Jahren ab. Ludwig, sein siebzehnjähriger Sohn aus erster Ehe, besteigt den Thron. Sieben Monate später stirbt der neue König an den Blattern. Da Philipps Sohn Ferdinand, der zweite Sohn seiner ersten Frau, erst elf Jahre alt ist, nimmt Philipp die Regierungsgeschäfte notgedrungen wieder auf. Er verliert sich mehr und mehr in seinen Depressionen. Fast ein halbes Jahr steht er nicht aus dem Bett auf, verbietet, die Wäsche zu wechseln oder ihm die Nägel zu schneiden. Wenn ihm das Nachthemd vom Leib fällt, nimmt er ein neues nur an, wenn es die Königin vorher getragen hat, aus Angst, vergiftet zu werden. Dann wieder kann man ihn monatelang nicht dazu bringen, zu Bett zu gehen. Oder er hält sich für tot und fragt, warum man ihn nicht begräbt.

Als Farinelli 1737 nach Spanien kommt, sind 13 Jahre seit der vorübergehenden Abdankung Philipps vergangen. Sein Sohn Ferdinand ist inzwischen 24 Jahre alt und hätte die Regierung übernehmen können. Aber Elisabetta will um alles verhindern, daß ihr Stiefsohn König wird. Mehrmals unterzeichnet Philipp ein Abdankungsschreiben, jedesmal fangen die Spione Elisabettas den Boten ab, bevor er es dem Rat der Granden übergeben kann. Die Königin hält ihren gemütskranken Mann als Gefangenen in seinem Palast.

Der englische Musikwissenschaftler Charles Burney berichtet, was ihm Farinelli später von seiner Ankunft in Madrid am 7. August 1737 erzählt hat: *Philipp V., König von Spanien, litt an so starken Depressionen, daß er sogar das Rasieren verweigerte, nicht mehr am Staatsrat teilnahm und überhaupt nicht mehr fähig war, die Staatsgeschäfte zu führen. Die Königin hatte erfolglos alle bekannten Heilmittel ausprobiert ohne irgend die Genesung zu befördern. Da der König empfänglich für den Reiz der Musik war, beschloß sie, einen Versuch mit Musik zu machen.*

Von Farinellis außerordentlicher Gesangskunst hatte man in Madrid schon vor seiner Ankunft gehört. Die Königin richtete es ein, daß er sein erstes Konzert in einem Saal gab, der an die

Gemächer des Königs grenzte. Der Sänger trug eine seiner bezaubernsten Arien vor. Philipp war zuerst verwundert, dann bewegt. Nach der zweiten Arie ließ er den Virtuosen in die königlichen Gemächer bitten. Er überhäufte ihn mit Komplimenten und fragte ihn, wie er seine Kunst angemessen belohnen könne, versicherte, daß er ihm nichts verweigern werde. Farinelli, darauf vorbereitet, erbat sich nur, Seine Majestät möge seinen Dienern erlauben, ihn zu rasieren und anzukleiden, und er möge wie üblich zum Staatsrat erscheinen. Von diesem Moment an verbesserte sich der Zustand des Königs. Dem Sänger galt aller Dank für die Heilung. Er mußte sich nun ganz dem Dienste des Hofes widmen, und es ward ihm nicht ein einziges Mal wieder erlaubt, öffentlich zu singen.

Er erzählte mir, daß er die ersten zehn Jahre seines Aufenthalts am spanischen Hofe, solange Philipp V. lebte, diesem Monarchen alle Abende die nämlichen vier Arien vorsingen mußte, worunter zwei von Hasse komponiert waren, nämlich «Pallido il sole» und «Per questo dolce amplesso».

Die beiden Arien waren aus Farinellis Londoner Erfolgsstück «Artaserse». «Pallido il sole» war eine Arie des Artabano, die in London Senesino gesungen hatte, «Per questo dolce amplesso» eine Arie des Arbace, also der Rolle, die Farinelli auch auf der Bühne gesungen hat. Die beiden anderen Arien, die Farinelli neun Jahre lang Abend für Abend vor dem König singen mußte, waren die von seinem Bruder Riccardo Broschi für die Londoner Aufführung des «Artaserse» hinzukomponierte Bravour-Arie «Son qual nave», bei der das Orchester in London kaum in der Lage war, mit Farinelli Tempo zu halten, und eine Arie von Geminiano Giacomelli, «Qual' usignuole», die den Gesang der Nachtigall nachahmte.

Eine märchenhafte Karriere beginnt für den Sänger. Er erhält den Titel eines «familiar criado», ins Deutsche vielleicht mit Privatsekretär und Kammerherr zu übersetzen. Als solcher hat er jederzeit Zutritt zu den Privatgemächern des Königs, kann von keinem spanischen Gericht zur Rechenschaft gezogen werden, ist unmittelbar der Person des Königs unterstellt. Sein Jahresgehalt wird in englischen Pfund ausgezahlt, der härtesten Währung der Zeit. In Madrid steht ihm ein Dienstwagen mit zwei Maultieren zur persönlichen Verfügung. Für Dienstreisen hat er Anspruch auf eine Kutsche und freie Unterkunft in ganz Spanien.

Überall in Europa berichten die Zeitungen mit Bewunderung und Neid vom Aufstieg des Sängers. Mattheson teilt in seinem

«Vollkommenen Capellmeister» einige Zeitungsberichte über Farinelli mit: *Der Spanische Hof (im «Hamb. Correspondenten», von Madrid den 7. Sept. 1737) hat dem Sänger Farinelli ein jährliches Gehalt von 14.000 Reichsthalern zugestanden, und ihm eine Kutsche gegeben, welche der König bezahlt, um ihn zu bewegen, daß er in Spanien bleiben möge. In einer Engeländischen Zeitung war die Summe gar auf 18.000 Thaler gesetzt; und wäre gleich dabey eine Nulle zu viel, so würde doch der beste Teutsche Sänger zu thun haben, eher er es, auch mit Abdingung derselben, so weit brächte.*

Die Bekräfftigung dieser Vorfälle erfolgte bald darauf mit einem Zusatze (St. James's Evening Post No. 4383, Sept. 1737) folgender Gestalt: Der König von Spanien hat den berühmten Farinelli nicht nur zum Ritter geschlagen, und ihm einen jährlichen Gehalt ausgemacht, sondern auch sein Bildniß demselben geschenkt, welches mit Diamanten besetzet, und auf 5.000 Thaler geschätzet ist. Die Königin hat ihm dazu eine güldene Tabacks-Dose verehret, auf deren Deckel zween große Diamanten befindlich sind, und worin ein Wechsel von 500 Pistolen geleget war. Der Printz von Asturien ⟨der Kronprinz und spätere König Ferdinand⟩ *hat ihm einen Diamantenen Knopff und eine dergleichen Schlaufe am Hut von großem Werth gegeben, wie denn auch gesaget wird, daß er Königl. Kammer-Juncker geworden sey.*

Die Nähe zum König macht Farinelli bald zum mächtigsten Mann in Spanien. Der Sänger wird praktisch der Erste Minister eines der reichsten Länder der Welt. Und jeden Abend singt er für seinen König, und nur für seinen König, dieselben vier Arien. Üblicherweise erscheint Farinelli dazu kurz vor Mitternacht in den Privatgemächern des Königs, und er wird selten vor vier Uhr in der Frühe entlassen. Nur wenn der König am folgenden Tag die Sakramente nimmt und sich am Vorabend darauf vorbereitet, hat Farinelli früher «dienstfrei». Er übernachtet deshalb meistens im Schloß, wohnt nur selten in seinem Stadtpalais, das ihm der König geschenkt hat.

Natürlich sind bald die schönsten Geschichten im Umlauf, wie reiche Männer oder galante Damen versuchen, die Exklusivität des Sängers zu brechen. Eine erzählt Charles Burney, fügt aber hinzu, daß er selbst nicht recht an sie glaubt. Sie soll sich im ersten Jahr von Farinellis Spanienaufenthalt abgespielt haben:

Der Sänger hatte einen kostbaren Gala-Anzug für sein Auftreten bei Hofe bestellt. Als der Schneider ihm das Gewand ins Haus

Farinelli in Galakleidung

Federzeichnung von Antonio Maria Zanetti,
Fondazione Cini, Venedig

*brachte, fragte Farinelli nach der Rechnung. «Ich habe keine Rech-
nung geschrieben», sagte der Schneider, «und ich will auch keine
schreiben. Als Bezahlung erbitte ich mir eine Gunst. Ich weiß, daß
das, was ich verlange, unschätzbaren Wert hat und nur für Könige
bestimmt ist. Aber wo ich nun einmal die Ehre hatte, für eine Person zu arbeiten, von der alle mit Begeisterung reden, ist die einzige
Bezahlung, die ich annehmen will, eine Arie.»*

*Farinelli versuchte vergeblich, den Schneider dazu zu bewegen,
Geld zu nehmen. Nach einem langen Wortwechsel gab Farinelli*

den flehentlich und voller Demut vorgebrachten Bitten des zitternden Schneiders nach. *Vielleicht fühlte er sich von der Einzigartigkeit dieses unerwarteten Verlangens mehr geschmeichelt, als von allem Applaus, den er bis dahin empfangen hatte. Er nahm den Schneider mit in sein Musikzimmer, sang ihm einige seiner brillantesten Arien vor und weidete sich am Staunen seines überwältigten Zuhörers. Und je mehr der sich überwältigt zeigte, um so mehr übertraf Farinelli sich selbst in seiner Kunst. Als er geendigt hatte, war der Schneider völlig in Ekstase, dankte ihm überschwenglich und wollte sich zurückziehen. Doch Farinelli sagte: «Nein, ich bin ein wenig stolz. Und vielleicht ist das der Grund, warum ich auch ein klein wenig besser bin als andere Sänger. Ich habe Eurer Schwäche nachgegeben, nun ist es nur gerecht, daß ihr meiner nachgebt.» Und er nahm seine Börse und bestand darauf, daß der Schneider eine Summe annahm, die nahezu das Doppelte dessen betrug, was der Anzug wert war.*

Daß Farinelli nach seinem ersten Auftritt bei Hof nicht ein einziges Mal wieder öffentlich gesungen hat, stimmt nicht ganz. Als 1738 der achtzehnjährige Prinz Philipp, der zweite Sohn der Königin Elisabetta, mit der erst vierzehn Jahre alten Tochter König Ludwigs XV. von Frankreich verheiratet wird, singt Farinelli zur Begrüßung der Braut im Palast des Erzbischofs in Alcala de Henares, etwa 30 km nördlich von Madrid, in einer Serenata.

1734 hat Elisabetta Farnese aus ihrer Heimatstadt Parma den Komponisten Francesco Corselli als Musiklehrer ihrer Töchter nach Madrid kommen lassen. Zu den Hochzeitsfeierlichkeiten darf er endlich eine Oper schreiben. Farinelli tritt in der Oper «Farnace» nicht auf, er engagiert nur die Sänger. Als Ersten Kastraten holt er seinen früheren Mitschüler Caffarelli nach Madrid. Die Primadonna ist die Sängerin Vittoria Tesi. Farinelli hatte mit ihr zusammen in Neapel Hasses Serenata gesungen, bei der der junge Johann Joachim Quantz zugegen war. Der schreibt über ihre Stimme: *Die Tesi war von der Natur mit einer männlich starcken Contraltstimme begabet. Im Jahre 1719 zu Dresden sang sie mehrentheils solche Arien, als man für Bassisten zu setzen pfleget. Itzo aber hatte sie, über das Prächtige und Ernsthafte auch eine angenehme Schmeicheley im Singen angenommen. Der Umfang ihrer Stimme war außerordentlich weitläuftig. Hoch oder tief zu singen, machte ihr beydes keine Mühe. Viele Passagien waren eben nicht ihr Werk. Durch die Action aber die Zuschauer einzunehmen, schien sie geboren zu seyn; absonderlich in Mannsrollen: als welche sie, zu ihrem Vortheile, fast am natürlichsten ausführte.*

Vittoria Tesi ist 1700 in Florenz geboren. Mit sechzehn Jahren hatte sie ihr Bühnendebut in Parma. 1719 wurde sie nach Dresden engagiert, wo sie Quantz bei den Hochzeitsfeierlichkeiten von Kurprinz Friedrich August gehört hat.

1747 ging die Tesi nach Wien und blieb dort bis zu ihrem Tod. Sie wohnte im Palais des General-Feldzeugmeisters und Musikliebhabers Joseph Friedrich Prinz von Sachsen-Hildburghausen, bei dem Gluck als Kapellmeister diente. Im Orchester spielte der junge Karl Ditters von Dittersdorf Violine, er war schon mit dreizehn Jahren in den Dienst des Prinzen getreten. Später hat er als Komponist von mehr als dreißig meist komischen Opern große Erfolge gehabt. Sein deutsches Singspiel «Doktor und Apotheker» finden wir heute noch gelegentlich auf dem Spielplan eines Opernhauses. Es wurde in Wien im selben Jahr uraufgeführt wie Mozarts «Figaro».

Dittersdorf lernte Vittoria Tesi bei seinem Brotherrn kennen. In seinen Lebenserinnerungen erzählt er eine Geschichte vom Spanienaufenthalt der Sängerin, die sie in Wien immer wieder zum besten gab. Wir müssen uns die folgende Geschichte in einem sonoren Frauen-Baß erzählt vorstellen. Dittersdorf schreibt:

Ich muß meinen Lesern eine Anekdote von ihr erzählen, die zugleich ein Beweis des hohen Grades von Fanatismus ist, der damals in Spanien herrschte.

In Neapel hatte sie sich einen sehr seltenen Papagei angeschafft und ihn mit der unglaublichsten Geduld abgerichtet, daß er ganz natürlich wie ein Mensch lachen und eine Menge Fragen in bestem Italienisch beantworten konnte. Ich habe ihn selbst gesehen, diesen außerordentlichen Vogel.

Diesen Papagei hatte die Tesi nach Spanien mitgenommen, und sein Standort war ihm in ihrem Empfangs- oder Besuchszimmer angewiesen. Eines Abends war große Gesellschaft bei ihr, die größtenteils aus Personen von hohem Range bestand. Die Rede kam auf den Papagei und seine Künste. «Spricht er aber auch wohl?» fragte ein vornehmer Spanier. «O ja», antwortete Tesi, «Sie sollen es gleich hören.» Sogleich stand sie auf und schwatzte eine Menge gewöhnlicher Dinge mit dem Vogel. Der Kapellmeister, der die Oper, in welcher Tesi in Madrid zum ersten Mal auftrat, komponiert hatte, und ein Neapolitaner war, machte die scherzhafte Anmerkung, als der

Papagei in Provinzialismen sprach, daß man wohl hören könne, daß der Gelehrte in Neapel studiert habe. «O ich bitte um Vergebung», fiel Tesi ein, «er spricht auch toskanisch, wie der beste Römer. Sie können's glauben. Gleich, meine Herren und Damen, will ich Sie davon überzeugen.»

Sie klingelte, und ihr Kammermädchen mußte ihr Biskuits bringen. Mit diesem Kuchen hatte sie ihn ein ganzes Jahr lang dermaßen abgerichtet, daß sie des Erfolges gewiß sein konnte. Der Papagei beantwortete wirklich alle ihre Fragen, wie sich's gehört und gebührt. Sie hatte sie geflissentlich so eingerichtet, daß es beinahe glaublich erscheinen mußte, der Vogel habe Menschenverstand. Freilich, der vernünftig war, machte der Tesi Komplimente über die Geduld und Geschicklichkeit, die sie an den Vogel gewendet hatte; aber die fanatischen Dummköpfe in der Gesellschaft murmelten unter sich, daß die Sache nicht mit natürlichen Dingen zugehen könne, sondern eine veritable Zauberei dahinter stecken müsse.

Tesi, welcher dies abergläubige Erstaunen nicht wenig Spaß machte, bat die Gesellschaft, sich wieder in den Zirkel zu setzen. Als dies geschehen war, fing sie einen Diskurs an und würzte ihn geflissentlich mit ihrer angeborenen munteren Laune, um dadurch der Gesellschaft Stoff zu witzigen Einfällen zu geben. Sie paßte so lange, bis jemand einen erträglich lustigen Einfall vorbrachte, alsdann gab sie durch ihr Kichern dem Papagei das Signal zum Lachen, worauf dieser nach seiner Art loslachte. Die ganze Gesellschaft mußte schlechterdings mitlachen, und da dies eine Ermunterung für ihn war, es noch immer weiter zu treiben, so brach ein so anhaltendes Gelächter aus, daß man hätte glauben sollen, Herrschaften und Bediente wären sämtlich dem Tollhause entlaufen.

Nicht lange darauf empfahlen sich ein paar Herren unter dem Vorwande, Geschäfte zu haben. Indem ihnen Tesis Bedienter, der spanisch verstand, mit einer Fackel die Treppe hinableuchtete, vernahm er deutlich, daß einer von ihnen sagte: «Sie haben Recht, mein Freund! Es ist Pflicht, die Sache dem Großinquisitor heute noch anzuzeigen.» Da er aber nicht wußte, wovon die Rede war, so achtete er nicht weiter darauf.

Am andern Morgen traten zwei Männer in das Vorzimmer, und hinter ihnen her zwei Träger, die einen großen Tragkorb niedersetzten, der mit einem schwarzen Tuche bedeckt war. Man begehrte die Dame des Hauses zu sprechen. Tesi war gerade im Be-

Vittoria Tesi

Federzeichnung von Antonio Maria Zanetti,
Fondazione Cini, Venedig

*suchszimmer beschäftigt, ihrem Lieblinge sein Futter zu geben.
«Ha, ha!» fuhren die Schwarzmäntel heraus: «Ist das der Papagei,
der die gestrige Gesellschaft in so großes Erstaunen gesetzt hat?» –
«Zu dienen», erwiderte die Tesi. «Wer sind Sie? Was ist Ihnen gefällig?» – «Wir sind Diener der heiligen Hermandad», war die Antwort,
«und haben von dem Großinquisitor den Befehl, Ihren Papagei an
die Inquisition abzuliefern.» Alles Protestieren seiner Gebieterin
half nichts. Sie griffen rasch nach dem Käfig, setzten ihn mit ge-
heimnisvollem Gesicht in den Tragkorb, bedeckten ihn darauf mit
dem schwarzen Tuche, und so zogen sie in Prozession von dannen.*

Tesi weinte bittere Tränen über den Verlust ihres geliebten Amico, wie sie ihn gewöhnlich nannte. Endlich aber faßte sie sich, ließ sich ankleiden und fuhr zu Farinelli, um ihn zu Rate zu ziehen. Sogleich meldete er dem König den Vorfall, versicherte unter Aufwand von vieler Beredsamkeit, daß die Geschicklichkeit des Papagei sehr natürlich zuginge; allein ungeachtet der König endlich den vielen Gründen nachgab und sich ins Mittel schlug, so vergingen doch über acht Tage, ehe Tesi ihren geliebten Amico aus den Händen der Inquisition zurückbekommen konnte.

Die Macht der Inquisition war groß in Spanien, nicht einmal der König konnte sich so ohne weiteres gegen den Großinquisitor durchsetzen. Wenn aber die Inquisition einen sprechenden Papagei schon für gefährlich hielt, wie suspekt mußte ihr der Sänger sein, dem es gelungen war, das jahrelange Leiden des Königs zu lindern!

Als Philipp V. 1746 starb, wurde sein Sohn Ferdinand König von Spanien. Farinellis Einfluß wurde jetzt noch größer. Er sang weiterhin nur in privatem Rahmen für den König und die Königin Maria Barbara, eine Tochter des Königs von Portugal. Der bei seiner Thronbesteigung dreiunddreißigjährige Ferdinand hatte zwar die Depressionen vom Vater geerbt, aber er lebte nicht so zurückgezogen wie Philipp. In Madrid wurden prachtvolle Opernaufführungen veranstaltet, deren künstlerische Oberleitung bei Farinelli lag. Er trat auch jetzt in den Opern nicht als Sänger auf, kümmerte sich aber sonst um alles, leitete die Inszenierungen und führte als Operndirektor ein strenges Regiment. Die Sängerin Regina Mingotti, die 1751 für zwei Jahre zusammen mit dem Kastraten Gizziello in Madrid engagiert war, berichtete Charles Burney 1772 in München über ihre Zeit in Madrid.

Farinelli, sagte sie, hätte so strenge über Zucht und Ordnung gehalten, daß er ihr nicht erlauben wollte, irgend anderwärts zu singen als in der Oper bei Hofe, oder sich nur in einem Zimmer, das auf die Gasse stieß, zu üben. Sie ward von vielen der Vornehmsten des Adels und der Granden von Spanien ersucht, in Privatkonzerten zu singen, konnte aber von dem Direktor keine Erlaubnis dazu erhalten, der sogar sein Verbot soweit trieb, daß er einer schwangeren Dame von hohem Stande das Vergnügen versagte, sie zu hören, ob sie gleich wegen ihrer Schwangerschaft nicht in die Oper kommen konnte und laut sagte, daß sie nach einer Arie von der Mingotti mit Lusten wäre. Die Spanier haben eine religiöse Ehrer-

158

bietung gegen diese unfreiwillige und unregelmäßige Leidenschaft des Gelüstens bei Personen weiblichen Geschlechts in dergleichen Umständen. Der Gemahl der Dame beschwerte sich beim König über die Grausamkeit des Operndirektors, welcher, wie er sagte, beides, seine Gemahlin und sein Kind töten würde, wenn sich Se. Majestät nicht ins Mittel schlüge. Der König verleihete diesen Klagen ein gnädiges Ohr und befahl, daß die Mingotti die Dame in ihrem Hause empfangen und ihr da vorsingen sollte, worin Sr. Majestät blindlings gehorcht und die Lust der Dame gestillt ward.

Mit seinem Jugendfreund Metastasio, der am Kaiserhof in Wien lebte, führte Farinelli eine rege Korrespondenz, bat ihn um Bearbeitungen seiner Opern, ließ sich von ihm Anregungen für das Engagement von Sängern und Komponisten geben.

Diese Korrespondenz war nicht ohne politische Delikatesse, denn Metastasio stand im Dienst des ehemaligen spanischen Thronprätendenten Karl, der von Philipps Soldaten aus Spanien vertrieben worden war. Karl VI. starb 1740, seine Tochter Maria Theresia erbte seinen Thron mit 23 Jahren als Erzherzogin von Österreich. Der Krieg zwischen Spanien und Österreich flammte erneut auf, wurde in der Hauptsache auf italienischem Territorium geführt. Im Jahr der Thronbesteigung Ferdinands konnten die Österreicher durch einen Sieg über die verbündeten Spanier und Franzosen bei Piacenza ihre Herrschaft über Oberitalien sichern. Der rege Briefwechsel von Wien nach Madrid und von Madrid nach Wien zwischen Metastasio und Farinelli ist, wie wir später sehen werden, in Spanien durchaus mit Mißtrauen betrachtet worden.

Farinelli nutzt die Freundschaft zu Metastasio auch zur Lösung ganz und gar unkünstlerischer Probleme. Die Maultiere, die in Spanien die Kutschpferde ersetzen, sind ihm nicht repräsentativ genug. Er will auf der iberischen Halbinsel eine neue Pferderasse einführen. Metastasio soll ihm aus Ungarn Zuchtpferde besorgen. Am 27. Mai 1750 schreibt der königlich-kaiserliche Hofdichter aus Wien an seinen «geliebten Zwillingsbruder» in Madrid:

Endlich am letzten Sonnabend, dem 23. des Monats, ungefähr eine halbe Stunde nach Mittag, habe ich in Anwesenheit erlauchter und sachverständiger Zeugen, sechzehn edle Pferde aus der Zucht des Prinzen Liechtenstein bei bester Gesundheit einzeln an Herrn Ludovico Hübener übergeben, der als Leiter und Führer der Expedition dafür Sorge tragen soll, sie über Basel und Lyon nach Madrid zu bringen. Und in Anwesenheit der erwähnten Personen, begleitet von unserem Segen und unseren guten Wünschen haben sie sich auf den Weg gemacht. Der genannte Herr Hübener erhielt von unserem Bankier als Reisespesen sechstausend Fiorinen, ich wiederhole den Betrag in Ziffern: 6000, über die er in Madrid eine genaue Abrechnung vorlegen muß. Ich hoffe, daß das Geld ausreicht.

Durch die beinahe schon rührende Pedanterie des italienischen Hofdichters sind wir auch über die Zwischenstationen der Pferdekarawane informiert. Am 10. Juli hat sie Basel passiert, im August ist sie in Lyon, erst im November wird Madrid erreicht.

Transporte und Reisen dauerten im 18. Jahrhundert erheblich länger als heute. Es ist verständlich, daß weder Metastasio nach seiner Berufung an den Hof in Wien noch Farinelli während seines mehr als zwanzigjährigen Aufenthalts in Spanien jemals nach Italien gereist ist. Anderen dagegen muß das Reisen gefallen haben, trotz der Beschwerlichkeiten und Gefahren. Die berühmtesten Kastraten, wie Caffarelli, waren in ihrer besten Zeit geradezu allgegenwärtig an den großen Bühnen Europas, von London bis Madrid und Lissabon, in Dresden und Wien, einige kamen sogar bis St. Petersburg und Moskau.

Für den Pferdehandel hat Metastasio 22.500 Fiorinen ausgelegt. Es war nichts Ungewöhnliches, daß Künstler, die durch ihren Beruf in Europa herumkamen, sich auch als «Agenten» für die Vermittlung von lokalen oder regionalen Spezialitäten betätigten und natürlich damit auch ihr Honorar aufbesserten. Farinelli revanchierte sich später damit, daß er Metastasio mit Tabak versorgte. Der war in der in Spanien üblichen Qualität in Wien nicht zu haben. Metastasio gewann mit seinem guten Tabak die Freundschaft vieler österreichischer Adliger, die ihm dafür in anderer Weise gefällig waren. Tabak aus Spanien hieß in Wien nach einiger Zeit «Farinella». In einem Brief an Farinelli vom 12. Oktober 1757 bedankt sich Metastasio wieder einmal für eine Sendung Schnupftabak:

O was für ein Schnupftabak! O was für ein göttlicher Nektar! O was für ein feines und köstliches Rauschmittel. Vorgestern, nicht früher, kam endlich die langersehnte Wohltat für die Nase, nachdem sie tausend Gefahren getrotzt hatte, ebensovielen Behinderungen, nach einer Irrfahrt, sonderbarer als die des Odysseus. Und doch hat er seine absolute Vollkommenheit bewahrt, hat nicht im geringsten unter der langen Reise gelitten. Sobald er im Haus war hat ihn meine ungeduldige Nase erspürt, und sie fand drei ver-

schiedene Sorten von wunderbarer Qualität, aber die in den bei-
den Gläsern auf denen «Havanna» steht, ist den anderen beiden
Sorten so überlegen, wie mein Zwillingsbruder allen anderen Hel-
den der Musik. Während der letzten zwei Tage hat jede empfind-
same Nase dieses Landes ihn bewundert und mich darum benei-
det, und ich sonne mich in dem Ruhm, daß die stolzesten
Schnupftabakdosen der Stadt ohne jede Diskussion vor meiner
zurücktreten. Und da hier jedermann von unserer Freundschaft
weiß, höre ich jedesmal, wenn ich in Gesellschaft von meinem Ha-
vanna anbiete, ein leises Murmeln, das den Namen meines lieben
Zwillingsbruders wiederholt. Ihr könnt Euch mein Vergnügen vor-
stellen, und daß Ihr, wenn ich nicht der Eure schon vorher gewe-
sen wäre, mich jetzt bei der Nase nehmen könntet.

Der Brief mit der Nachricht über den Aufbruch der Pferdekarawane, den Metastasio am 27. Mai 1750 nach Madrid geschrieben
hat, ist geöffnet beim Empfänger angekommen. Farinelli ist sicher,
daß der Brief nur in Wien erbrochen worden sein kann. In Spanien
würde niemand es wagen, sich an der Post des Ersten Ministers und
Vertrauten des Königs zu schaffen zu machen. Er glaubt, seinen
Freund davon unterrichten zu müssen, daß in Wien Metastasios
Briefe kontrolliert werden. Doch der zeigt sich nicht beunruhigt. Er
habe keine Geheimnisse und siegle seine Briefe nur aus Gewohnheit. Vielleicht haben sich die Spitzel der «Heiligen Inquisition» für
den Sänger interessiert, der zwei Könige so bezaubert hat, daß sie
ihm geradezu hörig waren, und der dazu noch eine rege Korrespondenz mit einem Hofbeamten des österreichischen «Erbfein-
des» führte. Es kann aber auch sein, daß die Königswitwe Elisabetta Material gesucht hat, mit dem sie Farinelli zu Fall bringen
könnte. Der Sänger, den sie selbst für ihre politischen Intrigen nach
Madrid geholt hat, ist ihr zu mächtig geworden. Seit er in Spanien
ist, ist Elisabettas Einfluß ständig geschwunden.

Farinelli scheint bei all seiner Klugheit eine gehörige Portion
Naivität besessen zu haben, die ihn blind für Gefahren machte, die
dem Günstling des Hofes, einem Ausländer und dazu noch einem
Kastraten, durch die Eifersucht anderer drohten. Vielleicht war
diese Naivität aber auch seine eigentliche Stärke. Er hat trotz aller
Macht, die er besaß, eine natürliche Bescheidenheit und moralische
Integrität bewahrt, die ihn lange vor Mißgunst und Intrigen
schützte.

Farinellis Macht über den spanischen König wurde später zum

Romanthema, und 1843 schrieb Eugène Scribe das Libretto für eine Oper Aubers, «La Part du Diable – Des Teufels Anteil», das allerdings allzu frei mit der Geschichte vom Sänger und seinem König umsprang, als daß es hier interessieren könnte.

Im selben Jahr, in dem der Pferdehandel abgewickelt wurde, sollte Farinelli in den Orden von Calatrava aufgenommen werden. Das war die höchste Auszeichnung, die es für einen spanischen Edelmann gab. Und deshalb war König Ferdinand in einer gewissen Verlegenheit. Der Kastrat hatte zwar am Hof keine offenen Feinde, aber jeder wußte, aus welchen Verhältnissen seinesgleichen normalerweise kam. Farinelli mußte vor der Aufnahme seine vornehme Herkunft nachweisen. Es wurde nach Italien geschickt, sozusagen nach Farinellis Geburtsurkunde. Glücklicherweise stand seine Heimat Neapel damals unter spanischer Herrschaft. König in Neapel war der Stiefbruder Ferdinands, der älteste Sohn der Elisabetta Farnese. 1734, als die Österreicher nach einem spanischen Sieg bei Bitonto Neapel und Oberitalien räumen mußten, war er als Karl III. König von Neapel und Sizilien geworden. Die Kuriere mußten deshalb nicht lange suchen, bis sie in Kirchenbüchern den Nachweis für Farinellis Abstammung aus einer alten und ehrwürdigen Familie fanden.

Der spanische Hof residierte im 18. Jahrhundert je nach der Jahreszeit an verschiedenen Orten. Den Frühling verbrachte der König im Schloß von Aranjuez, etwa 50 km südlich von Madrid. Der Aufenthalt hier muß Farinelli besonders gefallen haben, ganz wie dem Schillerschen Don Carlos, dem der Mönch zu Beginn der Tragödie sagt: «Die schönen Tage von Aranjuez sind nun vorüber...» Farinelli ließ den Fluß Tajo regulieren, der am Schloßpark von Aranjuez vorbeifloß, verschönerte gleichzeitig den Park durch künstliche Wasserläufe. Er veranstaltete prachtvolle Feste, die als «Venezianische Nächte» berühmt wurden. Über die am Ufer mit Fackeln erleuchteten Seen und Kanäle glitten geschmückte Barken. Im königlichen Schiff sang Farinelli zwei der Arien, die er früher für Philipp V. gesungen hatte, die eine begleitete König Ferdinand am Cembalo, die zweite Königin Barbara. Natürlich berichtet er auch seinem Freund in Wien von diesen Festen. In der Antwort Metastasios vom Juli 1753 auf einen Brief Farinellis können wir fast wie in einem Spiegel die einzigartige Atmosphäre dieser «Venezianische Nächte» erspüren:

162

Farinelli in Spanien
Gemälde von Jacopo Amigoni, um 1750,
Staatsgalerie Stuttgart

*Als ich Euren Brief las, bin ich die ganze Zeit in Aranjuez gewesen.
Die ausführliche, klare und geistreiche Beschreibung, die Ihr mir
von Euren königlichen Festen gegeben habt, hat mich nach Spanien entführt. Ich habe das Theater gesehen, die Barken, die Ein-
schiffung, den verzauberten Palast. Ich habe die Triller meines
unvergleichlichen Zwillingsbruders gehört, und ich habe das ver-
ehrungswürdige königliche Antlitz Eurer Schutzgötter gesehen.
Eure liebevolle Sorge, mich – soweit es bei dieser Entfernung möglich ist – an der köstlichen spanischen Pracht teilnehmen zu las-*

sen, und die viele Mühe, die Ihr Euch damit gemacht habt, läßt mich mit Zärtlichkeit an die Beständigkeit Eurer schönen Freundschaft denken und bindet die meine für Euch immer mehr.

Im August 1758 starb Königin Barbara. Sie war offenbar die treibende Kraft gewesen, daß der willensschwache König Ferdinand seinen Vater in der Gunst für Farinelli noch übertroffen hatte. Kurz nach dem Tod der Königin gehen mehrere Briefe Metastasios an Farinelli verloren. Der pedantische Dichter stellt Untersuchungen an, ob der Grund dafür in Wien liegen kann. Er muß seinem Freund mitteilen, daß die Ursache für das Verschwinden eher in Madrid zu suchen sei. Farinelli solle ebenfalls nachforschen, wer sich die Mühe mache, Metastasios Briefe an Farinelli zu lesen. Metastasio will zwar nicht völlig ausschließen, daß die Briefe auch unterwegs verschwunden sein könnten, denn er benutzt für seine Briefe die normale Post und nicht den kaiserlichen Kurier. Er will den Minister nicht belästigen, wenn es nicht unbedingt nötig ist. Da aber bisher auf dem Postweg alle Briefe angekommen sind...

Noch fühlt Farinelli sich sicher und kommt nicht auf den Gedanken, daß die Tage seiner Macht in Spanien zu Ende gehen könnten. Am 10. August 1759 stirbt auch König Ferdinand. Sein Stiefbruder Karl, bislang König von Neapel, wird als Karl III. König von Spanien. Seine erste Amtshandlung nach seinem Einzug in Madrid am 9. Dezember 1759 ist die Entlassung Farinellis.

Johann Nicolaus Forkel zitiert in seiner «Musikalisch-kritischen Bibliothek» aus einem Buch von Giuseppe Baretti: *Die Zeiten der Königin Barbara waren vorbei, da man Millionen auf italienische Virtuosen verwandte. Es ist schon gesagt, was für einen gewaltigen Einfluß Farinelli bey ihr hatte, und ihr Gemahl Ferdinand hielt nicht weniger auf ihn. Dieser Liebling hatte sich die ganze Zeit über, da er der Günstling des Hofs war, so bescheiden und freundschaftlich gegen jederman aufgeführt, und sich durch sein uneigennütziges Betragen so viele Freunde gemacht, daß einige Grandes bey der Ankunft des jetzigen Königs aus Neapel eine Fürsprache für ihn einlegten, und ihn dem Könige als einen wirklich rechtschaffenen Mann vorstellten, der das Zutrauen des vorigen Königs nie gemißbraucht, sondern seinen Credit nur dazu angewandt hätte, jedermann so viel Gutes zu thun, als in seinem Vermögen stund. «Das ist alles sehr gut», war die Antwort des Königs, «aber Kapaunen taugen nur zum Essen.» Er wollte ihn nicht län-*

ger leiden, sondern ließ ihn, mit einem Gehalt von 2000 Dublonen, nach Italien reisen.

Farinelli erhält den Befehl, Spanien unverzüglich zu verlassen. Seit 24 Jahren lebt er in dem Land, Spanien ist seine zweite Heimat geworden. Farinelli wird nicht einmal erlaubt, nach Neapel zurückzukehren, der neue König will ihn nicht in einer Stadt wissen, die zu seinem Herrschaftsgebiet gehört. Zwar darf Farinelli seinen ganzen Besitz mitnehmen, darunter auch mehrere Cembali, die ihm Königin Barbara geschenkt hat. Aber der Vierundfünfzigjährige fühlt sich ausgestoßen und verbannt. Er kann den Verlust seiner Macht nicht verwinden. Lange Zeit leidet er unter schweren Depressionen, er, der mit seinem Gesang zwei Königen die Depressionen vertrieben hat.

Auf dem Weg nach Bologna soll Farinelli in Rom den damals regierenden Papst Benedikt XIV. aufgesucht haben. Hiller berichtet von dieser Begegnung, ohne Farinellis Namen zu nennen, in seinen «Wöchentlichen Nachrichten» eine Anekdote, die zeigen soll, daß nur wenige Kastraten für den Verlust ihres Geschlechts entschädigt wurden: *Als einer dieser Bewunderungswürdigen von Madrid zurück kam, wo er sich durch seine Stimme das glänzendste Glück erworben hatte, und Benedict dem XIV. erzählte, mit wieviel Ehre und Reichthum er daselbst überhäuft worden, sagte der Papst zu ihm, als er aufgehöret hatte: «Das heißt, ihr habet daselbst dasjenige wieder gefunden, was ihr hier zurück gelassen hattet.»*

Im Jahr 1765 wurden in Madrid Vorbereitungen zur Hochzeit des spanischen Kronprinzen, der den Titel eines «Prinzen von Asturien» trug, getroffen. Zu einer fürstlichen Hochzeit gehörte auch eine Festoper, der spanische König mußte, ob er wollte oder nicht, eine Oper in Auftrag geben. In Wien gab es Gerüchte, Farinelli würde nach Spanien zurückberufen, um die Festlichkeiten zu gestalten. Metastasio schrieb seinem Freund im Juli 1765: *Dieses Gerücht wurde nach und nach immer stärker, so daß es schließlich bei Hof und in der Stadt von allen geglaubt wurde. Da ich einen Brief von Euch ohne den geringsten Hinweis auf eine solche Reise erhalten hatte, war ich die einzige Person, die an das Gerücht nicht glaubte. Da kam der spanische Botschafter und flüsterte mir ins Ohr, er möchte eine Serenata für die Hochzeit des Prinzen von Asturien bestellen.*

Farinelli wurde nicht nach Madrid zurückgerufen. Wir werden ihm in seinem Landhaus bei Bologna später wieder begegnen.

20

Caffarellis Launen

Nach Farinellis Rückzug von der Opernbühne ist Caffarelli unumstritten der größte Sänger in Europa. Daran kann auch die eher kühle Aufnahme in England bei seinen wenigen Auftritten in Händels Opernunternehmen nichts ändern. Er verläßt England bald und kehrt im Herbst 1738 nach Italien zurück.

Er tritt in mehreren Opern in Neapel auf. Hier ist inzwischen ein prachtvolles neues Opernhaus eröffnet worden, das Teatro San Carlo. Der neue spanische König von Neapel, Karl III., der später Farinelli aus Spanien verbannt, interessiert sich zwar überhaupt nicht für Musik. Aber 1738 heiratet er die sächsische Prinzessin Maria Amalia, eine Tochter Friedrich Augusts II., der als Kronprinz die italienischen Sänger von Venedig nach Dresden geholt hat. Ihr will Karl in Neapel mit dem 1737 eröffneten neuen Opernhaus imponieren.

Im Juni 1739 prügelt sich Caffarelli bei einem Nonnengelübde in der Kirche mit seinem Sängerkollegen Nicola Reginella, von dem er sich beleidigt glaubt. Er erhält Hausarrest und soll sich wegen Gotteslästerung vor Gericht verantworten, doch auf königlichen Befehl wird die Anklage zurückgezogen, denn Caffarelli soll in Madrid zur Hochzeit des jüngeren Bruders von König Karl singen. Wir haben von diesem Gastspiel, bei dem die Primadonna Vittoria Tesi Caffarellis Partnerin war, schon gehört. Im Herbst 1740 ist Caffarelli wieder in Neapel, er tritt in den nächsten acht Jahren fast nur noch dort auf. Vielleicht ist er des ewigen Reisens müde, böse Zungen behaupten allerdings, er lehne alle Angebote für auswärtige Engagements ab aus Angst, im Teatro San Carlo könne während seiner Abwesenheit ein anderer Sänger zum Publikumsliebling werden.

Im Mai 1749 kommt der Sänger zum erstenmal nach Wien. Er ist 39 Jahre alt, noch nicht zu alt für einen Sänger, aber er ist doch nicht mehr der junge Bursche, der allein mit seinem bubenhaften Charme alle Herzen sofort erobert. Die Vorausreklame ist groß, die Erwartungen sind eher noch größer. Es kommt, wie es einmal kommen muß: Der große Star erlebt bei seinem Wiener Debut ein totales künstlerisches Fiasko. Metastasio schreibt am 28. Mai 1749 nach Madrid an Farinelli:

Ihr seid neugierig, wie Caffariello hier angekommen ist. Bitte sehr, dies ist die wahre Geschichte. Seine Anhänger haben immerfort Wunder über ihn verbreitet und dadurch die Erwartung von etwas geradezu Übernatürlichem erweckt. Aber am ersten Abend mißfiel er wirklich allen und wurde zur allgemeinen Enttäuschung. Er ließ erklären, er sei von der Anwesenheit Ihrer Kaiserlichen Majestäten so überwältigt gewesen. Er habe sich deshalb blamiert und sich dann nicht mehr fangen können. Das mag glauben wer will. Allerdings muß ich zugeben, daß er bei seinen folgenden Auftritten seinen guten Ruf soweit zurückgewonnen hat, daß ihn inzwischen ein großer Teil des Adels und des Volkes zum Firmament erhebt und geradezu gotteslästerliche Vergleiche anstellt. Auf der anderen Seite gibt es eine Menge Kritiker, die seine Stimme unangenehm schrill und unflexibel finden. Sie sagen, er wisse gar nicht, was Singen ist, mute sich oftmals Passagen zu, die er nicht bewältige, und bleibe deshalb in der Mittelmäßigkeit stecken. Sie sagen, daß er einen schlechten und antiquierten Geschmack hat, und sie behaupten, in ihm die abgestandene Interpretation eines Nicolino und Matteuccio wiederzufinden. ⟨Matteuccio war der Kastrat, der als Kind von seiner Mutter verkauft wurde und später die Melancholie des spanischen Königs Karl II. durch seinen Gesang linderte. Farinelli war also gewissermaßen sein Nachfolger. Matteuccio hat um 1700 mehrere Jahre in Wien gelebt und ist 1737 in Neapel über siebzigjährig gestorben.⟩ *Sie beklagen sich, daß er ein fürchterlicher Darsteller ist, weil er die Rezitative singt wie eine alte Nonne. Außerdem singe er immer in einem weinerlichen Ton, einer Art Wehklagen, das unfreiwillig komisch ist. Sie geben zwar zu, daß sein Gesang bis zum Exzeß Vergnügen machen kann, wenden aber ein, sein Erfolg sei sehr unbeständig, weil er von den Launen seiner Stimme und seiner Stimmung abhänge, und er entschädige nicht für das, was er leiden mache.*

Ihr bemerkt, daß ich berichte und nicht urteile. Ich muß sagen, daß ich für diesen Virtuosen alle Wertschätzung aufbringe, die er verdient. Das Pech, das er an seinem ersten Abend hatte, die geteilte Zustimmung, die er fand, der mangelnde Zuspruch, den er von unserer Ehrwürdigsten Herrscherin ⟨Kaiserin Maria Theresia⟩ *erhielt, die, wie Ihr wißt, sehr viel von Musik versteht, haben ihn sehr gedemütigt, so sehr, daß Ihr ihn in seiner gegenwärtigen selbstkritischen Bescheidenheit nicht wiedererkennen würdet. Wenn er so bleibt, wird er hoffentlich doch noch die Sympathien gewinnen, die ihm jetzt noch fehlen.*

Erinnern wir uns an den Abend in Neapel 29 Jahre zuvor, als die drei Schüler von Nicola Porpora waren: Der Empfänger des Briefes, Farinelli, sang zum erstenmal vor Publikum. Der Schreiber hörte zum erstenmal seine Dichtung, von der Musik veredelt, von einer perfekten Stimme gesungen. Und der Sänger, über den er in seinem Brief berichtet, und irgendwie ja auch richtet, war ein hoffnungsvoller Schüler, noch völlig unberührt von den Verführungen des Ruhms.

Caffarelli muß unter dem Mißerfolg bei seinem ersten Wiener Auftritt sehr gelitten haben. Zum erstenmal in seiner beruflichen Laufbahn glaubt er, seiner selbst nicht mehr sicher sein zu können. Schon früher hat er immer wieder den Star herausgekehrt, hat seine Allüren gepflegt. Jetzt wird er arrogant und unausstehlich. Sechs Wochen nach dem Brief an Farinelli über Caffarellis Debut schreibt Metastasio an eine Freundin in Neapel:

Unser Theaterdichter ist ein Mailänder, aus guter Familie, jung, aktiv, unbeherrscht, ein großer Verehrer des schönen Geschlechts und ein ebenso großer Verächter des Reichtums. Er ist ebenso reich an Talent wie arm an Vernunft. Die Direktion des Theaters hat diesem Dichter neben dem üblichen Zurechtschustern der Libretti auch die Inszenierung aller Opern anvertraut. Ich weiß nicht, ob die Rivalität auf die Begabung oder das gute Aussehen dieses jungen Mannes zurückzuführen ist, jedenfalls gab es vom ersten Tag an zwischen ihm und Caffariello eine gegenseitige Antipathie. Es fielen immer wieder verletzende Äußerungen oder bissige Zweideutigkeiten.

Vor kurzem ließ Migliavacca, so heißt der Poet, eine Probe für eine neue Oper ansetzen, die demnächst aufgeführt werden soll. Alle Mitwirkenden erschienen, außer Cafarriello, sei es nun wegen seines natürlichen Widerspruchsgeistes oder wegen seiner angeborenen Aversion gegen jede Art von Gehorsam. Er tauchte auf, als sich die Versammlung bereits auflöste, gab sich arrogant und antwortete auf die Begrüßung der Kollegen nur ironisch fragend, wozu solche Proben bloß gut sein sollten...

Der Regisseur und Poet antwortete in herrischem Ton, daß er niemandem Rechenschaft schulde über das, was er mache, daß Caffariello froh sein solle, wenn er sein Nichterscheinen geduldet habe, weil ja sowieso Caffariellos An- oder Abwesenheit wenig zum Erfolg oder Mißerfolg einer Oper beitrage. Caffariello solle doch bitte, wenn er schon tue, was er wolle, wenigstens die anderen ihre Pflicht tun lassen.

Mehr denn je über diese zur Schau getragene Überlegenheit des Migliavacca irritiert, unterbricht Caffariello ihn und antwortet noch in einem ruhigen Ton, daß der, der eine solche Probe anordne, ein kompletter Idiot sei, usw.

Jetzt verliert der Regisseur die Fassung und Beherrschung. Er gibt blind seiner dichterischen Wut nach und beehrt den Sänger mit allen glorreichen Titeln, mit denen Caffariello in den verschiedensten Gegenden Europas ausgezeichnet wurde. Flüchtig nur, aber mit um so lebhafterer Farbe, berührt er einige besonders berüchtigte Episoden aus seinem Leben. Er hätte nicht so schnell damit aufgehört, aber der Adressat dieses Preisens unterbricht den Faden seiner eigenen Laudatio, indem er kühnen Muts zum Lobredner sagt: Folge mir, wenn du dazu mutig genug bist, an einen Ort, wo dir niemand zu Hilfe kommen kann. Und mit drohendem Gesicht geht er auf die Tür zu.

Für einen Augenblick steht der herausgeforderte Poet verblüfft da. Schließlich sagt er lächelnd: Ein Gegner von deiner Art macht mir zwar nur Schande, aber gehen wir, Verrückte zur Vernunft bringen, ist eine christliche Tat. Und er folgt ihm. Sei es nun, daß Caffariello nicht damit gerechnet hat, daß ein Musenjünger so tollkühn sein kann, sei es, daß ihm einfiel, nach den Regeln des Strafrechts sei der Schuldige am Ort des Vergehens zu züchtigen, jedenfalls ändert er seine Absicht, ein anderes Schlachtfeld aufzusuchen. Hinter einem Türflügel verschanzt läßt er seinen Degen aufblitzen und bringt sich in Stellung gegen den Gegner. Der verweigert die Herausforderung nicht.

Die Umstehenden zittern. Jeder ruft seinen Heiligen um Beistand an. Jeden Moment muß man damit rechnen, das Blut des Poeten und das des Singvogels auf den Cembali und Violinen dampfen zu sehen. Da erhebt sich Madame Tesi – in deren Haus das Duell stattfand – von ihrem Kanapee, auf dem sie bis dahin als stumme Zuschauerin gelegen hat und tritt vorsichtig zwischen die Kämpfer. Jetzt, (oh übermenschliche Kraft der Schönheit!) jetzt wirft, obwohl auf dem Höhepunkt seiner hitzigen Raserei, überwältigt von dieser Sanftmut, dieser flehentlichen Gebärde, Caffariello seinen Degen der Sängerin zu Füßen, bittet sie um Vergebung für sein Vergehen, bringt der Herrin über seine Wut großzügig seine Rache zum Opfer, besiegelt das mit wiederholter Beteuerung seines Gehorsams, seiner Ehrfurcht, seiner Unterwerfung mit tausend Handküssen.

Die Nymphe bedeutet ihm ihr Verzeihen. Der Poet steckt sein Schwert in die Scheide. Die Umstehenden beginnen wieder zu atmen. Sie quittieren das glückliche Ende mit befreitem lautem Gelächter. Die anschließende Heerschau ergibt weder Tote noch Verwundete, mit Ausnahme des armen Kopisten, der sich den Knöchel verstauchte, als er die beiden Kämpfer trennen wollte und dabei versehentlich einen Fußtritt vom Pegasus des Migliavacca abbekam.

Am folgenden Tag veröffentlichte ein anonymer Autor ein Sonett mit der Beschreibung der Szene. Gestern wurde bekannt, es werde eine Antwort des in den Kampf verwickelten Poeten geben. Ich hoffe, beide Schriften in die Hand zu bekommen. Heute werden die deutschen Komödianten auf ihrer Bühne diesen drolligen Vorfall aufführen. Ich habe gehört, daß schon jetzt, lange vor Mittag, alle Plätze ausverkauft sind. Ich muß unbedingt unter den Zuschauern sein, auch wenn ich nur mit Zauberei hineinkomme.

Die Sängerin Vittoria Tesi, in deren Wohnung die Probe stattfand, kannte Caffarelli aus Madrid. Unter Farinellis Direktion ist sie dort elf Jahre zuvor mit Caffarelli aufgetreten. Metastasio erwähnt mit keinem Wort, ob sich ihr Papagei, der sie nach Wien begleitet hat, auch in das Duell einmischte.

Caffarelli hat sich in den folgenden Jahren den Beinamen, den Metastasio ihm in seinen Briefen fortan immer geben wird, redlich verdient: «il capriccioso Caffariello – der überaus launische Caffarelli».

Ein Jahr nach dem Vorfall in Wien feiert die spanische Prinzessin Maria Antonia Hochzeit mit Prinz Vittorio Amadeo von Savoyen, dem späteren König von Sardinien. Die einundzwanzigjährige Maria Antonia ist die Tochter Philipps V., dessen Gunst Farinelli ersungen hat. In Spanien hat die Prinzessin nicht nur gelegentlich am Abend zusammen mit ihrem Vater Farinellis Arien gehört, sie hat auch mehrere Jahre bei dem berühmten Kastraten Gesangsunterricht gehabt. Ihr älterer Bruder ist König Karl III. von Neapel, Caffarellis Landesherr. Der möchte seiner Schwester zur Hochzeit ein besonderes Geschenk machen, und er weist deshalb Caffarelli an, nach Turin zu reisen und in der Hochzeitsoper die Kastraten-Rolle zu singen.

Für den Bräutigam ist diese Opernaufführung besonders wichtig, denn er hofft, damit der spanischen Prinzessin beweisen zu können, daß sie das reiche und weltstädtische Madrid nicht gegen ein kulturloses italienisches Provinznest eingetauscht hat. Und er will auch den vielen Reisenden aus ganz Europa imponieren, die sich unweigerlich bei einem solchen Fest einfinden, denn zu einer Fürstenhochzeit gehören Musik, Umzüge, Feuerwerk und Theater. Schausteller, Händler, Straßenkünstler und Akrobaten kommen in großer Zahl, um ihre Dienste anzubieten. Andere reisen an, weil etwas los ist, weil sich in der lockeren Atmosphäre des Festes leicht amouröse Eroberungen machen lassen. Und schließlich kommen die, die allen anderen ihr Geld aus der Tasche ziehen wollen: Hochstapler, Falschspieler, Betrüger und Diebe. Eine Fürstenhochzeit ist immer ein touristischer Magnet.

Caffarelli findet das Engagement in Turin sehr lästig. Die in Auftrag gegebene Oper hat den Titel «La vittoria d'Imeneo – der Sieg des Hochzeitsgottes», wahrscheinlich ist es eines dieser unsäglichen Huldigungsstücke, die ihm mittlerweile zum Halse heraushängen. Er traut sich zwar nicht, den Auftritt in Turin einfach abzusagen. Aber nach seiner Ankunft läßt er deutlich spüren, daß er keine Lust hat, sich besonders anzustrengen, schon gar nicht, sein Bestes zu geben. Er erklärt, er habe auf der Reise sein Buch mit den Kadenzen verloren, ohne das er nicht anständig singen könne.

Opernarien wurden im 18. Jahrhundert normalerweise nicht bis zur letzten Note auskomponiert. Die Noten in der Partitur waren nur ein Gerüst, das zwar die Melodie festlegte und den Charakter der Arie bestimmte; doch gab es in diesem Gerüst große Freiräume für den Sänger; besonders in der obligatorischen Wiederholung des ersten Teils einer Arie erwartete das Publikum Ausschmückungen, Verzierungen, die der Sänger im Idealfall während des Vortrags improvisierte. Da nicht jeder Sänger sich immer auf den Genius des Augenblicks verlassen konnte und wollte, besaßen viele Kastraten ein Notenheft mit Muster-Kadenzen, in das sie vor der Aufführung einen Blick werfen konnten, wenn sie das Gefühl hatten, der Inspiration nachhelfen zu müssen.

Von einem so berühmten Sänger wie Caffarelli erwartete das Publikum bei einem Gastspiel ganz persönliche Kunststückchen, und nun erklärte der Sänger, durch den Verlust des Notenheftes könne daraus nichts werden. Charles Burney berichtet in seiner Musikgeschichte, wie es dem vierundzwanzigjährigen Bräutigam gelang, eine Blamage abzuwenden.

Am Abend der ersten Vorstellung ging der Prinz von Savoyen in seinem Festgewand kurz vor Beginn der Oper hinter die Bühne. Er begrüßte Caffarelli und versicherte ihm, wie glücklich er sei, ihn in Turin zu sehen. Allerdings könne sich die Prinzessin nicht vorstellen, daß irgend jemand so singe, daß es ihr gefiele, nachdem sie Farinelli gehört habe. «Nun, Caffarelli», sagte der Prinz, indem er ihm auf die Schulter klopfte, «strengen Sie sich ein wenig an, und heilen Sie die Prinzessin von ihrem Vorurteil bezüglich ihres Lehrers.» Caffarelli fiel auf die Herablassung des Prinzen herein und kreischte: «Sir, Ihre Hoheit wird heute abend zwei Farinelli in einem Sänger hören!» Und er soll an diesem Abend besser gesungen haben als jemals zuvor.

Unter den Fremden in Turin ist auch Giacomo Casanova, der in seinen Memoiren nur lapidar erwähnt: «Ich hörte Caffarelli, diese herrliche Stimme.» Kein Wort von dem befürchteten Skandal, der ja bekannt geworden sein muß, wenn Burney in London davon wußte. Ob er womöglich gar nicht stattgefunden hat und nur der Phantasie des «Bruders von Herrn Joseph Baretti» entsprungen ist, von dem Burney die Geschichte weiß (der Schriftsteller und Kritiker Giuseppe Baretti lebte von 1751 bis 1760 in London; er stammte aus Turin)? Solche Fragen stellen sich oft, wenn wir Berichte aus dem 18. Jahrhundert lesen. Selten wird dasselbe Ereignis von mehreren Gewährsleuten beschrieben. Casanova hatte in Turin vielleicht auch nur den Kopf voll anderer Geschichten, die er in seinen Memoiren ausführlich schildert, von denen hier aber nur die Erklärung interessant ist, die er für seine Reiseroute gibt:

Ich gedachte nach Turin zu gehen, wo aus Anlaß der Heirat des Herzogs von Savoyen mit einer spanischen Infantin, einer Tochter Philipps V., ganz Italien versammelt war. Von dort wollte ich nach Paris reisen, wo in der Erwartung eines Prinzen, den die Dauphine gebären sollte, prachtvolle Feste in Vorbereitung waren.

Paris ist nicht nur Casanovas Ziel, auch Caffarelli reist weiter in die französische Hauptstadt. Madame la Dauphine, wie die Gemahlin des Thronfolgers in Frankreich genannt wurde, hatte den Wunsch geäußert, den großen Sänger zu hören. Sie war schwanger. Brachte sie einen Knaben zur Welt, würde der nach seinem Vater, dem Kronprinzen Ludwig, der nächste in der Thronfolge sein und den Titel «Herzog von Burgund» tragen. Madame la Dauphine ist die neunzehnjährige Maria Josepha, Tochter Friedrich Augusts II. von Sachsen. In ihrer Heimatstadt Dresden hat sie vollendete Aufführungen italienischer Opern mit berühmten Kastraten unter der Leitung des Hofkapellmeisters Johann Adolf Hasse gehört.

Als Schwiegertochter des mächtigsten Königs in Europa glaubt sie, einen Anspruch auf den Gesang des derzeit berühmtesten aller Kastraten zu haben (außerdem war die Königin von Neapel ihre Schwester). Einer schwangeren Kronprinzessin kann man natürlich keinen Wunsch abschlagen. So kommt Caffarelli 1750 nach Paris.

Über Caffarellis Pariser Aufenthalt gibt es verschiedene Anekdoten, die wahrscheinlich alle erfunden sind. Eine, die nachweislich nicht wahr ist, war im 18. Jahrhundert sehr verbreitet, sie zeichnet aber ein treffendes Bild von der Atmosphäre, der sich ein Kastrat in Paris gegenübersah. Danach wird Caffarelli nach seiner Ankunft in Paris vom Hofmarschall Ludwigs XV. aufgesucht, der ihm als Begrüßungsgeschenk eine goldene Schnupftabakdose überreicht. Caffarelli zeigt dem Überbringer seine Sammlung von Tabakdosen, deren jede kostbarer ist als die des Königs von Frankreich. Außerdem bemängelt er, daß der Deckel nicht einmal mit dem Bild Ludwigs XV. geschmückt ist. Der Hofmarschall hat eine solche Impertinenz noch nicht erlebt, und es fällt ihm nichts anderes ein als zu erklären, Tabakdosen mit dem Bild des Königs erhielten nur die Botschafter fremder Staaten. «Dann sollen doch die Botschafter vor Madame la Dauphine singen», ist Caffarellis Antwort.

Einen Tag später wird ihm ein Paß überreicht, vom König persönlich unterzeichnet. Dem Sänger wird bedeutet, das sei eine hohe Ehre, allerdings seien vom König eigenhändig unterschriebene Pässe nur zehn Tage gültig. Damit ist vornehm ausgedrückt, daß Caffarelli innerhalb dieser Frist Frankreich zu verlassen hat.

Zwei Jahre nach seinem Paris-Aufenthalt finden wir Caffarelli in Neapel wieder. Ein achtunddreißigjähriger deutscher Komponist, der in den Vorjahren Opern für Theater in Venedig, Mailand, Bologna und Turin geschrieben hat, komponiert für das Teatro San Carlo eine Oper, die anläßlich des Namenstages von König Karl III. am 4. November 1752 aufgeführt werden soll. Für die festliche Opernaufführung ist Metastasios Libretto «La clemenza di Tito» ausgewählt worden. Caffarelli soll die Kastraten-Rolle des Sesto singen. Der Komponist ist Christoph Willibald Gluck. Zwischen ihm und dem vorgesehenen «primo uomo» seiner Oper kommt es zu einem Katz-und-Maus-Spiel. Der Sänger wartet darauf, daß der Komponist ihm einen Antrittsbesuch macht. Gluck ist der Meinung, der Sänger habe sich beim Komponisten vorzustellen. Schon munkelt man in Neapel, daß Caffarelli sich bestimmt weigern wird, in der Oper dieses stolzen und unhöflichen Deutschen zu singen. Doch Caffarelli gibt sich einen Ruck. Er sucht den Komponisten auf, und die beiden verstehen sich danach glänzend.

21

Kastraten in Frankreich

Wie schon gesagt, die Geschichte von Caffarelli und der Zurückweisung der Schnupftabakdose ist eine Erfindung. Sie gehört zu den vielen Kastraten-Anekdoten, die im 18. Jahrhundert in Europa verbreitet waren wie heute politische Witze. Eine ähnliche Geschichte wurde auch von einem Berliner Kastraten erzählt, der sich mit dem sparsamen preußischen König Friedrich II. angelegt haben soll. Johann Joachim Winckelmann, der in Rom durch seine neue Sicht der griechischen Kunst zu einer europäischen Berühmtheit geworden war (auch Gluck, der Winckelmann 1756 in Rom getroffen hat, war von seiner Interpretation der Antike stark beeinflußt), erhielt 1765 ein Angebot, in die Dienste Friedrichs des Großen zu treten. Die Verhandlungen zerschlugen sich, weil der sparsame König Winckelmanns Gehaltsforderungen für übertrieben hielt. In diesem Zusammenhang schreibt Winckelmann in einem Brief vom Oktober 1765 an einen Freund in Berlin: *Ich kann mit ebensoviel Recht sagen, was ein Kastrate in einem ähnlichen Falle in Berlin sagte: «Eh bene! faccia cantare il suo Generale –* soll er seinen General singen lassen.»

Tatsächlich ist Caffarelli nicht gleich nach seiner Ankunft in Paris aus Frankreich ausgewiesen worden, er hat in Paris gesungen und ist auch öffentlich in Konzerten aufgetreten. Die Kronprinzessin Maria Josepha kam übrigens am 26. August 1750 nicht mit dem erwarteten Thronfolger, sondern «nur» mit einer Prinzessin nieder. Die großen Feste zur Geburt eines Herzogs von Burgund, derentwegen so viele Schaulustige nach Paris gekommen waren, fanden nicht statt.

In Frankreich wurden die Kastraten nicht so geschätzt wie im übrigen Europa. Doch wollte Ludwig XV. mit der Überreichung einer Schnupftabakdose Caffarelli nicht seine Geringschätzung demonstrieren. Tabakdosen waren im 18. Jahrhundert kein wertloser Nippes, sondern begehrte Kostbarkeiten. Friedrich der Große hatte

eine Sammlung von reich mit Edelsteinen geschmückten Tabakdosen, von denen einige noch heute im Berliner Schloß Charlottenburg bewundert werden können. In einem zwei Jahre nach
Friedrichs Tod erschienenen biographischen Buch geht Friedrich
Nicolai ausführlich auf die Tabakdosen ein: *Es ist bekannt, daß Er
selbst der Arbeiten viele bestellte, die ganz mit Steinen, und zum
Theil mit ansehnlichen großen Steinen übersäet waren, so daß bey
einigen fast der viele Glanz die Wirkung hinderte. Diese Dosen kosteten große Summen. Er hat während Seiner 46jährigen Regierung eine große Menge der Dosen, welche er getragen hatte, bey
mancherley Gelegenheiten verschenkt. Dennoch hinterließ er an
300 Stück Dosen. Bekanntlich nahm Er sehr viel spanischen Taback. In Seiner einförmigen einsamen Lebensart machte es Ihm
Vergnügen, daß Er unter den Dosen wählte, und bald diese bald
jene eine Zeitlang brauchte, dann wieder wegsetzte, oder, wenn
einige ihm nicht mehr gefielen, sie verschenkte oder umarbeiten
ließ. Es war dies ein so unschuldiges kleines Vergnügen, daß es diesem erhabenen Einsiedler wohl zu gönnen war.* Eine von Friedrichs
Tabakdosen aus dem Besitz des Fürsten von Thurn und Taxis hatte
1992 bei einer Versteigerung einen Schätzpreis von 2 Millionen
Schweizer Franken.

Die Caffarelli-Anekdote von der Schnupftabakdose des französischen Königs will zum Ausdruck bringen, daß man in Frankreich
den Kastratengesang nicht für den Gipfel der Gesangskunst hielt,
sondern eher für eine absonderliche Kuriosität, gerade recht, um
die seltsamen Gelüste von schwangeren Kronprinzessinnen zu befriedigen. Madame la Dauphine war zwangsläufig eine Auslände-
rin, denn im zentralistischen Frankreich gab es keine Familie, mit
deren Tochter eine standesgemäße Heirat des Thronfolgers möglich gewesen wäre. So kam die Braut des Kronprinzen regelmäßig
aus einem der europäischen Fürstenhäuser, in denen die italienische Oper gepflegt wurde und der Kastratengesang zu den Höhe-
punkten und Selbstverständlichkeiten höfischer Unterhaltung
gehörte. Die Franzosen spielten da nicht mit. Frankreich hatte als
einziges Land in Europa eine nationale Musik und einen eigenen
Stil des musikalischen Theaters entwickelt.

Der Begründer der französischen Oper war merkwürdigerweise
von Geburt Italiener. Aber der in Florenz 1632 geborene Giovanni
Battista Lulli war schon im Alter von zwölf Jahren nach Frankreich
gekommen und hatte in Italien noch keinerlei Musikausbildung er-

halten. Er arbeitete zunächst in Paris als Küchenjunge bei einer Dame von Adel, lernte das Geigenspiel und machte eine typische «Tellerwäscher-Karriere». Es gelang ihm, in die Hofkapelle Ludwigs XIV. aufgenommen zu werden. Er fiel mit kleinen Kompositionen auf, durfte schließlich Ballette komponieren, in denen der König selbst als Tänzer auftrat. Mit 21 Jahren wurde der junge italienische Musiker, der längst ein Franzose geworden war und sich deshalb Jean-Baptiste Lully nannte, zum Hofkomponisten ernannt. Zwanzig Jahre lang schrieb er für das Theater hauptsächlich Ballette, erst 1672 führte er seine erste Oper in Paris auf: «Les Fêtes de L'Amour et de Bacchus». Da in Lullys Opern das Ballett einen breiten Raum einnahm, nannte er sie «lyrische Tragödien». Die Handlung stammte, ähnlich wie bei der italienischen Oper, aus dem Sagenschatz der Antike. Der attische Prinz Theseus, Alkestis, die anstelle ihres Gatten in den Tod geht, oder Perseus, der die an einen Felsen gekettete Andromeda befreit, sind die Helden der «Tragédies lyriques». Aber während in der italienischen Oper die antiken Gestalten nur Masken sind, hinter denen sich Menschentypen der Gegenwart verstecken, ist in Lullys Opern die Antike ein verlorenes Ideal, die Utopie einer besseren Welt. Der flämische Maler Antoine Watteau wird wenig später diesen Träumen in seinen Bildern Gestalt geben.

In der Musik weicht Lully ganz und gar vom Opernstil seiner italienischen Heimat ab. Ihm stand in Paris ein sehr viel reicher besetztes Orchester zur Verfügung, als es italienische Theater ihren Komponisten bieten konnten. Als Ballettkomponist wußte Lully mit rein orchestralen Wirkungen zu arbeiten, neuartige Klangwirkungen zu erzielen. So ist zum Beispiel der solistische Einsatz von Blechbläsern zur Charakterisierung kriegerischer Situationen erstmalig in seiner Musik anzutreffen. Auch in seinen Opern trägt das Orchester den bestimmenden Teil der Musik. Die Sänger treten nicht in den Vordergrund wie in der italienischen Oper. Das liegt natürlich auch daran, daß ihm in Frankreich nicht die virtuosen Gesangstechniker zur Verfügung stehen, die die italienische Gesangsschule besonders mit den Kastraten ausgebildet hat. Lullys Arien sind vergleichsweise schlicht, bevorzugen eine ansprechende Melodik und bieten den Sängern keine Möglichkeit für effektvolle Stimmakrobatik.

Nach Lullys Tod 1687 schien die Zeit einer eigenständigen französischen Musik vorbei zu sein. Vorübergehend konnte eine italienische Operntruppe in Paris Fuß fassen. Doch schon bald setzte der mit Händel fast gleichaltrige Jean-Philippe Rameau als Hofkomponist Ludwigs XV. die Tradition der französischen Oper fort, in der für Kastratengesang kein Platz war.

Friedrich Wilhelm Marpurg erzählt in einem musikalischen Anekdotenbuch von 1786 eine Geschichte von Caffarellis Aufenthalt in Paris, die den Gegensatz zwischen französischer und italienischer Musik beleuchtet: *Caffarelli speisete eines Tages bei dem Generalpächter Herrn de la Poplinière mit einem französischen Dichter Nahmens Ballot, der ein Bewunderer von Herrn Rameau war. Caffarelli, der von dem bekannten Rousseauschen Schreiben über die französische Musik ganz voll war, schrie überlaut, daß, wenn die Franzosen zeigen wollten, daß sie Geschmack hätten, sie damit den Anfang machen müßten, daß sie dem ihrigen entsagten und die Musikart seines Landes annähmen. Her Ballot, welcher sich berechtigt hielte, die wankende Partey der französischen Musik aufrecht zu erhalten, fochte nur immer mit schwachen Gründen. Caffarelli antwortete, und Ballot, der keine Gründe zurückgeben konnte, nahm seine Zuflucht zum Schimpfen. Der Italiener blieb ihm nichts schuldig. Kurz, diese beyden Leute wurden so hitzig, daß sie sich bey Tische erwürgt haben würden, wenn sich die Gäste nicht dazwischen gelegt und sie auseinander gebracht hätten. Sie vertrugen sich aber nicht länger als bis auf den Nachmittag. Sie hatten sich ohne Vorwissen derjenigen, die sie versöhnet hatten, das Wort gegeben, sich an einem gewissen Orte wieder zu finden. Sie fanden sich in der That daselbst ein, und huschten sich dergestalt einander herum, daß der arme Ballot, der kein so guter Fechter als Caffarelli war, verschiedene Stiche bekam.*

Der politische Glanz Frankreichs führte auch im Künstlerischen zu einer Autonomie, die das Ausländische nicht brauchte. Dabei spielte eine Rolle, daß in Frankreich Paris das absolute Zentrum war. Das französische Theater, man kann fast sagen, die gesamte französische Kunst, spielt sich dort und nur dort ab. In Italien hingegen hatte jede größere Stadt ihr Opernhaus.

Wer aus Italien nach Frankreich kam, wie 1726 der damals neunundzwanzigjährige Johann Joachim Quantz, war erst einmal enttäuscht: *Ungeachtet mir der französische Geschmack nicht eben unbekannt war und ich ihre Art zu spielen sehr wohl leiden konnte, so gefielen mir doch, in ihren Opern, weder die aufgewärmten und abgenutzten Gedanken ihrer Componisten, und der geringe Unter-*

schied zwischen Recitativ und Arien, noch das übertriebene und affectierte Geheul ihrer Sänger und besonders ihrer Sängerinnen. An schönen Stimmen fehlete es den französischen Sängerinnen eben nicht, wenn sie dieselben nur recht zu brauchen gewußt hätten. Auch die Stimmen der Mannspersonen, so wie sie die Natur gegeben hatte ⟨also ohne Kastration⟩, *waren nicht schlecht. Die Action, wozu die französische Nation besonders angelegt ist, die Auszierungen der Schaubühne* ⟨Quantz meint die prachtvollen Ausstattungen der französischen Oper⟩, *und die Tänze, waren eigentlich das, worin der größte Glanz ihrer Opern bestand.*

In Italien wartete das Publikum in der Oper auf die nächste Arie, gespannt, mit welchen kunstvollen Verzierungen der Sänger oder die Sängerin heute überraschen würde. In Frankreich boten die Arien in ihrer schlichten, effektlosen Melodieführung wenig Reizvolles und waren zudem nur schwer vom Rezitativ zu unterscheiden. Als Carlo Goldoni 1764 in Paris seine erste französische Oper hörte, bemerkte er nicht, daß er im ersten Akt sechs Arien gehört hatte: *Die Instrumente haben immer die Stimmen begleitet, bald ein wenig lauter, bald ein wenig langsamer, aber ich habe alles für Rezitative gehalten.* Auf die Frage, wie ihm die französische Oper gefällt, antwortet er: *Für die Augen ist es das Paradies, für die Ohren die Hölle.*

Ein ähnliches Urteil hatte schon zwölf Jahre früher Casanova gefällt, als er sich 1752 in Paris aufhielt. Seine Bemerkung macht stärker noch als Goldonis Aussage deutlich, daß die Oper im 18. Jahrhundert Musik-Theater war, und daß das optische Element des Theaters, also die «Schau», für das Publikum mindestens ebenso wichtig war wie die Musik. Für viele Zuschauer war sie sogar wichtiger. Casanova schreibt:

Was mir an der französischen Oper gefiel, das war die Schnelligkeit, womit auf einmal alle Dekorationen auf einen Pfiff gewechselt wurden. Hiervon hat man in Italien gar keinen Begriff. Entzückend fand ich auch, daß das Orchester mit einem Bogenstrich begann; aber der Dirigent mit seinem Taktstock, der mit rasenden Bewegungen nach rechts und links schlug, wie wenn bloß durch die Kraft seines Armes alle Instrumente ganz von selber spielen müßten – der war mir geradezu ekelhaft ⟨in Italien gab es noch keinen «Dirigenten», der Komponist leitete das Orchester vom Cembalo aus⟩. *Ich bewunderte auch die Stille der Zuschauer, was für einen Italiener ganz ungewöhnlich ist. Denn mit vollem Recht ärgert man sich in Italien über den Lärm, der dort gemacht wird, während die Sänger singen. Und man kann gar nicht genug hervorheben, wie lächerlich dann das Schweigen ist, das auf diesen Lärm folgt, sobald die Tänzer auftreten. Man möchte sagen, daß die Italiener ihre ganze Intelligenz in den Augen haben.*

Der italienische Kastrat Filippo Balatri, den wir beim Großkhan der Tataren kennengelernt haben, charakterisiert in seinen in Versen geschriebenen Memoiren den Unterschied zwischen der italienischen und der französischen Musik mit wenigen Worten. Als er in den ersten Jahren des 18. Jahrhunderts auf dem Weg nach England in Lyon Station machte und dort in privater Gesellschaft sang, wurde er ausgelacht:

Ich entschuldigte mich, natürlich seien sie einen solchen Gesang nicht gewöhnt und hätten niemals etwas Ähnliches gehört. In ihrem Stil gebe es ja keine Vokalisen. Die großen Passagen ⟨virtuose Tonfolgen⟩ *sind vielmehr für die Violinen, und für die Stimme bleiben die Worte. Eine Passage beim Gesang darf höchstens acht Noten haben, dann muß sie beendet sein, selbst beim besten Sänger.*

In Paris machte Balatri nur mit dem Pelzmantel Furore, den ihm der Großkhan geschenkt hatte. In Versailles durfte er als ausländischer Gast König Ludwig XIV. beim Lever anstaunen, aber nach der Erfahrung von Lyon verriet er lieber nicht, daß er Sänger war.

Farinelli reiste im Herbst 1736 von London aus zu einigen Konzerten nach Paris und sang auch 1737, auf dem Weg nach Madrid, in Versailles bei Hofe. Luigi Riccoboni, der 1738 in Paris ein Buch über die unterschiedlichen Erscheinungsformen des musikalischen Theaters in Europa veröffentlichte, hat Farinelli in Paris gehört und schreibt, daß er *sogar die Franzosen bezauberte, die damals die italienische Musik vollkommen abscheulich fanden.*

Die Ächtung der italienischen Oper durch die Franzosen ist aber nicht darauf zurückzuführen, daß ein in Frankreich schnell naturalisierter Italiener Hofkomponist des «Sonnenkönigs» wurde und unbedingt eine ganz andere Musik machen wollte als seine früheren Landsleute. Als Lully seine erste Oper schrieb, wird er einen großen Skandal noch sehr gut in Erinnerung gehabt haben, der sich drei Jahre nach seiner Ankunft in Paris abspielte. 1647 ist dort nämlich eine italienische Oper gegeben worden, die die französische Politik entscheidend beeinflußt hat. Die Vorgeschichte dieser folgenreichen Opernaufführung führt uns zunächst nach Rom.

Die Kardinäle Antonio und Francesco Barberini, Neffen des regierenden Papstes Urban VIII., eröffneten in ihrem Palast in Rom an der Via delle Quattro Fontane 1633 ein 3000 Zuschauer fassendes Theater. Eingeweiht wurde es mit der geistlichen Oper «Il Sant'Alessio» von Steffano Landi, zu der Kardinal Giulio Rospigliosi, der spätere Papst Clemens IX., das Libretto geschrieben hatte. Im Theater der Barberini verwandelte sich die zarte Oper der Florentiner in ein Ausstattungs- und Maschinentheater. Der fünfunddreißigjährige Lorenzo Bernini, der dreißig Jahre später mit den Kolonnaden des Petersdoms einen der großartigsten Plätze der ganzen Welt gestaltete, erfand für die Aufführungen im Theater der Barberini prunkvolle Szenerien. Seine Bühnenmaschinen leiteten die Herrschaft des Wunderbaren im barocken Theater ein, das die Musik beinahe zur Nebensache werden ließ.

Erster Sänger im Theater der Barberini war der Kastrat Loreto Vittori. 1604 in Spoleto geboren, kam er mit etwa acht Jahren zur Gesangsausbildung nach Rom. Sein Lehrer Francisco Soto war einer der letzten spanischen Sopranfalsettisten der päpstlichen Kapelle.

Vittori war nicht nur ein technisch vollkommener Sänger, er verstand es auch, seine ganze Seele in seine Töne zu legen, wie sein zeitgenössischer Biograph Erythraeus schreibt. *Wenn es galt, die Stimme und Rede eines vom Zorn aufgeregten Menschen darzustellen, nahm er eine scharfe, erregte, häufig abbrechende Stimme an. War Mitleid und Trauer wiederzugeben, so war seine Stimme weich, voll, unterbrochen und weinerlich. Bei Furcht erschien sie niedergeschlagen, abgebrochen, gedrückt; war die Gewalttätigkeit eines Ergrimmten vorzustellen, konzentriert, heftig, drohend; galt es schließlich, die Beschwerde eines durch irgendwelche Sorge Bedrückten anzudeuten, so nahm er eine schwere Eintönigkeit an.*

Generalintendant der Oper im Palazzo Barberini wurde der dreißigjährige Giulio Raimondo Mazzarini. Er hatte in Rom und in Spanien Jura studiert und während seiner spanischen Studentenzeit in einem Jesuitenstück die Titelrolle des heiligen Ignatius gesungen. Er gehörte aber nicht zu den Juristen, die davon träumten, am Theater zu arbeiten. Er wollte Karriere machen, sein Dienst bei den Barberini sollte ihm dazu verhelfen. Es dauerte nicht lange, bis er seine Chance erhielt. 1639 wurde er als päpstlicher Gesandter nach Paris geschickt, wo Kardinal Richelieu das Frankreich Ludwigs XIII. regierte. Richelieu gefiel der ehrgeizige Italiener. Er verschaffte ihm den Kardinalspurpur, ohne daß Mazzarini je zum

Priester geweiht wurde. 1642 starb Kardinal Richelieu, im Jahr darauf Ludwig XIII. Sein Sohn und Nachfolger Ludwig XIV. war erst fünf Jahre alt. Der Kardinal Jules Mazarin, wie sich Giulio Mazzarini nun nannte, übernahm als Erster Minister die Regierungsgeschäfte. Als es ihm gelang, eine Verschwörung des Adels gegen die Krone niederzuschlagen, gewann er die besondere Gunst der Königinmutter und Regentin Anna von Österreich. Zahlreiche Attentate auf den «verruchten Ausländer» Mazarin schlugen fehl. Der Teufel selbst schien ihn zu schützen.

Als seine Macht gesichert war, erinnerte sich Kardinal Mazarin an seine frühere Tätigkeit im Palast der Barberini in Rom. Auch in Paris wollte er prächtige Musiken veranstalten. Im November 1644 holte er den achtzehnjährigen Kastraten Atto Melani mit seinem drei Jahre älteren Bruder Jacopo als Begleiter nach Paris. Beide standen im Dienst des Großherzogs der Toskana, Mattias de Medici. Die Wirkung des jungen Sängers auf die dreiundvierzigjährige Königinmutter Anna, eine Urenkelin Kaiser Karls V., war gewaltig. Sie war 1616 mit Ludwig XIII. verheiratet worden. Beide waren damals 15 Jahre alt. Ihre Ehe wurde bald zur bloßen Formalität. Von ihrem königlichen Gatten wurde Anna unwürdig behandelt. Erst 22 Jahre nach der Hochzeit gebar sie einen Thronfolger. Von da an lebte sie einzig für ihren «von Gott gegebenen» Sohn, den «Dieudonné» Ludwig. Der junge Kastrat weckte in der Witwe die bisher unterdrückten Sehnsüchte der Frau. Romain Rolland schreibt in seinem Buch «Musiker von einst»:

Atto Melani wurde bald allmächtig. Die Königin mochte seiner nicht mehr entbehren. Jeden zweiten Abend mußte er vor ihr singen; und so leidenschaftlich war sie der Musik verfallen, daß man vier Stunden lang an nichts anderes denken durfte. Vor allem melancholische Weisen liebt sie, und natürlich teilte der ganze Hof ihren Geschmack.

Etwa zur gleichen Zeit ging die fast unumschränkte Macht der Barberini-Brüder in Rom zu Ende, denn im Juli 1644 war ihr Onkel, Papst Urban VIII., gestorben. Unter seinem sittenstrengen Nachfolger Innozenz X. zogen es die beiden Kardinäle vor, Rom zu verlassen. Antonio Barberini kam 1645 als Asylant nach Paris. Er überredete seinen früheren Theaterintendanten, in der französischen Hauptstadt eine prachtvolle Opernaufführung zu arrangieren. Der Kapellmeister der Barberini, der achtundvierzigjährige Komponist Luigi Rossi, wurde nach Paris gerufen, um eine prunkvolle Oper zu komponieren. Als Stoff wählte man die Sage vom thrakischen Sänger Orpheus. Das Libretto mischte in die bekannte Geschichte Personen aus der Götterwelt und allegorische Gestalten, dazu Eurydikes Vater und ihren Liebhaber. Das Personenverzeichnis nennt 29 Rollen, die wahrscheinlich auf zwölf Sänger verteilt wurden. Neben der Titelrolle des Orpheus sind von den männlichen Partien die Götter Apollo, Merkur und Hymenäus und der in Eurydike verliebte Aristeus für Kastraten geschrieben.

Der erste Akt der Oper spielt am Vorabend der Hochzeit von Orpheus und Eurydike. Aristeus, ein Sohn des Gottes Bacchus, ist in Eurydike verliebt und bittet deshalb Venus, die Heirat zu verhindern. Venus haßt Orpheus, denn er ist ein Sohn des Sonnengottes, der sie beim Ehebruch ertappt hat. Sie verkleidet sich als alte Kupplerin und versucht, Eurydike von Orpheus abzubringen. Die treue Braut weist alle Versuche, sie in ihrer Liebe zu Orpheus wankend zu machen, ab. Als Amor sich weigert, mit Orpheus dasselbe Spiel zu versuchen, greift Venus zum letzten Mittel: Sie läßt Eurydike durch einen Schlangenbiß sterben. Nun erkennt Aristeus, was er angerichtet hat. Die angebetete Eurydike erscheint ihm als Rachegeist mit Schlangen in den Händen. Er wird wahnsinnig und stürzt sich von einem Felsen in den Tod. Orpheus beschließt, in die Unterwelt hinabzusteigen, um Eurydike zurückzuholen. Aus Groll gegen ihre Feindin Venus schickt Juno die Eifersucht in die Unterwelt. Sie soll Proserpina fürchten machen, ihr Gatte Pluto werde sich in Eurydike verlieben, wenn sie nicht schnellstens für deren Entfernung sorge. Orpheus hat es deshalb nicht mehr schwer, die ganze Unterwelt mit seinem Gesang zu rühren. Die bekannte Übertretung von Plutos Gebot läßt Eurydike zum zweitenmal den Tod finden. Venus bringt Bacchus dazu, den Tod seines Sohnes Aristeus an Orpheus zu rächen. Die betrunkenen Bacchantinnen zerreißen den Sänger.

In einer Schlußapotheose erscheint Jupiter und versetzt Orpheus als das Sternbild der Leier an den Himmel. Chöre besingen die eheliche Liebe und Treue. Und schließlich erscheint noch Merkur, um in einem Madrigal, mit dem er sich direkt an die Königin richtet, die Glorie Frankreichs zu preisen, dessen Lilienwappen die Leier des Orpheus ist.

Die Handlung, die heute manchem in ihrer inhaltlichen Aufblähung fast wie eine Parodie vorkommen mag, ist typisch für die frühen Opern des 17. Jahrhunderts. Sie wurde von den Parisern, die den «Orfeo» am 2. März 1647 zum ersten Mal sahen, durchaus nicht als lächerlich empfunden. Die erste Aufführung hat das Publikum ungeheuer aufgewühlt. Die ungewohnte Verbindung von Gesang und Instrumentalmusik mit dem ganzen Zauber des barocken Maschinentheaters rief bei den Zuschauern eine heftige innere Erregung hervor. Beim Tod Eurydikes flossen die Tränen kaum weniger als heute bei einem Hollywoodmelodram. Alles war so neu für die Zuschauer, daß ihre Sinne in einen Taumel versetzt wurden. Hinzu kam das überirdische Strahlen in der Stimme des Orpheus, der von einem der besten Kastraten des 17. Jahrhunderts gesungen wurde. Denn für die Aufführung des «Orfeo» war Atto Melani aus Florenz zurückgerufen worden und im Januar 1647 zum zweitenmal in Paris eingetroffen. *Vier Männer und acht Kastraten hat der Herr Kardinal kommen lassen,* schreibt der Komponist der königlichen Kapelle, Thomas Gobert, an den holländischen Diplomaten Constantijn Huygens. Vier Männer und acht Kastraten – die Sprache verrät die Herablassung, der sich die Kastraten, bei allem Jubel, den sie auf der Bühne entfachten, ausgesetzt sahen.

Die Bühnenmaschinerie, die in Italien zu höchster Perfektion entwickelt worden war, tat ein übriges, die Sinne zu verwirren. Bei den Verwandlungen auf offener Bühne wurde vielen Zuschauern schwindlig. Sie glaubten, sie selbst bewegten sich an einen anderen Ort. Hätte es am Schluß nicht das uns so aufgesetzt erscheinende Happy-End gegeben, die Zuschauer wären vielleicht, wie der Sohn des Bacchus, wahnsinnig geworden. So aber stieg auf einem flammenden, von Gold und Edelsteinen strahlenden Wagen die Sonne hernieder und entließ die Zuschauer aus der Verzauberung einiger Stunden in die Wirklichkeit ihrer Gegenwart.

Die Vorbereitungen für dieses Spektakel hatten erheblich länger gedauert als vorgesehen, und so konnte die erste Vorstellung erst am Schluß des Karnevals stattfinden. Madame de Motteville, eine Hofdame der Königin, berichtet in ihrem Tagebuch: *Die Oper konnte erst in den letzten Tagen des Karneval fertig sein, was Kardinal Mazarin und den Herzog von Orléans bewog, die Königin zu bitten, daß man auch unter der Fastenzeit spielen dürfe; die Königin aber, die in allem, was ihr Gewissen betraf, sehr eigensinnig war, mochte dem nicht zustimmen. Sie zeigte sogar etlichen Verdruß darüber, daß das Stück, welches zum erstenmal an einem Samstag gegeben ward, so spät am Abend begann, denn sie wollte am Sonntag darauf zur Andacht gehen und war es gewohnt, sich in der Nacht vor dem Abendmahl zu guter Stunde zurückzuziehen. Sie mochte auf das Vergnügen nicht gänzlich Verzicht tun, um jenem, der es veranstaltete, gefällig zu sein, und so verließ sie die Vorstellung nach der Mitte und zog sich zurück, um zu Gott zu beten, zu angemessener Stunde zu soupieren und sich niederzulegen, auf daß die Ordnung ihres Lebens nicht gestört werde. Kardinal Mazarin zeigte darob einiges Mißfallen. Obwohl es nur eine Nichtigkeit war, deren Gründe ernst und gewichtig genug waren, um die Königin zu veranlassen, sich das Stück überhaupt nicht anzusehen, wurde ihr Verhalten doch so gedeutet, als habe sie gegen die Gefühle ihres Ministers gehandelt. Und da dieser sich verärgert zeigte, wurde die kleine Bitternis von einer großen Zahl von Leuten als gar süß empfunden. Müßige Zungen und Ohren waren tagelang damit beschäftigt.*

Noch zweimal wurde der «Orfeo» bis zum Beginn der Fastenzeit gespielt. Nach Ostern fanden noch einmal drei Aufführungen statt. Die Königin besuchte alle Vorstellungen, anfangs incognito, später machte sie sich nichts mehr daraus, gesehen zu werden.

Die Gegner des Kardinals Mazarin sahen eine Möglichkeit, Skandal zu machen. Der Erfolg, den das Spektakel beim Publikum hatte, war nicht wegzudiskutieren. So machten sie eben diesen Erfolg zum Angriffspunkt. Die Oper sei zu schön. Und sie sei es, weil der Kardinal für eine so überflüssige Belustigung das Volksvermögen verschwende.

In einer 1701 in Frankfurt erschienenen Chronik des 17. Jahrhunderts lesen wir für das Jahr 1647 in der Rubrik «Von Frantzösischen Geschichten»: *Alle überflüssigen Ausgaben, die bey Hof geschahen, wurden genau observiret. Die Königin hatte eine vortreffliche Comödie (vulgo Opera) von dem Orpheo und der Euridice dem Hof zur Lust spielen lassen, zu welcher der Cardinal Mazarin gantze Familien von Däntzern, Gaucklern, Musicanten und Comoedianten aus Italien verschrieben, welches ein unsäglich Geld, (und wie gesagt wurde) zwey mal hundert tausent Cronen und so offt es gespielt worden, zwantzig tausent gekostet. Nun war es zwar eine vortreffliche, und in allen Stücken wohl ausgearbeitete Opera, mit mancherley kostbaren Machinen, da die Leute in der Lufft mit Wägen und Rossen hin und wieder geführet: Götter und Göttinnen von dem Himmel auf die Erde herunder gelassen worden, auch Engel und Menschen von der Erde in den Himmel ge-*

flogen. Unterschiedliche Thiere als Löwen, Bären etc. wurden wie recht lebendig auf das Theatrum gebracht: Himmel und Hölle, Meer und Gebürge natürlich vorgestellet; Welches alles mit männiglicher größter Verwunderung anzusehen war, weil man sich nicht eingebildet, daß dergleichen durch Kunst zuwege gebracht werden könte, war auch in den vorigen Zeiten dergleichen nie gesehen worden. Wie man es nun zu andern friedsamen Zeiten für eine Königliche Magnificenz gehalten, und sich darüber erfreuet haben würde: also waren hingegen alhier sehr viel Patriotische Leute denen dieses Werck tieff zu Gemüht ging, daß, da das arme Volck im gantzen Lande seuffzete, und unter der Last der Contributionen weheklagte, nur etliche wenige bey solchen kostbaren Vanitäten ⟨Eitelkeiten⟩ lachen, und sich erlustiren solten. Der Pfarrer zu St. Eustachii, in welchem Kirchspiel der Königliche Pallast gelegen, nahm die Freyheit zur Königlichen Mutter zu gehen, und nach erlangter Audienz derselben vorzuhalten: wie dergleichen Comoedien von etlichen hunderttausent Gulden bey gegenwärtigen Landes Nöthen, und fast unerschwinglichen Kriegs-Kosten gar zur Unzeit angestellet würden, dahero es in das Gewissen liefe, und vor Gott sündlich zu achten wäre. Die Königin vermeinete des damit zu entschuldigen, daß ja der Königliche Hof in gegenwärtigen mühseligen und verdrießlichen Verrichtungen auch eine Ergetzlichkeit haben müßte; so kostete es auch über zweymahl hunderttausend Gulden nicht. Welches der Pfarrer dahin stellete. ⟨Vorgehendes alles hat der Schreiber dieses bey seiner Anwesenheit zu Paris theils mit Augen gesehen, theils von glaubwürdigen Personen gehöret.⟩

Es gab zu dieser Zeit gegen die zentralistische Macht des Königs eine starke Opposition des französischen Adels, die sich an den Staatsfinanzen entzündete. Die Steuern waren auf einen Höchststand gestiegen. Im Südwesten Frankreichs hatte es zwischen 1643 und 1645 wegen der drückenden Abgaben mehrfach Bauernaufstände gegeben. In weiten Teilen des Landes herrschte Hunger. Und da wurden gewaltige Summen auf Hoffeste und eine italienische Oper verschwendet. Die Kosten für den «Orfeo» wurden von der Opposition maßlos übertrieben. Die Schätzungen stiegen auf 400.000, schließlich 600.000 Taler. (Der Autor der Frankfurter Chronik kommt im 1713 erschienenen dritten Teil seines Geschichtswerks in einer Anmerkung noch einmal auf die Orfeo-Aufführung in Paris zurück: *Schreiber dieses hat dieselbe in Pariß selbst gesehen, und das Murren des gemeinen Volcks darüber gehöret, welche sagten: Sie kostete an die sechs mal hunderttausend Francken. Die Königin entschuldigte es, und sagte endlich mit unfreundlichem Gesichte: Das Volck wüßte viel davon, es kostete kaum zwey mal hunderttausend.*) Mazarins Bibliothekar, der Arzt und Historiker Gabriel Naudé, erklärte öffentlich, daß nur 30.000 Taler ausgegeben worden seien, aber die Diskussion hatte eine Eigendynamik entwickelt. Es gab Empörung und Unruhe unter der Bevölkerung. Der Kammerherr des Herzogs von Orléans, Nicolas Goulas, hat Aufzeichnungen über das Hofleben von 1626 bis 1651 hinterlassen, aus denen die Opposition gegen die Politik Mazarins spricht. «Herzog von Orléans» war der Titel des jüngeren Bruders des Königs, Goulas stand also im Dienst des Schwagers der verwitweten Königin. Er schreibt über die «Orfeo»-Aufführung:

Die Oper (im französischen Original steht «comédie») des Herrn Kardinal löste einen solchen Lärm und Tumult unter dem Volk aus, daß es an nichts anderes mehr dachte. Denn jedermann erbitterte sich über die schaudererregenden Ausgaben für die Maschinen und die italienischen Musikanten, so man aus Rom hatte kommen lassen, überdies für teures Geld, denn man mußte sie bezahlen, daß sie aufbrachen und herreisten, und man mußte ihren Unterhalt in Frankreich bestreiten.

Während schwere Wolken am politischen Himmel Frankreichs aufzogen, vergnügte sich die Königin mit ihrem Kastraten. Sie nahm ihn mit auf eine Reise nach Amiens. Melani war vom toskanischen Herzog nur für die Aufführungen des «Orfeo» beurlaubt worden. Der Sänger wurde längst wieder in Florenz erwartet, aber die Königin konnte sich nicht entschließen, ihn reisen zu lassen. Im Mai schrieb sie beinahe im Stil eines verliebten Teenagers an Melanis Dienstherrn Mattias de Medici, er möge ihr gestatten, den verführerischen Kastraten noch eine Weile bei sich zu behalten. Kokett beklagte sich Melani einen Monat später in einem Brief, daß die Königin nicht von ihm lassen könne. Im Juli 1647 fand die Affäre der Königin mit dem Kastraten endlich ein Ende, und Melani kehrte nach Italien zurück.

Im Jahr darauf kam es in Frankreich zum offenen Bürgerkrieg. Die Kosten der «Orfeo»-Aufführung blieben während der mehr als vier Jahre dauernden Kämpfe ein Hauptvorwurf der «Fronde» des französischen Adels gegen das Königshaus und die verschwenderische Politik Mazarins. Am frühen Morgen des 6. Januar 1649 wurde der zehnjährige Ludwig XIV. zusammen mit seiner Mutter wie ein Verbrecher aus dem Palais Royal in Paris geholt und in die Abtei Saint-Germain gebracht. Der junge König kehrte zwar bald auf Druck des Parlaments wieder nach Paris zurück, lebte dort aber praktisch wie ein Gefangener. Eines Nachts stürmte einfaches Volk sein Schlafzimmer, um sich zu überzeugen, daß der König anwesend und unversehrt sei. Für Ludwig war diese «Erniedrigung durch den Pöbel von Paris» ein bleibendes Trauma.

Atto Melani reiste in den folgenden Jahren dauernd zwischen Paris und Italien hin und her, Kardinal Mazarin benutzte ihn als Kurier und vor allem als Spion.

Die Hochzeit Ludwigs XIV. mit der spanischen Prinzessin Maria Teresa soll wieder mit einer italienischen Oper gefeiert werden. Der venezianische Komponist Francesco Cavalli wird nach Paris eingeladen. Seit 1640 hatte er in seiner Heimatstadt in jedem Jahr mehrere Opern herausgebracht, 1651 sogar deren fünf. Den Auftrag für die Festoper in Paris nimmt er nur zögernd an. Im Juli 1660 trifft er in Paris ein. Die Komposition des «L'Ercole amante» macht keine Probleme, aber es gibt andere Schwierigkeiten. Kardinal Mazarin, auf den der Opernauftrag zurückgeht, wird krank. Das für die Festoper neu erbaute Theater in den Tuilerien wird nicht rechtzeitig fertig. Wieder und wieder muß die Aufführung verschoben werden. Um die bereits engagierten Künstler zu beschäftigen, wird am 22. November 1660 in einem Saal des Louvre Cavallis sechs Jahre alte Oper «Serse» aufgeführt. Atto Melani singt die Hauptrolle. Als Zwischenspiele werden Ballette des achtundzwanzigjährigen Lully gegeben, die mehr Erfolg haben als Cavallis Oper. Am 9. März 1661 stirbt Kardinal Mazarin. Die Hochzeitsoper muß nochmals verschoben werden. Atto Melani hat seinen Beschützer verloren und wird in den Skandal um den französischen Finanzminister Nicolas Fouquet verwickelt. Die Chronik des 17. Jahrhunderts nennt Fouquet das «Haupt der Blut-, Schweiß- und Geld-Egel», die das Volk auspreßten, und fährt fort: *Dieser Fouquet hatte einen unbeschreiblichen Reichthum zusammen gebracht, und kosteten seine Häuser zu Vaux, St. Mande, Vincennes und Pariß viel Millionen; nicht lange vorhero hatte er mit etlichen Millionen die Herzogthümer de Rez und Ponthieu mit baarem Gelde erkaufft, machte auch sonst große Ausgaben, umb überall Freunde am Hofe zu haben. Zu Belle-Isle in Bretagne bauete er einen See-Hafen, an welchem täglich dreytausend Mann arbeite-*

ten, und bey die acht Millionen waren aufgewendet worden, meh-
renteils von des Königs Geldern, so unterschlagen waren. Er bildete
sich ein, nach des Cardinals Tode Ober-Staats-Minister zu werden,
und hatte die Verwegenheit, daß er, wenige Tage vor seinem Fall,
den gantzen Königlichen Hof auf sein Schloß Vaux einladete, und
daselbst Königlich bewirtete; maßen denn auch der Weg von Fon-
tainebleau biß dahin mit lauter Windlichtern besteckt war.

Zu den Künstler, Literaten und Sängern, die Fouquet um sich
versammelt hatte, gehörte auch Atto Melani. Fouquet wird am
9. Mai 1661 verhaftet, Atto Melani aus Frankreich verbannt.

Erst am 7. Februar 1662 erlebt Cavallis «Ercole amante» seine
Uraufführung. Der italienische Komponist muß wieder eine Niederlage hinnehmen. Alles spricht von der Pracht der Ausstattung,
dem Raffinement der Theatermaschinen, der Ballettmusik von
Lully für die Zwischenakte – Cavallis Musik bleibt unbeachtet.

Die italienische Oper hatte am französischen Königshof endgültig ausgespielt.

22

Das Eheverbot

Atto Melani wurde im März 1626 in Pistoia geboren, als Sohn des
Domglöckners der toskanischen Stadt. Melanis Vater muß eine geradezu obsessive Liebe zur Musik gehabt haben, denn er ließ alle
seine Söhne zu Musikern ausbilden. Jacopo, der Älteste, lernte
Komposition, spielte das Cembalo und die Orgel. Wir haben ihn als
Attos Begleiter bei dessen erstem Paris-Gastspiel kennengelernt.
Im Jahr der Aufführung des «Orfeo» wurde er Domorganist in Pistoia. Er war der bedeutendste Komponist komischer Opern im
17. Jahrhundert. Francesco Maria Melani wurde 1628 geboren, ihn
ließ der Vater, wie den zwei Jahre älteren Atto, kastrieren und als
Sänger ausbilden. Erstaunlich ist die Radikalität, mit der der
Glöckner von Pistoia fast allen seinen Söhnen die Mannheit rauben
ließ, zu einer Zeit, in der die Kastraten als Sänger gerade erst auf-
gekommen waren. Noch erstaunlicher ist, daß alle Melanis Karriere machten. Francesco Maria trat nach seiner Ausbildung zum
Sänger als Padre Filippo in einen Servitenkonvent ein. Doch
scheint er diesen Schritt bald bereut zu haben, denn im April 1654
bat sein Bruder Atto den Kardinal Mazarin, sich für die Laisierung

Padre Filippos einzusetzen. Nach langen Bemühungen gelang es, und 1657 trat Francesco Melani als Sänger in den Dienst des Erzherzogs Sigismund in Innsbruck. 1660 sang er zusammen mit seinem Bruder in Cavallis «Serse» in Paris.

1657 wurde ein anderer Melani, Bartolomeo, Mitglied der Münchner Hofkapelle. Unter dem Verdacht, Agent Mazarins zu sein, wurde er verhaftet und kehrte 1660 nach Italien zurück. Er sang in Florenz in der Oper. 1677 wurde er in seiner Heimatstadt Pistoia Domkapellmeister. Ein weiterer Kastraten-Bruder, Vincenzo Paolo, starb bereits mit 23 Jahren.

Der neben Atto erfolgreichste Sänger aus der «Kastratenfamilie» Melani war Domenico. Er war drei Jahre jünger als Atto und wahrscheinlich sein Vetter. 1652 kam er für zwei Jahre in den Dienst der schwedischen Königin Christina. 1654 trat er, zusammen mit dem Kastraten-Kollegen Bartolomeo Sorlisi, in den Dienst des sächsischen Kurfürsten in Dresden. Melani und Sorlisi wurden nach einigen Jahren zu «Geheimen Kammerherrn, so den Schlüssel haben» ernannt. Im Dekret der Bestallung heißt es:

Insonderheit soll er schuldig sein, auf uns fleißig zu warten, auch dasjenige, so Wir ihm befehlen, schleunig und unverzüglich auszurichten. Was er bei dieser untertänigsten Verrichtung in Erfahrung bringen, ihm vertraut, er in Unser Kammer und Gemach hören wird, dasselbe soll er niemandem offenbaren, sondern bis in sein Grab verschwiegen behalten. Über dieses wollen Wir ihn bei Unserer Musik in der Kirchen, vor der Tafel und auf dem Theatro gebrauchen, und soll er dasselbe jedes Mal unweigerlich verrichten.

Seit 1650 war in Dresden Giovanni Maria Bontempi Kapellmeister des Kurprinzen und Thronfolgers Johann Georg. Um 1624 in Perugia geboren, studierte der junge Bontempi – auch er ein Kastrat – in Rom bei Virgilio Mazzocchi an der Gesangsschule des päpstlichen Chors; wir kennen bereits seinen Bericht vom Unterricht an dieser Schule. 1643 wird er Sänger im Chor der Markuskirche von Venedig, anfangs unter Claudio Monteverdi, der im selben Jahr stirbt.

Als Bontempi nach Dresden kam, war Heinrich Schütz Kapellmeister des sächsischen Kurfürsten. Der bereits 65jährige Schütz bat seinen Dienstherrn 1651 in einem Brief, Bontempi, den er als des Kurprinzen «Italiänischen Eunuchus» bezeichnet, probeweise zu seinem Nachfolger zu ernennen. Der Kastrat sei von Jugend auf mehr auf die Komposition als aufs Singen «beflissen gewesen». An der fachlichen Qualifikation des etwa Dreißigjährigen hegt der alte Schütz keinen Zweifel:

Habe auch von Venedig (allda er sich in die acht Jahre lang aufgehalten) genugsam Nachforschung erlanget, daß bei einigen celebrirten Festtagen er mehrmals an Kapellmeisters statt, die Musik in ihren Kirchen öffentlich dirigiert hat, daß daher an seinen Qualitäten desto minder Zweifel zu ziehen, wie er dann sonst auch in seinen andern Proceduren ein diskreter, höflicher und verträglicher feiner junger Mensch bishero scheinet.

Der Bitte von Schütz wurde nicht entsprochen, vielleicht hat dabei eine Rolle gespielt, daß man in Dresden beim protestantischen Gottesdienst die Musik nicht von einem Katholiken – und Kastraten – geleitet wissen wollte.

1662 wurde in Dresden zur Hochzeit des Markgrafen Ernst Christian von Brandenburg-Bayreuth mit der Tochter des sächsischen Kurfürsten Erdmuthe Sophie eine Oper Giovanni Andrea Bontempis aufgeführt: «Il Paride – Der Schäffer Pariß, in einer artlichen Poesie und lieblichen Musica vorgestellet». Es war die erste Aufführung einer italienischen Oper im nördlichen Europa. Sie begann am Abend des 3. November 1662 um 9 Uhr und endete in der Frühe um 2 Uhr.

Das zur Aufführung der Oper gedruckte italienisch-deutsche Textbuch faßt den Inhalt der Oper so zusammen: *Die Materie dieses Werks, welches einen Theil der Trojanischen Historia in sich begreifft, und in Fünf Handlungen unterschieden, deren der Erste der Thetis Hochzeit und den Zank der dreyen Göttinnen. Der andere des Paris Urtheil. Der Dritte des Paris Abreise von der Enone. Der Vierdte des Paris Ankunfft an dem Hofe der Helena, die Verliebung und Entführung. Der Fünffte den Eintritt der Helena mit dem Paris, an des Priamus Hofe, in sich schleust.*

In 37 Szenen traten 29 verschiedene Personen auf, die auf 12 Sänger verteilt waren. Der Sänger der Titelrolle hatte als einziger keine andere Partie zu singen, denn Paris trat vom zweiten bis fünften Akt auf. Der Sänger der Venus im ersten und zweiten Akt übernahm im vierten und fünften Akt die Rolle der Helena. Beide Rollen sang ein Kastrat, denn zu dieser Zeit traten in Dresden bei öffentlichen Vorstellungen auf dem Theater nur Männer auf, darin unterschied sich die protestantische deutsche Residenz nicht von den Städten des Kirchenstaates in Italien. Nur die Aufteilung der Rollen ist im Textbuch angegeben, nicht jedoch die Besetzung. Wir können aber sicher sein, daß der Paris sowie die Venus/Helena von den beiden führenden italienischen Sängern, den Kastraten Domenico Melani und Bartolomeo Sorlisi gesungen worden sind. Und so müssen wir uns zwei Männer in der Liebesszene im vierten Akt der Oper vorstellen, die im Libretto so beschrieben wird:

Paris gehet in die Gemächer der Helena und wird von ihr gescholten. Der sich aber als einen Fürsten und in sie verliebet angiebt, um Verzeihung der Kühnheit und Labsal seiner Brunst bittet. Helena, überwunden von so mächtigem Anfalle, wirft sich auf das Bette, und macht aus ihren Armen eine Liebes-Kette um des Paris Hals. Und indem sie einander küssen, macht Amor die Fürhänge zu, und gehet aus den Gemächern.

Die Oper von Bontempi hat viele Rezitative und kurze, liedartige Arien, einige wenige Duette und Terzette. Die instrumentale Begleitung besteht nur aus Cembalo und zwei Violinen. Die Partitur kommt mit sechs Notensystemen aus. Die Violinen begleiten nie die Singstimme, sie haben in den Arien nur kurze Vor-, Zwischen- und Nachspiele. Der Gesang wird ausschließlich vom Cembalo begleitet. Etwa zur gleichen Zeit hat Heinrich Schütz in Dresden seine «Weihnachtshistoria» geschrieben.

Trotz ihrer Schlichtheit haben die Werke von Schütz und Bontempi in ihrer Zeit auf die Zuschauer und Zuhörer eine eindringliche Wirkung gehabt. Die Oper erzielte diese Wirkung nicht nur durch die Musik. Die Verwandlungen auf der Bühne haben die Dresdner nicht weniger bezaubert als vierzehn Jahre zuvor die Bühneneffekte des «Orpheus» die Pariser. In Bontempis Oper fliegt die Göttin des Zanks und Streits, Eris, die die ganze Tragödie in Gang bringt, weil sie zur Hochzeit der Thetis nicht eingeladen wurde, auf einem Drachen in die Höhe, die Götter schweben auf Wolken auf die Bühne herab und werden wieder in die Wolken hinaufgezogen. Siebzehnmal ändert sich das Bühnenbild, und jede Veränderung erscheint den mit Theatereffekten noch nicht überfütterten Zuschauern wie ein Wunder. Zum Abschluß jedes Aktes gibt es zudem noch ein Ballett.

In der zweiten Szene des zweiten Aktes «Ein Wald auf dem Berge Ida» nimmt Paris Abschied von seiner Geliebten, der Schäferin Eunone, um auf Befehl Aphrodites nach Griechenland zu fahren. In einer Arie singt er von der Lust und der Qual der Liebe. Das 1662 erschienene Textbuch bringt es in deutscher Übersetzung:

Wer wollte denn in der Brust
ein so rauhes Herz haben,
das die Liebe nicht erkennen wollte?
Man soll immer lieben.
Eine mitleidende Seele
soll nicht scheu seyn zu lieben,
sondern in der brennenden Hitze
mit ewiger Beständigkeit
ohne Maß lieben,
doch auch nicht ohne Hoffnung.
So süß ist die Brunst,
welche allgemach
mir die Seele in der Brust vergehen macht,
daß ich in der Pein
vergnügt lebe,
und diese Seele nichts mehr wünschen kann.
So lieblich brennet der Liebe Flamme,
daß ich in Liebe stets brennen will.
Und wo ich sterbe
in meiner Marter
so begehre ich keiner andern Lust.

Wir wissen nicht, welcher von den beiden Kastraten des sächsischen Kurfürsten dieses leidenschaftliche Lied von der Liebesbrunst gesungen hat. Die Verse wurden nicht nur von einem Kastraten gesungen, ein Kastrat hat sie auch geschrieben: der Komponist Bontempi.

Sorlisi und Melani, die Protagonisten der Oper, müssen in Dresden recht gut verdient haben, denn 1664 konnten sie vor den Toren der Stadt einen großen Garten kaufen, in dem sie einen Park mit Fontänen und Statuen anlegten und ein Sommerhaus mit einem Theater errichteten. Im Januar 1666 wurden die beiden Kastraten in den Adelsstand erhoben.

Im selben Jahr wurde dem protestantischen Konsistorium im nahen Leipzig ein merkwürdiger Fall zur kirchenrechtlichen Prüfung und Entscheidung vorgelegt.

Ein schwedischer Adliger namens Titius ist im Krieg gegen Dänemark in der Schlacht auf der Insel Fünen durch einen Kartätschenschuß *an beyden Schenkeln und denen Genitalibus verwundet worden, daß dabey das meiste Theil des Hodensacks samt dem einen Hoden gäntzlich hinweggenommen, der andere Hoden aber dergestalt gequetscht, daß er herausser genommen werden müssen. Also durch dieses Unglück der Titius zur Fortpflanzung des menschlichen Geschlechts gantz unvermögend und untüchtig worden.*

Nachdem er ansonsten wieder gesundet ist, läßt sich Titius in Vorpommern nieder. Äußerlich ist ihm seine Kriegsverletzung nicht anzumerken. Im Gegenteil, er ist ein attraktiver junger Mann. Er lernt eine adlige Dame namens Lucretia kennen, verliebt sich in sie, wird wiedergeliebt, macht ihr einen Heiratsantrag. Erst jetzt gesteht er Lucretia seine folgenreiche Verwundung. Doch die junge Adlige ist nicht schockiert, wie er gefürchtet hat. Sie will ihn trotzdem heiraten.

Lucretia ist Halbwaise. Ihre Mutter erklärt sich nach anfänglichem Sträuben mit dem Bräutigam einverstanden, aber andere Verwandte versuchen, eine Hochzeit zu verhindern, nachdem sie vom Zustand des Bräutigams erfahren haben. Von einem Juristen lassen sie alle Gründe auflisten, die gegen die Zulässigkeit einer Ehe sprechen. *Da der heilige Ehestand zur Fortpflanzung des Menschlichen Geschlechts eingesetzt, zu welcher Titius untüchtig, sei ihm der kirchliche Segen zu verweigern.* Es gibt einen weiteren Grund, eine solche Ehe zu verbieten, da sie *auch das zweite Ziel der Ehe, nemlich die Dämpfung der Sinnlichkeit und das Löschen der Lust nicht erreichen könnte, also Lucretia sich in beständiger Gefahr der Hurerei und am Abgrund des Ehebruchs befinden würde.*

Der Text ist hier vollständig in deutscher Sprache wiedergegeben. Im Original flüchtet sich der Kirchenrechtler immer, wenn es zur Sache geht, ins Lateinische. Es ist nicht eindeutig zu entscheiden, ob er das nur wegen der juristischen Präzision tut, oder ob ihm das Niederschreiben der deutschen Worte bereits sündig erscheint. Der Gutachter kommt jedenfalls zu dem Schluß, daß durchaus auch *in der Evangelischen Stände Länder* der Grundsatz gilt: «Quod impotens ad copulam sit impotens ad matrimoniam – wer zum Beischlaf unfähig ist, kann auch nicht heiraten». Schließlich wird er auch für den, der kein Latein versteht, deutlich. Ein kirchlicher Segen für dieses seltsame Brautpaar würde den Eindruck erwecken, *als wenn dem Titio nur zur Erfüllung seiner Geilheit diese Ehe verstattet würde.*

Die Mitglieder des Konsistoriums in Leipzig sollen nun zu diesem Gutachten Stellung nehmen. Sie machen sich ihre Entscheidung nicht leicht. Ausführlich diskutieren sie alle Gründe, die für und gegen eine Eheerlaubnis sprechen. Sie haben offenbar für ihre Beratungen noch zusätzliche Informationen eingeholt, denn eine der Begründungen für ihr letztlich positives Votum stellt, auch wieder mit feinsinnigen lateinischen Einsprengseln, fest, daß der *Titius zu dem Exercitio venereo* ⟨Geschlechtsverkehr⟩ *nicht gäntzlich untüchtig, sondern daß er annoch erectionem penis empfinge, den congressum* ⟨Beischlaf⟩ *halten, auch einem Weibes-Bilde satisfaction thun, und ihre Brunst stillen und extinguiren* ⟨löschen⟩ *könne.* Es bestünde daher die Gefahr, ein unverheirateter Titius könne sich *auff Vagas libidines* ⟨unstete Begierden⟩ *oder andere impuritates* ⟨Unreinheiten⟩ *befleißigen. Dannenhero gleichsam ex duobus malis minimum* ⟨von zwei Übeln das geringere⟩ *zu erwehlen sei.*

Der Spruch des Leipziger Konsistoriums erlaubt die Eheschließung, wenn alle Beteiligten, die Braut, der Bräutigam und die Eltern der Braut, in Kenntnis aller Umstände einverstanden sind. Ganz geheuer ist den Theologen und Juristen in Leipzig diese «Kapaunen-Heirat» allerdings nicht, sie ist für sie nur das «kleinere Übel».

Die Theologen und Juristen des Konsistoriums in Leipzig haben keine Ahnung, daß es den schwedischen Kriegsinvaliden Titius gar nicht gibt. Die Geschichte ist aber nicht ganz und gar erfunden. Die geschilderte Liebesaffäre hat sich so ähnlich abgespielt, aber nicht in Vorpommern, sondern in der sächsischen Residenzstadt Dresden. Hinter dem Soldaten Titius verbirgt sich niemand anders als der kurfürstliche Kammerherr und Kastrat Bartolomeo de Sorlisi. Er selbst hat sich die Mystifikation mit dem schwedischen Hauptmann ausgedacht, um allzu großes Aufsehen zu vermeiden. Er gehört in Dresden zu den Prominenten, über die auch damals schon gern Klatsch verbreitet wurde.

In Wirklichkeit hat sich die ganze Geschichte folgendermaßen abgespielt: Bartolomeo Sorlisi hat 1665 in Schmiedeberg, etwa 30 km südlich von Dresden, ein Rittergut gekauft. Der Dresdner Anwalt und Chur-Sächsische Kammer-Procurator Moritz Junghansen hat ihn dabei juristisch beraten. Sorlisi wird daraufhin mehrfach von Junghansen eingeladen *und hat dabei endlich auf seine jüngste Stieff-Tochter, eine Jungfrau, damals von 16 Jahren, seine affection dergestalt geworffen, daß er sie zu ehelichen gesonnen.* Herr Junghansen und seine Frau sind nicht *wenig befrembdet* und versuchen, der Tochter den Mann auszureden. Doch das

Mädchen – ihr tatsächlicher Name ist Dorothea – erklärt, *daß sie von Ihme nicht lassen könnte, und wenn sie diesen nicht haben sollte, wäre es in ihrem Gemüte unmüglich, einen anderen liebzugewinnen.* Auch der Kastrat läßt nicht locker. Die genervten Stiefeltern versprechen ihm die Hand Dorotheas, wenn er ein theologisches Gutachten über die Zulässigkeit der Ehe beibringt. Schließlich ist der Kastrat sehr vermögend, sieht auch gut aus, ist also insoweit durchaus eine «gute Partie».

Durch die Genauigkeit, mit der die Leipziger Kirchenrechtler den Fall bis in jede Einzelheit diskutiert haben, sind wir über einige Details aus dem Liebesleben der Kastraten informiert, über die alle anderen Gewährsleute schamhaft hinweghuschen. Erfahren wir sonst allenfalls, daß Kastraten *schon noch was fertig bringen*, sind die Leipziger genauer. Sie stellen fest, daß bei den Gesangskastraten der Schnitt durch die Samenkanäle zwar die Zeugungsfähigkeit zerstört, aber das Sexualleben nicht völlig lahmgelegt hat. Die Kastraten sind durchaus zum Liebesakt fähig. Ihr Glied kann noch erigieren. Sie können es nicht nur in die Scheide einführen, sie können die Frau dabei auch sexuell befriedigen. Und schließlich haben sie selbst dabei ein Lustempfinden.

Bartolomeo Sorlisi glaubte, mit dem Leipziger Gutachten am Ziel zu sein. Doch Dorotheas Stiefvater hatte es offenbar nur verlangt, um Zeit zu gewinnen. In der Hoffnung, die Liebe werde schon mit der Zeit abkühlen, versuchte er weiter, die Hochzeit zu verhindern. Er wandte sich an Dorotheas Beichtvater, der aber angesichts des Leipziger Spruchs keinen Hinderungsgrund mehr für eine Heirat sah. Sorlisi traf inzwischen Hochzeitsvorbereitungen. Er bat den Oberhofprediger, die Trauung zu vollziehen. Der verlangte eine schriftliche Genehmigung vom Ober-Consistorium in Dresden oder vom Kurfürsten, der zugleich das Oberhaupt der sächsischen Kirche war. Die Antwort des Consistoriums ließ auf sich warten. In einem geeigneten Moment sprach Sorlisi deshalb den Kurfürsten an, der ein Dekret unterzeichnete, das die Heirat erlaubte. Pfarrer Matthäus Kühn von Sadisdorf, zu dessen Kirchengemeinde das Gut Schmiedeberg gehörte, vollzog die Trauung. Er erhielt dafür auf Lebenszeit zwei Schragen Holz. Im Kirchenbuch der Gemeinde Sadisdorf finden wir im Jahr 1667 den Eintrag: *Es ist auch zu Hause getraut worden den 29. Januarii Herr Bartholomeo de Sorlisi und die Jungfrau Dorothea Elisabeth geborene Lichtwer.*

Zusammen mit dem Rittergut Schmiedeberg hat Sorlisi auch die Stelle des Amthauptmanns erworben. Er erläßt 1666 Verfügungen über die Pflichten und Abgaben, die seine Untertanen gegenüber ihrem Landherrn haben. Das von dem Kastraten unterzeichnete «Erbbuch» ist noch heute im Archiv der Gemeinde Schmiedeberg erhalten. Eine alte Chronik nennt Sorlisi *einen gegen seine Untertanen sehr gut denkenden und um Schmiedeberg wohlverdienten Mann. Er ließ das Herrenhaus vollenden, den darum gelegenen tiefen Morast in einen gemauerten Graben verwandeln und verschiedene andere Hof-, Bergwerks- und Privatgebäude aufführen. Zugleich verbesserte er um Vieles den Zustand der Oekonomie und veranstaltete eine Abrainung sämmtlicher Ritterguts-Grundstücke. Schmiedeberg, welches bis dahin ein Dorf gewesen war, beschenkte er mittels Allerhöchster Genehmigung mit Stadt- und Marktgerechtigkeit und verwandelte es in einen Bergflecken mit 2 Jahrmärkten.*

Am 9. Oktober 1666 hatte Kurprinz Johann Georg, der spätere Kurfürst Johann Georg III., in Kopenhagen Prinzessin Anna Sophia von Dänemark geheiratet. Am 31. Dezember zog das jungvermählte Paar in Dresden ein. Es folgte eine Serie von Festlichkeiten, darunter auch eine Oper, «Il Teseo – Theseus». Mit der Oper wurde das neuerbaute Comoedienhaus zu Dresden am 27. Januar 1667 feierlich eröffnet. Die Hauptrollen sangen Domenico Melani und Bartolomeo Sorlisi, der zwei Tage später ebenfalls heiraten wollte. Die beiden Kastraten errangen den Preis des Abends: ihnen zu Ehren dichtete der Kapellmeister Giovanni Andrea Bontempi ein Sonett, das ein Freund Bontempis ins Deutsche übertrug:

Wenn ich Sorlisi hör, und auch Melani singen,
Bild' ich mir ein, es sey ein Englischer Gesang.
Wie Aeolus die Wind, Orpheus die Hölle zwang:
Also kann ihre Stimm' auch Wind und Hölle zwingen.
Der zwey Sirenen Laut will mir Erstaunung bringen:
Ich sage dieses nur: Ihr übersüßer Klang
Verdienet gleiches Lob und untertheilten Dank.
Den Himmel selbst erfreut ihr mehr als lieblich's Klingen.

Der Verfasser des Sonetts, der Kastrat und Komponist Bontempi, ist seit drei Jahren auch Architekt und Maschinenmeister am Hoftheater. Außerdem hat er im Vorjahr als Schriftsteller debutiert, mit «Historien des Durchlauchtigsten Hauses Sachsen», die 1666 in deutscher Sprache in Dresden erschienen sind. Bontempi

Innere Ansicht des Komödienhauses zu Dresden

Eröffnet im Januar 1667 mit der Oper «Il Teseo»;
aus Moritz Fürstenau, Zur Geschichte der Musik und des Theaters
am Hofe zu Dresden, 1861

ist nicht nur ein gebildeter, er ist auch ein vielseitig talentierter
Mensch. Neben seiner Muttersprache beherrscht er Latein, Grie-
chisch und Deutsch. Er wird in den Folgejahren noch zahlreiche historische und musikwissenschaftliche Bücher veröffentlichen.

Sorlisis Erfolg in der Hochzeitsoper bringt der Ehe des Kastraten keinen Segen, sein Leidensweg ist mit der nach langem Kampf
durchgesetzten Hochzeit nicht beendet. Das Ober-Consistorium in
Dresden hat sich inzwischen mit dem Fall befaßt, verwirft den
Leipziger Spruch und verlangt die Annullierung der Ehe. Etwas
vage wird ein Dispens in Aussicht gestellt, wenn Sorlisi sich zu einer
frommen Stiftung bereit erklärt, eine Kirche erbaut und für ihren
Unterhalt einschließlich einer Pfarrstelle sorgt. Sorlisi beginnt in
Johnsbach, das zu seinem Landbesitz gehört, den verlangten
Kirchbau und hinterlegt ein Kapital, von dessen Zinsen ein luthe-

rischer Pfarrer besoldet werden soll. Das Verlangen nach Annullierung der Ehe bleibt aber bestehen. Die Eheleute müssen deshalb mit Verhaftung wegen unsittlichen Verhaltens oder Erregung öffentlichen Ärgernisses rechnen, wenn sie weiterhin in einem Haus zusammenwohnen. Am 28. August 1667 unterschreibt der Kurfürst ein Dekret, in dem die Ehe des Sorlisi, wo sie nun einmal geschlossen sei und der Kastrat und Dorothea *eine geraume Zeit als Eheleute einander beygewohnet*, für rechtmäßig erklärt wird und beide *unangefochten und unbekümmert gelassen werden sollen.* Damit sind Sorlisi und seine Frau wenigstens vor der Polizei sicher. Der Kurfürst gibt in dem Dekret indirekt zu verstehen, daß er seine Eheerlaubnis inzwischen für einen Fehler hält, denn er fügt ausdrücklich hinzu: *Es soll sich aber ins künftige auf diesen Fall niemand berufen!*

Dorotheas Stiefvater gibt nicht auf. Er fordert am 14. Februar 1668 bei der Theologischen Fakultät der Universität Jena ein Gutachten an, das am 25. Februar ausgefertigt wird. Die Argumentation der lutherischen Theologen des 17. Jahrhunderts steht in ihrer alles Menschliche verachtenden Haarspalterei in nichts hinter der Kasuistik zurück, mit der heute ein Papst Empfängnisverhütung und Kondome verdammt. Die Theologen aus Jena stellen fest, daß Dorothea *als eine junge, zum Kinder gebären tüchtige Weibes-Person, vermöge göttlicher Stiftung des Ehestandes nicht befugt ist, in eine Ehe mit einer Mannes-Person, die zum Kinderzeugen nachweislich untüchtig ist, einzuwilligen, und ist demnach auch ihre Einwilligung nach demselben Recht null und nichtig. Ist der Beischlaf mit einem, von dem bekannt ist, daß er seiner Leibes-Beschaffenheit wegen nicht Kinder zeugen könne, eine Sünde wider das Gewissen.*

Daß es auch andere unfruchtbare Ehen gebe, stehe einem solchen Spruch nicht entgegen, denn diese Ehen seien nicht ganz ohne Hoffnung, wie das Beispiel Abrahams und Sarahs zeige. Es sei hingegen kein Beispiel bekannt, daß Gott jemals einer Kastraten-Ehe *einen Eh-Segen gegeben hätte.*

Das an den Stiefvater Moritz Junghansen gerichtete Gutachten aus Jena versucht vor allem, die junge Ehefrau psychisch unter Druck zu setzen. Es endet mit der Feststellung, *daß eine solche, zum Kinder gebären tüchtige Weibs-Person in itziger besten Blüte ihres Alters sich selbst ohne Not böser Brunst unterwürfig gemacht, und weil sie solches wissentlich und vorsätzlich getan, so ist sie derowegen von Sünden wider das Gewissen nicht entfreyt.*

Auf die erneut ausgesprochene Forderung nach sofortiger Annullierung der Ehe erklären der Kastrat und seine junge Frau, *daß sie sich lieber das Leben nehmen, als eins von dem andern sich scheiden lassen wollten.* Daraufhin werden sie vom Abendmahl ausgeschlossen.

Mittlerweile ist der «Fall Sorlisi» landesweit bekannt. Auch unaufgefordert beschäftigen sich einzelne Theologen und ganze Fakultäten mit dem Problem der Kastraten-Ehe, und das nicht mehr nur in Sachsen.

Aus dem preußischen Königsberg schicken der Dekan und die Professoren der theologischen Fakultät ein Gutachten, das die Ehe Sorlisis verteidigt: *Daß man dieser Ehe widersprechen, den Ehleuten Gewissens-Scrupel machen und auf die Trennung dringen wollte, auch so lang vom Abendmahl sie abhalten, bis sie getrennet werden, halten wir nicht allein für unbillig, sondern auch für ärgerlich,* tadeln sie mit klaren Worten ihre Kollegen in Dresden und Jena. Die Begründung für die Urteilsschelte aus Königsberg klingt selbst für heutige Ohren gewagt. Die Welt habe sich seit der Zeit, in der die Heilige Schrift aufgezeichnet wurde, geändert. In der heutigen Zeit, also im 17. Jahrhundert, sei die hauptsächliche Begründung für die Ehe *die Hintertreibung und Überwindung der fleischlichen Lüste. Es ist das menschliche Geschlecht genugsam ausgebreitet, daß man auf Vermehrung desselben nicht groß zu denken hat, daß also der Ehstand heutigen Tages vornehmlich ist ein Heilmittel gegen unstete Begierden.*

Auch das pragmatische Königsberger Gutachten beschreibt ausführlich die verschiedenen Arten der Kastration und die Folgen hinsichtlich des Sexuallebens. *Dieser etzliche sind nicht allein die Hoden, sondern auch die Samenstränge, daran sie hangen, verschnitten, ja etzlichen auch das Schamglied abgeschnitten. Die nur durchtrennte Samenstränge haben, sind bisweilen noch wohl tüchtig, nicht allein zum Koitus, sondern auch zur Zeugung. Die Verschnittenen aber auf die oberwähnte Art sind beides, zur Zeugung und zum Koitus untüchtig. Etzlichen aber sind bloß die Keimdrüsen weggeschnitten und die Samenstränge unverletzt gelassen, dieselben haben nicht allein Samenerguß, sondern auch eine erigierte Rute und können mit einer Frau verkehren, ja sie sind potenter und zum Geschlechtsverkehr geneigter, als die, die nicht verschnitten sind.*

Die Theologen aus Königsberg gehen nicht aus purem Voyeurismus so ausführlich auf die Liebesfähigkeit der Kastraten ein, sie wollen vielmehr das Sexualleben nicht einfach als Schweinkram abtun. Sie argumentieren, daß gerade die Tatsache, daß ein Kastrat eine Frau befriedigen kann, ihn auch zur Ehe tauglich macht. Damit bringen sie sich in einen ausdrücklichen Widerspruch zur katholischen Lehre. Papst Sixtus V. hatte 1586 jeglichen Geschlechtsverkehr zwischen einem Kastraten und einer Frau für unkeusch erklärt.

Das stehet zu beweisen, sagen dagegen die Königsberger Theologen, *daß sie darum unreine Umarmungen und Vereinigungen mit der Frau haben, weil ihr Samen unvollkommen ist.* Ganz ohne Einschränkung stimmen aber auch sie der Kastraten-Ehe nicht zu. *Die Lust, die außer der Ehe ihnen eine Tod-Sünde wäre, ist in dem Ehstand wegen der Trauung nach Gottes Ordnung ihnen eine läßliche Sünde. Nur allein müssen sie, weil die Eunuchen geneigter zum Geschlechtsverkehr sind, mehr als andere sich mäßigen, und bisweilen aus beider Bewilligung sich voneinander enthalten, daß sie zum Fasten und Beten Muße haben mögen. Auch immer mehr dahin trachten, daß sie endlich nicht als Mann und Frau, sondern als Bruder und Schwester, das ist ohne Vermischung bei einander wohnen mögen, doch mit beider Bewilligung, wie auch andere Eheleute dahin trachten müssen, denen ja mit den Jahren die Lust abnimmt.*

Auch ein Gutachten der Universität Greifswald in Pommern bestätigt die Rechtmäßigkeit der Ehe Sorlisis. Die Greifswalder begründen ihren Spruch mit der für den Kastraten nicht gerade schmeichelhaften Feststellung, auch die Ehe mit einem Mann, der Aussatz, Epilepsie oder andere unheilbare Krankheiten habe, werde ja anerkannt.

Zahlreiche Gelehrte fühlen sich jetzt aufgerufen, die vorliegenden Gründe und Gegengründe zu diskutieren. 1685, fast zwanzig Jahre nach dem «Fall Sorlisi», erscheint in Halle ein Buch mit dem Titel «Eunuchi Conjugium oder Die Capaunen-Heyrath – verschiedene Schriften und Gutachten über die Hochzeit zwischen einem Eunuchen und einer Jungfer», in dem all diese kurzen oder ausführlichen Gutachten auf immerhin 190 Seiten noch einmal vor der Öffentlichkeit ausgebreitet werden. Und der Grund für diese Veröffentlichung wird nicht pures wissenschaftliches Interesse gewesen sein. Vielmehr dürfen wir annehmen, daß der Herausgeber der Dokumente auf ein breites Interesse spekulierte.

Ein selbsternannter Gutachter schüttelt sich geradezu vor Ekel, daß er sich mit einer *Angelegenheit, in sich so unzüchtig und aufs äußerste skandalös*, beschäftigen muß. Seine Kollegen, die sich aus menschlicher Rücksichtnahme für den Fortbestand der Ehe ausgesprochen haben, beschuldigt er, daß sie obrigkeitshörige Speichellecker seien, die wider besseres Wissen dem Kurfürsten zu Gefallen ihr Urteil gesprochen haben, in der Hoffnung, für sich selbst daraus einen Vorteil zu ziehen. *Wiewohl der Richter selber gestehen muß, daß der Stand des Verschnittenen mit seiner Beischläferin Sünde sei, die Gott und alle heiligen Engel anstinkt, belustiget er sich dennoch an demselben als an wohlriechendem Balsam oder Mastix, unterwindet sich, ihn zu verteidigen und zu befördern. Vielleicht, weil er besorget, daß dem Könige mißfallen möchte, wenn er gleich andern diesen garstigen Gestank für Gestank ausrufen sollte. Eigentlich will der Herr Richter listige Füchse haben, die sich stellen sollen, als hätten sie den Schnupfen und könnten nichts riechen, nur daß sie der Hofsuppe genießen.*

Und dann legt er richtig los und erklärt, was er unter «christlichem» Handeln versteht. *Den Knüttel her und den Kitzel vertrieben. Das wäre gemäß dem Worte Gottes zu achten. Beide Personen sollten voneinander getrennet und alle die, so solches böses Werk praktizieren helfen, gestrafet werden, daß ihnen die Schwarte knackete. Und sind die Türken sorgfältig, die die Begierde des Eunuchen vollständig auslöschen, und nicht nur die Hoden sondern auch die ganze Geilheit mit dem Messer abzuschneiden pflegen.*

Aus den erhaltenen Dokumenten erfahren wir nur indirekt, wie Bartolomeo Sorlisi auf diese Beleidigungen reagiert hat. Als Kammerherr und Hofmusikus stand Sorlisi unter dem persönlichen Schutz des Kurfürsten. Seine Sicherheit war nicht gefährdet, er hätte alle Drohungen der Kirche einfach ignorieren können. Aber die öffentliche Diskussion hat weder ihn noch seine Frau unbeeindruckt gelassen. Unter wachsendem moralischem Druck von kirchlicher Seite gelobten die Eheleute schließlich, sich jeden Sexualverkehrs zu enthalten und als «Bruder und Schwester» zu leben. Doch auch das genügte den wütenden Moralisten nicht. Es bleibt für sie dabei, *daß solche Vermählung ein abscheulicher Mißbrauch, auch Spott und Verunehrung sei des jenigen Standes, welchen Gott für vollständige Mannes- und Weibes-Personen eingesetzt. Sollten Schmäh-Schriften über kurz oder lang herauskommen, würde niemand solchen begegnen können. Bliebe also dieses ein ewiger Vorwurf und Flecken, der sich nicht so bald auslöschen ließe: wie denn die Sache allbereit weltkundig genug ist.*

Nächst diesem, so ist diese Erklärung, sofern die beiden Personen trotzdem beisammen bleiben, fast ungläublich. Was für Brunst Kastraten leiden, ist aus ihrer eigenen Bekenntnis und öffentlichen Schriften bekannt. Ferner ist auch solche Beisammenlassung höchst schädlich. Finden sie sich wieder zusammen und Castratus beichtet es dem Priester, so kann dieser die Schuld niemand mehr zurechnen als denen, die solche Cohabitation nicht trennen. Und will also die Verantwortung dessen sein, der den Kindern spitzige Messer zu ihrer Verwundung lässet.

Bevor die kirchlichen Moralhüter mit ihrer Zermürbungskampagne Erfolg hatten, wurde die skandalöse Kastraten-Ehe durch den Tod geschieden. Bartolomeo Sorlisi starb, mit erst vierzig Jahren, am 3. März 1672. Er wurde im Kloster Osseg in Böhmen begraben. Seiner jungen Witwe hinterließ er ein beträchtliches Vermögen.

Im November desselben Jahres starb siebenundachtzigjährig auch Heinrich Schütz. Die Predigt beim Trauergottesdienst für den großen deutschen Kirchenkomponisten nutzt der Oberhofprediger D. Martin Geyer dazu, über den Verfall der Kirchenmusik zu klagen, den er auf den bei Hofe herrschenden italienischen Geschmack in der Musik zurückführt. Er regt sich auf *über die ungeistlichen, täntzerlichen, ja lächerlichen Singarten, so man in den Kirchen manchmahl zu hören bekömmt, da gewiß, so einer mit verbundenen Augen dahinein were geführet worden, er gäntzlich dafür halten sollte, er wäre auf einem teatro.* Und der Prediger eifert *absonderlich auch wider diejenigen, welche um der Stimme willen zu Unmännern sind gemacht worden, um welches schändlichen Mißbrauches willen der Kirche noch viel böses widerfahren müsse.* Sicherlich hat bei diesen Worten die frische Erinnerung an den Fall Sorlisi nachgewirkt.

Im katholischen Italien war eine Kastratenheirat natürlich noch unmöglicher als im protestantischen Sachsen. Die römischen Päpste haben sich, vielleicht gerade weil sie durch den Zölibat selbst offiziell zur Keuschheit und Ehelosigkeit verpflichtet waren, besonders intensiv mit Geboten und Verboten rund um Ehe und Sexualität befaßt. Jede Form von Sexualität außerhalb der Ehe war Sünde. Es hielt sich allerdings gerade in Italien, zumindest in der «besseren» Gesellschaft, niemand an diese Gebote, am allerwenigsten im 17. und 18. Jahrhundert in Rom die Kardinäle.

Ein Kastrat konnte nicht heiraten, aber es gab für ihn auch nicht die Möglichkeit, einfach eine «Ehe ohne Trauschein» zu führen. Ein Mann und eine Frau durften nicht im selben Haus wohnen, wenn sie nicht verheiratet waren. Da gab es nicht nur Gerede der Nachbarn, die Polizei schritt ein. Es ging nicht wirklich um die Moral. Der Schein mußte gewahrt werden. Hielt ein Mann eine Geliebte aus, durfte das ruhig jeder wissen. Aber die Frau mußte ihre eigene Wohnung haben. Da konnte ihr Liebhaber sie dann besuchen, so oft er wollte. Er konnte auch die Nacht bei ihr verbringen. Es wurde darüber getratscht, aber es wurde geduldet.

Wollte ein Kastrat diese scheinheilige Heimlichtuerei vermeiden, gab es für ihn keinen Ausweg. Er konnte seine Geliebte nicht heiraten. Deshalb hatte Salimbeni die Idee, seine Schülerin als Kastrat verkleidet nach Dresden zu bringen. Zwei Männer konnten zusammenleben.

Hin und wieder versuchte in Italien ein Kastrat, dem Dilemma des Eheverbots durch einen päpstlichen Dispens zu entgehen. *Es wird erzählt, einer dieser Halbmänner sei bei Papst Innozenz XI. um Heiratserlaubnis eingekommen, mit der Begründung, daß die Operation schlecht gemacht sei. Worauf der Papst an den Rand schrieb: «Che si castri meglio – Kastrier er sich besser»*, schreibt Charles de Brosses in seinem «Brief aus Italien über Schauspiele und Musik». Papst Innozenz XI. regierte von 1676 bis 1689. Er wurde in Rom «Papa Minga» genannt – «minga» heißt im Mailänder Dialekt «nein». Als er zum Papst gekrönt wurde, sang in der päpstlichen Kapelle der Kastrat Giovanni Francesco Grossi. Grossi war wie Antonio Bernacchi Schüler von Antonio Pistocchi. 1678 hat er in Venedig in Francesco Cavallis Oper «Scipione Africano» die Partie des Siface gesungen und das Publikum so begeistert, daß er fortan nach seiner Glanzrolle «Siface» genannt wurde. Mit 34 Jahren reiste er 1687 auf Einladung der englischen Königin zu einem Gastspiel nach London. Maria Beatrice, die Gemahlin Jakobs II. von England, war eine geborene d'Este, Schwester des Herzogs Francesco II. von Modena. Siface blieb fünf Monate in England, aber er scheint während seines Aufenthalts in London nie öffentlich aufgetreten zu sein. Anfangs weigerte er sich überhaupt zu singen, weil er von der Reise ermüdet sei, später wegen des schlechten Wetters. Er hatte in England nur wenige Auftritte im

Königspalast und in Privathäusern. Am 19. April 1687 vermerkt John Evelyn in seinem Tagebuch:

Ich hörte den berühmten Sänger, den Eunuchen Cifacca ⟨an anderer Stelle seines Tagebuchs nennt Evelyn Siface «Cifeccio»⟩, *den man für den besten in Europa hält. Tatsächlich ist es bewundernswert, wie er Töne aushält, sie an- und abschwellen läßt, mit einer unvergleichlichen Sanftheit und Süße. Ansonsten erschien er mir eher wie ein geiles, übermütiges, effiminiertes Kind, sehr spröde, voll stolzer Selbstüberschätzung. Er begleitete sich selbst sehr gut auf dem Cembalo. Es war vor einer kleinen Zahl auserlesener Zuhörer, die Herr Pepys, Sekretär der Admiralität und großer Musikliebhaber, in sein Haus eingeladen hatte. Es war gar nicht so leicht, diese besondere Gnade des Signor zu erhalten, der es verschmäht, sein Talent vor anderen als Prinzen zu zeigen.*

Tosi rühmt in seiner Gesangslehre Sifaces «rührend fließenden Gesang», in der 1743 erschienenen englischen Ausgabe merkt der Übersetzer Galliard an: *Siface war vor allen anderen berühmt wegen der einzigartigen Schönheit seiner Stimme. Seine Art zu singen war bemerkenswert schlicht, seine Kunst bestand vornehmlich in einem Messa di voce, darin einen Ton anzuhalten, und im Ausdruck. In Italien gibt es eine Redensart, daß ein guter Sänger 100 Vollkommenheiten brauche, und er hat in seiner schönen Stimme 99 davon.* Als Siface England verließ, komponierte Henry Purcell ein Cembalo-Stück, dem er den Titel «Sefauchi's Farewell» gab.

Zehn Jahre nach seinem England-Aufenthalt, am 26. Mai 1697, wurde Siface auf der Reise von Ferrara nach Bologna in seiner Kutsche von maskierten Reitern überfallen und erschossen. Graf Marsili aus Bologna hatte die Mörder gedungen, weil Siface mit einer verwitweten Verwandten eine Affäre hatte und trotz mehrfacher Drohungen von Seiten der Familie die skandalöse Liaison nicht beenden wollte. Agricola schreibt in einer Anmerkung zu Tosis Gesangslehre über Siface: *Von diesem ist, ausser dem, daß er ein guter Sänger gewesen, bekannt, daß er ohnweit Ferrara von einigen vermummten Personen, wahrscheinlicherweise wegen einer ausgeübten groben Impertinenz, auf der Reise umgebracht worden.* Es galt als grobe Impertinenz, wenn ein Kastrat zu lieben wagte. Siface war 44 Jahre alt, als er ermordet wurde.

Fast genau hundert Jahre nach Sorlisis Hochzeit hatte ein anderer Kastrat in Deutschland mit dem Antrag auf Eheerlaubnis mehr Glück, weil er weder in einem katholischen Land wohnte noch konservative protestantische Kirchenfürsten überreden mußte. Der Kastrat Filippo Finazzi, 1706 in Bergamo geboren, war seit 1728 mit verschiedenen Wandertruppen in Deutschland unterwegs. 1746 ließ er sich in Hamburg nieder, wo im selben Jahr seine Oper «Temistocle» aufgeführt wurde. In der Hansestadt gelang es ihm, sich mit verschiedenen Tätigkeiten im Musikbereich *zehn Jahre lang auf einem sehr anständigen Fuß zu unterhalten,* wie ein Dokument des Hamburger Magistrats feststellt. Finazzi trat zum protestantischen Glauben über und erwarb 1756 ein Landgut in dem Dorf Jersbek bei Bargteheide nördlich von Hamburg. Dort lebte er mit der Witwe Gertrud Steinmetz in wilder Ehe. Er sorgte für die Erziehung ihres Sohnes, ließ ihn in Hamburg die Schule besuchen. Als er sich beide Beine brach, pflegte ihn die Frau aufopferungsvoll. Wieder genesen, wollte er die Witwe offiziell zu seiner Frau machen. Der für ihn zuständige Pastor von Sülfeld weigerte sich aber, das Aufgebot anzunehmen, weil Finazzi ein Kastrat war. Die Angelegenheit kam am 2. April 1762 vor den Hamburger Senat. Das Sitzungs-Protokoll im Hamburger Staatsarchiv vermerkt: *Syndikus Schuback resümiert die Sache wegen der von Filippo Finazzi, einem 56järigen Eunucho gesuchten Erlaubnis, sich mit Gertrud Steinmetz copulieren zu lassen. Der Beschluß lautet, daß, wenn gedachter Finazzi bei einem oder anderen Landprediger kein Bedenken finden möchte, ihn nach geschehenem Aufgebot zu copulieren, sodann die Erlaubnis von demjenigen wohlweisen Landherrn, worunter derselbige Prediger stehet, zu erteilen sei.*

Am 21. April 1762 wurden Filippo Finazzi und Gertrud Steinmetz in Moorflet getraut. Allerdings hatte sich auch der Hamburger Senat aus der vollen Verantwortung gestohlen, indem er dem Kastraten aufgab, einen Pastor zu suchen, der keine Einwände gegen eine Kastratenehe vorzubringen wußte.

In Italien war auch im 18. Jahrhundert eine Kastratenehe ausgeschlossen. Es gab aber eine merkwürdige Sitte, die dort manchem Kastraten Ersatz für die Heirat bot. Eine verheiratete Frau von Stand hatte gewöhnlich einen offiziellen «Begleiter», den «Cicisbeo». Man nannte das auch «die galanten Beziehungen, die die Ehe ergänzen». Die englische Schriftstellerin Lady Montagu, die 1710 in London die «Nacktheit» Nicolinis beim Löwenkampf bewundert hat, erklärt in einem Brief aus Genua vom August 1718 diese in ihren Augen sehr merkwürdige aber auch sehr praktische Einrichtung:

Ich weiß nicht, ob Sie von dieser Form des Frauendienstes jemals gehört haben. Auf mein Wort, nichts als meine eigenen Augen hätten mich überzeugen können, daß es dergleichen auf dem Erdboden gibt. Die Mode ist jetzt in ganz Italien angenommen, wo die Ehemänner keineswegs solch fürchterliche Geschöpfe sind, als die man sie uns schildert. Es ist keiner unter ihnen so roh, eine Gewohnheit zu tadeln, die so gut eingeführt und mit so vieler Staatsklugheit begründet ist, denn man versichert mir, daß es zuerst ein vom Senat erdachtes Mittel war, dem Familienhaß, der den Staat zerrüttete, ein Ende zu machen und die jungen Leute zu beschäftigen, die zum Zeitvertreib sich genötigt sahen, einander die Hälse zu brechen. Wirklich hat die Maßnahme einen so guten Erfolg gehabt, daß seit der Einsetzung der Cicisbei nur Friede und muntere Laune unter ihnen herrscht, unter den jungen Edelleuten nämlich, die sich dem Dienst einer bestimmten Dame widmen (ich meine, einer verheirateten, denn die Mädchen sind alle unsichtbar und in Klöster eingesperrt). Diese Cicisbei sind verpflichtet, ihre Damen zu allen öffentlichen Veranstaltungen, also zu Schauspielen, Opern, Zusammenkünften (die man Conversaziones nennt) zu begleiten. Sie stehen hinter ihrem Stuhl, bewahren ihre Fächer und Handschuhe, und wenn die Dame spielt, haben die Cicisbei die Freiheit, mit ihr zu flüstern. Geht sie aus, so dienen sie ihr als Lakaien und traben ernsthaft neben ihrer Sänfte her. Dazu gehört, daß sie für jeden Tag, an dem ihre Dame in der Öffentlichkeit erscheint, ein Geschenk bereithalten und ja nicht ihren Namenstag vergessen. Kurz, sie müssen all ihre Zeit und all ihr Geld im Dienste ihrer Schönen verschwenden. Sie werden freilich auch dementsprechend belohnt (denn an Gelegenheit mangelt es nicht). Die Ehemänner aber sind nicht so unverschämt, dies alles für etwas anderes als rein platonische Freundschaft zu halten. Sie bemühen sich freilich, ihren Weibern selbst einen Cicisbeo zu wählen. Wenn dieser aber nicht nach dem Geschmack der Dame ist, wie es sich oft begibt, dann weiß sie es immer so zu wenden, daß sie einen nach ihrem Sinn bekommt.

Ein Kastrat war der perfekte Liebhaber. Es gab Frauen, die offen zugaben, Kastraten anderen Liebhabern vorzuziehen, weil sie bei ihnen keine unerwünschte Schwangerschaft zu befürchten hatten. Im 18. Jahrhundert galt dieser Effekt als der eigentliche Grund für die «Erfindung» der Kastration in der Antike. Wilhelm Heinse schreibt in einer Anmerkung seiner 1773 in Rom erschienenen deutschen Übersetzung des «Satyrikon» von Petronius: *Semiramis soll zuerst die Verschneidung schöner Knaben erfunden haben, um sie zur Liebe zu gebrauchen. Daß diese Art von Liebe hauptsächlich von den Persern herkomme, und daß sie bey ihnen öffentlich erlaubt gewesen, ist aus vielen alten Autoren bewiesen.* Der Text des Petronius, zu dem Heinse diese Anmerkung macht, lautet in Heinses Fassung:

Nach persischem Gebrauch stielt man den Knaben,
Wann sie zur Jugend reifen, ihre Mannheit,
Und quetscht der Bräute süsse Frucht mit Eisen,
Verheerend die Natur zur glatten Wollust!
Zur Hure wird der Knabe ietzt geschaffen,
Und weichlich ohne Nerven muß er wandeln!
Die Haare flattern düfftend um den Nacken!

Eine grausige Vorstellung von der sagenhaften babylonischen Königin, die auch eine beliebte Operngestalt war: um sich hemmungslos dem Sex hingeben zu können, ohne eine Schwangerschaft fürchten zu müssen, hätte sie den schönsten Knaben die Hoden zerquetschen lassen.

In einer Buchbesprechung schreibt Friedrich Wilhelm Marpurg 1754 in seinen «Historisch-Kritischen Beyträgen zur Aufnahme der Musik»: *Dem Mutiren der männlichen Stimme pfleget man in Italien auf eine das Recht der Natur frevelhaft beleidigende Art, durch das Castriren zuvorzukommen. Ehe dasselbe aufkam, bediente man sich, wie Pignorius schreibet, gewisser eherner Ringe, um diejenigen, die diese Keuschheitsinstrumente trugen, von Ausschweifungen abzuhalten, und sie dadurch vor der Verderbung der Stimme zu bewahren. Das Castriren aber hat nach dem Bericht Herodians und Dionis etwan zum Anfange des dritten Jahrhunderts nach Christi Geburt, unter dem römischen Kayser Severus, auf Angaben seines Lieblings Plautinus, der die schönsten Knaben in Rom aufsuchen, und zum Dienste der Kayserlichen Capelle, verschneiden ließ, seinen Ursprung genommen.*

Dagegen war die Praxis des 18. Jahrhunderts geradezu human. Vor dem Ehemann seiner Geliebten mußte sich ein Kastrat nicht in acht nehmen. Der fand sich mit dem Liebhaber seiner Frau ab. Er war vielleicht insgeheim sogar froh, die lästige Pflicht los zu sein, seine Frau auszuführen und unterhalten zu müssen. Der Liebhaber jedoch duldete keinen Rivalen, wachte über seine Rechte eifersüchtiger als ein Ehemann. Kam ihm jemand ins Gehege, reagierte er mit der ganzen Leidenschaft, deren ein Mittelmeer-Macho fähig ist. Wenn er den Nebenbuhler nur von bezahlten Schlägern verprügeln ließ, kam der noch glimpflich davon. Vielleicht arrangierte er auch einen Unfall, der durchaus tödlich verlaufen konnte.

In der zweiten Hälfte des 18. Jahrhunderts war der Kastrat Gasparo Pacchierotti einer der besten italienischen Sänger. Er wurde 1744 geboren, im selben Jahr, in dem Casanova den falschen Bellino kennenlernte. Arteaga nennt ihn in seiner Geschichte der italienischen Oper den «pathetischen» Pacchierotti, und er versteht das als Lob. Bezeichnend für seinen gefühlvollen Gesang ist eine Anekdote, die Stendhal erzählt und die sich 1785 in Rom abgespielt haben soll. Pacchierotti sang in einer Oper seines Lehrers Ferdinando Bertoni, der im selben Jahr mit sechzig Jahren Erster Kapellmeister von San Marco in Venedig wurde:

Auf einem der ersten Theater Roms führte man Metastasios «Artaserse», mit der Musik von Bertoni auf. Wenn ich nicht irre, war es der unvergleichliche Pacchierotti, der die Rolle des Arbace sang. Als man bei der dritten Aufführung zu der berühmten Gerichtsszene kam, wo der Komponist einige Instrumentaltakte auf die Worte «Eppur son innocente – ich bin unschuldig» folgen läßt, waren die Musiker von der Schönheit der Situation, der Musik, dem Ausdruck des Sängers so hingerissen, daß Pacchierotti, kaum daß er diese Worte ausgesprochen hatte, bemerkte, daß das Orchester schwieg. Ungeduldig blickt er zum Kapellmeister hinunter. «Nun! was treibt ihr denn?» Dieser, wie aus einer Ekstase aufgescheucht, antwortet schluchzend ganz naiv: «Wir weinen!» In der Tat hatte kein Musiker an seinen Einsatz gedacht und alle hatten ihre tränenvollen Augen auf den Sänger gerichtet.

Der Grund, warum wir im Zusammenhang mit den Liebschaften der Kastraten diesen Sänger vom Ende des Jahrhunderts erwähnen, ist eine Geschichte, die sich 1776 in Neapel abgespielt haben soll, als Pacchierotti zweiunddreißig Jahre alt war. Damals wirkte in Neapel der deutsche Komponist Giuseppe Schuster. 1748 in Dresden geboren, war er nach Musikunterricht in seiner Heimatstadt beim dortigen Kapellmeister Johann Adolf Hasse mit siebzehn Jahren nach Italien gegangen, um sich in Bologna beim «Musikpapst» Padre Martini im italienischen Stil zu vervollkommnen. Er wurde ein erfolgreicher Opernkomponist und durfte sich mit dem Titel «Komponist des Königs von Neapel» schmücken.

Der englische Sänger Michael Kelly, der drei Jahre nach dem geschilderten Vorfall in Neapel studierte, erzählt:

*Schuster, ein sehr junger Komponist, Schüler des bekannten
Hasse, kam aus Dresden nach Neapel, um im Auftrag des Teatro
San Carlo eine Oper für den Kastraten Pacchierotti zu schreiben.
Man wählte als Libretto Metastasios «La Didone abbandonata –
Die verlassene Dido». Die Oper war sehr erfolgreich, besonders das
Rondo des Aeneas «Io ti lascio, e questo addio – Ich lasse dich und
sage dir Lebewohl», das Pacchierotti himmlisch sang. «Dido» hatte
immer ein volles Haus, der Magnet war das Rondo.*

*Offenbar hatte Pacchierotti mit seinem Gesang ein Feuer in der
Brust der Marchesa Santa Marca entfacht. Sie war eine der schönsten Frauen am Hof von Neapel. Man sagte ihr nach, daß sie sehr
zugänglich war und daß sie sich hoffnungslos in den frommen
Aeneas verliebt hatte, der seinerseits ihre Liebe aufrichtig erwiderte. So schön dies für die beiden war, so wenig Gefallen fand
daran ein gewisser Cavaliere Ruffo, der der «cavalier servente» der
Marchesa gewesen war, aber nun durch das Rondo ganz und gar
fallengelassen wurde.*

*Er fand sich nicht damit ab, seine Geliebte an diese Melodie ver-
loren zu haben, und als er eines Abends Pacchierotti auf dem Molo,
der eleganten Promenade der Neapolitaner am Meer, begegnete,
überschüttete er ihn mit Schimpfworten und wurde sogar hand-
greiflich. Pacchierotti zog seinen Degen, und da er ein ebenso guter
Fechter wie Sänger war, verwundete und entwaffnete er den Cavaliere. Dieser berichtete den Vorfall sofort Marchese Sambucco,
dem Minister, der die Sache dem König vortrug. Seine Majestät ge-
ruhte, Pacchierottis Verhalten zu billigen, und dem Cavaliere wurde
bedeutet, wenn er noch einmal gewalttätig würde, hätten er und
seine Familie es mit dem Verlust ihrer Stellung bei Hofe zu büßen.
Dies war ein klares Wort, und die Affäre war beendet. Aber
Pacchierotti, der in beständiger Furcht vor Ermordung lebte, nahm,
obwohl für zwei Spielzeiten engagiert, am Ende der ersten seinen
Abschied. Und als er zum letzten Mal Aeneas sang, ließ er die schöne
Marchesa die Rolle der Dido in der Wirklichkeit einnehmen.*

Der König, der für den Kastraten und gegen den neapolitanischen Liebhaber entschied, war Ferdinand, der zweite Sohn Karls
III. Er regierte Neapel in der Nachfolge seines Vaters seit 1759.

Drei Jahre nach diesem Vorfall ging Pacchierotti nach England.
Charles Burney hat ihn in London häufig in Hauskonzerten gehört,

in denen Pacchierotti auch Tenor-Arien in der originalen Tonlage gesungen hat. Seine Stimme hatte eine ungewöhnliche Tiefe, sie reichte bis zum tiefen b. Burney erzählt von Pacchierotti: *Er hatte keine besonders robuste Gesundheit und seine Brust war den plötzlichen rauhen Attacken unseres Klimas nicht gewachsen. Er hat zwar niemals eine Opernvorstellung abgesagt, aber seine Stimme litt doch gelegentlich unter leichten Indispositionen, wenn ihn Erkältungen befielen, vor denen auch die derbsten Eingeborenen nicht sicher sind.*

Als Joseph Haydn sich 1790 für längere Zeit in London aufhielt, war Pacchierotti wieder in England. Am 18. Februar sang er in einem Konzert Haydns Kantate «Ariadne auf Naxos». Die Komposition und Pacchierottis Interpretation lösten so große Begeisterung aus, daß die Kantate in der Saison mehrfach wiederholt werden mußte. Der «Morning Chronicle» schreibt am 23. Februar 1790:

Die musikalische Welt zeigt sich überwältigt von einer Komposition, die Haydn geschaffen hat. Man redet über nichts anderes, man will nichts anderes hören als Haydns Cantata. Sie wurde zum erstenmal Freitag abend im «Ladie's Concert» bei Mrs. Blair, Portland Place aufgeführt. Sie ist für Cembalo- oder Harfenbegleitung geschrieben, ohne weitere Instrumente, und wurde von Haydn selbst aufgeführt, gesungen hat Pacchierotti. Sie hat überreiche dramatische Modulationen und ist in ihren traurigen Passagen so erregend, daß das Publikum bewegt dahingeschmolzen ist. Alle sprechen von ihr mit Entzücken, und Haydns Cantata wird deshalb in diesem Winter das musikalische desideratum sein.

Haydn hat nur sehr wenige Kompositionen für eine Kastraten-Stimme hinterlassen, Pacchierotti hatte nach Meinung des «Morning Chronicle» in England nie einen größeren Erfolg als in Haydns «Ariadne». Ob der Sänger, als er die Klagen der von Theseus verlassenen Ariadne sang, daran gedacht hat, daß er 1776 in Neapel seine Geliebte zur verlassenen Dido gemacht hatte?

Pacchierotti hatte sich in Neapel mit der Rolle des Liebhabers zufriedengegeben, und das bedeutete, des Liebhabers auf Zeit. Genügte das einem Kastraten, hatte er außer von einem eifersüchtigen Rivalen nicht viel zu befürchten. Ganz anders sah es aus, wenn er sich wirklich verliebte. Wenn er, wie jeder andere junge Mann, um ein unverheiratetes Mädchen warb. Dann war er für die Eltern oder Brüder plötzlich nicht mehr der umschwärmte Bühnenstar, sondern ein Monstrum. Galanterie war einem Kastraten in jeder Form erlaubt. Wirklich zu lieben, gar noch wiedergeliebt zu werden, war ihm verwehrt.

In Wien blieb den Kastraten nicht einmal wie in Italien der Ausweg einer Liebschaft. 1751 führte die Kaiserin Maria Theresia eine «Keuschheitskommission» ein, eine Sittenpolizei, die Frauen ausspionierte, die im Verdacht standen, «Unzucht» zu treiben. Die Keuschheitskommission beobachtete nicht nur Prostituierte. Jede Form von «illegitimer» Liebe wurde gnadenlos verfolgt. Überführte Frauen (natürlich nur die Frauen) wurden nach Temeşvar im heutigen Rumänien deportiert. «Wasserschübe» nannte man in Wien diese Deportationen, die bis 1769 zweimal jährlich im Mai und Oktober erfolgten.

Mozart heiratete im August 1782 Hals über Kopf Konstanze Weber, weil er Angst hatte, ihre Mutter könnte ihm die Polizei ins Haus schicken. Am 2. August schreibt er an die Baronin von Waldstädten: *Die Magd hat mir etwas anvertraut, welches, wenn ich schon nicht glaube, daß es geschehen könnte, weil es eine Schande für die ganze Familie wäre, doch möglich wäre, wenn man die dumme Madame Weber kennt, und mich folglich doch in Sorge setzt. Die Sophie* (Konstanzes Schwester) *ist weinend gekommen, und da sie die Magd um die Ursache fragte, so sagt sie: sage sie doch heimlich dem Mozart, daß er machen soll, daß die Konstanze nach Hause geht, denn meine Mutter will sie absolument mit der Polizei abholen lassen. Darf denn hier die Polizeiwache gleich ein in jedes Haus? Wenn das aber geschehen könnte, so wüßte ich kein besser Mittel, als die Konstanze morgen frühe, wenns sein kann, heute noch, zu heiraten. Denn dieser Schande möchte ich meine Geliebte nicht aussetzen. Und meiner Frau kann das nicht geschehen.*

Erst Anfang des 19. Jahrhunderts unter Kaiser Franz II. wurde die Keuschheitskommission abgeschafft.

Die vorhandene oder verlorene Sexualität der Kastraten war ein Gegenstand permanenter Spekulation. Niemand wußte genau, wie die Operation durchgeführt wurde, ob überhaupt etwas und was dann genau abgeschnitten wurde. Denn man redete nicht über so etwas, und das hieß natürlich, man redete besonders intensiv darüber, aber nur im Flüsterton, hinter vorgehaltener Hand. Gerüchte machten die Runde, jeder wußte etwas anderes, aus sicherer Quelle, versteht sich. Keiner wußte es wirklich. Von den sonderbaren Geschichten, die in Italien die Runde machten, erzählt die kurioseste der deutsche Reisende Johann Wilhelm Archenholtz.

Es ereignete sich in Neapel vor wenig Jahren mit einem Sänger namens Balani ein sehr sonderbarer Zufall. Dieser Mensch kam auf die Welt ohne sichtbare Zeichen derjenigen Theile, die bei der Castrirung ausgenommen werden. Man hielt ihn also für einen geborenen Castraten; ein Gedanke, der durch seine Stimme bestätigt wurde. Er lernte die Musik, und sang einige Jahre auf den Theatern mit Beyfall. Eines Tages aber griff er sich bei der Vorstellung einer Oper in seiner Arie ungewöhnlich an, durch welche Anstrengung dann auf einmal die Natur die bisher verborgenen Theile herausschlüpfen ließ. Sie nahmen den für sie eigentlich bestimmten Ort ein, und von dem Augenblicke an, noch während dem Singen, verlor sich die Stimme, und mit ihr alle seine Aussichten zum künftigen Unterhalt.*

Archenholtz scheint diese Geschichte, die seinem neapolitanischen «Cicerone» ein gutes Trinkgeld eingebracht haben mag, tatsächlich geglaubt zu haben. Ähnliche Geschichten waren in großer Zahl in Umlauf. 1764 stellte der damals achtundzwanzigjährige Kastrat Giusto Ferdinando Tenducci dem verblüfften Casanova im Londoner Covent-Garden Theater *seine Ehefrau vor, von der er zwei Kinder hatte. Er lachte über die Leute, die behaupteten, er könne als Kastrat keine Nachkommenschaft haben. Er erzählte, ein dritter Hoden, den man ihm nicht wegoperiert habe, genügte ihm, um seine Manneskraft zu beweisen. Natürlich seien seine Kinder legitim, und er erkenne sie auch als solche an.*

Zwei Jahre nach der Begegnung mit Casanova machte Tenducci großen Skandal, als er bei einem längeren Gastspiel in Irland eine sechzehnjährige Gesangsschülerin entführte und heiratete. Sie verließ ihn allerdings schon bald nach der Hochzeit und veröffentlichte ein pikantes Buch über ihre Ehe mit einem Kastraten. Sie berichtet darin über ihren Mann: *Tenducci wurde in Siena geboren. Er ist jetzt vierzig Jahre alt und wurde im Alter von neun Jahren seiner Mannheit beraubt, und zwar erlitt er die Kastration nach der italienischen Methode, wodurch er unfähig zum Akte der Zeugung und folglich zur Vollziehung der Ehe wurde. Tenducci wurde vor acht Jahren in die Familie meines Vaters, eines Advokaten in Dublin, eingeführt, um mich im Gesang zu unterrichten. Es wurde ihm nicht schwer, meine Unerfahrenheit auszunützen. Wir verheirateten uns heimlich mit Hilfe eines alten katholischen Priesters und entflohen ebenso heimlich. Bei der Ankunft in Italien sagte Tenducci, daß ich eine ihm von den Eltern anvertraute Schülerin*

sei. Er hütete sich wohl, von einer Heirat zu sprechen, da es ein Ge-
setz in Italien gibt, welches den verheirateten Kastraten zum Gal-
gen verdammt.

Ungefähr fünfzig Jahre nach Tenduccis heimlicher Ehe besang
in London ein Kastrat in einem Rezitativ «il mio casto amor –
meine keusche Liebe», und ein Witzbold rief von der Galerie dazwischen: «What else could it be – Wie sollte sie auch sonst sein».
Er hatte zwar die Lacher auf seiner Seite, lag aber total falsch.
Wenn ein Kastrat in einer Arie von der Liebe sang, redete er nicht
wie der Blinde von der Farbe. Die Liebe eines Kastraten mußte
durchaus nicht keusch sein.

Die siebzehn-, achtzehnjährigen Bürschchen, die im 18. Jahrhundert in Rom als Frauen auftraten, waren sehr verführerisch. Sie
waren irgendwie geschlechtslos, aber sie waren durchaus nicht
asexuell. Sie waren eher noch aufreizender als «richtige» Männer
oder richtige Frauen. Irgendwie waren sie ja beides. Die Frau, die
sich in einen jungen Kastraten verliebte, konnte ihr schlechtes Gewissen damit beruhigen, daß es ja eigentlich eine ganz unschuldige
schwesterliche Liebe sei. Und der Mann, der einem Kastraten
nachstellte und sich selbst seine homosexuellen Neigungen und
Sehnsüchte nie eingestanden hätte, redete sich ein, daß ihn ja nur
das Weibliche an ihm reize.

Der Franzose Charles de Brosses schreibt 1740 in einem seiner
Briefe aus Italien über die jungen Kastraten: *Die Herren Hämlinge*
⟨ein altes deutsches Wort für «Kastrat»⟩ *sind recht hübsche und
höchst anspruchsvolle Herrchen, die ihre Effekten nicht um ein
Butterbrot verkauft haben. Sie bekommen Hüften, Rückenende,
Brust, Arme und Hals voll und rundlich wie Weiber. Es gibt recht
hübsche Kerlchen darunter, sie benehmen sich geckenhaft und sind
wohlgelitten bei den schönen Damen, die sich, so klatscht man, um
ihre unerschöpfliche Potenz förmlich reißen sollen, denn sie bringen schon noch was fertig.*

Nicht alle jungen Kastraten, die in Rom eine Karriere als Sänger
versuchten, hatten Erfolg auf der Bühne. Die weniger Erfolgreichen wurden schnell zum Freiwild für die, die im Theater
hauptsächlich sexuelle Abenteuer suchten, Frauen wie Männer.
Und den Kastraten wurde nachgesagt, daß sie da keinen so großen
Unterschied machten.

23

Glucks erster Orpheus

1730 hatte der sechzehnjährige Kastrat Gioacchino Conti das für
einen Kastraten übliche Debut in Rom. Mit acht Jahren war der
sehr jung kastrierte Knabe nach Neapel zum Gesanglehrer Domenico Gizzi gebracht worden, der ihn in sein Haus aufnahm und
sieben Jahre ohne Entgelt unterrichtete. Aus Dankbarkeit nannte
sich Gioacchino Conti nach seinem Lehrer «Gizziello». Domenico
Gizzi, 1680 geboren, war ein Mitschüler Porporas am Conservatorio di Sant'Onofrio in Neapel. 1720, als Porpora zum erstenmal
seinen Schüler Farinelli präsentierte, gab Gizzi das Komponieren
auf, um nur noch als Gesanglehrer zu arbeiten. Gelegentlich trat er
in den zwanziger Jahren auch als Tenor auf. Sein Schüler Gizziello
avancierte in Rom schnell zum Publikumsliebling. Der vier Jahre
ältere Caffarelli war zu dieser Zeit der erste Sänger in Neapel.

*Als Gizziello das erstemal in Rom sang, bezauberte sein Singen
dergestalt seine Zuhörer, daß er der allgemeine Gegenstand aller
Gespräche ward, welches dann nicht allein seinen Ruhm über diese
Stadt verbreitete, sondern ihn auch bis an die entferntesten Gren-
zen Italiens trug. Man kann sehr natürlicherweise voraussetzen,
daß die Nachricht von dieser neuen musikalischen Erscheinung
bald Neapel erreichte. Und ebenso natürlicherweise kann man sich
einbilden, daß man solche an einem Orte, wo ein so mächtiger
Hang zu musikalischen Ergötzlichkeiten herrscht, nicht mit Gleich-
gültigkeit hörte. Caffarelli, der damals auf dem höchsten Gipfel seines Ruhmes stund, ward dergestalt von der Neugierde, vielleicht
auch vom Neide gereizet, daß er die erste Gelegenheit, da man ihn
in der Oper von Neapel missen konnte, wahrnahm, die ganze
Nacht durch Post zu fahren, um die Oper zu Rom zu hören. Er ging
ins Parterre und vermummte sich in seinen Pelz, daß ihn niemand
kannte, und nachdem er Gizziello eine Arie singen gehört hatte,
rufte er so laut, als er nur konnte: «Bravo, Bravissimo! Gizziello, è
Caffarello che ti lo dice – Es ist Caffarelli der dir Beifall zuruft».
Und damit verließ er augenblicklich das Theater, setzte sich in die
Kutsche und fuhr denselben Abend wieder nach Neapel zurück.*

Diese Geschichte wurde Charles Burney bei seinem Aufenthalt in
Wien im September 1772 vom dortigen kaiserlichen Hofmedicus
L'Augier erzählt. Sie spielte sich, wenn sie denn wahr ist, 1731 ab.

Vielleicht hat Caffarelli den jungen Sänger sogar nach Neapel empfohlen, denn noch im selben Jahr wurde Gizziello in die Hauptstadt des süditalienischen Königreichs engagiert. Der österreichische Vizekönig von Neapel, Graf Alois Harrach, hatte den Auftrag, den Wiener Hof über neue Sänger zu informieren. Im Februar 1732 berichtete er seinem Kaiser von Gizziello. Schon im Mai wurde daraufhin der Kastrat für September nach Wien befohlen. Der Impresario der neapolitanischen Oper fürchtete um seine Kasse, wenn er seinem Publikum Gizziello nicht mehr präsentieren könnte. Er setzte durch, daß die Abreise des Kastraten um eine Saison verschoben wurde.

Von Wien ging Gizziello nach London. Am 5. Mai 1736 debutierte er in einer Wiederaufnahme von Händels Oper «Ariodante». Bei einer Probe hörte er zum erstenmal seinen Kollegen und Konkurrenten, den Ersten Sopran der Adelsoper, Farinelli. Nach der ersten Arie Farinellis soll der zweiundzwanzigjährige Gizziello in Tränen ausgebrochen und sogar in Ohnmacht gefallen sein, völlig verzweifelt, daß er nie mit solcher Vollkommenheit würde singen können. Zusammen mit dem Kastraten Domenico Annibali stand er ein Jahr später in Händels Oper «Giustino» auf der Bühne. Gizziello sang den Kaiser Anastasio. Sein letzter Auftritt in London, in Händels Oper «Berenice», war am 15. Juni 1737, vier Tage nachdem Farinelli seine Abschiedsvorstellung gegeben hatte.

Als etwas mehr als zehn Jahre später, nach dem Tod Philipps V., Farinelli in Madrid eine ständige Operntruppe zusammenstellte, erinnerte er sich an Gizziello und engagierte ihn 1749 als seinen Ersten Sänger nach Spanien. Bei den privaten Kammerkonzerten für König Ferdinand, den einzigen Gelegenheiten, bei denen Farinelli noch sang, soll Gizziello einmal mit dem von ihm so verehrten großen Kollegen eine Kantate gesungen haben.

1752 wurde Gizziello als Operndirektor und Erster Sänger nach Lissabon berufen, sicherlich auf Empfehlung der spanischen Königin Maria Barbara, die eine portugiesische Prinzessin war. In Portugal war, wie im Kirchenstaat, Frauen der Auftritt im Theater verboten. Deshalb waren an der Lissaboner Oper besonders viele Kastraten engagiert. Caffarelli sang in Lissabon, auch Giovanni Manzuoli, dem wir später bei Gluck und Mozart begegnen werden.

Ein paar Jahre früher, um 1745, sah Carlo Goldoni in Lucca einen etwa zwanzigjährigen Kastraten, dem nachgesagt wurde, er spiele den Liebhaber nicht nur auf der Bühne. Sein Name war Gae-

Gizziello

wahrscheinlich als Arbace in «Artaserse» von A.G.Pampani
im Teatro San Giovanni Grisostomo in Venedig 1750;
Federzeichnung von Antonio Maria Zanetti, Fondazione Cini, Venedig

tano Guadagni. Außer dem unwiderstehlichen Eindruck, den Guadagni auf Frauen machte und den daraus sich entwickelnden zahlreichen Amouren hatte er eigentlich nichts von einem typischen
Kastraten. Er trat nicht unter einem Künstlernamen auf, war nie
Schüler in einem Konservatorium gewesen, hatte bei keinem berühmten Gesanglehrer Italiens studiert. Sein Theaterdebut hatte
er nicht in einer Frauenrolle, und er trat auch nicht an den großen
Opernhäusern auf. Guadagni war Mitglied einer Wandertruppe,
die durch Norditalien tingelte und komische Opern aufführte. Mit
dieser Truppe kam er 1748 nach England. Dort fiel er bald durch
seine schöne Stimme und sein gutes Aussehen auf. Händel enga-

gierte ihn für Aufführungen seiner Oratorien. Guadagni sang auch in englischen Opern, denn die italienische Oper war in London ein wenig aus der Mode gekommen. Eine Opernaufführung in der Landessprache verlangte eine natürlichere Darstellung auf der Bühne als die stereotype und deshalb oft steife italienische opera seria. Der englische Schauspieler David Garrick interessierte sich für Guadagni, half ihm bei der Einstudierung seiner Rollen. Garrick war mit etwas über dreißig Jahren der berühmteste Schauspieler Englands. Er hatte sich besonders als Darsteller von Shakespeare-Gestalten einen Namen gemacht. 1747, im Jahr vor Guadagnis Ankunft in London, hatte er die künstlerische Leitung des Drury Lane Theaters übernommen. In kurzer Zeit machte er es zum besten Theater des Königreichs. Mit Garricks Hilfe wurde aus Guadagni ein «singender Darsteller».

Der Ruhm des Lissaboner Kastraten-Ensembles zog Guadagni in die portugiesische Hauptstadt. In Lissabon wurde er Gizziellos Gesangsschüler. Der Unterricht war die erste klassische Gesangsausbildung des inzwischen bereits siebenundzwanzigjährigen Guadagni. Wie Garrick aus ihm einen großen Schauspieler gemacht hatte, machte Gizziello aus Guadagni einen perfekten Sänger.

Noch vor dem großen Erdbeben von 1755 verließ Guadagni Lissabon. Auf dem Weg nach Italien machte er Station in Paris, trat in den sogenannten Geistlichen Konzerten, den Concerts spirituels, auf. In Paris hatte er eine Affäre mit der vierundzwanzigjährigen italienischen Schauspielerin und Sängerin Anna Marina Veronese, die sich Coralina nannte. Coralina war damals die offizielle Geliebte des Prinzen von Monaco, Honoré Graf von Grimaldi. Guadagni nahm bei ihr den Platz ein, den vor ihm für einige Wochen Casanova innegehabt hatte. Der erzählt in seinen Memoiren:

Ein venezianischer Sänger namens Guadagni, schön, tüchtig in seiner Kunst und geistvoll, wußte sie drei Wochen nach meinem Bruch mit ihr für sich zu gewinnen. Der schöne Jüngling, der nur den äußeren Anschein der Manneskraft besaß, machte sie neugierig und wurde schuld an ihrem Bruch mit dem Prinzen, der sie auf frischer Tat ertappte.

Vielleicht geht eine Anekdote, die Forkel in seinem «Musikalischen Almanach auf das Jahr 1783» berichtet, auf diese Affäre zurück: *Unter die Merkwürdigkeiten von dem berühmten Sänger Guadagni gehört auch diese, daß er einmal einen König im Vorzimmer auf sich warten ließ. Er war nemlich mit seiner Maitresse allein, als man ihm sagte, Ihro Majestät sey im Vorzimmer, worauf er kaltblütig antwortete: che aspetti, quando avro finito, entrera ⟨er soll warten; wenn ich fertig bin, mag er hereinkommen⟩.*

Guadagni kehrte 1755 nach Italien zurück, und jetzt boten ihm die Opernhäuser seines Heimatlandes die ersten Rollen an. Im Ausland war er nicht nur zu einem großen Sänger und Darsteller herangereift, er hatte sich auch den Hochmut und die Allüren eines «primo uomo» angeeignet. Der Komponist Dittersdorf, der in seinen Lebenserinnerungen die Geschichte vom Papagei der Tesi erzählt hat, kannte Guadagni sehr gut. Dittersdorf teilt eine andere Anekdote über Guadagni mit, die sich in Venedig abgespielt haben soll, als der Sänger dreißig Jahre alt war. Guadagni hat sie während seines späteren Wiener Aufenthalts immer wieder zum besten gegeben.

In einer Oper, die das venezianische Publikum ganz besonders interessierte, und worin Guadagni bereits drei Mal mit allem Glanz seiner Kunst als Sänger und Akteur aufgetreten war, fiel es ihm ein, wegen eines Streites, den er mit dem Impresario gehabt hatte, ihm zum Possen sich zu vernachlässigen, in der Absicht, das Stück total a terra ⟨zu Fall⟩ zu bringen. Bei der vierten Vorstellung also sang und agierte er schlechter als ein Schulknabe. Das Publikum, in der Meinung, er sei krank, ließ das so hingehen. Allein, der Impresario sorgte dafür, daß der wahre Grund davon bekannt wurde. Guadagni sang bei der fünften Vorstellung womöglich noch schlechter. Aber nach dem ersten Akte kamen zwei Abgeordnete auf das Theater und bedeuteten ihm im Namen des Publikums, daß es bei seinen Händeln nicht leiden könne und ihn also recht sehr bitten ließe, er möchte seine Schuldigkeit tun. Mit stolzem Lachen nahm er die Adresse auf und agierte im zweiten Akt womöglich noch schlechter. Die Deputation kam mit den Worten wieder: Das Publikum ließe ihm befehlen, im dritten Akte seine Schuldigkeit zu tun, sonst werde er sich unerwartete Unannehmlichkeiten zuziehen. – «Solche Drohungen verachte ich», antwortete der hochmütige Kastrat; «was ich nicht freiwillig tun will, dazu soll mich keine Gewalt in der Welt zwingen.» Statt zu singen, heulte er; statt zu agieren, stand er unbeweglich da.

Wer würde nicht geglaubt haben, daß ihn das Publikum, wie es sonst gewöhnlich war, mit faulen Äpfeln und Zitronen von der Bühne herunterjagen würde! Wider alles Vermuten blieb es die Vorstellung über ganz ruhig.

Aber als Guadagni nach geendeter Oper noch in seinem Thea-
teranzug, über den er einen Mantel geworfen hatte, in eine Gondel
steigen wollte, ward er von vier vermummten Kerlen ergriffen und
mit verbundenen Augen in eine Schenke geschleppt. Er fand sich
endlich in einem gemeinen, wiewohl reinlichen Zimmer, worin ein
Bett stand. Zwei von den vermummten Leuten blieben bei ihm.
Nach einer Weile kamen noch andere, die einen mit gutem Abend-
essen besetzten Tisch hereinbrachten. Der Kastrat, hungrig wie er
war, machte keine großen Umstände, setzte sich und wollte essen;
aber «nicht angerührt, mein Herr!» rief ihm eine Dominomaske ent-
gegen. «Nur unter der Bedingung, wenn Sie singen, essen Sie, sonst
nicht!» Guadagni weigerte sich; die Maske befahl, den gedeckten
Tisch fortzutragen und – ging ihres Weges.

Am folgenden Mittag wie gestern. Guadagni sang nicht, und Ta-
fel und Speisen wurden wieder forttransportiert. So dauerte das
zwei ganze Tage. Am dritten Tage aber ward eine gar zu
anlockende Suppe aufgetragen, und der ausgehungerte Machtha-
ber vermochte nicht mehr zu widerstehen. «Ehe ich verhungere»,
rief er aus und wollte zulangen, «will ich doch lieber singen.» – «Das
ist nicht genug, mein Herr!» fiel die Maske ein, «auch gut, auch
ganz vortrefflich singen müssen Sie und – agieren obendrein, sonst
geht alles wieder zur Tür hinaus.» Was war zu machen? Herr Gua-
dagni bequemte sich, sang mit aller angemessenen Aktion, und bei-
des so gut, als wäre es mit der größten Kunstliebe geschehen.
«Bravo! Bravissimo!» riefen die sämtlichen vermummten Kunst-
richter und klatschten rasch in die Hände. Die Maske setzte
sich zu ihm an den Tisch und beide ließen es sich herrlich
schmecken.

«Sehen Sie, mein wertester Freund», sagte nun die Maske nach
aufgehobener Tafel, «wie das so geht. Erst behaupteten Sie, keine
Gewalt in der Welt würde Sie zwingen; und nun hat das Publikum
Sie doch so ganz allmählich, ohne Gewalt zum Singen gezwungen,
wie Sie nicht anders sagen können. Nun ist's aber auch an der Zeit,
daß Sie erfahren, vor wem Sie die Ehre gehabt haben, zwischen
diesen vier unscheinbaren Wänden Ihre Kunst zu zeigen. Ich bin,
was meinen Sie wohl?» –

Guadagni stand ehrfurchtsvoll auf; «vielleicht der Ehrwürdigste
Doge?»

«Gehorsamer Diener! – der Scharfrichter, aufzuwarten!»

Ein Hohngelächter erscholl umher; die ganze saubere Gesell-

schaft entmummte sich und der erschrockene Kastrat sah nun mit
Henkern sich umgeben und versank vor Scham.

«Das ist, wie Sie sehen, eine kleine Satisfaktion, die der erlauchte
Senat dem Publikum, das Sie grob beleidigt haben, erteilt hat. Sie
sind nun Ihres Arrestes entlassen. Vor meinem Hause steht eine
Gondel bereit, die Sie zu Ihrem Quartier bringen wird. Ich habe
den Auftrag, Sie zu warnen, daß Sie bei Ihren künftigen Auftritten
Ihre Schuldigkeit tun, widrigenfalls möge der Senat eine zweite Be-
leidigung weit fürchterlicher ahnden!»

Nach diesem Epilog fuhr Guadagni um ein ziemliches morali-
sierter nach Haus, und von Stund an ward er, was von einem Ka-
straten viel sagen will, bescheidener und artiger. Er sang wieder,
sang und agierte mit verdoppeltem Fleiße. Das Publikum söhnte
sich mit ihm aus, und er ward von neuem der Liebling desselben.

Wahrscheinlich war die Oper, die Guadagni wegen seines Streits
mit dem Impresario zu ruinieren versuchte, eine der vielen Neu-
kompositionen von Metastasios «Artaserse». Zu Himmelfahrt
1758 wurde im Teatro San Salvatore eine Version des Komponisten Giuseppe Scolari gegeben, in der Guadagni die Farinelli-Rolle
des Arbace sang. Es war die neunte Wiederaufnahme der beliebten
Oper in Venedig. Der etwa achtunddreißigjährige Giuseppe Scolari
arbeitete zu dieser Zeit viel mit Goldoni zusammen und schrieb
mehrere komische Opern auf Libretti des Dichters.

Eine andere Anekdote «vom Stolze des berühmten Guadagni»
erzählt Carl Friedrich Cramer im Januar 1785 in seiner Zeitschrift
«Magazin der Musik»: *In Venedig ist es gewöhnlich, daß der Erste*
Sänger im Teatro nobile von S. Benedetto (einem der venezianischen Opernhäuser; Cramer schreibt «Benetto») *am Weihnachts-*
tag in der Marcuskirche und dann bey dem Banket des Dogen
singt. Dafür erhält er eine Medaille, einige Zechinen werth. Gua-
dagni schenkte diese sogleich dem Diener der Fürstin, der sie ihm
überreichte, und sagte zugleich: Er sey nicht gewohnt, bey einer
Mahlzeit zu singen – er bediente sich des Wortes «disnar» (gemeint
ist wahrscheinlich «divorare – fressen») *– dafür mußte er bey dem*
Banket kniend dem Fürsten abbitten, und auch in dieser Stellung
singen. Nie soll er schöner gesungen haben, als bey dieser Ge-
legenheit.

Guadagni war bereits 37 Jahre alt, als er am Hofburgtheater in
Wien in der Rolle seines Lebens auftrat. Sie hat ihn für immer
berühmt gemacht, nicht nur für die restlichen Jahre seiner Büh-

nenkarriere. Am 5. Oktober 1762 sang Gaetano Guadagni zum erstenmal den Orpheus in der Oper «Orfeo ed Euridice» des achtundvierzigjährigen deutschen Komponisten Christoph Willibald Gluck.

Gluck war zu dieser Zeit bereits ein geachteter und erfolgreicher Opernkomponist. Seine Werke waren an vielen Bühnen, auch in Italien, gespielt worden. Glucks Opern entsprachen dem Geschmack der Zeit, die Texte waren bisher im gängigen Stil Metastasios verfaßt. Da kam 1761 der mit Gluck gleichaltrige Raniero Calzabigi nach Wien. Calzabigi hatte zehn Jahre lang in Paris gelebt und dort eine französische Übersetzung der Operntexte Metastasios herausgegeben. Als Protégé der Madame Pompadour war er in der französischen Hauptstadt zusammen mit seinem Bruder Veranstalter einer Lotterie. Dritter Gesellschafter dieses eher fragwürdigen Unternehmens war Giacomo Casanova. Der schildert in seinen Memoiren seine erste Begegnung mit Raniero Calzabigi 1757 in Paris:

Ich fand einen bettlägerigen Mann von wenig appetitlichem Aussehen, denn er war über und über mit Flechten bedeckt; aber diese hinderten ihn nicht, gut zu essen, zu schreiben und alle körperlichen und geistigen Geschäfte vollkommen zu verrichten.; er sprach gut und war von sehr heiterer Laune. Er war ein großer Rechner, gewandt in allen Finanzoperationen, kannte den Handel aller Nationen, war Gelehrter, Historiker, Schöngeist, Dichter und Anbeter des schönen Geschlechts. Er war gebürtig aus Livorno, hatte in Neapel im Ministerium gearbeitet, bevor er nach Paris gekommen war.

Calzabigi erhielt in Wien einen hohen Posten in der kaiserlichen Finanzverwaltung. Wie dreißig Jahre zuvor Goldoni hätte auch er seinen prosaischen Beruf gern gegen den eines Dichters getauscht. Er schrieb für Gluck ein Libretto, das nichts von dem enthielt, was in einer Oper damals erwartet wurde. Im Gegensatz zu Goldoni, der mit den obligatorischen sieben Sängern bei seinem mißglückten ersten Opernversuch nicht auskam, benötigte Calzabigis Oper nur drei: Orpheus, seine Frau Eurydike und den Gott Amor. Einhundertzwanzig Jahre früher hatte der «Orpheus» in Paris fast dreißig Personen auf die Bühne gebracht. Statt einer umständlichen Handlung mit zahllosen Intrigen und Verwicklungen erzählt Calzabigis Libretto nur die schlichte Geschichte von dem Sänger, der nach dem Tod seiner Frau verzweifelt und sich, vom Gott der

Liebe geleitet, in die Unterwelt wagt, um die Tote zurückzugewinnen.

Die erste Aufführung der Oper soll anläßlich des Namenstages von Kaiser Franz stattfinden. Da es unmöglich ist, an diesem Tag eine Oper mit tragischem Ende aufzuführen, erscheint Gott Amor als Deus ex machina und vereint die beiden Liebenden. Ein Ballett und ein Jubelchor beenden die Oper.

Im Opernlexikon wird Glucks «Orpheus» meist als erste «Reform»-Oper des Komponisten bezeichnet. Tatsächlich steht dieses Werk zwischen den Zeiten. Es ist noch «barock», aber es ist auch schon «klassisch». Es ist eine Kastraten-Oper, mit Arien, «Nummern», mit Koloraturen, mit Virtuosität. Und es ist auch ein dramaturgisch geschlossenes Musikdrama, geschrieben für einen Sänger-Darsteller. «Azione teatrale – Theatralische Aktion» steht auf dem Titelblatt der Partitur. Neu und ungewöhnlich ist der «Orpheus» für seine Zeit, wenn auch Gluck und Calzabigi vielleicht nicht von Anfang an die Absicht hatten, mit ihrem gemeinsamen Werk die Oper schlechthin zu «reformieren».

Gluck wird schon bei der Arbeit am «Orpheus» gespürt haben, daß die Kastraten nicht die richtigen Sachwalter für das von ihm angestrebte Musiktheater waren – auch wenn er in Guadagni den idealen Sänger für seinen Orpheus gefunden hatte. In der zweiten Reformoper Glucks, der «Alceste», zu der wieder Calzabigi das Libretto schrieb, gab es keine Kastratenrolle. 1769 erschien die Partitur der «Alceste» im Druck. Der Komponist widmete sie dem Großherzog der Toskana, Peter Leopold, der später als Leopold II. österreichischer Kaiser wurde. In der Widmung erklärt Gluck, warum er es für nötig hält, eine «neue» Oper zu schaffen und die von den Kastraten entwickelten Konventionen des musikalischen Theaters zu überwinden:

Ich nahm mir vor, die Musik von allem Mißbrauch frei zu machen, der die italienische Oper seit so langer Zeit durch die üble Eitelkeit der Sänger oder die übertriebene Nachgiebigkeit der Komponisten entstellt und das prächtigste und schönste aller Schauspiele in das lächerlichste und langweiligste verwandelt hat. Ich habe überlegt, wie die Musik wieder ihre wahre Aufgabe zurückgewinnen könnte: die Dichtung in ihrer Wirkung zu verstärken, ohne dabei die Handlung zu unterbrechen oder sie durch unnützen und überflüssigen Schmuck zu ersticken. Ich wollte deshalb einen Sänger nicht in der größten Hitze des Dialogs unter-

brechen, nur um ein langweiliges Ritornell ⟨Zwischenspiel⟩ abzu-
warten, noch ihn mitten im Wort bei einem geeigneten Vokal ver-
harren lassen, auf dem er die Beweglichkeit seiner schönen Stimme
in einer langen Koloratur vorführen kann, oder ihm durch ein Or-
chesterzwischenspiel eine Atempause vor einer Kadenz liefern. Ich
hielt es nicht für nötig, den zweiten Teil einer Arie, auch wenn er
vielleicht der leidenschaftlichste und wichtigste war, rasch zu be-
enden, um Gelegenheit zu haben, die Worte des ersten Teils nach
der Regel viermal zu wiederholen, und die Arie mit Worten zu be-
enden, die keinen Sinn machen, nur um dem Sänger Gelegenheit
zu geben, zu zeigen, daß er imstande ist, eine Passage je nach
Laune willkürlich zu verändern.

Es kommt selten vor, daß «revolutionäre», stilistisch in die Zukunft weisende Kunstwerke nicht von jugendlichen Hitzköpfen,
sondern von etablierten und erfolgreichen «Altmeistern» geschaffen werden. Gluck und Calzabigi waren beide schon fast fünfzig
Jahre alt, als sie den «Orpheus» schufen. Gluck selbst hat später
die Mitautorschaft des Textdichters an seiner «Reformoper» ausdrücklich hervorgehoben. 1773 schrieb er einen Leserbrief an den
Herausgeber des «Mercure de France», der am 1. Februar in der
Zeitschrift veröffentlicht wurde:

Ich würde mir große Vorwürfe machen, wenn ich gestattete, daß
die Erfindung der neuen Gattung der italienischen Oper mir allein
zugeschrieben würde. Herr von Calzabigi ist es, dem das Haupt-
verdienst dabei gebührt, und wenn meine Musik einigen Beifall er-
halten hat, so glaube ich dankbar bekennen zu müssen, daß ich
ihm dafür verpflichtet bin, da er es ist, der mich in den Stand setzte,
die Quellen meiner Kunst strömen zu lassen. Denn wie groß auch
das Talent des Komponisten sei, er wird immer nur mittelmäßige
Musik machen, wenn der Dichter nicht jene Begeisterung in ihm zu
erwecken vermag, ohne die alle Gebilde der Kunst nur matt und
leblos erscheinen. Seine Werke ⟨inzwischen hatte Calzabigi für
Gluck noch die Texte zu den Opern «Alceste» und «Paris und
Helena» geschrieben⟩ *sind voll der glücklichsten Situationen, der*
fruchtbarsten und erhabensten Züge, die dem Tonsetzer Gelegen-
heit bieten, große Leidenschaften auszudrücken und eine kraft-
volle, ergreifende Musik zu schaffen. Nachahmung der Natur ist
anerkanntermaßen das Ziel, das beide sich setzen müssen. Einfach
und natürlich strebt meine Musik, soviel es mir möglich ist, immer
nur nach der höchsten Kraft des Ausdrucks. Darum wende ich nie-

mals Triller, Passagen und Kadenzen an, womit die Italiener so freigebig sind.

Gluck verlangte seinem Ersten Sänger geradezu künstlerische Askese ab. Sein Orpheus mußte auf das verzichten, womit die Kastraten in der Oper ihr Publikum zu Begeisterungsstürmen hinrissen: Triller, Passagen und Kadenzen. Er fand in Gaetano Guadagni den begnadeten Sänger, der bereit war, die dramatische Gestalt, die er auf der Bühne zu verkörpern hatte, ernst zu nehmen und bei der musikalischen Ausgestaltung der Komposition ohne äußerliche Virtuosität allein der Schönheit seiner Stimme zu vertrauen.

Nicht daß Guadagni durch das Erlebnis mit dem venezianischen Henker zum asketischen Künstler geworden wäre, der nur noch den Idealen einer hehren Kunst lebte. Er blieb weiterhin der eigenwillige, launische Star, und er wurde es durch den Erfolg, den er mit dem Orpheus hatte, vielleicht noch mehr. Die Begegnung mit Gluck begründete eine zweite internationale Karriere Guadagnis.

1765, drei Jahre nach der ersten Aufführung des «Orpheus», wurde der Sohn Maria Theresias, Erzherzog Joseph, in Frankfurt zum deutschen Kaiser gekrönt. Bei den Feierlichkeiten in der freien Reichsstadt wurde die ganze Pracht des Hauses Habsburg demonstriert. Zum kulturellen Rahmenprogramm, das dem Fest Glanz verleihen sollte, gehörte auch ein Auftritt Guadagnis.

In Gluck-Biographien lesen wir gelegentlich, der fünfzehnjährige Goethe habe anläßlich der Kaiserkrönung in seiner Heimatstadt Frankfurt den «Orpheus» gehört. Goethe erzählt zwar in seiner Autobiographie sehr ausführlich von den Vorbereitungen zu dem großen Fest, beschreibt umständlich den feierlichen Einzug der Fürsten am Vortag der Krönung, den er sich natürlich angeschaut hat. Am Abend dieses Tages flog aber eine fast kriminelle Affäre im Freundeskreis des jungen Johann Wolfgang auf, in die auch er verwickelt schien. Er erhielt deshalb einen mehrtägigen strengen Hausarrest und konnte das weitere Programm der Kaiserkrönung nicht verfolgen. Andere Dokumente über die Krönungsfeier fehlen, wir wissen nicht, was Guadagni in Frankfurt gesungen hat. Glucks Oper ist offenbar nicht aufgeführt worden. Karl Ditters von Dittersdorf war damals 26 Jahre alt und Mitglied der Wiener Hofkapelle. Er beschreibt in seinen Lebenserinnerungen nur einen sehr banalen Aspekt des Gastspiels zur Kaiserkrönung. Für Dittersdorf ist die Erinnerung an die Reise nach Frankfurt vor allem die Erinnerung an eine Ungerechtigkeit. Er erzählt nicht, bei welchem Programm er mitgewirkt hat, er berichtet, wie unterschiedlich die Solisten und die Mitglieder des Orchesters bei einer Gastspielreise behandelt wurden. Die einen, die Stars nämlich, verdienten dabei viel Geld. Die einfachen Musiker, ohne die die Stars ihre Auftritte gar nicht hätten absolvieren können, mußten draufzahlen:

Graf Durazzo, der Direktor des Hoftheaters, der selbst mit nach Frankfurt ging, beorderte Gluck, den Kastraten Guadagni, mich und noch zwanzig Personen von der kaiserlichen Hofkapelle zu dieser großen Feierlichkeit. Die beiden ersten erhielten 600 Gulden Reisekosten und täglich 6 Gulden Diäten; ich aber und die anderen zwanzig von allem nur die Hälfte. Gluck und Guadagni bekamen bei unserer Zurückkunft in Wien, außer jenen Diäten annoch jeder 300, und ich armer Teufel nicht mehr als 50 Dukaten.

Es war üblich, bei privaten Auftritten in Adelshäusern oder bei besonders festlichen Opernveranstaltungen anläßlich eines Familienfestes des Herrscherhauses den Mitwirkenden eine Gratifikation, das sogenannte Douceur zu zahlen. Es wurde erst nach der Veranstaltung übergeben, und die Künstler wußten nie, wie hoch das «Douceur» ausfallen würde. Andererseits erwartete man von ihnen, daß sie dem festlichen Anlaß entsprechend gekleidet erschienen. Wenn sie an einen geizigen Auftraggeber geraten waren, konnte es geschehen, daß die Ausgaben für ihr Engagement höher waren als die Entlohnung. Für die Reise nach Frankfurt etwa hat sich der arme Dittersdorf nicht nur ein neues Reisekleid schneidern lassen, er mußte auch einen Koffer kaufen, dazu noch Wäsche und was er sonst brauchte, um anständig gekleidet auftreten zu können. So blieb ihm bei diesem Gastspiel nur die große Ehre, dabeigewesen zu sein.

Guadagni sang in den nächsten Jahren den Orpheus in ganz Europa und kehrte mit dieser Rolle auch nach England zurück. Am 7. April 1770 – seit Guadagnis erstem England-Aufenthalt waren 20 Jahre vergangen, der Sänger inzwischen 45 Jahre alt – hörte das Londoner Publikum Glucks Oper oder hörte sie vielmehr nicht, zumindest nicht so, wie Gluck sie komponiert hat. Auf dem Programmzettel der englischen Erstaufführung teilte die Direktion den Zuschauern mit:

Die Musik wurde ursprünglich von Signor Gluch ⟨mit Namen, wir wissen es bereits, nahm man es im 18. Jahrhundert nicht so genau⟩ *komponiert. Um die Vorstellung auf die erforderliche Länge für eine Abend-Unterhaltung zu bringen, hat sich Signor Bach freundlicherweise bereiterklärt, aus seiner eigenen neuen Komposition all die Chöre, Arien und Rezitative hinzuzufügen, die mit Anführungszeichen versehen sind, außer denen, die Signora Guglielmi* ⟨die Eurydike der Londoner Aufführung⟩ *singt. Diese sind völlig neu komponiert von Signor Guglielmi, ihrem Ehemann. Die Dichtung ist von Signor Calzabigi mit Ergänzungen von G. C. Botarelli für die Nummern, mit denen die Herren Bach und Guglielmi diese Vorstellung musikalisch bereichert haben.*

«Signor Bach» war Johann Christian, des großen Johann Sebastian Sohn, der seit 1762 in London lebte und dort vor allem wegen seiner italienischen Opern beliebt war. Er komponierte für die Londoner Aufführung von Glucks «Orpheus», wenn wir überhaupt noch «Glucks» sagen können, nicht weniger als sieben musikalische Nummern.

Nun war allerdings die Oper in ihrer «Wiener Fassung», wie sie 1762 im Burgtheater zuerst erklang, mit einer Spieldauer von weniger als zwei Stunden wirklich keine «abendfüllende» Theater-Unterhaltung, in Wien war vor Glucks Oper deshalb eine französische Komödie gespielt worden. Insofern hatte der Theaterdirektor George Hobart schon recht, Glucks Komposition «musikalisch bereichern» zu lassen. Er wollte einem Theaterskandal vorbeugen, der mit großer Wahrscheinlichkeit zu erwarten war, wenn er die Zuschauer bereits nach zwei Stunden nach Hause geschickt hätte. Während heute Theaterbesucher oft froh sind, wenn sie nicht allzuviel Zeit im Theater absitzen müssen, wollte das Publikum des 18. Jahrhunderts wirklich den Abend in der Oper verbringen, sicherlich auch deshalb, weil es im Theater durch die vielen Kerzen angenehm warm war. Man konnte das Holz für den Kamin sparen, falls es zu Hause überhaupt eine Heizmöglichkeit gab.

1763, sieben Jahre vor der englischen Erstaufführung des «Orpheus», hatten Randalierer das Covent Garden Theatre demoliert. Es war in London alter Brauch, am Ende des dritten Akts das Publikum zum halben Preis einzulassen. Bei der Aufführung der englischen Fassung der Oper «Artaxerxes», die Thomas Augustin Arne komponiert hatte (der Kastrat Tenducci, der ein Jahr später in London Casanova seine Kinder präsentierte, sang in der Aufführung die Farinelli-Rolle des Arbace), hob der Direktor des Covent Garden Theatre die ermäßigten Preise auf. Eine Gruppe junger Leute wollte das Gewohnheitsrecht erzwingen und zerstörte

Theaterskandal im Londoner Covent Garden Theatre
Bei der Aufführung des «Artaxerxes» 1763; Kupferstich

während einer Vorstellung die Bänke im Zuschauerraum und die Leuchter auf der Bühne. Nachdem dies mehrere Tage hintereinander geschehen war, kamen die Ruhestörer vor Gericht. Darauf wurde die Vorstellung dauernd durch Zwischenrufe unterbrochen, bis die Direktion nachgab. Die Sitten in den Theatern der englischen Hauptstadt waren ziemlich rauh geworden, Mr. Hobart wollte eine ähnliche Randale vermeiden und gab deshalb die zusätzliche Musik für Glucks Oper in Auftrag.

Die Vorstellungen des «Orpheus» in London im Jahr 1770 besuchte auch der damals vierundvierzigjährige Charles Burney. Er hatte gerade angefangen, Material für seine geplante Geschichte der Musik zu sammeln und unternahm noch im selben Jahr seine Reise nach Frankreich und Italien. In seiner «Allgemeinen Musikgeschichte», die 1789 erschien, schreibt er über Guadagnis zweiten Londoner Aufenthalt:

Obwohl seine Art zu singen vollkommen war, gefühlvoll und edel, schien seine Stimme anfangs jedem, der ihn hörte, zu mißfallen. Die, die sich an sein erstes Auftreten in England (zwanzig Jahre zuvor) erinnerten, fanden sie vergleichsweise dünn und kraftlos. Denn er sang jetzt Sopran und hatte seinen Stimmumfang von 6 oder 7 Noten auf 14 oder 15 ausgeweitet.

Seine Darstellung war ungewöhnlich geschmackvoll und edel,

sein Ausdruck voll Schönheit, Klugheit und Würde. Seine Körper-
haltung und seine Gebärden waren so voll Anmut und Wahrheit,
daß sie ein perfektes Modell für die Arbeit eines Bildhauers gebo-
ten hätten.

Die Musik, die er sang, war die einfachste, die man sich vorstel-
len kann. Wenige Noten, mit vielen Pausen. Gelegenheiten zu ha-
ben, wo er frei von der Komposition und der Orchesterbegleitung
war, war alles, was er brauchte. Und in diesen geschmackvollen,
improvisierten Verzierungen bewies er, daß in ihm eine Kraft der
Melodie wohnte. Überrascht von der großen Wirkung, die er mit so
offensichtlich schlichten Mitteln erreichte, versuchte ich oft her-
auszufinden, worin das Vergnügen bestand, das er seinen Zuhörern
machte. Ich fand, daß es hauptsächlich die kunstvolle Art war, den
Klang seiner Stimme abschwellen zu lassen, wie bei den ersterben-
den Tönen der äolischen Harfe. Wenn Guadagni eine Note oder
eine Tonfolge mit aller Kraft begonnen hatte, konnte er sie so sehr
abschwächen, daß sie klang, als sänge er aus großer Entfernung.
Und obwohl er weder mit seiner Stimme noch seiner Gestaltung
versuchte, seine Zuhörer in Erstaunen und Bewunderung zu ver-
setzen, hatte er in England eine starke Partei von enthusiastischen
Verehrern und Anhängern. Er schaffte es aber durch persönliche
Auseinandersetzungen und die ihm eigenen Launen, ihre Zahl
während seines Aufenthalts in London beträchtlich zu verringern.
Er nahm schnell etwas übel und nahm sich selbst sehr wichtig, wo-
durch er viele seiner besten Freunde gegen sich aufbrachte und die
Bosheit seiner Feinde steigerte.

Im «Orpheus» bekam er für seine Gestaltung, sein Spiel und vor
allem für die leidenschaftliche und empfindsame Art, mit der er die
schlichte und balladenhafte Arie «Che farò» ⟨Ach, ich habe sie ver-
loren⟩ sang, großen und gerechten Beifall. Aber als er in der Gunst
des Publikums den Gipfel erreicht hatte, fing er einen privaten
Streit mit dem damaligen Theaterpächter, dem Ehrenwerten Mr.
Hobart an, wegen einer angeblichen Beleidigung seiner Schwester.
Hinzu kam noch seine Hartnäckigkeit, den Beifall nicht mit Ver-
beugungen zu quittieren, weil er auf der Bühne nicht neben seine
Rolle treten wollte. Er weigerte sich auch, die theatralische Illusion
zu zerstören und auf die Bühne zurückzukehren, um eine Arie zum
zweiten Mal zu singen, wenn am Ende einer Szene, die dem Publi-
kum besonders gefallen hatte, nach einer Wiederholung gerufen
wurde. Dadurch beleidigte er einzelne Zuschauer und schließlich

das ganze Publikum so sehr, daß er nach einiger Zeit bei jedem Auftritt ausgezischt wurde.

Seine Feinde, denen nicht verborgen blieb, daß Guadagni Sklave seiner Überzeugung war, riefen oft nur deshalb nach einem da capo, weil sie wußten, daß er nicht darauf eingehen würde und sie so das Publikum gegen ihn aufbringen könnten.

Guadagni war einer der besten Billard-Spieler. Aber er war so leicht reizbar, daß seine Gegner, wenn er um große Einsätze spielte, Stöße als gegen die Regel in Zweifel zogen, die eindeutig korrekt waren. Er regte sich dann so sehr auf, daß er nicht einmal mehr einem Kind gewachsen gewesen wäre.

Der Streit, den Guadagni mit dem Theaterpächter Hobart hatte, war ernsthafter, als es Burneys Bericht glauben macht. Guadagnis Schwester war Sängerin und zusammen mit ihrem Bruder am Haymarket-Theater engagiert. Hobart besetzte die Hauptrollen aber mit der Sängerin Zamperina, die seine Geliebte war. Die Herzogin von Northumberland und andere adlige Damen ergriffen Partei für Guadagni und bewogen Mrs. Cornelys, in ihrem Haus mit Guadagni Opernvorstellungen zu veranstalten. Mrs. Cornelys, geborene Teresa Imer, war eine ehemalige Sängerin, die den reichen Mr. Cornelys geheiratet hatte. 1723 in Venedig geboren, hatte sie in ihrer Jugend ein Verhältnis mit Casanova gehabt und von ihm eine Tochter. In einem Haus am Soho Square, das sie 1760 nach dem Tod ihres Gatten gekauft hatte, veranstaltete sie Bälle und Maskeraden, zu denen zeitweilig die ganze Londoner Gesellschaft strömte. Da sie keine Lizenz für Opern hatte, nannte sie die Abende mit Guadagni «Harmonic Meetings» und gab vor, für die Aufführungen kein Geld zu nehmen. Die Eintrisgelder würden dazu verwandt, Kohlen für die Armen zu kaufen. Mr. Hobart zeigte sie an, und die Opern wurden verboten. Da Guadagni durch die Auftritte bei Mrs. Cornelys seinen Exklusivvertrag mit Hobart gebrochen hatte, wurde er zu einer Geldstrafe von 50 Pfund verurteilt und sollte bis zur Bezahlung in das Gefängnis von Bridewell eingeliefert werden. Er verließ England bei Nacht und Nebel.

Heute rechnen wir Glucks «Orpheus» zu den absoluten Meisterwerken der Oper. Das war nicht immer so. Noch 1863, bei der ersten Aufführung von «Orfeo ed Euridice» in New York, wurde die Oper nicht in Glucks Fassung gespielt, sondern mit den «Verbesserungen» von Johann Christian Bach. Gelegentlich wurde die Oper im 19. Jahrhundert sogar ganz unter die Werke des Londoner Bach-Sohns eingereiht.

Gluck selbst schrieb am 30. Oktober 1770, ein halbes Jahr nach der Aufführung seines «Orpheus» in London, zu der Arie «Che farò senza Euridice»: *Nähme man damit nur die geringste Veränderung, entweder in der Bewegung oder in der Art des Ausdrucks vor, so würde sie eine Arie für das Marionettentheater werden.*

24

Gluck in Bologna

1756 wurde in Bologna mit dem Bau eines neuen Theaters begonnen. Das Opernhaus von Bologna ist eines der wenigen in ihrer ursprünglichen Form erhaltenen italienischen Theater aus dem 18. Jahrhundert. Architekt war Antonio Galli-Bibiena, der auch ein bedeutender Bühnenbildner der Barockoper war. Das Theater von Bologna sollte ein Teatro Comunale, ein Stadttheater werden, es hat deshalb keine prunkvolle Fürstenloge, aber die Loge im zweiten Rang über dem Eingang ins Parkett hat die großzügige Geräumigkeit einer Adelsloge des 18. Jahrhunderts. Sie bildet einen kleinen Salon, Spiegel geben die Illusion von noch größerer Weite. Man spürt in dieser Loge, daß die Gesellschaft des 18. Jahrhunderts das Theater als ein Zuhause nahm. Die Loge war ein verkleinerter Empfangs-Salon, in dem der Logenbesitzer «Hof hielt».

Zur Eröffnung des Theaters hatten die Bologneser eine Oper bei Gluck bestellt. So traf es sich, daß der deutsche Komponist bald nach dem Erfolg seines «Orpheus» 1763 nach Bologna reiste, um hier seine Oper «Il trionfo di Clelia» auf einen Text Metastasios zu komponieren. In seiner Begleitung war der vierundzwanzigjährige Karl Ditters von Dittersdorf, sozusagen als sein musikalischer Assistent. Dittersdorf berichtet in seinen Lebenserinnerungen über seinen und Glucks Aufenthalt in Bologna:

Eine unserer ersten Visiten machten wir dem großen Farinelli, der sich nach dem Tod seines großen Wohltäters, des Königs von Spanien, hierher begab. Er war damals schon ein Greis von beinahe 80 Jahren ⟨in Wirklichkeit war Farinelli noch nicht ganz 60⟩. *Er lud uns einigemal zu Gast und bewirtete uns königlich. Allein, es war kein Wunder, denn er war gegen eine Million reich. Ich erinnerte ihn an Madame Tesi, wie ich jahrelang mit ihr in einem Hause gelebt, und das brachte mir bei ihm Vorteil. Auch besuchten wir den weltbekannten klassischen musikalischen Diktator, den*

Padre Martini. Er war fast ebenso alt als Farinelli und beide waren innige Busenfreunde. Gluck kannte ihn schon viele Jahre und reiste nie durch Bologna, ohne diesem Padre di tutti Maestri (wie ihn noch heute alle Kapellmeister nennen) seine Ehrfurcht zu bezeugen.

Als Gluck in Bologna ankommt, hat der 1741 geborene Dresdner Johann Gottlieb Naumann gerade sein Kompositionsstudium bei Padre Martini beendet. Mit 16 Jahren ist er als Reisebegleiter eines schwedischen Geigers nach Italien gekommen. Zum Karneval 1761 hat er in Venedig sein Theaterdebut mit einem musikalischen Intermezzo gehabt. Naumann charakterisiert seinen Lehrer so:

Als Stifter und Vorsteher der Philharmonischen Gesellschaft, als Gründer einer vortrefflichen, in ihrer Art vielleicht einzigen musikalischen Bibliothek (der Ankauf der Bücher für die Bibliothek von Padre Martini war zu großen Teilen von seinem Freund Farinelli finanziert worden), *als Verfasser einer klassischen Geschichte der Musik und als ein großer Meister der Tonkunst selbst genoß er nicht bloß im Vaterlande, sondern auch in allen denjenigen Ländern Europas, in welchen man italienische Musik verehrt, eines so ausgebreiteten Rufs, daß man wohl von ihm sagen könnte, er ziehe mit magnetischer Kraft Schüler aus allen Himmelgegenden an sich. Manche, die als Kapellmeister schon im Dienste fremder Fürsten standen, wallfahrteten von ferne zu ihm, und schämten sich nicht, hier noch einmal in die Lehre zu gehn. Ein günstiges Zeugnis von seiner Hand galt mehr als der Lobspruch ganzer Akademien. Und jeder Tonkünstler, der aus Italien nach Deutschland zurückkehrte, ward als ein Unwissender betrachtet, wenn er nicht beweisen konnte, er habe den Kontrapunkt ein halbes oder ganzes Jahr unter dem großen Martini studiert.*

Wie es damals üblich war, hatte Gluck, als er in Bologna ankam, nur Skizzen zu der neuen Oper im Gepäck. Komponiert wurde vor Ort. Der Komponist mußte, bevor er seine Musik schrieb, sich nicht nur einen Eindruck von der Besetzung des Orchesters verschaffen, er mußte auch die Sänger kennenlernen, ihren Stimmklang, ihren Tonumfang, ihre besonderen Fähigkeiten und ihre Unarten. Dittersdorf berichtet:

Gluck bezeigte dem Grafen Bevilacqua sein Verlangen, die Sänger von der Oper zu hören, und sogleich besorgte er ein Konzert in seinem Hause für den folgenden Nachmittag, wo außer uns dreien

sonst kein Zuhörer war. Nun fing Gluck an zu komponieren. Da er
aber in Wien schon viel vorgearbeitet hatte, so gab er nach zehn
Tagen den ersten Akt zum Abschreiben. Des Nachmittags arbeitete
Gluck niemals, sondern bloß am Abend und am Vormittage.

Oper war im 18. Jahrhundert Massenproduktion. Hundert
Opern waren für einen Komponisten kein außergewöhnlich um-
fangreiches Lebenswerk. *Eine Oper muß hier in einem kleinen Mo-*
nat gemacht, gelernt und aufgeführt sein, schreibt Johann Gottlieb
Naumann aus Italien.

Als Johann Adolf Hasse 1772 in Wien von Charles Burney um
ein Verzeichnis seiner Werke gebeten wurde, wußte Hasse selbst
nicht mehr, wie viele Opern er komponiert hatte. Er habe praktisch
alle Operndichtungen Metastasios vertont, manche drei- oder viermal, die meisten wenigstens zweimal. Die Massenproduktion
wurde schon damals für den Verfall der italienischen Oper verantwortlich gemacht. Drei Jahre bevor Gluck in Bologna seine Eröffnungsoper komponierte, erschien in London die schon erwähnte
erste Biographie des Komponisten Georg Friedrich Händel von
John Mainwaring, in der wir lesen:

Ich kann nicht umhin zu bedauren, daß die Sangweisen der Ita-
liäner je länger je mehr in Verfall gerathen sind. Den italiänischen
Komponisten steht insonderheit stark im Wege die wenige oder
kurze Zeit, welche sie zu deren Verfertigung nehmen, woraus alle
ihre läppische und schaumichte Sachen entspringen, die wir anitzo
haben. Denn es hat nicht so bald ein anwachsender Geist die
Merkmale seiner Geschicklichkeit spüren lassen, so sind die Eigner
oder Inhaber der meisten italiänischen Opernhäuser hinter ihm her
und treiben ihn an, daß er für sie etwas setze. Der junge Mensch
denkt, sein gutes Gerücht gehe schon über alle Welt, und bestrebet
sich daher, das Eisen zu schmieden, weil es noch warm ist; über-
nimmt demnach soviel Arbeit, als nur möglich in vorwesender Zeit
auszurichten stehet. Dieses verbindet ihn, alles und jedes hinzu-
schreiben, was ihm nur einfällt: und auf solche Art wird seine Oper
hauptsächlich aus alten Stellen in Eil zusammengefügt, ohne
neuen Schwung, weder im Ausdruck, noch in der Harmonie.

Am Pfingstmontag 1763 findet die feierliche Eröffnung des Tea-
tro Comunale von Bologna statt. Dittersdorf erzählt: *Der andere*
Pfingsttag war zur Eröffnung des neuen prächtigen, von lauter
Quaderstücken erbauten Opernhauses, das an die Stelle des ein
Jahr vorher von Grund aus abgebrannten auf Subskription der

Vornehmsten und Reichsten vom Adel errichtet worden war, bestimmt. Der Direktor desselben, Graf Bevilacqua, ein Associé der Gesellschaft, hatte zur Einweihung die Metastasische Oper «Il trionfo di Clelia» angeordnet und Gluck zur Bearbeitung dieses Stückes verschrieben. Primo uomo war der berühmte Kastrat Manzuoli.

Giovanni Manzuoli war damals 29 Jahre alt. Vielleicht hat Farinelli ihn nach Bologna empfohlen, denn Manzuoli gehörte 1753 zu seinem Ensemble in Madrid. Es kann aber auch sein, daß Gluck Manzuoli kennengelernt hat, als der Kastrat 1760 in Wien bei den Feierlichkeiten zur Hochzeit des österreichischen Thronfolgers Joseph sang. Im Jahr nach der Eröffnung des Theaters von Bologna wird Manzuoli in London den achtjährigen Mozart kennenlernen.

Die Handlung von Glucks Oper spielt in der römischen Frühzeit. Clelia ist eine heroische Römerin, die gegen den etruskischen König Porsenna kämpft. Ihr Geliebter Orazio und ein Verräter Tarquinio sind die beiden Kastratenrollen. Die Oper ist kein Erfolg. Es kommt zwar zu 28 Aufführungen, aber sie sind nur mäßig besucht. Die Kosten sind höher als die Kassen-Einnahmen von 63.867 Lire. Jeder der 56 Garanten des Theaters muß 50 Zechinen zuzahlen, um das Defizit von etwa 23.000 Lire abzudecken.

Nicht nur dem Publikum gefiel Glucks Oper nicht, auch die Sänger waren mit der Musik des deutschen Komponisten nicht zufrieden. Padre Martini würdigt später das Neue in Glucks Musik, sieht aber auch, daß sie der traditionellen Gesangskunst der Kastraten entgegenstand:

Gluck hat es sich zur Aufgabe gemacht, die Leidenschaften aufzuregen und die Musik mehr den Worten, als die Worte der Musik zu unterwerfen. Bei Gelegenheit der Oper, die er zur Eröffnung des neuen Theaters in Bologna komponiert hatte, erzeigte er mir die Ehre, mich zu besuchen. Ich beglückwünschte ihn damals darüber, daß er alle Schönheiten der Italiener und auch einige der Franzosen, sowie die großen Schönheiten der deutschen Instrumentalmusik zu vereinigen gewußt habe. Und doch, wer würde es wohl glauben, viele von unseren Sängern sind mit seiner Musik nicht zufrieden. Und warum? Sie wollen nur einzig und allein ihre schönen Stimmen und die Geläufigkeit ihrer Kehlen zeigen. Sie verflechten in ihre Arbeit gewisse kleine Gesangswendungen, durch welche sie ihre Geschicklichkeit zu zeigen glauben, obwohl sie öfters dem Sinn der Worte und dem Charakter der Musik fremd sind.

Gluck verwirft aber all diese kleinen Phantasien mit Recht und nimmt durchaus keine Rücksicht darauf. Unter dem Schutze des durchlauchtigsten Hauses Österreich gibt er sich nicht die Mühe, sich um das Murren und die Theorien der Sänger zu bekümmern. Er gehorcht nur seinem Talent und trachtet einzig und allein danach, den Sinn der Worte auf die wahrste und lebhafteste Weise auszudrücken.

Gluck hat nach seinem «Orpheus» und der Oper für Bologna nur noch einmal eine Partie für einen Kastraten geschrieben. In der 1769 uraufgeführten Oper «Paris und Helena», deren Text auch von Calzabigi stammt, singt ein Kastrat den trojanischen Prinzen Paris, der in Sparta die schöne Helena entführt. Die Rolle hat Züge, die geradezu weibisch sind. Calzabigi hat den antiken Mythos stark verändert. Helena, die Königin von Sparta, ist bei ihm nur die Braut des Menelaos. So bleibt den Zuschauern – und vor allem der Zensur – der Ehebruch (noch dazu einer Königin!) erspart. Helena ist anfangs durchaus nicht bereit, dem schönen Fremden in die Arme zu sinken, sie nimmt ihn eher kühl auf. Paris wird von Calzabigi als weichlicher Orientale geschildert. Seine erste Liebeserklärung macht er in einer vierstrophigen Arie, die Helena so schroff zurückweist, daß Paris, der Kastrat, in Ohnmacht fällt. Helena dagegen ist eine starke und strenge Spartanerin, eine selbstbewußte Frau. Der Geschlechtertausch, der in der Kastraten-Oper gang und gäbe war, wird zum Rollentausch und erhält so eine völlig neue, fast schon psychologisch begründete Nuance. Jean-Jacques Rousseau sagte später zu dieser Oper Glucks: *In die Rolle des Paris hat er mit dem glänzendsten Aufwande den höchsten Grad von Weichheit gelegt, dessen die Musik fähig ist, über Helena dagegen eine gewisse Strenge verbreitet.* Als Gluck dies erfuhr, soll er gesagt haben: «Sagen Sie ihm, daß Helena von Hektor geachtet wurde!»

In Bologna freundete sich Glucks junger Assistent Dittersdorf mit dem etwa gleichaltrigen Kastraten Carlo Nicolini an. Vielleicht kannten sich die beiden schon aus Wien, denn Nicolini war dort am 9. November 1762 bei einer Soirée im Palais Windisch-Graetz aufgetreten, bei der auch – wie wir aus dem Tagebuch des Grafen Zinzendorf wissen – ein «petit Salzbourgois» Klavier gespielt hatte – der sechsjährige Wolfgang Amadeus Mozart. In Bologna zog Dittersdorf abends mit Nicolini durch die Kneipen der Stadt. In seinen Lebenserinnerungen erzählt er:

Er war, nach dem Schlage vieler junger Kastraten, lebhaft, keck, munter, plauderhaft und arrogant. Seiner Gewohnheit nach hatte er die Augen mehr in der Luft, als auf der Erde. Wir kamen um eine Ecke, um in eine andere Straße einzubiegen, in der ein blinder Bettler auf der Erde saß. Nicolini, der ihn nicht gewahr wurde, stolperte über seine Füße, so daß er bald gefallen wäre. Voller Ingrimm schrie er mit seiner sonoren Kastratenstimme: «Eh, du verfluchter blinder Hund!» Der Bettler, der ihn wegen seiner hohen Stimme für eine Weibsperson hielt, blieb ihm nichts schuldig: «Eh, du Straßenhure!» schrie er ihm nach, «warum schimpfst du einen armen blinden Bettler?» Wir alle brachen in ein helles Gelächter aus, besorgten aber doch Mißhandlungen für den armen Teufel von Seiten Nicolinis. Allein, der griff in die Tasche, nahm zwei Lire (acht Groschen) und drückte sie dem Bettler mit den Worten in die Hand: «Nun Alter, da du es doch einmal erraten hast, wer ich bin, so schenk ich dir zwei Lire zum Almosen.» Der Blinde, als er wirklich diese Münzen in der Hand fühlte, raffte sich dankbar zusammen, schloß die Hände mit seiner Krücke bittend ineinander und sagte: «Gott vergelte es! und verleihe Euch dafür die Gnade, daß Ihr Euch gleich der heiligen Magdalene bekehren, Euer schändliches Leben verlassen und Buße tun möget.» Das Geschichtchen verbreitete sich bald in ganz Bologna, und von Stund an nannte man Nicolini «la Santa Maddalena». Carlo Nicolini wurde später, wie Forkel in seinem «Musikalischen Almanach» mitteilt, *besonders wegen seiner schönen, langen und mannichfaltigen Cadenzen bekannt, und bekam auch daher den Beynamen «delle Cadenze».*

Während des Aufenthalts von Gluck und Dittersdorf in Bologna war das Fest der Madonna di San Lucca zu Ehren eines wundertätigen Madonnenbildes, das der Evangelist Lukas gemalt haben soll. Es ist ein byzantinisches Gemälde aus dem 13. Jahrhundert, das in einer etwa 10 km außerhalb der Stadt auf einer Anhöhe liegenden Kirche verehrt wird. Padre Martini bat den jungen Dittersdorf, während des dreitägigen Festes in der Kirche als Violinvirtuose aufzutreten. Dittersdorf schreibt darüber in seinen Lebenserinnerungen:

Ich antwortete, daß ich nur unter der ausdrücklichen Bedingung, keine Bezahlung annehmen zu dürfen, spielen würde, und daß ich die Ehre, von dem «Vater der Musik» dieses Vorzugs würdig geachtet zu sein, weit höher als alles Gold schätze. Bald wurde es in Bologna ruchbar, daß ich von Pater Martini zu der überaus großen Feierlichkeit geladen sei. Man wußte sogar, daß ich die mir angebotene Bezahlung ausgeschlagen und bloß zur Ehre Gottes zu spielen versprochen hatte. Ich spielte mein Konzert mit aller möglichen Anstrengung, und es glückte mir vollkommen, weil ich mich acht Tage darauf präpariert hatte.

Am folgenden Morgen trat unser Wirt in mein Zimmer mit der Nachricht, unten sei ein Kerl, der mich zu sprechen verlange, er sei aber so zerlumpt und sehe so verdächtig aus, daß er Bedenken getragen habe, ihn vorzulassen. Er verlange aber durchaus, mich selber zu sprechen. «Ich rate ihnen nicht», setzte er hinzu, «daß Sie allein bleiben; man darf nicht jedermann trauen. Ich will daher meine zwei handfesten Hausknechte mit mir heraufnehmen, dann mag er immer kommen. Unterdessen riegeln Sie gleich hinter mir die Türe ab, und machen Sie nicht eher auf, als bis Sie meine Stimme hören.» Der Wirt ging; ich schloß ab und bat Gluck, auf mein Zimmer zu kommen. Zu mehrerer Sicherheit nahm ich meine beiden Sackpistolen. Eine hielt ich unter meinem Schlafrock versteckt, die andere verbarg Gluck unter seinem Kleide.

In einer Weile hörte ich klopfen und der Wirt meldete sich mit den Worten: «Ist es erlaubt?» Ich schob den Riegel auf und trat mit Gluck hinter einen Tisch, der mitten im Zimmer stand. Der Wirt kam mit den Hausknechten, die an der Tür stehen blieben, zuerst herein, und hinter ihnen der zerlumpte Kerl, der mich fragte, ob ich der junge deutsche Virtuose wäre, der gestern bei den Minoriten gespielt hätte. «Ja!», antwortete ich, «und was weiter?», und währenddem zog ich die Pistole gleichsam spielend unter dem Schlafrock hervor, Gluck tat ein Gleiches. Der Kerl lächelte, sah sich nach den beiden Hausknechten um und sagte mit komischem Lächeln: «Die Vorsicht hätten Sie nun eben nicht nötig; ob ich gleich schlecht angezogen bin, so bin ich doch ein Ehrenmann.» – «Aber so sagt, was Ihr wollt», redete der Wirt ihn an. Ohne ein Wort zu antworten, griff er in die Tasche, zog ein Billett samt einem kleinen Schächtelchen hervor und legte beides auf den Tisch. «Was soll das?» fragte ich. – «Ich weiß nicht; belieben Sie nur das Billett zu lesen.» – Ich las, und mit geflissentlich verstellter Schrift stand folgendes in italienischer Sprache darin: «Nehmen Sie beiliegendes Schächtelchen als einen Beweis des Vergnügens, das mir Ihr gestriges Konzert in der Minoritenkirche verursacht hat, und belieben Sie beiliegenden Empfangsschein zu unterschreiben.»

Ich ließ das Schächtelchen von dem Überbringer öffnen, und es war eine schöne goldene Uhr darin. Ich unterschrieb den Schein;

er nahm ihn. Aber den Scudo, den ich ihm geben wollte, schob er zurück und entfernte sich, ohne mir weder auf Bitten noch Drohen sagen zu wollen, von wem das Geschenk käme. «Ich habe mein Wort gegeben, es nicht zu verraten,» sagte er, «ich bin ein Ehrenmann, und damit genug.» Und so ging er. Wir sannen nach, von wem das Geschenk wohl kommen möchte, und wir mutmaßten endlich, daß es von den Patern Minoriten sein könnte.

Am folgenden Tag waren wir bei Farinelli zu Mittag gebeten, und wir trafen eine ansehnliche Gesellschaft dort an. Wie erstaunte ich, als ich bei dem Essen in seinem Kammerdiener dieselben Gesichtszüge des gestrigen Kerl zu erkennen glaubte. Nach dem Essen richtete ich einige unbedeutende Fragen an ihn, und sein Ton der Stimme war ebenfalls der nämliche, und also wußte ich, woran ich war. Alles Ableugnen von seiten Farinellis half nichts, er mußte es eingestehen; aber mit vieler Feinheit wußte er mich alles Dankes dafür zu überheben, und es durfte davon keine Rede mehr sein.

Farinelli lebte seit vier Jahren in Bologna. Bald nach seiner vom spanischen König erzwungenen Übersiedlung in die norditalienische Stadt hatte er begonnen, sich außerhalb der Stadtmauern ein prachtvolles Landhaus zu errichten, an dem noch gebaut wurde, als Gluck und Dittersdorf in Bologna waren. Die Freundschaft zu Padre Martini half Farinelli mit der Zeit, die Depressionen zu überwinden, die ihn seit seiner Verbannung aus Spanien immer wieder quälten. Ganz verwunden hat er den Verlust seiner Macht und die Umstände seiner Entlassung aus spanischen Diensten bis zu seinem Tod nicht.

Farinelli war in den folgenden zwanzig Jahren in Bologna eine lebende Sehenswürdigkeit. Alle Reisenden, die irgend die Musik schätzten, wollten den legendären Sänger besuchen. Natürlich hofften sie auch, daß er sich dann an eines seiner vielen Cembali setzte und seine Stimme hören ließ.

25

Die Kurfürstenwitwe

Maria Antonia Walpurgis, die älteste Tochter des bayerischen Kurfürsten Karl Albert, 1724 geboren, erlebte in ihrer Kindheit am Münchner Hof eine Blütezeit der Musik, Malerei und Dichtung. Mit 23 Jahren wurde sie mit dem Kurprinzen von Sachsen, Friedrich

Christian, verheiratet. Als sie 1747 nach Dresden kam, war Johann Adolf Hasse Hofkapellmeister. Als Musiklehrer für die Kurprinzessin wurde Nicola Porpora nach Dresden verpflichtet. Der Erste Kastrat der Dresdner Oper war Domenico Annibali.

Wir erinnern uns an die von August dem Starken im Februar 1720 verfügte Auflösung der italienischen Oper, zu der Senesinos Streit mit dem deutschen Kapellmeister Heinichen den Vorwand geliefert hatte. Als die Sänger abgereist waren, schien am sächsischen Hof aber doch etwas zu fehlen. Um ein neues Opernensemble für Dresden zu gewinnen, wählte August der Starke einen seltsam komplizierten Weg. 1724 wurde der Gesandte in Venedig, Graf Villio, beauftragt, Sängerinnen und Kastraten auf Kosten des sächsischen Kurfürsten in Italien ausbilden zu lassen. Das schien dem bei aller Prachtentfaltung sparsamen Kurfürsten ökonomischer, als an erfolgreiche Sänger Stargagen zu zahlen und sich außerdem noch ihre Allüren bieten lassen zu müssen. 1728 wohnten im Haus des sächsischen Gesandten in Venedig eine Sängerin und vier Kastraten. Um ihnen «die letzte Feile» zu geben, sollte ein berühmter Gesanglehrer engagiert werden. Der Gesandte schlug Porpora vor, doch der Hof wählte den Kastraten Antonio Campioli aus.

Die Sängerausbildung für Dresden fand anfangs in Bologna, später in Venedig statt, und es dauerte einige Jahre, bis die Sänger zur Verfügung standen. Erst 1730 kamen drei Sängerinnen und vier Kastraten nach Dresden. Graf Villio rechnete für die Ausbildung, die von Mai 1724 bis März 1729 gedauert hatte, 20.476 Taler und 16 Groschen ab. In ihrem ersten Dresdner Jahr erhielten die Kastraten jeweils 792 Taler Jahresgehalt (Senesino hatte zehn Jahre früher 6650 Taler verdient). Unter ihnen war der damals etwa dreißigjährige Annibali, der bald zum «primo uomo» aufstieg. 1736/37 gastierte er in London in drei Händel-Opern als Konkurrent Farinellis. Wir haben schon gehört, daß er dieses Londoner Gastspiel, bei dem er unter anderem den Giustino gesungen hat, dazu nutzte, in Dresden eine Gehaltserhöhung durchzusetzen. Annibali blieb bis 1764 in Dresden. Sein Porträt von der Hand des Dresdner Malers Anton Raphael Mengs hängt in der dortigen Gemäldegalerie.

Zum Geburtstag Maria Antonias wurde am 18. Juli 1747 Porporas Oper «Filandro» aufgeführt. Die Titelrolle sang Domenico Annibali. Als im April 1748 Porpora «bis auf weitere Verordnung»

Domenico Annibali in Dresden 1744

Pastell von Anton Raphael Mengs, Staatliche Kunstsammlungen Dresden,
Gemäldegalerie Alte Meister

als Kapellmeister angestellt wurde, betrachtete Hasse das Wirken seines einstigen Lehrers durchaus als Konkurrenz, und es kam zu den üblichen Theaterintrigen. Ende 1751 verließ Porpora Dresden. Ihm wurde eine lebenslange Pension von 400 Talern zugesichert.

Porpora ging von Dresden nach Wien. Die Pension aus Sachsen reichte gerade zur Bestreitung des Lebensunterhalts. Porporas ehemaliger Schüler Metastasio bemühte sich, für den verarmten Lehrer Gelegenheitsarbeiten zu besorgen. Metastasio wohnte in Wien neben der Michaelerkirche im Haus des Neapolitaners Nicolò Martinez, der 1753 einen einundzwanzigjährigen Musiker in Kost und

Logis nahm, der als Gegenleistung seinen beiden Töchtern Klavier- und Gesangsstunden geben mußte. Metastasio vermittelte den jungen Mann als Kompositionsschüler an Porpora, der noch einmal seine pädagogische Meisterschaft bewies. Sein neuer Schüler hieß Joseph Haydn und sagte später über den Unterricht seines italienischen Lehrers: *Ich schrieb fleißig, doch nicht ganz gegründet, bis ich endlich die Gnade hatte, von dem berühmten Herrn Porpora die ächten Fundamente der Satzkunst zu erlernen.*

Als im Siebenjährigen Krieg die Truppen Friedrichs des Großen Dresden besetzt hatten, wurde Porporas Pension nicht mehr ausgezahlt. Am 5. Mai 1757 schreibt Metastasio an Farinelli, der damals noch in Madrid am spanischen Hof lebte: *Ich bin noch immer ergriffen von dem Mitleid, das ich für unseren armen Porpora empfunden habe, als er gestern zu mir kam, um mir den beiliegenden Brief zu geben, den er mit einem Begleitbrief an Euch zu schicken bat. Es rührt einen wirklich zu Tränen, lieber Zwillingsbruder, einen Mann von so hohen Verdiensten um das tägliche Brot betteln zu sehen, nachdem Sachsen von dem bekannten Unglück heimgesucht wurde. Von dort hat er bisher eine kleine Pension bezogen, die ihm wenigstens den nötigsten Lebensunterhalt sicherte.*

Dies sind die einzigen Momente, in denen ich bedaure, nur begrenzte Geldmittel zu besitzen, und ich finde in aller Philosophie keine Linderung für den Schmerz, einem Unglücklichen nicht helfen zu können.

Er vermutet, daß es bei der Mildtätigkeit und Nächstenliebe Eures barmherzigen Herrscherpaares irgendwelche kleinen Pensionen in Form eines Almosens gibt, mit denen bedürftige Personen unterstützt werden, und er bittet mich, ihn Eurer Fürsprache zu empfehlen, ihm eine solche Unterstützung zu gewähren, die ihm nur das Überleben sichert, was nicht gerade viel ist.

Er wird das in seinem eigenen Brief besser erklären – ich habe ihn nicht gelesen – und ihn meinem Zwillingsbruder zu empfehlen, heißt, seinem guten Herzen unrecht tun, denn er hat schon so viele Beweise seines Großmuts gegeben und gibt täglich neue. Wir haben allen Grund, dem armen Porpora zu helfen: er ist ein angesehener Mann, er ist ein Freund, er ist alt, und es braucht nicht viel, um zu verhindern, daß er umkommt. Helft ihm, wenn Ihr könnt, liebster Zwillingsbruder. Eure Wohltat gilt einem Mann, der in ganz Europa bekannt ist und sie wird den guten Ruf vermehren, den Euer großzügiger, wohltätiger, bewundernswürdiger Cha-

rakter hat. Und mich selbst wird sie davon befreien, zuschauen zu müssen, wie ein Mann Schiffbruch leidet, den wir schon in unserer frühesten Jugend schätzen gelernt haben.

Lebt wohl, lieber Zwillingsbruder, erhaltet mir Eure Freundschaft und tut, was Euer Herz Euch befiehlt. Lebt wohl.

Wenn ein böser Geist Euch irgendeine schlechte Eigenschaft Porporas in Erinnerung ruft, denkt daran, daß die Gebrechen der Seele nicht weniger Mitleid verdienen als die des Körpers. Und wenn vielleicht Porpora nicht wert ist, daß man ihm Wohltaten erweist, ist Farinello es wert, Wohltäter zu sein. Lebt wohl.

Wir wissen nicht, ob Metastasio hier auf eine schlechte Eigenschaft Porporas oder auf eine Auseinandersetzung zwischen Porpora und Farinelli anspielt. Jedenfalls hat Farinelli nicht geholfen, sei es, weil er nicht wollte, sei es, weil seine Macht in Spanien bereits zur Neige ging, denn bald nach dem Empfang des Briefes starb seine Gönnerin, die Königin Barbara.

Porpora verließ Wien 1760 und kehrte nach Neapel zurück. Er versuchte es noch einmal mit einer Oper, die aber sehr kühl aufgenommen wurde. Er wurde wieder Lehrer am Conservatorio di Sant'Onofrio. Dieselbe Stelle hatte er vierzig Jahre zuvor aufgegeben und hatte Neapel verlassen, um die musikalische Welt als Komponist zu erobern. Die Rückkehr an denselben Platz empfand er als so demütigend, daß er bald wieder zurücktrat. Am 3. Februar 1768 starb er zweiundachtzigjährig in Neapel in größter Armut.

Maria Antonia, Porporas hochherrschaftliche Schülerin in Dresden, hat den Musikunterricht nicht nur als Zeitvertreib für fürstliche «höhere» Töchter angesehen. Sie war wirklich eine respektable Sängerin und hat im heimatlichen München bei Opernaufführungen größere Rollen gesungen. Die hohen pädagogischen Qualitäten Porporas, die seine Fähigkeiten als Komponist bei weitem übertrafen, trugen auch bei der künstlerisch begabten Maria Antonia Früchte. Sie entwickelte sich zu einer ernstzunehmenden Komponistin. Sie hat unter anderem zwei Opern komponiert, zu denen sie selbst das Libretto verfaßte.

Maria Antonias Mann, Kurfürst Friedrich Christian, starb im Dezember 1763, nur sieben Wochen nach seiner Thronbesteigung. Dresden hatte durch den Siebenjährigen Krieg, der im selben Jahr zu Ende gegangen war, fast allen Glanz verloren. Maria Antonia Walpurgis lebte als «Kurfürstenwitwe» meist in München am Hof ihres Bruders, des bayerischen Kurfürsten. 1772 reiste sie nach Bologna, wo Farinelli nach seiner Verbannung aus Spanien lebte. Der alte Sänger gab für die Schülerin seines ehemaligen Lehrers, die in italienischen Künstlerkreisen hochgeachtet war, einen Empfang in seinem Landhaus. Unter den Gästen war auch Giacomo Casanova, der sich gerade in Bologna aufhielt. In seinen Memoiren lesen wir:

Die Kurfürstenwitwe von Sachsen kam damals nach Bologna, und ich beeilte mich, ihr meine Aufwartung zu machen. Die Fürstin kam nur, um den berühmten Kastraten Farinello zu besuchen, der den Hof von Madrid verlassen hatte, um in Reichtum und ohne Sorgen in Bologna zu leben. Er empfing sie mit einer prachtvollen Erfrischung und sang eine von ihm selbst komponierte Arie zu eigener Cembalo-Begleitung. Die Fürstin, eine begeisterte Musikfreundin, umarmte den Kastraten und rief: «Jetzt kann ich ruhig sterben!»

Farinello, auch genannt Cavaliere Don Carlo Broschi hatte sozusagen in Spanien regiert. Die Gemahlin König Philipps V., die aus Parma stammte, hatte Intrigen angezettelt, wodurch Broschi genötigt wurde, den Hof zu verlassen. Beim Anblick eines Bildes der Königin (Maria Barbara, Gemahlin Ferdinands VI., nach deren Tod Farinellis Einfluß in Spanien nachließ), *die von Amigoni in ganzer Figur dargestellt war, sprach die Kurfürstenwitwe einige Worte zu ihrem Lobe und erwähnte dabei einen Vorfall, der sich unter der Herrschaft Ferdinands VI. zugetragen hatte. Der heroische Musiker brach in Tränen aus, die er allzu schnell trocknete, und sagte, die Königin Barbara sei ebenso gut, wie Elisabeth von Parma böse gewesen sei. Broschi mochte etwa 70 Jahre alt gewesen sein, als ich ihn in Bologna sah* (er war beim Besuch Maria Antonias 67 Jahre alt). *Er war sehr reich, erfreute sich einer guten Gesundheit und war trotzdem unglücklich, da er nichts zu tun hatte, sich langweilte und sich stets unter Tränen nach Spanien sehnte. Der Ehrgeiz ist eine viel größere Leidenschaft als der Geiz.*

Farinello war übrigens auch aus einem anderen Grund unglücklich, der, wie man mir gesagt hat, auch Ursache seines Todes wurde. Er hatte einen Neffen, der einmal alle seine Reichtümer erben sollte. Er verheiratete diesen mit einer jungen Dame aus einem toskanischen Adelsgeschlecht. Er fühlte sich in der Hoffnung glücklich, als Oberhaupt einer Familie vorzustehen, die mit Hilfe des Vermögens den Adel erlangen würde, wenn auch erst in der zweiten Generation. Das hätte auch leicht eintreten können. Doch ge-

rade diese Heirat wurde ihm zur Qual. Der arme alte Farinello ver-
liebte sich in die Frau seines Neffen. Er wurde eifersüchtig, das war
schlecht, aber noch schlechter war, daß er seiner Nichte verhaßt
war, die nicht begreifen konnte, wie so ein alter Dummkopf seines
Schlages hoffen konnte, einem Gatten vorgezogen zu werden, der
ein vollwertiger Mann war und dem sie nach göttlichem und
menschlichem Recht Zärtlichkeit erweisen mußte. Da die junge
Frau ihm keine Gefälligkeiten erwies, die nur peinlich sein mußten,
weil sie zu nichts Ernsthaftem führen konnten, hatte Farinello aus
Wut auf die junge Frau seinen Neffen auf Reisen geschickt. Er hielt
seine Nichte wie in Gefangenschaft, nahm ihr alle Diamanten wie-
der weg, die er ihr geschenkt hatte, und verließ nie das Haus, weil
er sie nicht aus den Augen lassen wollte. Wenn ein Verschnittener
eine Frau liebt, die ihn verachtet, so wird er zum Tiger.

Casanovas Bemerkungen sind die einzigen negativen Äußerungen über den Sänger, die wir in den unterschiedlichsten Schriften
des 18. Jahrhunderts finden. Obwohl nicht alles, was Casanova hier
erzählt, stimmen mag, ganz aus der Luft gegriffen ist die Geschichte
nicht. Der Sohn von Farinellis Schwester Dorotea, Dr. Matteo Pisani, hat 1768 Anna Gotteschi aus einer vornehmen Bologneser
Adelsfamilie geheiratet (sie war nicht aus toskanischem Adel, wie
Casanova erzählt). Anfangs muß Farinelli die Heirat seines Neffen,
der mit ihm im selben Haus lebte, begrüßt haben, denn Metastasio
schreibt im November 1768 an Farinelli: *Ich freue mich sehr dar-*
über, daß Ihr im Haus neue Gesellschaft habt, die Euch eine ange-
nehme Abwechslung bietet. Im Jahr darauf bricht der Briefwechsel
zwischen Metastasio und Farinelli ab, ohne daß ein Grund dafür er-
sichtlich wird. Erst im Februar 1776 schreibt Metastasio wieder an
Farinelli: *Es ist mir ein Trost, daß Eure familiären Beschwerden zu-*
mindest vorübergehend ein Ende gefunden haben.

Die Kurfürstenwitwe von Sachsen hat Farinelli am 7. April 1772
besucht. Von Bologna reist sie nach Rom, wo sie einen Monat
bleibt. Am 27. Mai finden wir sie in Venedig, ein paar Tage später
hört sie in Verona Gaetano Guadagni. Sie ist so fasziniert von dem
Sänger, daß sie ihn auf der Stelle mit an den Hof ihres Bruders
nimmt. Maria Antonia und Guadagni sind fast gleichaltrig, Guadagni ist 47, Maria Antonia 48 Jahre alt, als Fürstin und Kastrat
sich kennenlernen.

Im August desselben Jahres kommt Charles Burney auf seiner
musikalischen Studienreise durch Deutschland und Österreich

nach München. Burney kennt Guadagni von London sehr gut. Durch Vermittlung des Sängers lernt der Musikwissenschaftler den ganzen bayerischen Hof kennen. Da Sommer ist, residiert der Kurfürst in Schloß Nymphenburg. Dort unterhält sich die Kurfürstenwitwe mit dem Engländer über ihren Favoriten: *Sie fragte mich um meine Meinung von Guadagni in Vergleichung mit verschiedenen großen italienischen Sängern; er konnte nicht hören, was gesprochen wurde. Sie sagte, Guadagni sänge sowohl mit vieler Kunst als mit Gefühl und besäße das große Geheimnis, Fehler zu verstecken.*

In München wird in diesen Tagen die Aufführung der Oper «Talestri» vorbereitet, eine Komposition der Kurfürstenwitwe. Sie hat auch das Libretto, eine Geschichte aus dem Reich der Amazonen, verfaßt. Guadagni studiert die Altpartie. Die musikalische Leitung hat der sächsische Kapellmeister Johann Gottlieb Naumann, der für die Einstudierung der Oper seiner früheren Fürstin aus Dresden nach München gekommen ist. Der «primo uomo» in Maria Antonias Oper ist der sechsundzwanzigjährige Kastrat Venanzio Rauzzini. Er ist schon sechs Jahre in München. In Neapel war er einer der letzten Schüler von Nicola Porpora, bevor der seine Lehrtätigkeit am Conservatorio di Sant'Onofrio endgültig aufgab.

Es ließ sich in München kaum verbergen, daß die Beziehung der Kurfürstenwitwe zu Guadagni über eine gemeinsame Liebe zur Kunst hinausging. Guadagni hatte für den Sommer seine Wohnung im Schloß Nymphenburg. Nymphenburg war damals noch kein Stadtteil von München, das Schloß lag vor den Toren, «auf dem Lande».

Burney hielt sich einen ganzen Tag in Nymphenburg auf. Am Nachmittag ging er mit den beiden Kastraten Guadagni und Rauzzini im Schloßpark spazieren. Am frühen Abend gab es ein Kammerkonzert im Musikzimmer des Schlosses. Die Kurfürstenwitwe sang selbst eine Szene aus ihrer Oper. Burney bemerkt dazu: *Sie sang in einem wirklich feinen Stile. Ihre Stimme ist sehr schwach, aber sie zwingt sie niemals und bleibt immer rein im Tone. Das Rezitativ trug sie in der Manier der großen Sänger von alten und bessern Zeiten vor. Sie hat lange von Porpora gelernt, der in ihres Schwiegervaters Diensten gestanden und zu Dresden sich aufgehalten hat. Die Arie war ein Andante, reich an Harmonie, einigermaßen in der Art der besten Händelschen Opernarien. Es waren hier zwar nur wenige Violinen, aber sie waren demungeachtet zu stark für ihre Stimme.*

Danach spielte Kurfürst Maximilian, Maria Antonias Bruder, ein Stück auf der Gambe. Anschließend sangen die beiden Kastraten. Burney erzählt: *Rauzzini hatte sich dem Kurfürsten in den Weg geworfen, damit er ihn zum Singen auffordern möchte und ich ihn zu hören bekäme. Denn ob er gleich Erster Sänger des Winters in der großen Oper ist, so singt er doch des Sommers in den Konzerten niemals, wenn es nicht ausdrücklich verlangt wird. Er legte eine Arie von seiner eigenen Komposition auf und sang sie vortrefflich; darauf sang Guadagni eine pathetische Arie von Traetta mit der ihm gewöhnlichen Anmut und mit Ausdruck, aber mit mehr Stimme, als er hatte, da er in England war.* Zum Abschluß spielte der Kurfürst noch einmal selbst, dann gab es Abendessen. Wie in dieser Zeit üblich, aßen nur die Mitglieder der Fürstenfamilie, alle anderen durften ihnen beim Essen zuschauen:

Nach dem Konzert ward bei Hofe in ebendem Saale und ebenso öffentlich des Abends gespeiset, als des Mittags geschehen war. Ich ging mit Guadagni und den übrigen Vornehmsten von der Musik hin, bei Tafel meine Cour zu machen. Der Kurfürst geruhete, ziemlich viel mit Guadagni über meine künftige Geschichte der Musik zu sprechen. Die Kammerjunker, welche die Aufwartung hatten, boten uns Erfrischungen an, und der Kurfürst hatte die Gnade, Guadagni zu fragen, ob er dem Engländer und seiner übrigen Gesellschaft (womit er Rauzzini und Naumann meinte) auch ein Abendessen gäbe. Er antwortete ihm, er würde uns ein Stück Kas und Brot und ein Glas Wein vorsetzen. «Hier», rief der Kurfürst und leerte zwei Schüsseln mit Geflügel auf einen Teller, «senden Sie das nach Ihrem Zimmer.» Sr. Hoheit Befehl ward ohne Widerspruch gehorcht. Nachdem wir gegessen, kehrte ich nach München zurück.

Im Jahr nach Burneys Besuch in München wurde in der bayerischen Hauptstadt Glucks «Orpheus» aufgeführt, natürlich sang Gaetano Guadagni die Titelrolle. Bei der Einstudierung gab es Schwierigkeiten mit dem Theaterpersonal und dem Orchester. Maria Antonia verteilte, um die Aufführung zu retten, zur Beschwichtigung goldene Tabakdosen.

Wenig später kam es zum Zerwürfnis zwischen Guadagni und seiner Gönnerin. Bevor der Kastrat aus München abreiste, ließ Maria Antonia Walpurgis die Briefe stehlen, die sie Guadagni geschrieben hatte.

Ein Musiklexikon von 1790 weiß über den Sänger vor allem dies zu berichten: *Im Jahr 1776 that Guadagni eine Reise nach Pots-*

dam zum König Friedrich II. und ließ sich vor selbigem hören. Der König beschenkte ihn darauf mit einer goldenen, mit Brillanten besetzten Dose von so hohem Werthe, als sich noch keine Privatperson rühmen konnte, von ihm erhalten zu haben. Seit dieser Zeit hat er sich wieder nach seinem Vaterlande gewendet, wo er zu Padua wieder seine alte Stelle eingenommen haben soll. Guadagni war schon als junger Sänger Mitglied im Chor der Kirche des heiligen Antonius von Padua gewesen, gegenüber der Kirche besaß er ein Haus. Der englische Sänger Michael Kelly hat Guadagni dort 1783 besucht.

Padua interessierte mich besonders, weil hier nach ihrem Abschied von der Bühne zwei der größten Sänger ihrer Zeit lebten, Pacchierotti und Guadagni.

Guadagni trug den Titel eines Cavaliere. Er hatte sich in Padua ein Haus gebaut, oder eher einen Palast, in dem es ein sehr niedliches Theater für Puppen gab, die «Orpheus und Eurydike» spielten. Er selbst sang die Partie des Orpheus hinter der Bühne. In dieser Rolle und besonders in Glucks wundervollem Rondo «Che farò senza Euridice» hatte er in allen Theatern Europas großen Erfolg gehabt.

Sein Puppentheater war sein Steckenpferd, und da er keinen Eintritt nahm, hatte er immer ein volles Haus. Überhaupt ging er mit seinem Reichtum sehr freigiebig um, und er war der schönste Mann seiner Art ⟨also der schönste Kastrat⟩, den ich je gesehen habe.

Guadagni war fasziniert vom Glücksspiel, das im 18. Jahrhundert nicht nur zahlreiche Familien ruinierte, sondern auch den Betrieb der Opernhäuser und die Stargagen ermöglichte. Michael Kelly berichtet weiter aus Padua: *Während der Messe gab es im Theater einen großen Spielsalon, der «La sala di ridotto» hieß. Ungeheure Summen wurden hier gewonnen und verloren. Ich bin zwei- oder dreimal hineingegangen, um zuzuschauen, aber ich habe nie selbst gespielt. Normalerweise wird die Bank vom Pächter des Theaters gehalten, und der verdient daran mehr, als mit seinen Opern oder Balletten.*

Guadagni wird nicht nur zugeschaut haben, er war reich genug, auch große Verluste mit einem Lächeln wegzustecken, wie eine Anekdote mitteilt, die 1783, im selben Jahr, in dem Kelly in Padua war, in Forkels «Musikalischem Almanach» veröffentlicht wurde:
Von eben diesem Guadagni erzehlt man, daß er einst an einen

*deutschen Prinzen, welcher falsch spielte, eine ansehnliche Summe
Geld verloren habe. Man sagte ihm, daß er betrogen worden sey,
und rieth ihm, den Prinzen nicht zu bezahlen. Er antwortete aber:
er hat an mir als Schurke gehandelt, ich will an ihm als Prinz handeln. Und er bezahlte die ganze Summe.*

Im Jahr zuvor hatte Forkel seinen Lesern bereits diese Geschichte von Guadagni berichtet: *Der Charakter dieses Kastraten
soll ganz besondere Züge haben. Unter vielen Anekdoten, die von
ihm erzählt werden, ist folgende eine der schönsten: Er kam einst
auf ein öffentliches Haus, wo ein gewisser vornehmer Herr eben
sein ganzes Vermögen im Spiel verloren hatte. Guadagni zog
großmüthig seinen Beutel, und verehrte dem Herrn 500 Dukaten.
Hierauf verließ er den Spieltisch.*

*Des anderen Tages erhielt Guadagni in der Frühe einen Besuch
von dem Herrn, dem er das Geschenk von 500 Dukaten gemacht
hatte, wobey ihm dieser mit jenem den armen Rittern angebohrnen
vornehmen Stolze erklärte, daß er die angeführte Summe einstwei-
len als ein Darlehn nehme, und sie ihm zu seiner Zeit wieder heim-
bezahlen würde. Guadagni erwiderte ihm verächtlich: dieß ist
nicht meine Absicht. Wenn ich mein Geld wieder haben wollte, so
hätte ich es Ew. Excellenz niemals geliehen. Wie viel Stolz (aber
nicht unedler) herrscht in dieser Handlung!*

Guadagnis Stolz, seine Spielleidenschaft, aber auch seine Wohltätigkeit scheinen ihn schließlich finanziell ruiniert zu haben. Im
November 1785 weiß Leopold Mozart zu berichten, daß *der alte
berühmte Castrat Guadagni wegen einer Schuldforderung in München* ist. Da konnte er sich die in den über ihn verbreiteten Anekdoten geschilderte Großzügigkeit schon nicht mehr leisten. 1792
ist Guadagni mit etwa 67 Jahren in großer Armut in Padua gestorben.

Venanzio Rauzzini hat noch im selben Jahr, in dem Charles Burney ihn in der Gesellschaft Guadagnis in München getroffen hat,
die bayerische Residenzstadt wegen einer Liebesaffäre, die Skandal zu machen drohte, verlassen müssen. Michael Kelly, dessen erster Gesanglehrer Rauzzini war, berichtet in seinen Lebenserinnerungen:

*Signor Rauzzini, dessen Namen alle kennen, denen die musika-
lische Welt etwas bedeutet, wurde in Rom geboren und hatte sein
Bühnendebut in seiner Vaterstadt im Teatro della Valle. Er war
sehr musikalisch, hatte eine schöne Stimme, und war so sprich-*

wörtlich schön, daß er immer die Rolle der Primadonna spielen mußte. Zu seiner Zeit wurde auf den römischen Theatern keine Frau geduldet. Das Publikum überhäufte ihn mit Schmeicheleien, und bald trat er an allen führenden Theatern Italiens auf. Der Kurfürst von Bayern, der viel Geld für seine italienische Oper ausgab, berief ihn nach München. Sein Erfolg bei Hofe war, wie gewöhnlich, außerordentlich. Aber ach! seine Schönheit war sein Ruin! eine hochgestellte Persönlichkeit verliebte sich tief und hoffnungslos in ihn, und trotz seines Talents legte man ihm nahe, daß eine Luftveränderung seiner Gesundheit guttun würde. Er verstand den Wink und verließ München.

Wer diese hochgestellte Person war, läßt sich nicht mehr feststellen. Deren Liebe zu dem Kastraten hat wohl schon eine ganze Zeit gedauert und erst 1772 gedroht, Skandal zu machen. Obwohl Rauzzini sechs Jahre lang in München der Erste Sänger der Hofoper gewesen ist, findet sich sein Name in keinem offiziellen Aktenstück, auf keiner Gehaltsliste, auch nicht in den Abrechnungen des Hofzahlamts. Die Gage des Sängers muß direkt aus der Privatschatulle des Kurfürsten bestritten worden sein, «ad manus Serenissimi», wie das in der Finanzverwaltung genannt wurde. Über diese Zahlungen gab es keine Belege. Die «hochgestellte Persönlichkeit» kann deshalb nur in der unmittelbaren Umgebung des Kurfürsten zu suchen sein, und der Kurfürst selbst dürfte um dieses Verhältnis von Anfang an gewußt haben. Wir können nur raten, wem am bayerischen Hof der schöne und talentierte Kastrat den Kopf verdreht haben mag.

26

Kastraten in Kirchenchören

Der Chor der Kirche des heiligen Antonius von Padua galt als einer der besten in Italien. Charles Burney schreibt in seinem Tagebuch aus dem Jahr 1770:

An ordentlichen Festen besteht in dieser Kirche der Musikchor aus 40 Personen, dabei 16 Sänger sind. 8 Kastraten bekommen einen Jahrgehalt, unter denen Signor Guadagni ist, der in Ansehung des Geschmacks, des Ausdrucks, der Gestalt und der Aktion in seiner Profession obenan steht. Er bekommt jährlich 400 Dukaten, wofür er nur gehalten ist, an den vier Hauptfesten zu singen.

Das Gehalt für diese vier jährlichen Auftritte von Guadagni ist sehr hoch, aber für den Sänger, der sich an den Opernbühnen Europas in den vorangegangenen Jahren reich gesungen hat, wird es eher symbolisch gewesen sein. Er dürfte seine Mitwirkung im Chor des Heiligen mehr als eine Art «Ehrenmitgliedschaft» denn als berufliche Verpflichtung angesehen haben. Die anderen sieben Kastraten im Chor von San Antonio dagegen mußten wahrscheinlich ihren Lebensunterhalt von ihrem Gehalt bestreiten. Und obwohl sie zu regelmäßigerem Dienst verpflichtet waren als der Starsänger Guadagni, werden sie geringere Bezüge gehabt haben. Es wird in Padua nicht viel anders gewesen sein als bei der Dienstreise zur Kaiserkrönung in Frankfurt, für die der reiche Kastrat ein großzügiges Honorar erhielt, während der bescheiden bezahlte Orchestermusiker Dittersdorf nicht einmal seine Auslagen ersetzt bekam.

Bisher haben wir fast nur von den erfolgreichen Kastraten gehört, von denen, die es geschafft haben, große Stars zu werden. Die auf dem Theater umjubelt wurden, denen die Frauen verzückt zu Füßen lagen, die von Königen und Fürsten reich beschenkt wurden. Kurz, bei denen all das eingetreten war, wovon ihre Väter geträumt haben mochten, als sie ihre kleinen Söhne zum Chirurgen schleppten.

Wir haben bislang fast nur von ihnen gehört, weil über sie schon zu ihren Lebzeiten viel geschrieben wurde. All diese Geschichten, die uns ein unbeschwertes Leben suggerieren, fast schon bis zum Überdruß angefüllt mit Anerkennung, Erfolg und sexuellen Ausschweifungen, sind nur ein kleiner Ausschnitt aus dem Leben der Kastraten. Ungleich höher als die Zahl der Erfolgreichen war die Zahl derer, die es nicht geschafft haben.

In der herzoglich-württembergischen Kapelle in Stuttgart gab es spätestens 1610 den ersten Kastraten. Ein halbes Jahrhundert später muß es bereits eine größere Zahl von Kindern gegeben haben, die nach der Operation als Sänger ausprobiert wurden, denn am 23. November 1658 unterschreibt Herzog Eberhard III. einen Erlaß, in dem festgestellt wird, *daß von etlich vor etwas Zeitt in die hoff Capell auffgenommenen castrirten Knaben allem Ansehen und bißher erwiesener Probe nach, schwehrlich mehr, alß Einer, zu verlangtem profectu* ⟨Vollkommenheit⟩ *kommen und in der Music sonders zu gebrauchen sein werde.* Die Eltern, Vormünder oder Pfleger der übrigen werden deshalb aufgefordert, die Kinder unverzüglich wieder abzuholen, um sie noch *zu Zeiten zu einem ehrlichen Handwerk abzustellen.* Immerhin machte sich der württembergische Herzog noch Gedanken darüber, daß die nutzlos kastrierten Kinder wenigstens eine andere Berufsausbildung erhalten sollten.

In Italien dachte man nicht so weit. Hatten die Kastraten, die kein Opern-Engagement fanden, Glück, so erhielten sie eine Anstellung in einem Kirchenchor. Neben der päpstlichen Kapelle in Rom hatten bald alle größeren Kirchen Italiens besoldete Kastraten in ihren Chören, oder sie engagierten Kastraten zumindest für die hohen Kirchenfeste.

Allein in Rom waren, wie Archenholtz um 1765 schätzt, etwa 200 Kastraten in den verschiedenen Kirchen als Sänger angestellt: *Manche hat deren acht, auch zehn beständig im Solde,* und Johann Adam Hiller schreibt zwei Jahre später in seiner Musikzeitschrift «Wöchentliche Nachrichten»: *Man würde über ihre große Anzahl erstaunen, wenn man ein genaues Verzeichniß von denenjenigen geben könnte, welche der Kirchenstaat in sich fasset.* Die katholische Kirche hat sich nie vor der extremsten Inkonsequenz gescheut. Die Kastration wurde in ganz Italien, und besonders im Kirchenstaat, mit den schwersten weltlichen und kirchlichen Strafen bedroht. Aber die Kirchen benötigten die Kastraten für ihre Chöre. Es mag sich damals so mancher Bischof vor sich selbst und vor anderen damit entschuldigt haben, die Knaben würden ja nicht für den Kirchenchor, sondern für die Oper kastriert. Und wenn die Operation einmal geschehen sei, dann sei es nicht unmoralisch, sondern geradezu ein Akt der Nächstenliebe, die Sänger, die kein Engagement in der Oper gefunden hatten, durch die Beschäftigung im Kirchenchor vor der totalen Armut zu bewahren. Im 18. Jahrhundert mag das sogar irgendwie richtig gewesen sein. Aber als die Oper längst keine Kastraten mehr beschäftigte, gab es sie noch in vielen italienischen Kirchenchören, am längsten in der päpstlichen Kapelle, der Cappella Sistina.

Im 19. Jahrhundert hatte der päpstliche Chor 32 Mitglieder, 8 für jede Stimme, also 8 Alt- und 8 Soprankastraten. Zu dieser Zeit war der Chor, der seinen Namen daher hatte, daß er vor allem bei den Papstgottesdiensten in der Sixtinischen Kapelle sang, berühmt für seinen unvergleichlichen Klang. Kein prominenter Rom-Besucher versäumte es, zur Messe in die Sixtinische Kapelle zu gehen, um den Chor zu hören. Vielleicht war sein Klang vor allem ungewohnt und nicht immer schön, denn es gab auch

Reisende, die sich überhaupt nicht beeindruckt zeigten. Stendhal schreibt 1817:

Ich komme aus der berühmten Sixtinischen Kapelle. Ich habe der Papstmesse beigewohnt, und zwar auf dem besten Platz, rechts hinter Kardinal Consalvi. Ich hörte die berühmten Kastraten der Sixtinischen Kapelle. Nein, ich habe nie eine abscheulichere Katzenmusik gehört. Es ist der verletzendste Lärm, den ich seit zehn Jahren gehört habe. Die Messe dauerte zwei Stunden, und anderthalb Stunden habe ich mich nur gewundert, mich betastet, ob ich vielleicht krank sei, und meine Nachbarn befragt. Unglücklicherweise waren es Engländer, die sich ja gern von der Mode tyrannisieren lassen. Ich fragte sie nach ihren Empfindungen. Sie antworteten mir mit Passagen aus Burney. Nachdem ich mir ein Urteil über diese Musik gebildet hatte, genoß ich die männlichen Schönheiten von Michelangelos Deckengemälde und seinem Jüngsten Gericht.

Eine Woche später versucht Stendhal es noch einmal: *Mein Eindruck von dem Konzert der heiseren Kapaune ist der gleiche geblieben. Wenn diese Leute in ihrem Leben einmal singen könnten, richtig singen könnten, vermöchten sie ihr lautes und ohrenzerreißendes Schreien nicht zu ertragen. Aber Rom ist ein komisches Land. Die meisten Damen waren von der Schönheit der Zeremonie so bewegt, daß sie kaum empfanden, wie lächerlich die heiligen Kapaune wirkten.*

Noch in unserem Jahrhundert haben im Petersdom Kastraten gesungen. Erst Pius X. hat kurz nach seiner Thronbesteigung im November 1903 in einem «Motu Proprio», einer Gesetzgebungsakte zur Reform der Kirchenmusik, allerdings eher nebenbei, die Abschaffung der Kastraten der päpstlichen Kapelle bestätigt, die sein Vorgänger Leo XIII. kurz vor seinem Tod im Jahr 1902 eingeleitet hatte.

Der künstlerische Leiter der Cappella Sistina war zu dieser Zeit der Kastrat Alessandro Moreschi. 1858 geboren, wurde er im Alter von dreizehn Jahren in die Musikschule der Kirche San Salvatore in Lauro aufgenommen. Bei dem 1811 geborenen Organisten der Lateranbasilika und Komponisten von Kirchenmusik Gaetano Capocci hatte er Gesangsunterricht. Mit fünfzehn Jahren wurde Moreschi als Sopranist Mitglied der päpstlichen Kapelle an der Laterankirche. Bald sang er auch solistische Partien, so 1883 in einer Aufführung von Beethovens Oratorium «Christus am Ölberg» den

251

Seraph. Im selben Jahr wurde Moreschi Mitglied der Cappella Sistina und 1898 der Leiter des Chors. Er trat auch außerhalb von Sankt Peter in Konzerten auf, so sang er im Pantheon in Rom beim Begräbnis des italienischen Königs Umberto I. im Jahr 1900 und hatte auch Konzertgastspiele im Ausland. Italienische Zeitungen nannten ihn den «Engel von Rom». In jungen Jahren soll er in den römischen Salons die Juwelen-Arie aus Gounods «Faust» mit einer «Träne in jeder Note» gesungen haben.

Im Jahr 1902 reisten die Brüder Fred und Will Gaisberg, die Aufnahmeleiter des Londoner Büros der «Grammophone Company», nach Rom, um für die neuartige Tonkonserve die Stimme des sehr populären Papstes Leo XIII. aufzunehmen. Als die beiden in Rom ihren Plan vortrugen, wurde ihnen höflich, aber bestimmt bedeutet, daß es völlig ausgeschlossen sei, den damals schon über neunzigjährigen Papst vor den geheimnisvollen Trichter des Aufnahmeapparats zu setzen.

Statt dessen bot man ihnen an, den Gesang der päpstlichen Kapelle aufzunehmen. Am 5. und 7. April 1902 entstanden insgesamt 18 Aufnahmen, in vier Stücken sang Alessandro Moreschi ein Solo, darunter das «Crucifixus» aus der «Petite Messe Solenelle» von Gioacchino Rossini und die Romanze «Ideale» von Paolo Tosti. Während bei der Rossini-Arie, der ersten Aufnahme am 5. April, dem Sänger die Nervosität angesichts der merkwürdigen Maschine, in die er singen mußte, anzumerken ist, beeindruckt die Wiedergabe des Liedes von Tosti die bei der Aufnahme anwesenden anderen Mitglieder des Chores so sehr, daß sie spontan applaudieren und «bravo» rufen, auch das ist auf der Schallplatte dokumentiert. Trotz der unvollkommenen Aufnahmetechnik dieser Tage vermitteln die Schallplatten, die inzwischen auch in einer CD-Fassung vorliegen, einen durchaus getreuen Eindruck vom Klang der Stimme eines in der italienischen Tradition ausgebildeten Kastraten. Da die ausgewählte Musik aber ganz dem Geschmack des ausgehenden 19. Jahrhunderts entspricht, kann uns die Schallplatte des «letzten Kastraten» nichts von dem vermitteln, was das Publikum des 18. Jahrhunderts in Raserei versetzte: die endlosen Triller und Koloraturen. Tostis Musik ist romantisch süß, seine Romanze hat nichts von der Virtuosität der barocken Kastraten-Arien.

Im April 1904 wurden in Rom noch einmal Aufnahmen mit dem päpstlichen Chor und Alessandro Moreschi gemacht. Das «Crucifixus» von Rossini wurde wiederholt, Moreschi sang außerdem das

«Ave Maria» von Charles Gounod nach dem C-Dur-Präludium von Bach. In dieser Aufnahme singt der Kastrat fast jeden Ton mit einem Schluchzer. Wir können uns gut vorstellen, wie in seiner Jugend die Gretchen-Arie mit der «Träne in jeder Note» geklungen haben mag. Als die Aufnahmen entstanden, war Moreschi mit mehr als vierzig Jahren zwar durchaus noch in der Lage, hohe Gesangskunst zu demonstrieren, aber der Gipfel der Kraft und Schönheit seiner Stimme war bereits überschritten. Alessandro Moreschi wurde 1913 pensioniert und starb vierundsechzigjährig im Jahr 1922. Der Wiener Gesangsprofessor Franz Haböck, der ausgebildeter Mediziner war, hat Moreschi kurz nach dessen Pensionierung in Rom getroffen. Er beschreibt ihn in seinem Buch «Die Kastraten und ihre Gesangskunst»:

Moreschis äußere Erscheinung unterscheidet sich kaum vom gewöhnlichen Sängertypus. Er ist mittelgroß, eher klein von Statur. Sein sympathisches Gesicht ist gänzlich bartlos, auffällig breit und mächtig ist der Brustkorb entwickelt. Beim Sprechen klingt seine Stimme metallisch, wie die eines sehr hoch sprechenden Tenors. Stimme und Habitus machen noch immer den Eindruck des Jugendlichen.

Moreschis Vorgänger als Leiter der päpstlichen Kapelle war der Kastrat Domenico Mustafá, 1829 geboren. Richard Wagner hörte ihn in Rom. Während der Arbeit am «Parsifal» soll Wagner vorübergehend den Plan gehabt haben, die Rolle des Klingsor, der sich selbst entmannt hat, für Domenico Mustafás Kastratenstimme zu schreiben.

Doch kehren wir zurück ins 18. Jahrhundert. 1770 veröffentlicht Johann Jakob Volkmann ein Reisehandbuch über Italien, *welches eine Beschreibung dieses Landes, der Sitten, Regierungsform, Handlung* (gemeint ist damit die Wirtschaft des Landes), *des Zustandes der Wissenschaften und insonderheit der Werke der Kunst enthält.* Natürlich berichtet Volkmann in seinem Buch auch ausführlich über die Kastraten. Im Kapitel über Neapel schreibt er:

Die meisten Kastraten, welche in und außer Italien singen, sind aus der neapolitanischen Fabrike, weil die Armuth und der unglückliche Reiz des Gewinnstes das Volk grausam genug macht, die Kinder auf diese Art zu verstümmeln, zumal wenn sie mehr Söhne haben. Die Italiener schätzen solche Stimmen, wenn sie schön sind, so hoch, daß die Unternehmer der Opern große Summen dafür bezahlen, und um diese zu erhalten, tragen viele Eltern kein Beden-

ken, an einem von ihren Söhnen die Operation vornehmen zu las-
sen. Sie wenden sich an einen Wundarzt, deren es verschiedene in
diesem Handgriffe sehr geübte gibt, und wenn die Kinder wieder
völlig hergestellt sind, thun sie solche in eines von dergleichen Con-
servatorien, wo man zwar nichts verabsäumet, um sie in der Mu-
sik vollkommen zu machen, ihnen aber im übrigen eine schlechte
Erziehung gibt.

Bekommen sie eine gute Stimme, so gibt man sich sehr viel Mühe,
sie in diesem Punkte vollkommen zu machen, weil solche am besten
bezahlt wird. Wo nicht, so versucht man andere Instrumente mit
ihnen, und wählt dasjenige, wozu sie die meiste Anlage und natür-
liche Geschicklichkeit zu haben scheinen. Sie erlernen auch die
Composition, und gemeiniglich kommen sie nicht eher aus den
Conservatorien heraus, als bis sie die Musik zu einer Messe gesetzt
haben.

Es geschieht aber oft, daß die Knaben ihre Stimme, theils durch
die Operation, theils wenn die Jahre der Mannbarkeit kommen,
dennoch verlieren. Man behauptet, daß von hundert kaum einer
geräth, und eine recht schöne Stimme bekommt.

Es scheint, daß man in Rom dieses barbarische Verfahren da-
durch billigt, daß es diesen elenden Geschöpfen, wenn es mit der
Stimme fehl schlägt, erlaubt wird, den Priesterstand zu wählen. Da
aber die Priester nach dem kanonischen Recht keine Leibesfehler
haben, und unverstümmelt seyn müssen, so hat man glücklicher-
weise den Gesetzen die Erklärung zu geben gewußt, daß diese Prie-
ster für unverstümmelt gehalten werden, wenn sie bei der Messe nur
dasjenige, was sie durch die Operation verloren haben, bei sich
führen.

Die kirchenrechtliche Bestimmung, die Volkmann hier erwähnt,
geht auf das 5. Buch Moses, Kapitel 23, Vers 1 zurück, in dem es
heißt, «es soll kein Zerstoßener noch Verschnittener in die Gemeinde des Herrn kommen». Eine vergleichbare Vorschrift gibt es
auch im katholischen kanonischen Recht, aber trotzdem ist Herr
Volkmann hier den Schwindeleien seines neapolitanischen «Cicerone» auf den Leim gegangen. Denselben Fremdenführer hatte
offenbar Herr Archenholtz, wenn er nicht einfach aus dem Buch
von Volkmann unter Hinzufügung weiterer eigener Erfindungen
abgeschrieben hat. Die von ihm erzählte, ebenfalls unwahre Anekdote vom «natürlichen» Kastraten kennen wir bereits. Der Tenor
des Berichts von Archenholtz über die Kastraten in Neapel ist der-

selbe wie bei Volkmann, aber Archenholtz weiß ein paar zusätzliche Einzelheiten:

Neapel ist das Vaterland der Castraten. Die Musik ist hier statt aller andern Künste und Wissenschaften. Der zügellose Hang zur Sinnlichkeit, der bey diesem Volke herrscht, hat die Castrierungen veranlaßt. Man ist grausam, um die Gesellschaft mit mehrerer Anmut unterhalten zu können.

Nur in dieser Stadt geschehen die abscheulichen Verstümmelungen, die zu den europäischen Opern so nötig gefunden werden. Durchaus sind es Leute vom niedrigsten Pöbel, die ihre Kinder zu dieser Operation hergeben, in der Hoffnung, daß sie dereinst im Stande sein werden, ihren Eltern Gutes zu tun. In dieser Hoffnung aber werden sie auf mannichfaltige Art betrogen. Oft entwickelt sich die Stimme nicht, oder das castrirte Kind zeigt keine natürliche Anlage zur Musik. Alle castrirten Knaben werden sehr zeitig in die Lehre gethan, wobei mit dem Lehrer der Vergleich gemacht wird, daß er, sobald sein Zögling öffentlich auftreten kann, einige Jahre lang dessen Besoldung ziehe. Dieses ist die Belohnung für seinen Unterricht, der von der Peitsche unzertrennlich ist. Man kann also sagen, daß diese schöne Kunst, die den obersten Rang unter den Ergötzlichkeiten der europäischen Höfe einnimmt, den castrirten Sängern im eigentlichsten Verstande mit der Peitsche eingeimpft wird.

Die Anzahl dieser Schlachtopfer ist hier so groß, das sie weit das Singbedürfnis aller Könige und Fürsten übersteigt. Daher hat man ihnen auch erlaubt, in den geistlichen Stand zu treten. Sie können aber nur Weltpriester werden, wobey ihnen verstattet wird, Messe zu lesen. Da nun hierzu nach den Kirchengesetzen ein unverstümmelter Mensch notwendig erfordert wird, so hat man die sophistische Auskunft getroffen, daß ein solcher Priester die ihm ausgeschnittenen Theile zu sich stecken muß, wenn er sich dem Altare nähert.

Aus den sachlich übereinstimmenden Bemerkungen über die Kastraten-Priester können wir schließen, daß zumindest am Ende des 18. Jahrhunderts die Meinung weit verbreitet war, den Kindern würden bei der Operation die Hoden abgeschnitten, wo doch nur die Samenleiter durchtrennt wurden, was dann allerdings zu einer Verkümmerung der Hoden führen konnte. Die Bemerkungen von Volkmann und Archenholtz führen in späteren, durchaus seriösen «wissenschaftlichen» Büchern gelegentlich zu der Behauptung, viele Kastraten hätten, wenn sie eine Bühne betraten, stets in einem Lederfutteral, sozusagen als Talisman, ihre abgeschnittenen Hoden bei sich getragen.

Man wußte im 18. Jahrhundert, daß die besondere Stimme der Kastraten irgendwie mit den Geschlechtsorganen, also mit der Sexualität des Mannes, zusammenhing. Und das hieß, daß man eigentlich nichts wirklich wußte. Die Sexualität war etwas, worüber man nicht sprach. Casanova berichtet in seinen Memoiren, eine italienische Dame in Konstantinopel (sie konnte als die damals etwa fünfundzwanzigjährige Adriana Foscarini identifiziert werden) habe, als er ihr von seinen amourösen Abenteuern erzählen wollte, gesagt: *«Erzählen Sie! aber nennen Sie nicht die Dinge bei ihrem richtigen Namen; das ist das wesentliche.»* Und weil alle Dinge, die mit Sexualität zu tun hatten, nicht bei ihrem richtigen Namen genannt werden konnten, war auch kaum jemand über die tatsächlichen körperlichen Folgen der Kastration wirklich informiert. Man wußte nichts, weil man nichts wissen wollte. Um so mehr beschäftigte das alles die Phantasie.

Man glaubte damals, daß die Ausführung der Operation selbst und die äußeren Umstände bei ihrer Durchführung die spätere Qualität der Stimme beeinflussen würden. Es gab die merkwürdigsten und absonderlichsten Theorien, die um so zahlreicher ins Kraut schossen, als ihre Richtigkeit schlechterdings nicht zu überprüfen war. So mußte das Wetter während der Operation ruhig sein. Hatte ein Kastrat eine schon beinahe häßlich klingende scharfe Stimme, dann war er wahrscheinlich während eines Gewitters kastriert worden. Man glaubte auch, die Stimme eines Kastraten würde um so höher sein, je früher er als Kind kastriert worden war. Wollte man also einen besonders «teuren» hohen Sopran «machen», mußte der Knabe sehr jung zum Chirurgen geschickt werden. Dabei ging man allerdings das Risiko ein, daß noch nicht zu beurteilen war, ob sich die Operation überhaupt lohnte. Wollte man einen Altisten produzieren, mußte man nach dieser Theorie bis kurz vor Beginn der Mutation warten. Dabei konnte es passieren, daß der richtige Moment verpaßt wurde und es endgültig zu spät war. Wir sollten uns daran erinnern, daß es bei diesen Überlegungen nicht um Zuchtbullen oder für die Mast vorgesehene Hähne ging, sondern um kleine Kinder!

Daß die Kastraten generell in den Konservatorien eine schlechte Erziehung genossen haben, wie Volkmann und Archenholtz übereinstimmend behaupten, dürfte zu den falschen oder zumindest tendenziösen Informationen gehören, die die beiden deutschen Reisenden in Neapel erhalten haben. Charles Burney war ein paar Jahre nach Volkmann in Neapel. Er war nicht ausschließlich auf englisch sprechende «Ciceroni» angewiesen. Aus England hatte er Empfehlungsbriefe an den damals zweiundvierzigjährigen Komponisten Nicolà Piccinni, der ein paar Jahre später in Paris zum künstlerischen Rivalen von Gluck wurde. Er gab Burney über die neapolitanischen Konservatorien und ihren Musikunterricht folgende Informationen:

Die Zahl der Schüler im Conservatorio di Sant'Onofrio belaufe sich auf etwa 90, im della Pietà auf 120, und im Santa Maria di Loretto auf 200 ⟨die Zahlen umfassen alle Musikschüler, nicht nur die Kastraten⟩. Jedes habe zwei Oberkapellmeister, wovon der eine die Kompositionen der Lehrlinge durchsehe und verbessere, der zweite auf das Singen achte und Lektionen gebe. Für die Instrumente seien Untermeister da, welche Maestri secolari genannt würden.

Man nehme Knaben von acht oder zehn bis zu zwanzig Jahren auf, verpflichte sie auf acht Jahre, wenn sie jung aufgenommen würden. Wenn ein Knabe einige Jahre in einem Conservatorio gewesen sei und man finde kein Genie an ihm, so werde er entlassen, um anderen Platz zu machen.

So einfach war das also. Zeigte ein kleiner Kastrat kein Talent, wurde er nach Hause geschickt. Was dann weiter mit dem armen Jungen geschah, kümmerte niemanden. Nun könnte man sagen, das ist auch heute noch so. Nicht jeder, der ein Gesangsstudium in einer Musikhochschule beginnt, wird auch ein Sänger. Der Unterschied ist nur, der gescheiterte Sänger von heute hat ein paar Jahre und seine Illusionen verloren. Der kleine Bub in Neapel aber war für sein Leben gezeichnet. Nicht nur, daß er in die Armut zurückkehren mußte. Jeder erkannte ihn, sobald er nur seinen Mund aufmachte, als Halbmann, als Eunuchen, als Kapaun oder wie die Schimpfworte für die Kastraten hießen. Die Kinder, die aus dem Konservatorium weggeschickt wurden, waren die Verachtetsten der Verachteten.

Wäre man irgend verantwortungsvoll gewesen, hätte man zumindest vor der Operation ernsthaft überlegt, ob denn die Stimme des Knaben wirklich die Erwartung, aus ihm könne ein großer Sänger werden, rechtfertige. Charles Burney vermutet, daß zumindest zu seiner Zeit diese Entscheidung sehr leichtfertig getroffen wurde.

Ich glaube, daß diese grausame Operation nur zu oft ohne Probe oder wenigstens ohne hinlängliche Beweise geschieht, daß die Stimme gut werden könne; sonst würde man gewiß nicht in jeder italienischen Stadt eine solche Menge Verschnittener finden, die gar keine Stimme oder doch keine so gute haben, daß sie einen solchen Verlust ersetzen könnte. Alle Musici ⟨das Wort war zu dieser Zeit in Italien gleichbedeutend mit «Kastrat»⟩ *in den Kirchen werden jetzt aus dem Ausschusse der Opernhäuser zusammengelesen, und sehr selten findet man einen Sänger mit erträglicher Stimme in ganz Italien, der bei einer Kirche in Diensten stünde. Die Virtuosen, die gelegentlich und bloß an hohen Festtagen daselbst singen, sind gemeiniglich Fremde, die für diese Zeit bezahlt werden.*

Hiller bestätigt die letzte Äußerung Burneys, er schreibt 1780: *Nicht leicht wird eine Kirche in einer italiänischen Stadt das Fest ihres Schutzheiligen, oder ein anderes großes Fest feyern, wo sie nicht die berühmtesten Virtuosen aus andern Gegenden herbey ruft, und durch ansehnliche Belohnungen verbindlich macht, ein solches Fest, durch ihre Talente, verschönern zu helfen.*

Burney besuchte in der Franziskanerkirche von Neapel ein Konzert, das das Conservatorio della Pietà veranstaltete: *Nie habe ich in Italien schlechter singen hören. Alles war mittelmäßig und schülerhaft. Die Kadenzen waren steif, studiert und falsch herausgebracht. Der ganze Haufen der Sänger hatte nichts vorzuweisen, was einem Triller ähnlich war. Der Kastrat zwang die hohen Noten so übelklingend hervor, daß sie jedem Zuhörer durch die Seele gingen. Es trieb mich aus der Kirche, ehe die Vesper zu Ende war.*

Die Kastraten, die in den Kirchenchören Unterschlupf gefunden hatten, versuchten oft, ihr nicht sehr üppiges Gehalt durch Musikunterricht aufzubessern. Immerhin hatten sie ja im Konservatorium auch eine theoretische Musikausbildung erhalten und hatten für die angestrebte Tätigkeit als Sänger auch Komposition studiert. Wohlhabende Bürger ließen ihren Töchtern Musikunterricht geben, und bald gab es als beliebten Komödientyp den alten Musiklehrer, der kein sich bietendes sexuelles Abenteuer ausläßt. Das Vorbild für den Musiklehrer Basilio im «Barbier von Sevilla», der ersten Oper von Giovanni Paisiello, der übrigens auch Schüler des Conservatorio di Sant'Onofrio gewesen ist, war ein alter Kastrat (und noch in Rossinis «Barbier» schwärmt Doktor Bartolo von einer Arie, die Caffarelli gesungen hat).

Neben den Kastraten, die es im Kirchenchor immerhin noch zu Amt und Brot gebracht hatten, gab es unzählige, die nichts für das Opfer ihrer Männlichkeit hatten eintauschen können. Sie saßen als Bettler in den Straßen und vor den Kirchen von Neapel und Bologna, von Rom und Venedig. Nur an ihren hellen Stimmchen, mit denen sie die Vorübergehenden um ein Almosen anbettelten, war zu erkennen, daß ihre Väter einmal für sie auf eine Karriere als Sänger gehofft hatten.

27

Wanderbühnen und Schimpfwörter

Auch die Sänger, die es zu einem Engagement in der Oper gebracht hatten, konnten deswegen nicht unbesorgt in die Zukunft sehen. Die Opernensembles an den europäischen Fürstenhäusern waren ganz und gar von den Vorlieben und Launen der gerade regierenden Herrscher abhängig. Von einem Tag auf den anderen konnte ein Engagement beendet sein, die ganze Oper geschlossen werden. Wir haben schon davon gehört, daß August der Starke Senesinos Streit mit dem deutschen Kapellmeister zum Vorwand nahm, alle Mitglieder der italienischen Oper, die sein Sohn engagiert hatte, zu entlassen. Der Siebenjährige Krieg, den Friedrich der Große 1756 vom Zaune brach, beendete eine glanzvolle Opernepoche in Dresden. Nicht jeder Sänger erhielt ein so gewaltiges Honorar, daß ihn eine plötzliche Entlassung aus fürstlichem Dienst gleichgültig lassen konnte. Als Ferdinand VI. von Spanien starb, war es mit der Oper in Madrid vorbei. Sein Nachfolger Karl III. mochte keine Musik. Die Sänger, die Farinelli nach Madrid geholt hatte, wurden arbeitslos.

Starb ein Mitglied der königlichen Familie, gab es eine oft mehrere Monate andauernde Hoftrauer. Während dieser Zeit waren alle öffentlichen Lustbarkeiten untersagt, also auch die Theater geschlossen. Ein sparsamer Fürst entließ erst einmal alle Sänger und bezahlte sie nicht fürs Nichtstun.

In den italienischen Städten, in denen es «Stadttheater» wie in Bologna oder kommerzielle Opernhäuser wie in Venedig gab, waren die Sänger zwar nicht von den Launen des gerade regierenden

Fürsten abhängig, aber das Publikum, das ihre Honorare mit den Eintrittsgeldern bezahlte, war nicht weniger launisch. Zudem konnte kein Sänger sicher sein, daß der Impresario, an den das Theater verpachtet war, nicht Bankrott machte oder mit allen Einnahmen spurlos verschwand, bevor die Musiker ihren Anteil erhalten hatten. Nur den ganz großen Stars gelang es, sich gegen solche Schwindeleien abzusichern und Gagenvorauszahlungen auszuhandeln. Die wurden bei einem Bankier hinterlegt und waren nach Erfüllung der vertraglichen Verpflichtungen auszuzahlen. Wie anderswo auch, hatte sich der bekannte Sänger, der auf sein Honorar am ehesten hätte pfeifen können, aufs beste abgesichert, der dritte «soprano» war der Geneppte, wenn es zur Pleite kam. Er hatte auch allenfalls ein Engagement für eine «stagione», also für höchstens zwei oder drei Opern. Ob seine Verpflichtung danach erneuert wurde, war sehr ungewiß.

Kam es zu einem neuen Engagement, konnte das in einer weit entfernten Stadt sein. Ein Kastrat mußte viel reisen, und das war im 18. Jahrhundert kein Vergnügen. Im Herbst 1755 reiste der später als Kunstschriftsteller und Begründer der klassischen Archäologie berühmte Johann Joachim Winckelmann nach Italien. In einem Brief an einen Freund in Sachsen schildert der Achtunddreißigjährige seine Reise von Augsburg nach Rom. Einen Teil des Weges hatte er einen italienischen Kastraten als Reisebegleiter.

In Augsburg suchte ich Gelegenheit nach Italien, fand aber keine, weil die Jesuiten, die zur Wahl ihres Generals durch Augsburg um diese Zeit gingen, alle Vetturini ⟨Postkutschen⟩ weggenommen und bestellt hatten. Nach 8 Tagen, um nicht länger im Wirtshause zu liegen, sah ich mich genötigt, mit einem Kastraten in einer hinten und vorn sehr beladenen Kutsche von Augsburg über Innsbruck, Bozen, Trient und Mestre nach Venedig abzugehen. Auf diesem Wege haben wir wegen der üblen Straßen im Tridentinischen und Venezianischen und wegen der ausgerissenen Flüsse 14 Tage zugebracht. Von Bozen muß ich anführen, daß ich alle Mädchen, welche ich gesehen, hübsch, ja schön gefunden habe, die Kastraten verstehen sich auf diese Kenntnis, und mein Kompagnon stimmte mir bei. Sobald ich in Rom ankam, führte man mich mit meinen Sachen nach der Dogana ⟨zum Zoll⟩. Meine Sachen wurden, von Grund aus dem Koffer genommen, und die Bücher, welche man fand, nahm man zu sich. Ich bekam sie alle wieder bis auf die Werke von Voltaire, welche an 3 Wochen in der Dogana geblieben sind.

Es war nicht nur die Ungewißheit, ob man einen freien Platz in einer Kutsche fand. Die Wege waren unsicher, es gab Überfälle, das Wetter machte Probleme, im 18. Jahrhundert gab es in Italien immer irgendwo einen Krieg, und vor jeder Stadt war das Gepäck der Unberechenbarkeit der Zöllner ausgeliefert. Für Winckelmann war die Reise nach Italien eine Reise in eine neue Heimat, erst dreizehn Jahre später fuhr er zurück nach Deutschland.

Manche Kastraten reisten dagegen praktisch jedes Jahr über die Alpen und zurück. Es ist erstaunlich, daß schon im 18. Jahrhundert mancher Starsänger eine Omnipräsenz an den europäischen Opernhäusern hatte, wie wir sie heute bei den Flughafensängern finden. Bei diesen dauernden Reisen war nicht nur die Gesundheit der Kastraten gefährdet, wie eine Notiz über Giovanni Carestini zeigt, die 1747 in Lorenz Christoph Mizlers Musikzeitschrift «Musicalische Bibliothek» erschien: *Im vorigen Jahre, im Frühlinge, kam Herr Carestini, ein berühmter Castrat und Contraltist aus Venedig hieher* ⟨nach Dresden⟩ *um sich hören zu lassen. Zu Ende des Junius reiste er nach Bayreuth, allwo er sich bey der Opera anheischig gemacht. Auf dem Wege wäre es bald zu einem großen Unglücke gekommen, indem er zwischen Chemnitz und Lichtenstein mit dem Postillon in einen so großen Streit gerathen, daß er diesem mit dem Messer einige Stiche beygebracht, sodaß man an des Postillons Aufkommen zweifelte, worüber Herr Carestini gefangengenommen worden. Weil es aber an Mittelspersonen nicht gefehlt, und der Postillon sich wieder besserte, so kam er unter Caution von mehreren hundert Thalern wieder loß. Dieser Virtuos wird sich hier künftiges Frühjahr nebst noch einem andern aus Italien auf eine Opera einfinden.* Giovanni Carestini, dem Händel 1733 vor Farinelli den Vorzug gegeben hatte, hat von 1746 bis 1750 in Dresden gesungen und war danach Mitglied der Berliner Oper als Nachfolger Salimbenis.

Neben festen Opernhäusern mit einem auf Zeit engagierten Ensemble gab es im 18. Jahrhundert zahlreiche Wanderbühnen, die durch ganz Europa zogen. Ähnlich wie die Tournee-Theater von heute spielten sie in Wirtshaussälen und Stadthallen. Zu den Unbequemlichkeiten des andauernden Reisens kam noch die Ungewißheit, ob sich im nächsten Ort überhaupt ein Publikum finden ließ. Diese Wandertruppen versuchten, auch die hintersten Winkel

Europas mit der italienischen Oper vertraut zu machen. Das in Hennigsdorf bei Zittau erscheinende «Eckardtische historisch-monatliche Tage-Buch der neuesten inn- und ausländischen Begebenheiten und Anmerkungen» vermeldete im Januar 1774: *Ein von Malta nach Messina bestimmtes Schiff, welches alle Sänger und Sängerinnen von der Opera zu Malta an Bord hatte, ist von einem algerischen Seeräuber unter engl. Flagge weggenommen worden.* Zu diesem Piratenakt war es während des russisch-türkischen Krieges gekommen. Es ist nicht ausgeschlossen, daß der Kastrat der Truppe sein Leben als Sklave in einem nordafrikanischen Harem beendet hat. Das Libretto zur «Entführung aus dem Serail», das Mozart sieben Jahre später komponierte, war ein zeitgenössisches Stück und kein Märchen aus längst vergangenen Zeiten.

1755 hat Carlo Goldoni eine kleine Komödie geschrieben: «Der Impresario von Smyrna». In dem Stück versucht ein Theateragent einem türkischen Prinzen, der eine Italienreise macht, einzureden, für seine Residenz eine Operntruppe zu engagieren. Italienische Opern aufzuführen gehöre in Europa bei Fürsten zum guten Ton. Unter den Sängern, die er dem Prinzen Ali vorstellt, ist auch ein Kastrat. Und natürlich erzählt dieser Kastrat von seinen großen Erfolgen in anderen Städten und benimmt sich hochmütig gegenüber seinen Sängerkollegen, hat aber überall Schulden und kann deshalb nicht einmal seinen Koffer bei dem Fuhrunternehmer auslösen, mit dem er auf Kredit in die Stadt gekommen ist. Seine Aufschneidereien enthalten auch interessante Einzelheiten aus den Verträgen, die bei Opernengagements abgeschlossen wurden:
Alle waren von meiner Stimme bezaubert. Ich war sterblich in die Primadonna verliebt, und wenn sie mich schlecht behandelte, konnte ich nicht singen. Der geizige und undankbare Impresario zwang mich, jeden Abend zu singen. Er erklärte mir, nach der Vorschrift müsse er mir für jede Arie, die ich auslasse, zwei Zechinen von meinem Honorar abziehen.

Der komische Höhepunkt des Stücks ist die erste Begegnung des Kastraten mit dem türkischen Prinzen. Als der Kastrat Carluccio den Mund aufmacht, denkt der Türke natürlich sofort an die Eunuchen im Serail. Er findet es äußerst komisch, daß die Italiener männliche Sänger beschäftigen, die wie eine Frau singen. Der Kastrat klärt ihn auf, seine Stimme klinge wie eine silberne Glocke und er spiele nur Männerrollen. Der Prinz entgegnet, er sei nicht ein so dummer Hund, daß er einen Sänger engagiere, der singe wie eine Katze.

In den Theaterstädten Italiens, in Neapel, Bologna und Venedig etwa, gab es im 18. Jahrhundert Agenten, die Sänger und Sängerinnen Engagements vermittelten, nicht nur an italienische Bühnen, sondern auch in ausländische Städte, von Barcelona bis Warschau. Der englische Sänger Michael Kelly berichtet:

Sofort nach meiner Ankunft in Florenz meldete ich mich bei Signor Campigli, einem reichen Juwelier, der auch Direktor des Pergola-Theaters war. Er war außerdem ein «sensale», ein Agent, der Engagements an Theater vermittelte. Er erhielt dafür eine Bezahlung von beiden Seiten, vom Theaterdirektor und vom Sänger. Sein Einfluß wurde für so groß gehalten, daß kein Sänger es gewagt hätte, ihn sich zum Feind zu machen, ausgenommen allein Pacchierotti, der mir gegenüber erklärte, er würde niemals Geschäfte mit einem Mann machen, den er, halb im Scherz, für einen Händler von Menschenfleisch hielte. Aber Pacchierotti war zu dieser Zeit unerhört reich und konnte deshalb tun, was er wollte. Neben dem Vermögen, das er durch seine Kunst erworben hatte, soll er gewaltige Beträge von einer vornehmen englischen Dame erhalten haben, die ihn glühend verehrte.

Bei den Wandertruppen kam es oft zu starken persönlichen Spannungen zwischen dem Impresario und seinen Sängern und auch zwischen den einzelnen Mitgliedern der Truppe. Man wohnte meist gemeinsam im selben Wirtshaus, und es gab kaum eine Möglichkeit für die Sänger, den Kollegen aus dem Wege zu gehen und sich einen Rest von Privatleben zu erhalten.

Die wohl erfolgreichsten Unternehmer einer Wanderoper waren die Brüder Angelo und Pietro Mingotti, die von 1732 bis 1767 mit wechselnden Opernensembles hauptsächlich in Österreich und Deutschland gastierten, auch mehrmals einen Abstecher nach Kopenhagen machten. Sie haben nur gelegentlich Kastraten engagiert, die Helden-Soprane wurden bei ihnen meistens von Sängerinnen gespielt. Vielleicht, weil Kastraten teurer waren, vielleicht, weil das bürgerliche Publikum in Städten wie Hamburg und Leipzig mit ihren städtischen Opernhäusern keine Kastraten gewohnt war. Es ist aber auch möglich, daß sie den geschäftlichen Erfolg ihres Unternehmens nicht durch die Launen der Kastraten gefährden wollten. Als die Mingotti-Truppe 1754 auf der Rückreise von Kopenhagen in Hamburg gastierte, hatte sie ausnahmsweise einen

Ersten Kastraten, Giuseppe Ricciarelli. Mit ihm zerstritt sich der Theaterdirektor so ernstlich, daß der Sänger sich weigerte, aufzutreten. Der Direktor erwirkte bei den Hamburger Behörden gegen seinen Sänger, wir würden heute sagen: eine einstweilige Verfügung, die am 8. Juli 1754 ausgefertigt wurde. Sie besagt, *dem Sänger in der Italienischen Oper Ricciarelli* (in den Hamburger Akten steht «Ricciorelli») *bei 100 Reichsthaler schriftl. anzubefehlen, daß er heute sowohl als fernerhin, seiner Verpflichtung gemäß, auf dem Theater erscheine, und singe; anbei dem Wirte auf dem Kaysershofe den schriftl. Befehl zu geben, daß er von des Ricciarellis Sachen nichts fahren lasse, sondern bis auf weitere Verordnung an sich halten solle.*

Dem Streit muß eine längere Auseinandersetzung vorausgegangen sein, in der offenbar Impresario und Sänger auf Theaterplakaten und zusätzlichen Anschlägen und Handzetteln ihre Fehde vor aller Öffentlichkeit ausgetragen haben, denn die Verfügung besagt außerdem: *sowohl dem Directeur der Italienischen Oper Mingotti als dem Sänger Ricciarelli jedem bei 50 Reichsthaler Strafe verbieten zu lassen, wegen Aussetzung der heutigen Opera keine anzügliche Affiche anschlagen noch umteilen und die allenfalls schon angeschlagenen Affiche ungesäumt wieder abreißen zu lassen.*

Zehn Jahre vor seinem Streit mit dem Theaterdirektor Mingotti in Hamburg war Ricciarelli in Rom Spezialist für Frauenrollen. Er wurde «Beppino della Mammana» genannt, weil er der Sohn einer Hebamme war. Im Oktober 1743 begegnete Casanova ihm auf einer Gesellschaft in Rom: *Plötzlich sah ich einen Abbate mit einnehmenden Gesichtszügen eintreten. Als ich seine Hüften sah, hielt ich ihn für ein verkleidetes Mädchen. Es war ein berühmter Kastrat. Man stellte mich ihm vor mit der Bemerkung, ich hätte ihn für ein Mädchen gehalten. Der Schamlose sah mich fest an und sagte: wenn ich Lust hätte, wollte er mir beweisen, daß er ein Mädchen sei, oder daß er keines sei.*

Ricciarelli reist noch im selben Jahr nach London weiter, auch dort sagt er wegen «Indisposition» Vorstellungen ab. Am 5. Dezember 1754 meldet die Zeitung «The Connoiseur»: *Aus der vornehmen Welt kommt die traurige Kunde, daß Signor Ricciarelli sich nicht wohlfühlt und abgesagt hat.* Ricciarelli singt bis mindestens 1759 in London und bleibt seiner Gewohnheit, Auftritte kurzfristig abzusagen, treu.

Im Hamburger «städtischen» Opernhaus am Gänsemarkt gab es keine Kastraten. Auch in Leipzig nicht, der ältesten festen Oper auf deutschem Boden. Sie wurde schon 1693 gegründet. In den ersten Jahren wurde nur zur Messezeit Oper gespielt. Die Oper in Leipzig war also eine Vergnügungseinrichtung, die einzig den Zweck hatte, die Messe für die Kaufleute attraktiver zu machen. Männliche Sopran- und Altrollen wurden von Falsettisten gesungen, wie es in den Kirchenchören vor der «Erfindung» der Kastraten üblich war und in England in den Kathedralchören bis in unsere Zeit üblich geblieben ist. Meist kamen die Leipziger Falsettisten aus der Schule des Chors der Thomaskirche. Die Leitung dieses Chors hatte von 1723 bis 1750 Johann Sebastian Bach. Wahrscheinlich sind bei den Aufführungen der von Bach für das Leipziger «Collegium musicum» geschriebenen weltlichen Kantaten, etwa «Phöbus und Pan» oder «Der zufriedengestellte Äolus», die Sopran- und Altpartien von falsettierenden Studenten gesungen worden. Die meisten Falsettisten hatten als natürliche Stimme einen Baß, was sich für komische Effekte gut ausnutzen ließ. Ein Bewerber um das Kantorat der Nikolaikirche in Leipzig, Johann Friedrich Wächter, rühmte sich 1677 sogar, (Falsett-)Alt, Tenor und Baß singen zu können. Christian Weise karikiert das in seinem satirischen Drama «Der politische Quacksalber» von 1684, in dem er *Allegro, einen eingebildeten Virtuosen,* sagen läßt:

Zu Paris, vor des Königs Tafel, da mußte ich alle vier Stimmen zugleich singen. Erstlich den Tenor, der machte keine Verwunderung. Es gab auch schlechte Possen, als ich im Namen König Salomons den Baß sang. Ha! aber als ich mit dem Falsette zwei Huren zugleich agierte, da gestund der König selbst, es wäre admirable. Denn man gedenke, was dazu gehöret, wenn ein Mensch bei vollen Jahren kleine ⟨hoch⟩ singen kann.

Der Sänger Johann Mattheson, der an der Hamburger Oper zur selben Zeit engagiert ist, zu der auch der junge Händel für das Haus am Gänsemarkt Opern schreibt, hat in seiner Sängerlaufbahn wahrscheinlich nie mit Kastraten, sondern allenfalls mit Falsettisten auf der Bühne gestanden. Er schreibt in seiner Zeitschrift «Critica Musica»:

Falsetten – so steht es in der Amsterdamer Edition. Es sollte aber geschrieben sein: «Fausset» von «faux», falsch, weil es einen falschen Sopran oder Alt bedeutet. Was wir eigentlich eine Falsett-Stimme nennen, ist, wenn ein Sänger, der etwa von Natur einen

Baß oder Tenor singt, den Hals so zusammenzwingt und dringt, daß ein Alt oder Sopran daraus wird. Fistulieren heißt man es auch, weil das lateinische «fistula» gemeiniglich für eine kleine, enge, scharfe Rohr-Pfeife gebraucht wird. Ob man nun von Castraten sagen kann, daß sie ein Falsett singen, weiß ich nicht. Zwar will eine hypothesis daraus gemacht werden: Ob Castraten eine natürliche Stimme haben? weil, wenn die Natur ihren Lauf behielte, auch die Stimme gröber werden müsse. Aber unterdessen ist es doch eine wahre und keine falsche, oder von dem Sänger durch eigenes Zutun erzwungene Stimme. Ein Falsettist kann zwo Stimmen singen; ein Castrat aber nur eine.

Was die Falsettisten ganz unverwechselbar von den Kastraten unterschied, war die geringe Flexibilität ihrer Stimme. Sie konnten zwar hohe Töne singen, ihre Stimme hatte aber nicht die Virtuosität und Geläufigkeit der Kastraten. Der Musikschriftsteller Pietro Della Valle hatte in seiner Kindheit am Ende des 16. Jahrhunderts in Rom noch die spanischen Falsettisten gehört. Er erinnert sich später:

Lodovico, ein Falsettist aus meiner frühen Knabenzeit, sang mit Verständnis, auch hatte er die süßeste Falsettstimme, aber er wußte nicht viel von Gesangskunst, indem er fast niemals Passagen oder andere Verzierungen, sondern nur eine schöne Tonbildung und ein anmutiges Abschließen seiner langen Töne anwendete, was vermöge der Süßigkeit seiner Stimme sehr gefiel.

Zu der Verachtung, die Kastraten außerhalb des Theaters entgegenschlug, gehörte auch, sich über ihre Sprechstimme lustig zu machen. Der junge Kastrat Carlo Nicolini hat in Bologna darüber gelacht, daß ihn ein blinder Bettler für eine keifende Hure hielt. Aber nicht jeder Kastrat wird es komisch gefunden haben, wenn in Gesellschaft jeder, den er anredete, erst einmal zusammenzuckte. *Begegnet man ihnen einmal in Gesellschaft und hört sie sprechen, so ist man ganz verblüfft, wie aus solchem Koloß ein helles Kinderstimmchen herausschallt,* schreibt der Franzose de Brosses 1740, und auch für ihr Singen hat er nicht nur positive Worte, sondern auch herablassende Verachtung: *Mir kommt allemal das Lachen, sehe ich einen dicken Kastraten sich wie einen Ballon aufblähen, um dann eine Viertelstunde lang, hinauf und hinunter, ohne Atem zu holen, zwanzig Koloraturen hintereinander vollführen zu hören.*

Als der französische Rechtsphilosoph Charles de Montesquieu

1729 in Rom war, erzählte ihm ein Soldat der päpstlichen Garde, wenn ein Kastrat in der Oper schlecht singe, rufe er ihm zu: «Du schaffst es noch, daß ich dir meine Hoden schenke!»

Sprache ist verräterisch. Die Bezeichnungen, die man für die Kastraten findet, zeigen die Unsicherheit, die man ihnen gegenüber hat, Unsicherheit, die zur Geringschätzung wird. In den ersten Jahren behelfen sich die Italiener mit dem griechischen Fremdwort «eunucho». So werden die ersten Kastraten in der Sängerliste der päpstlichen Kapelle bezeichnet. Das Wort «Eunuch» wird im 17. Jahrhundert auch in Deutschland und England benutzt. Es ist sicher kein Zufall, daß es aus dem Griechischen kommt, einer Sprache, die zu dieser Zeit in Mitteleuropa eine absolut tote Sprache ist. Die eigentliche Bedeutung des Wortes «Eunuch» ist «Betthüter».

Daneben setzt sich bald das Wort «Kapaun» durch, das den zur Mästung kastrierten Hahn meint. Das ist schon ein richtiges Schimpfwort. «Capon» ist auch in Italien gebräuchlich, ebenso wie das ebenfalls verächtliche «evirato», der Entmannte. Im Theater setzt sich der «primo uomo», der Erste Sänger durch, als Gegenbegriff zur Ersten Sängerin, der «prima donna». Aber während die «Primadonna» wirklich die «Erste Frau» ist, klingt beim «Ersten Mann» immer auch ein bißchen Ironie mit, wenn es sich bei ihm um einen Kastraten handelt, also um keinen «richtigen» Mann. Der gebräuchlichste Begriff im Italien des 18. Jahrhunderts ist «soprano», der «Sopranist», aber selbst dieser Ausdruck, der ganz sachlich scheint, hat sehr oft einen herablassend negativen Beiklang.

In Deutschland ist man besonders sprachschöpferisch. «Halbmänner» ist noch ein vergleichsweise freundlicher Ausdruck. In einem «Verdeutschungs-Wörterbuch» fremder Ausdrücke von 1816 wird auch «Hämmling» und «Ohnegeil» angeboten. Nach Grimms Wörterbuch ist das Wort «Hämmling» zum erstenmal in einer 1486 in Ulm gedruckten Übersetzung des «Eunuchus» von Terenz vom Übersetzer in der Schreibweise «hemling» *beliebig gebildet* (also erfunden) und von Gottsched übernommen worden, *ohne daß es aber mehr als ein künstlich aufgefrischtes Bücherwort geworden wäre.* Das Wörterbuch führt zwei Belege für das Wort an, die beide nur Verachtung für die Kastraten zeigen. Der 1742 geborene Physiker und Aphoristiker Georg Christoph Lichtenberg, dessen Sprache heute gemeinhin als «witzig und hintergründig» gilt, wird von Grimm so zitiert: *Der hemling Carestini* 〈Händels Erster Sänger von 1733 bis 1735; bis 1750 in Dresden und danach in Berlin⟩ *war, wie man sagt, eins der lieblichsten Pfeifchen, die das Stimm-Messer je am italienischen Rohre geschnitten hat;* und von Christoph Martin Wieland, dem 1733 geborenen Shakespeare-Nachdichter, bringt Grimm das Zitat: *die niedrige Seele eines verächtlichen Hämmlings.* Oft werden die Kastraten in Deutschland «Verschnittene» genannt. Das klingt auch sehr sachlich, meint aber offenbar etwas nicht recht Gelungenes.

Die Stimmen der Kastraten nennen die Italiener «voci bianchi», weiße Stimmen, womit ihre Helligkeit und Reinheit umschrieben wird. Im französischen Ausdruck «voix argentines», silberne Stimmen, kommt noch stärker das Strahlende der Kastratenstimme zum Ausdruck.

In Spanien nannte man sie «italienische Ziegen».

28

Mozart und die Kastraten

Im Frühjahr 1770 reist Leopold Mozart mit seinem vierzehnjährigen Sohn Wolfgang Amadeus durch Italien. Am 27. März schreibt er aus Bologna an seine Frau nach Salzburg: *Haben den Cavalier Don Broschi oder sogenannten Sgr. Farinelli auf seinem Gut außer der Stadt besucht.* Kurz darauf treffen sie in Florenz Gaetano Guadagni, den Leopold Mozart aus Wien kennt. Im Mai desselben Jahres steht Wolfgang Amadeus mit seinem Vater vor einem Haus in Neapel. Der Junge entziffert über der Tür die Inschrift: «AMPHYON THEBAS – EGO DOMUM, Amphion erbaute Theben, ich dieses Haus». Die Worte kann der kleine Mozart übersetzen. Ihre Bedeutung muß ihm sein Vater erklären.

Amphion und Zethos waren Brüder. Sie lebten im alten Griechenland und herrschten gemeinsam über Theben. Amphion liebte die Musik. In jeder freien Minute spielte er auf seiner Leier. Zethos verspottete den Bruder deshalb, ein Nichtsnutz sei er, ein fauler Träumer. Seine Liebe zur Musik mache ihn zu jeder nützlichen Arbeit untauglich.

Eines Tages beginnen die Brüder, um die neue Unterstadt von Theben eine schützende Mauer zu errichten. Der fleißige Zethos türmt im Schweiße seines Angesichts die Steine aufeinander. Amphion dagegen spielt auf seiner Leier. Beim Erklingen der über-

«AMPHYON THEBAS EGO DOMUM A MDCCLIV»

Inschrift über dem Portal
von Caffarellis Stadtpalais in Neapel, 1754

irdisch schönen Musik bewegen sich die größten Felsbrocken und fügen sich von selbst zu einer dicken Mauer.

Vater Leopold wird dem kleinen Wolfgang Amadeus nicht nur den mythologischen Hintergrund der Inschrift erklärt haben. Er hat seinem Sohn sicher auch gesagt, daß das Haus in der Via Carminiello in Neapel ebenfalls durch die Macht und Schönheit der Musik erbaut worden ist. Allerdings auf eine etwas prosaischere Weise. Besitzer des Hauses ist der Kastrat Caffarelli. Sein Gesang war überirdisch schön wie die Musik des Amphion. In einer langen Sängerkarriere hat er viel Geld verdient. Davon hat er sich dieses prachtvolle Haus gebaut, das er 1754 einweihen konnte. Jetzt, im Jahr 1770, ist er sechzig Jahre alt und tritt nicht mehr öffentlich auf. Zwei Jahre zuvor hat er zum letzten Mal im Teatro San Carlo gesungen, in der Oper «Alceste in Ebuda» von Giovanni Paisiello. Hin und wieder singt er noch in privatem Kreis oder bei festlichen Gottesdiensten. Für die Auftritte in Kirchen und Klöstern verlangt er Geld, obwohl er einer der reichsten Männer von Neapel ist. Die ganze Stadt zerreißt sich den Mund darüber.

Vielleicht hat Leopold Mozart seinem Sohn auch noch gesagt, er könne am Beispiel dieses Sängers sehen, wie man mit Musik reich werden kann, wenn man es nur recht anzufangen wisse. Der Sänger hat von seinem in einer über vierzigjährigen Karriere verdienten Geld nicht nur dies prachtvolle Stadtpalais erbauen können, er ist außerdem Besitzer großer Landgüter in Kalabrien, die ihm den Titel eines Herzogs einbringen.

Wir wissen nicht, wo in Neapel der junge Mozart dem alten, berühmten Sänger begegnet ist, ob er mit ihm gesprochen hat, ob er ihn unsympathisch fand oder ob ihn einfach nur die Bemerkungen seines Vaters genervt haben. Die Begegnung mit Caffarelli und die eben beschriebene Szene zwischen Vater und Sohn Mozart vor Caffarellis Haus in Neapel finden wir in keiner Mozart-Biographie, in den meisten wird nicht einmal der Name des Sängers erwähnt. Aber wir wissen, daß das Zusammentreffen mit dem alten Kastraten einen unvergeßlichen Eindruck auf den jungen Komponisten gemacht hat und daß die Inschrift über der Tür von Caffarellis Haus Gesprächsthema zwischen Vater und Sohn gewesen ist. Das geht eindeutig aus zwei Erwähnungen des Namens Caffarelli in den Dokumenten aus Mozarts Leben hervor.

Vater Leopold führte ein Reisetagebuch, in das er unter anderem die Namen aller Personen eintrug, deren Bekanntschaft die Mozarts unterwegs machten. Gelegentlich hat der junge Mozart selbst ein paar Namen hinzugefügt. Normalerweise finden wir in diesen Listen nur die Vor- und Zunamen, allenfalls noch eine erläuternde Berufsbezeichnung. In Neapel ist ein vom jungen Mozart eingetragener Name mit einem kurzen Kommentar versehen: *Sig: Caffariello, Musico Richissimo, va nelle chiese per ciapar qualche denaro* – Sig. Caffarelli, der reichste Kastrat, tritt in Kirchen auf, um ein paar Groschen zu verdienen. Die spöttische Bemerkung des kleinen Komponisten klingt nicht gerade nach Bewunderung für einen alten, verdienten Sänger.

Die Geldgier Caffarellis war in Neapel Tagesgespräch, als die Mozarts sich in der Stadt aufhielten. Kein Reisender, der in dieser

270

«Sig. Caffariello, Musico Richissimo»

Auszüge aus dem Reisetagebuch Leopold Mozarts
von Frühjahr 1770 mit zusätzlichen Eintragungen von Wolfgang Amadeus;
Bayerische Staatsbibliothek, München

Zeit aus Neapel berichtet, versäumt es, hierüber eine Bemerkung
zu machen. Da mehrere dieser Berichte gleichzeitig erschienen
sind, können sie nicht voneinander abgeschrieben sein. Ein halbes
Jahr nach den Mozarts war Charles Burney in Neapel. Im November 1770 notiert er in seinem Tagebuch über Caffarelli: *Er ist sehr
reich, singt noch gelegentlich für Geld in Klöstern und Kirchen.* In
Leipzig erscheint im selben Jahr die erste Auflage von Volkmanns
Reisehandbuch über Italien. Die Mozarts, die schon seit Januar unterwegs sind, können es noch nicht im Reisegepäck haben. Bei
Volkmann lesen wir:

*Caffarelli, der auf vielen großen Theatern in Europa gesungen,
hat sich großen Reichthum erworben, und singt dennoch oft für
Geld in Klöstern und Kirchen. Er hat sich ein Herzogthum gekauft,
welches sein Neffe künftig erbt. Sein Titel ist Duca di Santi Dorato*
⟨der Besitz Caffarellis bei Otranto in Süd-Apulien hieß San Do-
nato⟩. *In Neapel hat er sich ein prächtiges Haus gebauet, über dessen Thüre man lieset: Amphion Thebas – ego domum; Amphion
bauete Theben, ich nur ein Haus.*

Volkmann übersetzt die Inschrift so, daß sie fast bescheiden klingt. Aber diese Inschrift, die kein Besucher Neapels zu zitieren vergißt, ist natürlich ein Ausdruck des Stolzes. So verstanden sie auch die Neapolitaner. Arteaga erzählt in seiner Geschichte der italienischen Oper: *Ein schöner Geist, über diesen Stolz aufgebracht, schrieb darunter: Ille cum – tu sine* ⟨er mit – du ohne⟩.

Den zweiten Hinweis, daß Mozart und sein Vater über die Inschrift am Haus Caffarellis geredet haben müssen, finden wir fast dreizehn Jahre nach der Italienreise von 1770. Am 5. Februar 1783 schreibt Wolfgang Amadeus aus Wien einen Brief an seinen Vater. Nach der Anschrift. *A Monsieur Leopold de Mozart, maitre de la Chapelle de S:A:R: l'archevêque de et à Salzburg* folgt die Zeile: *Gaetano Majorani (Caffarello) Amphion Theba/ego Domum*. Dann das Datum: *Vienne ce 5 de fevrier 1783* und *Mon tres cher père, Ich habe Ihr letztes Schreiben richtig erhalten...*, kein Wort darüber, was die seltsame Briefüberschrift zu bedeuten hat.

Sechs Tage vor dem Datum des Briefes, am 31. Januar ist Caffarelli in Neapel gestorben. Die knappe Erwähnung der Inschrift an dessen Haus in Neapel ist gewissermaßen Mozarts Nachruf auf den berühmten Sänger. Da Caffarellis kapriziöse Launen in Wien fünfundvierzig Jahre zuvor großes Aufsehen erregt hatten, wird die Nachricht von seinem Tod hier schon nach wenigen Tagen verbreitet gewesen sein. Das kurze Zitat Mozarts ohne jede weitere Erläuterung macht nur dann einen Sinn, wenn Vater und Sohn in Neapel und wahrscheinlich auch noch später viel über den Sänger und die Inschrift an seinem Haus gesprochen haben, so daß sie gleichsam zu einem geflügelten Wort zwischen den beiden geworden ist.

Wir dürfen vermuten, daß der Eindruck, den Caffarelli in Neapel auf den jungen Mozart gemacht hat, nicht gerade positiv war: ein geldgieriger alter Mann, ein unsympathischer Kastrat. Dabei wird Mozart nicht einmal gewußt haben, daß zwei Jahre vor seinem Aufenthalt in Neapel Caffarellis Lehrer Porpora in größter Armut gestorben ist. Seinen berühmten Schüler, der in derselben Stadt in Reichtum lebte, hat das offenbar nicht interessiert.

Einige Monate nach Mozarts Begegnung mit Caffarelli hat Charles Burney den sechzigjährigen Sänger in einer privaten Gesellschaft beim englischen Lord Fortrose noch singen gehört. Er notiert in sein Tagebuch:

Die ganze Gesellschaft verzweifelte, daß Caffarelli kommen würde, siehe, da kam er herein und war außerordentlich aufgeräumt; und wider alles Vermuten ließ er sich sehr bald erbitten zu

*singen. Manche Töne gibt seine Stimme itzt nur schwach an, doch
hat sein Gesang noch Schönheit genug, um jedem, der ihn hört, zu
beweisen, daß er ein außerordentlich großer Sänger müsse gewesen sein. Er begleitete sich selbst auf dem Flügel und sang ohne alle
andere Begleitung. Gefühl und Anmut und ein außerordentlich genau angemessener Ausdruck sind seine charakteristischen Züge.
Ungeachtet Caffarelli ziemlich alt ist und in Verfall geraten, so sind
die Überbleibsel seiner Kunst eben deswegen desto schätzbarer.*

Leopold Mozart und sein Sohn Wolfgang Amadeus waren nicht
als Touristen in Italien. Der junge Mozart hatte den Auftrag, für
Mailand eine Oper zu schreiben. Natürlich waren in dieser Oper für
die männlichen Hauptpartien Kastraten vorgesehen. Mozart hatte
deshalb auf der Durchreise in Florenz einen der bekanntesten Sänger seiner Zeit getroffen, mit dem die Mailänder Oper in Ver-
handlung für die Hauptrolle stand. Es war Giovanni Manzuoli, den
Mozart sechs Jahre zuvor in London kennengelernt hatte.

Als achtjähriges «Wunderkind» war der kleine Mozart zusammen mit seiner vier Jahre älteren Schwester von seinem Vater bis
nach London geschleppt worden. In der reichsten Stadt Europas
hoffte Leopold Mozart, mit seinen Kindern Kasse zu machen. In
London hörte der Bub wahrscheinlich zum ersten Mal die Stimme
eines Kastraten. Sie muß ihn um so mehr beeindruckt haben, als
Giovanni Manzuoli, der Erste Sänger der Londoner Oper, die Gesangskunst der Kastraten in höchster Vollendung darbot. Durch
ihn erreichte die italienische Oper in der englischen Hauptstadt,
fast ein halbes Jahrhundert nach den großen Erfolgen Händels und
der Begeisterung für Farinelli, einen neuen Höhepunkt. Der kleine
Mozart erlebte die beste Opernsaison, die es in der zweiten Jahrhunderthälfte in London gab. Manzuolis Londoner Debut im November 1764 hat Charles Burney beschrieben:

*Die Erwartungen, die der große Ruhm dieses Sängers erregt
hatte, waren so hoch, daß zur Eröffnungsvorstellung der Saison am
24. November alle Wege zum Theater von Schaulustigen verstopft
waren. Ich hatte große Schwierigkeiten, einen Platz zu bekommen,
ich mußte zwei Stunden am Eingang warten. Manzuolis Stimme
war die kräftigste und umfangreichste, die auf unseren Bühnen seit
der Zeit Farinellis zu hören war. Seine Art zu singen war herrlich,
voller Geschmack und Würde.*

*Die Musikliebhaber in London erklärten übereinstimmend seine
Stimme und seine Gesangskunst für das größte, das sie je gehört*

hatten. Der Beifall war herzlich, ungeteilt und frei von allem Verdacht schmeichlerischen Diensteifers. Er erhielt einfach einen tosenden Applaus. Manzuoli war ein guter Darsteller, obwohl er eine massige Figur hatte und nicht als gutaussehend bezeichnet werden konnte. Er war auch nicht mehr jung, als er nach London kam ⟨Manzuoli war 39 Jahre alt⟩. Aber dennoch war die Sensation, die er machte, überwältigender und allgemeiner, als ich sie je in irgendeinem Theater erlebt habe.

Vier Jahre vor seinem Londoner Engagement hat Manzuoli in Wien gesungen. Metastasio schreibt am 13. Oktober 1760 an eine Freundin in Neapel: *Unser Manzuoli ist zum Idol des Landes geworden. Durch seine Stimme und sein Spiel ebenso wie durch seine kluge Zurückhaltung, worin er sich von seinesgleichen ebenso unterscheidet wie in der Vortrefflichkeit seiner Kunst.* Er unterscheidet sich «von seinesgleichen» – auch bei Metastasio finden wir gelegentlich die Herablassung, die Kastraten gegenüber zum Ausdruck zu bringen wohl zum guten Ton gehörte. Und zwischen den Zeilen das Vorurteil: Ansonsten sind sie ja alle unausstehlich in ihrer hochmütigen Impertinenz.

Seit Farinellis Abreise nach Spanien im Jahr 1737 war Manzuoli der erste Kastrat, der in London wieder Furore machte. Seitdem waren fast dreißig Jahre vergangen, und Manzuoli mußte nicht mehr gegen die Legende Farinelli ansingen.

Wie fast alle Mozart-Biographen Caffarelli unerwähnt lassen, berichten sie andererseits, der achtjährige Mozart habe in London bei Manzuoli seinen ersten Gesangsunterricht gehabt. So schön die Vorstellung sein mag, wie der kleine Bub auf dem Schoß des bedeutenden Kastraten sitzt und von ihm in die Geheimnisse der italienischen Gesangskunst eingeweiht wird, dieses Bild gehört zu den vielen Legenden um Mozarts Leben. Es läßt sich kaum mehr feststellen, wer sie erfunden hat. Irgendwann war sie da, einer schrieb sie vom anderen ab, niemand machte sich die Mühe nachzuprüfen, ob die Geschichte eine hübsche Anekdote ist oder ob es wirkliche Zeugnisse dafür gibt.

Tatsächlich finden wir nur eine kurze Bemerkung über Mozart und Manzuoli in der «Correspondance littéraire», die Friedrich Melchior Baron von Grimm seit 1753 in Paris herausgab. Grimm, als Sohn eines Pfarrers 1723 in Regensburg geboren, in Leipzig Schüler des geistigen Führers der frühen Aufklärung Johann Christoph Gottsched, kam 1748 als Begleiter des sächsischen Grafen

Friesen nach Paris und blieb in der französischen Hauptstadt. Sein Korrespondenzblatt war hauptsächlich für Leser außerhalb Frankreichs bestimmt, zu den Subskribenten zählten Friedrich der Große von Preußen und die russische Zarin Katharina II. Die «Correspondance» ist eine der wichtigsten Quellen für das damalige Pariser Geistesleben. Grimm hat die Mozarts 1762 bei deren Aufenthalt in Paris kennengelernt und dort die ersten Konzerte der beiden Mozart-Kinder arrangiert. Er hielt weiterhin Kontakt zur Familie der Wunderkinder und schrieb am 15. Juli 1766 in seiner Zeitschrift: *Mozart hatte Manzuoli in London einen ganzen Winter hindurch gehört, und dieses so gut benutzt, daß er, obgleich seine Stimme außerordentlich schwach ist, doch mit ebensoviel Geschmack als Gefühl singt.*

Diese Bemerkung schließt zwar den Gesangsunterricht bei Manzuoli nicht aus. Aber er ist damit in keiner Weise belegt. Bei seinem verblüffenden musikalischen Gedächtnis wird der kleine Mozart wesentliche Elemente der Gesangskunst der Kastraten und der italienischen Musik überhaupt aufgenommen haben, auch wenn er in London Manzuoli nur gehört hat. Und mehr sagt Grimm nicht.

Unstrittig ist, daß dieser Sänger auf den achtjährigen Mozart einen tiefen Eindruck gemacht hat. Sechs Jahre später schreibt Mozart zum Beispiel aus Verona an seine Schwester, er habe einen Kastraten gehört, der «un poco manzolisch» gesungen habe.

Aus London haben wir natürlich noch keine Charakterisierung Manzuolis von Wolfgang Amadeus. Sein Vater Leopold findet vor allem das Honorar des Sängers beeindruckend. An seinen Freund Lorenz Hagenauer in Salzburg schreibt er am 8. Februar 1765:

Niemand macht diesen Winter großes Geld als Manzoli und einige andere von der Opera. Manzoli hat 1500 Pfd. Ster. für diesen Winter, und das Geld hat müssen in Italien assecuriert werden, weilen der vorige Impresario Degardino verflossenen Jahres falliert hat; sonst wäre er nicht nach London gegangen. Nebst diesem hat er auch ein Benefiz, das ist eine Vorstellung für ihn, so daß er diesen Winter über 20.000 deutsche Gulden ziehet. Er ist auch der einzige, den man rechtschaffen hat bezahlen müssen, um der Opera wieder aufzuhelfen.

Nicht die Stimme oder Musikalität des Kastraten findet Leopold bemerkenswert, ihn beeindruckt vor allem die Geschäftstüchtigkeit, mit der Manzuoli für sich nicht nur höchste Gagen aushandelt, sondern sie auch noch durch Bankbürgschaften absichern läßt. Hier spricht der Geschäftsmann Leopold Mozart, der mit seinen beiden Kindern durch halb Europa reist und sie als musikalische Wunderkinder an Fürstenhöfen und in Vorstadt-Varietés «Kunst»-Stücke vormachen läßt.

Fünf Jahre später – Manzuoli ist nach Italien zurückgekehrt und lebt in Florenz – soll der Kastrat also in Mailand die Hauptrolle in der ersten großen Oper des Wunderkindes singen. Im April 1770 läßt Manzuoli den Komponisten, mit seinen vierzehn Jahren immer noch ein Kind, nach Florenz kommen. Er singt ihm vier oder fünf Arien vor, damit Mozart einen aktuellen Eindruck von den besonderen Fähigkeiten des Sängers erhält. Er singt auch einige von Mozart komponierte Arien, die wenige Wochen vorher in Mailand entstanden sind. Mozart hat sie dort als Probstücke komponieren müssen, zum Beweis, daß er wirklich in der Lage ist, eine Oper zu schreiben. Dieselbe Skepsis wird auch den Kastraten bewogen haben, das Mailänder Engagement mit ein wenig Vorsicht anzugehen. Der kleine Mozart scheint von alledem nichts zu merken. Er freut sich, daß mit Manzuoli *ein guter Bekannter und Freund* für sein erstes großes Bühnenwerk engagiert ist. Mit dem wird er nicht die Schwierigkeiten haben, die es mit den launischen Kastraten häufig geben soll. Ganz nebenbei teilt er seiner Schwester in einem Brief vom 21. April 1770 mit: *Manzoli begehrt 1000 Dukaten.* Noch ist dieser Hinweis auf das Honorar, das der Kastrat fordert, eine Randbemerkung. Nur wenige Wochen später schreibt Mozart seine abfälligen Worte über Caffarelli ins Tagebuch seines Vaters. Für seine Auftritte in Kirchen verlangt der steinreiche Kastrat Geld!

Wer im Dezember zu Mozarts Oper nicht nach Mailand kommt, ist Manzuoli. Offenbar ist die Direktion des Theaters mit ihm über das Honorar nicht einig geworden.

Mozarts erste Mailänder Oper «Mitridate, re di Ponto» wird auch ohne den berühmten Sänger ein Erfolg. Der junge Komponist erhält gleich für das nächste Jahr einen neuen Kompositionsauftrag. Zur Hochzeit des Sohnes der Kaiserin Maria Theresia, des Erzherzogs Ferdinand, Gouverneur und Generalkapitän der Lombardei, mit Maria Beatrice d'Este, Tochter des Herzogs von Modena, soll Mozart eine theatralische Serenata schreiben.

Die Vorbereitungen für die Hochzeitsfeierlichkeiten beschäftigen ganz Mailand. Als Mozart mit seinem Vater Ende August 1771 in der lombardischen Hauptstadt ankommt, herrscht dort das totale Chaos. Da wie üblich alles erst im letzten Moment begonnen wurde, ist die Renovierung des Theaters noch in vollem Gange. Neben der Serenata von Mozart wird die eigentliche Festoper einstudiert. Die Komposition ist dem in ganz Europa erfolgreichen Altmeister der italienischen Oper, Johann Adolf Hasse, übertragen worden.

Die Trauung findet am 15. Oktober im Mailänder Dom statt. Am folgenden Tag werden mehr als 400 von der Kaiserin ausgestattete Brautpaare öffentlich gespeist. Am Abend gibt es im feierlich illuminierten Theater Hasses Oper «Ruggiero». Am 17. wird nach einem festlichen Umzug durch die Stadt Mozarts Serenata «Ascanio in Alba» aufgeführt. Bis zum Ende der Festlichkeiten, die den ganzen Oktober andauern, werden Hasses und Mozarts Werke mehrfach wiederholt. Manzuoli singt sowohl in Hasses Oper als auch in Mozarts Serenata. Nach einer seiner Arien im «Ascanio» wird bei der Uraufführung ein Dacapo verlangt.

Diesmal ist Manzuoli also tatsächlich gekommen. Eine Einladung zu den Hochzeitsfeierlichkeiten einer kaiserlichen Hoheit konnte er nicht ausschlagen. Aber es kommt doch noch zum Eklat. Mozart schreibt am 24. November 1771 an seine Schwester:

Noch etwas Neues weiß ich: Der Herr Manzoli, der sonst von allen Leuten als der gescheiteste unter den Kastraten angesehen und gehalten worden, hat in seinen alten Tagen ein Stück seiner Unvernunft und seiner Hoffart gezeigt. Er war für die Opera mit 500 Dukaten engagiert, und weil nichts von der Serenata in dem Vertrag gemeldet worden, so hat er für die Serenata noch 500 Gulden haben wollen, also 1000 Gulden. Der Hof hat ihm nur 700 und eine schöne goldene Dose gegeben. Ich glaube, es wäre genug, er aber als ein Castrat hat die 700 Gulden samt goldener Dosen zurückgegeben, und ist ohne nichts weggereiset. Ich weiß nicht, was für ein Ende diese Historie nehmen wird.

Manzuoli war damals 46 Jahre alt, für den knapp sechzehnjährigen Mozart war er ein alter Mann. «Er aber als ein Castrat»: Mozart hat bisher in Italien und in der Oper Erfolg gehabt. Die Launen des Kastraten haben diesen Erfolg gefährdet. Der kindliche Komponist muß sich mit jedem Auftrag von neuem behaupten. Für ihn geht es bei jeder Oper um alles oder nichts. Für den Sänger, der schon in ganz Europa Ruhm und Beifall und natürlich auch viel Geld eingeheimst hat, ist die neue Oper nur ein Engagement. Für Mozart ist sie das Leben, das Überleben, die Bestätigung, mehr als nur ein frühreifes Wunderkind zu sein. Sein Erfolg ist vor allem auch davon abhängig, ob sein Sänger die Güte hat, seine Launen nicht an der Musik auszulassen.

Wir haben noch ein anderes Zeugnis für die Impertinenz des Kastraten Manzuoli nach seinem Mailänder Auftritt. Am 11. Dezember 1771 schreibt der Marquis Giovanni Antonio Turinetti de Prié e Pancalieri, einer der reichsten Männer im Königreich Savoyen, aus Mailand an seinen Freund Giacomo Casanova, der sich in Florenz aufhält: *Der Kastrat Manzoli ist in den verflossenen Tagen von hier nach Florenz im Zorn abgereist, indem er Sr. Kgl. Hoheit auf folgende Art den Krieg erklärte. Nach den Festen schickte man ihm 500 Zechinen für die Oper «Ruggiero» worin er gesungen hatte, und er schickte sie zurück, indem er sagte, daß er auch für die Cantate von «Ascanio» bezahlt sein wollte, worin er auch gesungen hatte. Man schickte ihm weitere 250 Zechinen in einer Golddose, die er ebenfalls zurücksandte, indem er versicherte, daß er, sobald er in Florenz angelangt sein würde, es verstünde, seinen Herrn, den Großherzog, zu seinen Gunsten zu interessieren, um ihm eine stärkere Summe zukommen zu lassen. Sagen Sie mir doch, ob der Großherzog seine Partei ergreift.*

Offenbar hat der Großherzog von Florenz nichts zugunsten Manzuolis unternommen. Der erst einundfünfzigjährige Sänger ist nach dem Mailänder Eklat anscheinend nie wieder in einer Oper aufgetreten.

Im folgenden Jahr schreibt Mozart seine dritte Oper für Mailand. Diesmal ist der erst sechsundzwanzigjährige Kastrat Venanzio Rauzzini für die Hauptrolle engagiert. Er ist gerade aus München abgereist, weil die «Luft» der bayerischen Hauptstadt seiner Stimme nicht bekam (wir erinnern uns an seine Liebesaffäre mit der unbekannten «hochgestellten» Person).

Die erste Aufführung der Oper «Lucio Silla» am 26. Dezember 1772 soll in Anwesenheit des Erzherzogspaares stattfinden, für dessen Hochzeitsfeier Mozart im Vorjahr die Serenata geschrieben hat. Der Abend beginnt sehr unglücklich. Die Vorstellung ist wie gewöhnlich auf sieben Uhr abends festgesetzt. Um halb sechs ist das Theater bereits so überfüllt, daß niemand mehr eingelassen werden kann. Wegen des Weihnachtsfestes und der Anwesenheit des Fürstenpaares ist es festlich geschmückt. Das heißt, alle Kerzen sind angezündet worden, der Zuschauerraum erstrahlt im hellsten Licht. Die Kerzen heizen und verbrauchen Sauerstoff. Die vielen Menschen im Saal tun ein übriges. Bald hat sich eine entsetzliche Hitze verbreitet, und die Luft ist so verbraucht, daß man kaum noch atmen kann. Der Erzherzog läßt auf sich warten. Die Oper beginnt mit mehr als einer Stunde Verspätung, weil er noch ein paar Neujahrskarten an den Wiener Hof unterzeichnen mußte.

Venanzio Rauzzini hat während der Proben jedem in Mailand erzählt, er werde vor Aufregung nicht singen können, wenn Ihre Majestäten die Vorstellung besuchen. Natürlich wird dies der Erzherzogin hinterbracht. Die Koketterie des jungen Kastraten hat die beabsichtigte Wirkung. Leopold Mozart schildert seiner Frau den Abend der Uraufführung:

In ihrer ersten Arie muß die Primadonna vom Tenor eine Aktion des Zorns erwarten. Der machte diese zornige Aktion so übertrieben, daß es schien, als wollte er ihr Ohrfeigen geben und ihr die Nase mit der Faust wegstoßen, das bewog das Publikum zum Lachen. Die Signora de Amicis (die Primadonna) beobachtete nicht sogleich im Eifer des Singens, warum das Publikum lachte, und sie war betroffen, und wußte anfangs nicht, wer ausgelacht wurde und sang den ganzen ersten Abend nicht gut, weil noch die Eifersucht dazu kam, daß dem Primo Uomo (also dem Kastraten Rauzzini), so bald er auf die Bühne trat, von der Erzherzogin geklatscht wurde. Dies war ein Castratenstreich, denn er machte, daß der Erzherzogin gesagt wurde, daß er vor Furcht nicht werde singen können, um dadurch zu erhalten, daß ihm der Hof gleich Courage durch Applaus machen sollte.

Um nun die de Amicis wieder zu trösten, wurde sie gleich den Tag darauf gegen Mittag nach Hofe berufen, und hatte eine ganze Stunde bei beiden Königlichen Hoheiten Audienz. Dann fing die Opera erst an, gut zu gehen. Und da sonst bei der ersten Opera das Theater sehr leer ist, so waren nun die ersten sechs Abende (heute wird der Siebente) so voll, daß man kaum hineinschlüpfen kann, und hat noch meistens die Primadonna die Oberhand, deren Arien wiederholt werden.

Anfang 1773 schreibt Mozart für Venanzio Rauzzini eine Motette, die am 17. Januar in der Mailänder Theatinerkirche aufgeführt wird: «Exsultate, jubilate», für Sopran, Streichorchester, Oboe, Horn und Orgel. Die Motette ist eine der schönsten geistlichen Kompositionen Mozarts. Auch sie zeigt, daß die Werke des Siebzehnjährigen durchaus keine unreifen Frühwerke sind. Die frühen Mozart-Opern sind, wie vom Auftraggeber verlangt, «Kastratenopern» im traditionellen Stil der opera seria. Daß sie heute kaum noch gespielt werden, liegt nicht nur daran, daß unser Geschmack ein anderer ist. Mozarts «Mitridate» oder sein «Lucio Silla» können heute nurmehr unvollkommen aufgeführt werden, weil es die Sänger nicht mehr gibt, die die Gesangskunst der Kastraten beherrschen, die durchaus etwas Sportlich-Zirzensisches hatte.

Venanzio Rauzzini hat in München offenbar deutsch gelernt, was selbst bei einem längeren Aufenthalt für einen italienischen Sänger nicht selbstverständlich gewesen sein dürfte. Denn zumindest in den «besseren Kreisen» der Residenzstädte in Deutschland sprach man französisch, in Süddeutschland und Wien auch italienisch. Rauzzinis Deutsch muß ein rechtes Kauderwelsch gewesen sein, Mozart karikiert es in einem Brief an seine Schwester, in dem er ihr von der Kantate «Exsultate, jubilate» schreibt: *Ich vor habe den primo eine homo motetten machen welche müssen morgen bey Theatinern den producirt wird.*

Venanzio Rauzzini geht im Jahr darauf nach London. Im Februar 1775 hört ihn der Schauspieler David Garrick in der Oper «Montezuma» des Komponisten Antonio Sacchini, der seit 1772 in England lebt. Garrick eilt hinter die Bühne und umarmt enthusiastisch den jungen Sänger. Sacchini hatte damals in London als Komponist großen Erfolg. Rauzzini, der sich anfangs gut mit Sacchini verstand, bekam nach einiger Zeit Streit mit ihm und machte öffentlich bekannt, daß die beim Publikum so beliebten Arien der neuesten Sacchini-Opern in Wahrheit von Rauzzini komponiert waren. Es kam zu einem großen Skandal, und Sacchini verließ London fluchtartig. Er ging nach Paris, wo er Günstling von Königin Marie Antoinette wurde.

Rauzzini nahm bereits 1777, mit erst 31 Jahren, seinen Abschied von der Bühne. Der einst so schöne Kastrat, der den Frauen den Kopf verdreht hatte, war zu einem unförmigen Fettwanst geworden. Wahrscheinlich ist das durch die Operation verzögerte Körperwachstum bei Rauzzini zu dieser Zeit zum Stillstand gekommen, es setzte eine verstärkte Fettablagerung ein. Rauzzini traute sich nicht mehr auf die Bühne. Glücklicherweise hatte er neben dem Gesang noch andere Fähigkeiten. Er komponierte, betätigte sich als Konzertunternehmer und wurde ein erfolgreicher Gesanglehrer. Schon 1777 hatte er in der Nähe von Bath ein Landhaus erworben, seit 1787 lebte er ständig in Bath. Hier besuchte ihn 1794 Joseph Haydn, der in seinem Tagebuch notierte:

Ich wohnte bey H. Rauzzini, ein Musicus ⟨d.h. ein Kastrat⟩, *so sehr berühmt ist, und zu seiner Zeit einer der größten Sänger war. Er lebt allda schon 19 Jahr, erhält sich durch die Subscriptions-Concerte, so im Winter gegeben werden, und giebt zugleich Lectionen. Er ist ein sehr guter hospitaler* ⟨gastfreundlicher⟩ *Mann. Sein Sommer-Haus, allwo ich war, liegt in einer Anhöhe in einer sehr schönen Gegend, von welcher man die ganze Stadt übersehen kann.*

Drei Tage lang war Haydn Gast bei Rauzzini in Bath. Der Sänger hatte in seinem Garten seinen Hund Turk begraben, an dem er sehr gehangen hatte. Das Grab schmückte ein Denkmal, auf dem die Worte eingemeißelt waren: «Turk was a faithful dog, and not a man» – Turk war ein treuer Hund und kein Mensch (oder gebraucht der Kastrat das Wort «man» durchaus zweideutig im Sinne von «Mann»?). Rauzzini lobte die Treue seines Hundes immer wieder mit so bewegten Worten, daß Haydn auf die Worte der Grabinschrift einen Kanon komponierte, den er Rauzzini zum Abschied schenkte. Die kleine Komposition ist erhalten.

Doch kehren wir zu Mozart und seiner Zeit zurück. Trotz der unbestreitbaren Erfolge seiner Mailänder Opern erhält der junge Komponist nicht die erhoffte Anstellung an einem der vielen europäischen Fürstenhöfe. Im Frühjahr 1778 fährt der Zweiundzwanzigjährige mit seiner Mutter nach Paris, um hier sein Glück zu versuchen. Die Aura des Wunderkindes ist erloschen, er muß sich als ganz normaler Musiker behaupten. Und er ist nicht der einzige, der in Paris Anerkennung und Aufträge sucht.

Mozart muß antichambrieren, in ungeheizten Vorzimmern stundenlang warten, um schließlich bei einem nur wenige Minuten dauernden Gespräch ein paar Floskeln zu hören. Im Mai 1778 klagt Mozart in einem Brief an seinen Vater:

Zu Fuß ist es überall zu weit – oder zu kothicht, denn in Paris ist ein unbeschreiblicher Dreck. Im Wagen zu fahren – hat man die Ehre, gleich des Tags vier bis fünf Livres zu verfahren, und umsonst. Denn die Leute machen halt Complimenten und dann ists aus. Bestellen mich auf den und den Tag; da spiel ich, dann heißt's: O, c'est un prodige, c'est inconcevable, c'est étonnant ⟨das ist ein Wunder, das ist unbegreiflich, das ist erstaunlich⟩. *Und hiemit adieu. Ich hab hier so anfangs Geld genug verfahren – und oft umsonst, daß ich die Leute nicht angetroffen habe. Wer nicht hier ist, der glaubt nicht, wie fatal daß es ist.*

Bei all diesen Mißerfolgen muß sich Mozart auch noch von seinem fünfundfünfzigjährigen Pariser Mentor Grimm, der 12 Jahre zuvor in seinem Korrespondenzblatt die Bemerkung über Manzuoli veröffentlicht hat, vorwerfen lassen, er sei «nicht aktiv genug und laufe nicht genug herum». Am 3. Juli stirbt Mozarts Mutter, die den Sohn nach Paris begleitet hat.

In einer Stimmung vollkommener Verlassenheit und Aussichtslosigkeit schreibt Mozart einen Brief, der geprägt ist von sarkastischer Verzweiflung. Der Empfänger ist der sechsunddreißigjährige Franz-Joseph Bullinger, Freund der Familie Mozart, ehemaliger Jesuit, der nach der Auflösung des Ordens als Hauslehrer nach Salzburg gekommen ist. In dem Brief entlädt sich alle Verbitterung, die sich in dem jungen Komponisten in den letzten Jahren angestaut hat. Er hat sich immer gefügt, hat die Konventionen und die Phantasielosigkeit der italienischen Oper akzeptiert. Die Anpassung hat ihm nichts eingebracht. Er will endlich eine feste Anstellung, will Kapellmeister werden, wenn nicht anderswo, dann in Salzburg. Aber dort wird, wie er soeben erfahren hat, eine neue Sängerin engagiert und kein Kapellmeister, obwohl es in Salzburg schon fünf Sängerinnen gibt. In dem wütenden Brief aus Paris vom 7. August 1778 an den Abbé Bullinger in Salzburg entwirft der zweiundzwanzigjährige Mozart den satirischen Plan der totalen Kastraten-Oper.

Was braucht's eine Sängerin, eine Primadonna, wo wir einen Castraten haben. Setzen wir den Fall, eine komme jähe in Kindesnöten, eine komme ins Zuchthaus, die dritte würde etwa ausgepeitscht, die vierte allenfalls geköpft, und die fünfte – holte etwa der Teufel? Was wäre es? Nichts! Wir haben ja einen Castraten; Sie wissen ja, was das für ein Tier ist! Der kann ja hoch singen, mithin ganz vortrefflich ein Frauenzimmer abgeben. Freilich würde sich das Domkapitel darein legen. Allein, darein legen ist doch immer besser als darauf legen.

Lassen wir unterdessen immer den Herrn Ceccarelli ⟨so hieß der damals in Salzburg engagierte Erste Kastrat⟩ bald Weibs- bald Mannsperson sein. Endlich, weil ich weiß, daß man bei uns die Abwechslungen, Veränderungen und Neuerungen liebt, so sehe ich ein weites Feld vor mir, dessen Ausführung Epoche machen kann. Meine Schwester und ich haben schon als Kinder ein wenig daran gearbeitet. Was werden nicht große Leute liefern. Mir ist ja nicht bang, daß man den Metastasio von Wien kommen lassen kann, oder ihm wenigstens den Antrag macht, daß er etliche Dutzend Opern verfertiget, allwo der Primo uomo und die Prima donna niemalen zusammenkommen. Auf diese Art kann der Castrat den Liebhaber und die Liebhaberin zugleich machen, und das Stück wird dadurch interessanter, indem man die Tugend der beiden Liebenden bewundert, die so weit gehet, daß sie mit allem Fleiß die Gelegenheit vermeiden, sich in Publico zu sprechen.

Mozart beendet diesen Brief mit der bitteren Bemerkung: *Da haben Sie nun die Meinung eines wahren Patrioten*, und unterschreibt mit *Wolfgang Romatz*.

Aus dieser Niedergeschlagenheit reißt Mozart das Treffen mit zwei Bekannten aus London, die wenige Tage später in Paris ankommen: der Komponist Johann Christian Bach und in seiner Begleitung der Kastrat Giusto Ferdinando Tenducci. Beide hat er als Achtjähriger vor vierzehn Jahren in London kennengelernt. Tenducci hat inzwischen seine skandalöse Ehe mit der Irin Dorothy Mannsell hinter sich, sie ist drei Jahre zuvor für ungültig erklärt worden. Da war er wegen seiner Schulden von 10.000 Pfund aber bereits aus England geflohen. In der Folgezeit nahm er Engagements in Venedig, Florenz und Neapel an. In Italien hat er als Sänger großen Erfolg, in Florenz singt er 1771 den Orpheus in Glucks Oper. Später hat er in Neapel eine Affäre mit der verheirateten Teresa Lafon. Ihr Mann findet sich nicht mit dem Liebhaber seiner Frau ab und strengt einen Ehebruchsprozeß an. Der Kastrat und seine Geliebte fliehen im Juni 1775 nach Venedig. Durch einen Gnadenakt wird Tenducci in England wegen seiner Schulden nicht mehr verfolgt und kann deshalb 1777 nach London zurückkehren.

Nun also ist dieser Leichtfuß und begnadete Sänger in Paris. Nicht ganz freiwillig übrigens, er hat wieder einmal so viele Schulden, daß er es für besser hält, sich in London für einige Zeit nicht sehen zu lassen. Wir können uns vorstellen, daß er mit seiner unbekümmerten, draufgängerischen Art Mozart aus seinen Depressionen reißt. Am 27. August schreibt Mozart an seinen Vater aus St-Germain:

Mr. Bach von London ist schon 14 Tage hier. Er wird eine französische Opera schreiben. Seine Freude und meine Freude als wir uns wiedersahen können Sie sich leicht vorstellen. Vielleicht ist seine Freude nicht so wahrhaft.

Tenducci ist auch hier, der ist der Herzensfreund von Bach, der hat die größte Freude gehabt, mich wieder zu sehen. Nun will ich sagen, wie ich nach St. Germain gekommen bin. Hier ist der Marechal de Noailles, da ist Tenducci sehr beliebt. Und weil er mich sehr liebt, so hat er mir wollen diese Bekanntschaft zuwege bringen. Gewinnen werde ich nichts hier, vielleicht ein kleines Präsent. Verlieren tue ich aber nichts, denn es kost mich nichts, und wenn ich auch nichts bekomme, so habe ich doch eine sehr nützliche Bekanntschaft. Eilen muß ich, weil ich für Tenducci eine Scena schreiben muß auf Sonntag, für Pianoforte, Oboe, Horn und Fagott. Lauter Leute vom Marechal, Deutsche, die sehr gut spielen. 1000 Complimente von Mr. Tenducci.

Mozart war zehn Tage lang mit Tenducci Gast auf dem Schloß des Herzogs von Ayen und Marschalls von Frankreich, Louis de Noailles, der damals 65 Jahre alt war. Die Oper, die Johann Christian Bach gerade schrieb, war sein «Amadis des Gaules». Mozarts «Scena für Tenducci» wurde wahrscheinlich am 28. August 1778 aufgeführt. Die Komposition ist nicht erhalten.

Bach muß für Tenducci wirklich eine echte Freundschaft empfunden haben, denn er sorgte dafür, daß der Sänger im folgenden Jahr nach England zurückkehren konnte. Die Ankündigung eines Benefiz-Konzerts für Tenducci, das am 29. April 1779 stattfand, genügte, die Gläubiger erst einmal ruhig zu halten. Der Sänger konnte es sich sogar leisten, bei der Ankündigung dieses Konzerts seine Londoner Adresse anzugeben. 1790 starb Tenducci in Genua nach einem Schlaganfall, er war erst 54 Jahre alt.

Zwei Jahre nach den unbeschwerten Tagen mit Tenducci in St-Germain hat Mozart wieder beruflich mit einem Kastraten zu tun. In München hat er den Auftrag, für den Karneval 1781 die opera seria «Idomeneo» zu komponieren. Die Titelrolle wird zwar ein Tenor singen, aber die zweite männliche Hauptrolle der Oper, Idomeneos Sohn Idamante, ist für den Kastraten Vincenzo dal Prato bestimmt. Dal Prato (Mozart schreibt in seinen Briefen immer del Prato) ist 1756 in Imola geboren und hatte sein Debut mit sechzehn Jahren.

In München erst lernt Mozart, welche Probleme ein Komponist mit einem Kastraten haben kann. Bisher ist er eher verwöhnt worden. Manzuoli war zwar ein selbstbewußter und eigenwilliger Star, aber ein perfekter Sänger. Rauzzini war jung und unberechenbar, aber ein ernsthafter Musiker. Tenducci war ein unbekümmerter Playboy, aber er hatte eine betörende Stimme. Der Erste Sänger der Münchner Oper aber ist für Mozart nur dem Namen nach ein primo uomo, seine stimmlichen Qualitäten scheinen ihm eher zweitklassig.

Nach einem kurzen Engagement in Stuttgart ist dal Prato im Jahr der Uraufführung des «Idomeneo» nach München gekommen. 25 Jahre blieb er der Erste Kastrat der Oper der bayerischen Hauptstadt. Er soll gut ausgesehen haben und später in München beim Publikum auch sehr beliebt gewesen sein. Mozart findet für ihn nur böse Worte. Er habe eine flatternde Stimme, schaffe es nicht, den Übergang von einem Rezitativ zur Arie zu gestalten. In mehreren Briefen an seinen Vater vom November und Dezember 1780 beklagt sich Mozart über die Unfähigkeit seines *molto amato Castrato del Prato*, der vierundzwanzig Jahre alt ist:

Gestern hat der del Prato gesungen, daß es eine Schande war. Ich will wetten, daß der Mensch nicht einmal die Proben, viel weniger die Opera aushält. Der ganze Kerl ist inwendig nicht gesund. Er muß seine ganze Rolle wie ein Kind lernen, er hat um keinen Kreutzer Methode. Er singt alles so ganz monoton herab, und er ist der elendeste Akteur, den jemals die Bühne trug, wegen der Unschicklichkeit, Unnatürlichkeit und fast Unmöglichkeit des Weglassens. Wenn ich gewußt hätte, daß dieser Castrat so schlecht ist, ich hätte in der Tat den Ceccarelli ⟨den in Salzburg engagierten Kastraten, den Mozart für sehr zweitklassig hielt⟩ empfohlen.

Für den dramatischen Höhepunkt des dritten Aktes hat sich Mozart eine von den Konventionen abweichende musikalische Form ausgedacht. Der kretische König Idomeneo ist bei der Rückkehr vom trojanischen Krieg in einen fürchterlichen Sturm geraten. In seiner Not hat er dem Meeresgott Poseidon versprochen, ihm den ersten Menschen zu opfern, dem er am heimischen Ufer begegnen wird. Der erste, den er trifft, ist sein Sohn Idamante.

Elektra, die nach der Ermordung ihrer Mutter Klytämnestra nach Kreta geflüchtet ist, hat sich in den kretischen Prinzen verliebt. Der jedoch liebt die trojanische Prinzessin Ilia, die als Kriegsgefangene in Kreta lebt. Idomeneo sagt Idamante nichts von dem Gelübde, das dessen Tod verlangt. Um den Sohn zu retten, befiehlt er ihm, Kreta zu verlassen.

An dieser Stelle der Oper läßt Mozart die vier Hauptfiguren, die in unterschiedlicher Weise Liebe und Zuneigung füreinander empfinden, ein Quartett singen: Idomeneo, der seinen Sohn liebt und ihn deshalb verstoßen muß, ohne ihm erklären zu können, daß er es nur aus Liebe tut; Elektra, die zwischen Liebe und Eifersucht hin und her gerissen wird; und Idamante und Ilia, die sich gerade ihre Liebe gestanden haben und sich doch trennen müssen, denn Idamante will nicht, daß Ilia ihm in die Verbannung folgt.

«Ich will allein umherschweifen und den Tod suchen», beginnt Idamante dieses Quartett, über dem eine unheimliche, schicksalsbange Stimmung liegt. Der finsteren Entschlossenheit des Idamante tritt Ilia mit einer rührenden Innigkeit gegenüber. Das Orchester spielt unheildrohende Motive in einer außerordentlich kühnen und düsteren Harmonik. Schließlich verkündet Idamante noch einmal seinen Entschluß: «Ich will allein umherschweifen...», aber es folgt nicht das obligatorische Dacapo des ersten Teils der Musiknummer. Idamante verläßt die Bühne mit diesem abgerissenen Satz. Im Orchester hallen ihm dumpf einzelne musikalische Bruchstücke der Fortsetzung seiner Worte aus dem ersten Teil des Quartetts nach.

Ein Quartett in einer opera seria! Den satirischen Entwurf einer totalen Kastratenoper konnte der junge Mozart sich nur deshalb ausdenken, weil es in der konventionellen italienischen Oper ganz selten zu einem musikalischen Zusammentreffen zweier Sänger kommt. Die opera seria ist eine Aneinanderreihung von Rezitativen und Arien, Ensembles gibt es kaum, ein Duett ist das äußerste. Aber ein Quartett, und das auch noch in einer musikalisch ungewöhnlichen Form!

Die Sänger sind entsprechend ratlos. Die erste Probe bringt den Komponisten fast zur Verzweiflung: *Der Stein des Anstoßes war der del Prato. Der Bub kann doch gar nichts. Seine Stimme wäre nicht so übel, wenn er sie nicht in den Hals und in die Gurgel nehmete. Übrigens hat er aber gar keine Intonation, keine Methode, keine Empfindung, sondern singt – wie etwa der beste unter den Buben, die sich hören lassen, um in dem Kappellhause aufgenommen zu werden.*

Das Quartett des «Idomeneo» muß für Mozart eine besondere Bedeutung gehabt haben. Wir erfahren das aus einem Bericht Konstanzes lange nach Mozarts Tod. Zweieinhalb Jahre nach der Uraufführung des «Idomeneo» – Mozart war inzwischen mit Konstanze verheiratet und lebte in Wien – besuchte das junge Paar den Vater in Salzburg. In privatem Kreis sang man das Quartett, Mozart die für Tenor umgeschriebene Kastratenpartie des Idamante. Nach wenigen Takten brach Mozart in Tränen aus und stürzte aus dem Zimmer. Konstanze eilte ihm nach, und es dauerte lange, bis er sich wieder gefangen hatte.

Mozart berichtet seinem Vater im selben Brief, in dem von der Quartettprobe die Rede ist, vom neuesten Theaterklatsch, den man sich in München erzählt. Einer der Vorgänger dal Pratos als Erster Kastrat der Münchner Oper war Luigi Marchesi. Vater und Sohn Mozart haben den jungen Sänger während ihrer ersten Italienreise in Mailand kennengelernt. Wolfgang Amadeus und Luigi Marchesi waren im gleichen Alter, beiden wurde mit ihren gerade erst fünfzehn Jahren schon ernsthafte künstlerische Arbeit abverlangt. So mögen sie sich im Frühjahr 1770 in Mailand schnell nahegekommen sein. Am 12. März 1770 sind beide wahrscheinlich bei einer musikalischen Soirée des damaligen Generalgouverneurs der Lombardei, Karl Joseph Graf Firmian, aufgetreten. Firmian war ein Neffe des Salzburger Erzbischofs, bei dem Leopold Mozart zuerst in Diensten stand. Vielleicht hat Mozart für Marchesi die lateinische Motette «Quaere superna» KV 143 komponiert. Jedenfalls schreibt Vater Mozart am 3. Februar 1770 aus Mailand an seine Frau, daß Wolfgang *2 Lateinische Motetti schreibt für 2 junge Castraten, deren einer 15, der andere 16 Jahre alt ist, und die ihn gebeten haben, und denen er, weil sie Cameraden sind, und schön singen, nichts abschlagen kann.* 1777 hat Mozart Marchesi in München wiedergetroffen. Am 30. Dezember 1780 kann er dem Vater eine sensationelle Geschichte mitteilen:

Sie werden schon wissen, daß der gute Kastrat Marchesi – Marquesius di Milano – in Neapel ist vergiftet worden – aber wie! Er war in eine Herzogin verliebt, und ihr rechter Amant ⟨Liebhaber⟩ war darüber jaloux ⟨eifersüchtig⟩ und schickte 3 oder 4 Kerle zu ihm. Und die ließen ihm die Wahl, ob er aus diesem Geschier trinken wolle oder lieber massakrirt seyn wolle. Er wählte das erstere. Weil er aber ein welscher Hasenfuß war, so starb er allein und ließ seine Herrn Mörder in Ruhe und Friede leben. Ich hätte wenigstens (in meinem Zimmer!) ein paar mit mir in die andere Welt genommen, wenn es schon gestorben hätte seyn müssen. Schade für einen so vortrefflichen Sänger! Der «welsche Hasenfuß» ist für Mozart nicht irgendein Sänger. Marchesi ist ein Bekannter, war vielleicht sogar einmal ein Freund!

Leopold Mozart antwortet darauf fünf Tage später mit altväterlicher Betulichkeit in einem Postskriptum: *Und der arme Marchesi hat also mal-à-propos ⟨unversehens⟩ sein Leben enden müssen?*

Schade! So geht's, wenn die Vernunft mit dem ganzen Kopf spazieren geht.

An der ganzen Geschichte, die Mozart Ende 1780 seinem Vater berichtet, stimmt allerdings nur, daß Marchesi zu dieser Zeit in Neapel lebt. Tatsächlich ist er kerngesund, tritt im Januar 1781 wie geplant in Neapel in der ersten Karnevalsoper auf. Wie es in München zu dem Gerücht von seiner Ermordung gekommen ist, wissen wir nicht. Marchesi hat im November 1780 in Neapel in einer Oper des deutschen Komponisten Giuseppe (Joseph) Schuster gesungen. Um die «Dido» desselben Komponisten hatte es vier Jahre zuvor eine ähnliche Geschichte vom Kastraten Pacchierotti gegeben, die wir bereits kennen. Vielleicht wurde diese sicher oft erzählte Geschichte von Mal zu Mal ausgeschmückt, aktualisiert, und in München setzte irgend jemand den Namen des in der Stadt bekannten Kastraten ein.

Zu dieser Zeit gab es in Italien noch die «Cicisbei», die feurigen Liebhaber, die Eifersuchtstragödien entfachen konnten. Insofern ist die Geschichte vom Mord an Marchesi durchaus nicht unwahrscheinlich. Die französische Schriftstellerin Germaine de Staël beschreibt in ihrem 1807 erschienenen Roman «Corinna oder Italien» die Lage der «Cicisbei» am Ende des Jahrhunderts:

Die römischen Herren haben keinen anderen Begriff von Ehre und Pflicht in Gesellschaft als den, ihre Damen keinen Augenblick zu verlassen. Die Frauen wollen niemand gefallen, als dem, welchen sie lieben. Die Untreue wird in Italien strenger an einem Manne als an einer Frau getadelt. Drei oder vier Männer begleiten unter verschiedenen Ansprüchen eine und dieselbe Frau. Der eine ist der begünstigte, der andre strebt danach, es zu werden, ein dritter heißt der unglückliche. Dieser letzte ist ganz zurückgesetzt, doch erlaubt man ihm, die Rolle des Anbeters zu spielen. Alle diese Nebenbuhler leben friedlich miteinander; nur in den niederen Ständen hat sich noch die Sitte der Dolchstiche erhalten.

Die von Madame de Staël in Rom beobachtete Zurückhaltung der «Cicisbei» in der Eifersucht gilt sicher nicht für Neapel. Und schon gar nicht, wenn der Nebenbuhler kein richtiger Mann, sondern nur ein Kastrat ist.

In den überlieferten Mozart-Dokumenten taucht der Name Marchesi nicht mehr auf. Mozart hat sicher schon bald erfahren, daß der totgesagte Kastrat noch quicklebendig war. Spätestens hat er es fünf Jahre später in Wien gemerkt, als Marchesi auf der Durchreise nach St. Petersburg an der Wiener Hofoper in Giuseppe Sartis «Giulio Sabino» auftrat. Kaiser Joseph II., der die opera seria nicht so sehr schätzte und deshalb in Wien kein «Kastraten-Ensemble» hatte, gab dem Auftritt dieses berühmten Sängers die Ehre seiner Anwesenheit.

Der Komponist Giuseppe Sarti, 1729 geboren, kam als Vierundzwanzigjähriger mit der Mingottischen Operntruppe nach Kopenhagen. Zwanzig Jahre blieb er in der dänischen Hauptstadt, bis politische Intrigen 1775 zu seiner Entlassung führten und er nach Italien zurückkehrte. Zum Karneval 1781 wurde in Venedig seine Oper «Giulio Sabino» aufgeführt, die bald in ganz Europa nachgespielt wurde. Katharina II. lud Sarti 1784 nach Rußland ein. Auf dem Weg dahin machte er in Wien Station, wo er mehrere seiner Opern aufführte. In der venezianischen Uraufführung hat Gasparo Pacchierotti die Titelrolle des Giulio Sabino gesungen. Nach Rußland nahm Sarti als Ersten Kastraten Luigi Marchesi mit.

Joseph II. liebte mehr die opera buffa, in der normalerweise keine Kastraten auftraten. Mozart war ein begnadeter Komponist. Aber er war vielleicht auch ein künstlerischer Opportunist. Es ist wohl kaum eine bewußte stilistische Entscheidung, wenn er sich in Wien völlig von der Kastratenoper, der italienischen opera seria, abwendet. Sie ist einfach nicht gefragt, wenn man bei Hof Eindruck machen will. Nach einem Versuch, mit einem deutschen Singspiel – «Die Entführung aus dem Serail» – in Wien auf sich aufmerksam zu machen, verlegt sich Mozart auf die opera buffa. In Lorenzo Da Ponte findet er den kongenialen Librettisten, der ihm «Die Hochzeit des Figaro» schreibt.

Merkwürdigerweise sind zwei Sänger der Uraufführung des «Figaro» Engländer gewesen. Die damals zwanzigjährige Nancy Storace sang die Susanna, der Tenor Michael Kelly den Musiklehrer Basilio und den stotternden Richter Don Curzio. Michael Kelly kennen wir bereits. Nancy Storace ist die Tochter des neapolitanischen Kontrabassisten Stefano Storace und einer englischen Mutter. 1765 in London geboren, wird sie nach erstem Gesangsunterricht bei dem Kastraten Venanzio Rauzzini mit dreizehn Jahren zum weiteren Studium nach Italien geschickt. In Venedig studiert sie am Conservatorio dell'Ospedaletto. 1780 hat sie ihr erstes Engagement in Florenz. Ihr eigentlicher Vorname ist Anna, und so wird sie auch auf venezianischen Theaterzetteln von 1783 genannt: *Anna Storace, detta L'Inglesina*, genannt die kleine Engländerin. Seit 1784 ist sie in Wien engagiert. Vielleicht hat Nancy Storace bei den Proben zum «Figaro» ihre erste Begegnung mit Luigi Marchesi zum besten gegeben, die Kelly später in seinen Lebenserinnerungen so wiedererzählt:

Die englische Sängerin Nancy Storace ging nach Florenz, wo zur selben Zeit der berühmte Sopran Marchesi am Pergola-Theater engagiert war. Er war damals auf dem Höhepunkt seiner Karriere und bezauberte nicht nur Florenz, sondern man kann sagen die ganze Toskana. Die Storace war nur als Zweiter Sopran engagiert, aber durch folgende Geschichte wurde sie auf dem ganzen Kontinent bekannt.

Bianchi ⟨Francesco Bianchi, geboren um 1752, brachte 1780 in Florenz die Oper «Castore e Polluce» heraus⟩ *hatte die beliebte Kavatine «Sembianza amabile del mio bel sole» komponiert, die Marchesi hinreißend sang. In einer Passage schwang er sich auf zu einer Voletta* ⟨richtig: volata, schneller Lauf⟩ *von Halbton-Oktaven, wobei er der letzten eine so außerordentliche Kraft und Stärke gab, daß die immer nur «la bomba di Marchesi» genannt wurde. Unmittelbar nach dieser Arie hatte die Storace ihren Auftritt und entschloß sich, dem Publikum zu zeigen, daß sie auch eine «bomba» hinlegen konnte. Sie wagte es, und es gelang ihr, sehr zur Bewunderung und zum Erstaunen der Zuschauer, aber zur Bestürzung des armen Marchesi. Campigli, der Theaterdirektor forderte sie auf, sie nicht noch einmal zu singen. Aber sie weigerte sich hartnäckig und sagte, sie habe ebensogut das Recht, die Kraft ihrer «bomba» zu zeigen, wie jeder andere. Der Streit konnte nur dadurch beendet werden, daß Marchesi erklärte, wenn ihr Engagement nicht gekündigt würde, würde er das Theater verlassen. Und, so ungerecht es war, dem Manager blieb nichts anderes übrig, als sie zu entlassen und eine andere Sängerin zu engagieren, die nicht so ehrgeizig war, eine «bomba» hinzulegen.*

Luigi Marchesi war in den achtziger Jahren des 18. Jahrhunderts der erfolgreichste Kastrat in Italien. Nicolaus Forkel veröffentlichte in seinem «Musikalischen Almanach auf das Jahr 1783» den Brief eines italienischen Korrespondenten aus dem Jahr 1780, in dem Nancy Storace den Kastraten mit ihrer «bomba» herausforderte. Forkels Korrespondent berichtet: *Der Sänger Marchesi hat in Florenz auf dem großen Theater alle in Erstaunen und Bewunderung gesetzt. In diesem Sänger scheint die Natur alle ihre Vorzüge und Gaben vereinigt zu haben. Er ist schön von Statur, fürtrefflich in*

der Aktion, und hat eine Stimme, die jedermann sogleich rührt.
Setzen Sie zu diesem allen noch eine genaue Kenntniß der Musik,
den feinsten und gefühlvollsten Geschmack im Singen, so werden
Sie es nicht für übertrieben halten, was die Italiener von ihm sa-
gen: er macht alle anderen Sänger vergessen und sie sind nichts in
Vergleich zu diesem Kastraten.

Über Marchesis Arroganz waren mindestens ebensoviele Geschichten im Umlauf wie fünfzig Jahre zuvor über Caffarelli. In
dieser Zeit gab es in Europa schon eine reichhaltige Zeitschriften-
landschaft und erstaunlich viele Blätter, die sich vornehmlich mit
Musik beschäftigten. Sie unterhielten ihr Publikum auch gern mit
Skandalgeschichten wie folgendem Korrespondentenbericht aus
Cramers Magazin: *Rom im Januar 1783. Hier gab neulich der*
berühmte Sänger Marchesi zu seinem Vortheile eine musikalische
Academie, die aber von dem Adel weder mit so reichlicher Einlage,
noch mit so häufigem Zuspruche beehret ward, als er es zu verdie-
nen glaubte. Marchesi ward dadurch so aufgebracht, daß er sich
verlauten ließ, er wollte nun auch künftig in der öffentlichen Oper
des Schauspielhauses Argentina, das ihn für die Carnevalszeit be-
dungen hat, nicht mehr gut singen. In der That sang er daselbst
seitdem so schlecht, daß die Klagen darüber an den Gubernator zu
Rom kamen. Dieser ließ ihn zu sich holen und stellte ihn zur Rede;
Marchesi antwortete, die Oper sey so schlecht gesetzt, daß er seine
Kunst nicht zeigen könnte. Der Gubernator legte die Oper zween
der ersten Compositoren vor, welche versicherten, es hinge nur von
dem Willen eines geschickten Sängers ab, sich vortrefflich hervor-
zuthun. Der Gubernator ließ also den Marchesi nochmals zu sich
holen, gab ihm öffentlich einen derben Verweis, legte ihm für je-
desmal, wo er nicht gut singen würde, eine beträchtliche Geldbuße
auf, und nun sang Marchesi wieder gut. – So weiß man zu Rom die
grössesten Talente, wenn sie sich vergessen, zu ihrer Schuldigkeit
zurückzuführen.

1788, zwei Jahre nach der Uraufführung des «Figaro» in Wien,
gastierte Marchesi in London, wo ihn Charles Burney hörte: *Mar-*
chesis Gesangsstil ist nicht nur geschmackvoll und überaus raffi-
niert, sondern oft großartig und voll Würde. Besonders glänzt er in
Rezitativen und bei gelegentlichen tiefen Tönen. Sein Reichtum an
Verzierungen und seine Fähigkeit, aus dem Stegreif Läufe zu ent-
wickeln, sind wirklich wundervoll. Viele seiner Verzierungen sind
neu, geschmackvoll und von seiner eigenen Erfindung. Er muß mit

äußerstem Fleiß studiert haben, um in der Lage zu sein, Läufe aus-
zuführen und Triller zu singen von der Tiefe seines Stimmbereichs
bis in höchste Höhen, sogar in einer schnellen Serie von Halbtö-
nen. Und zusätzlich zu seinen stimmlichen Qualitäten gewinnt
seine Erscheinung auf der Bühne ungemein durch die Schönheit
seiner Gestalt und die Grazie und Schicklichkeit seiner Gebärden.

Marchesi hat seine Bühnenlaufbahn erst 1806 mit 51 Jahren an
der Mailänder Scala beendet. Stendhal weiß von ihm zu erzählen:
Der berühmte Mailänder Sopran Marchesi wollte in den letzten
Jahren seiner Theaterkarriere nur noch singen, wenn sein erster
Auftritt zu Beginn der Oper zu Pferde oder auf einer Anhöhe statt-
fand. Auf alle Fälle mußte der weiße Federbusch auf seinem Helm
mindestens sechs Fuß ⟨1.90 m⟩ hoch sein.

Übrigens hatten sowohl Michael Kelly, der die Geschichte von
der «bomba» des Marchesi erzählt, als auch Nancy Storace, die ihr
Engagement in Florenz aufs Spiel setzte, ersten Gesangsunterricht
in England bei Venanzio Rauzzini, der in Mailand in Mozarts «Lucio Silla» gesungen hatte. Auch das mag Gesprächsstoff in Wien gegeben haben.

Michael Kelly hat bei seinem Studienaufenthalt in Neapel 1779
noch den alten Caffarelli gesehen. Er weiß von ihm eine Geschichte, die, falls er sie Mozart erzählt hat, diesen sicherlich an seinen Eintrag im Reisetagebuch des Vaters erinnerte:

Die junge und schöne Tochter des Herzogs von Monteleone, des
reichsten Edelmanns von Neapel, war von ihrer Familie bestimmt,
den Schleier zu nehmen; ohne Murren willigte sie ein, die Welt zu
verlassen, vorausgesetzt, daß die Feier ihres Gelübdes mit großer
Pracht entfaltet würde, und ein sine qua non war, daß Caffarelli,
der große Sopranist, dabei singen solle. Man versuchte, ihr klar zu
machen, daß er sich mit einem beträchtlichen Vermögen auf seine
Güter in Kalabrien zurückgezogen und erklärt hätte, niemals wie-
der zu singen. Darauf sagte die vernünftige junge Dame: «Und ich
erkläre hiermit, den Schleier nur zu nehmen, wenn er es tut. Er
sang vor sechs Jahren bei dem Gelübde meiner Cousine, und ich
will lieber sterben, als daß gesagt werden könnte, der Erste Sänger
der Welt habe für sie gesungen und für mich nicht.» Die Dame blieb
standhaft und ihr herrlicher Eigensinn war so stark, daß ihr Vater
sich genötigt sah, nach Kalabrien zu reisen, wo er mit vielen Bit-
ten und gewichtigen Argumenten Caffarelli bewog, mit ihm nach
Neapel zurückzukehren. Er sang bei der Feier ein «Salve Regina»,

und da die Signora ihren Wunsch erfüllt sah, ließ sie sich wie ein Opferlamm wohlgemut zum ewigen Ausschluß aus der heiteren und schlechten Welt bestimmen.

Um ihrem Geschmack Gerechtigkeit widerfahren zu lassen, muß allerdings gesagt werden, daß Caffarelli einer der größten Sopranisten war, die Italien je hervorgebracht hat. Er war Neapolitaner, und die Neapolitaner waren sehr stolz auf ihn. Er häufte ein riesiges Vermögen zusammen, kaufte das Herzogtum von Dorato für seinen Neffen und erbaute für sich selbst einen herrlichen Palast. Über dem Tor zu diesem stand die Inschrift: AMPHYON THEBAS, EGO DOMUM.

Auch Kelly ging die Inschrift nicht aus dem Kopf. Er hat sich noch Jahrzehnte nach seinem Aufenthalt in Neapel an sie erinnert, denn er diktierte seine 1826 veröffentlichten Memoiren erst 1823, wahrscheinlich aus dem Gedächtnis und ohne sich auf Tagebuchnotizen stützen zu können.

Die Neapolitaner waren stolz auf Caffarelli, sagt Kelly. Das ist lange her. Heute haben sie ihn vergessen. In keinem erreichbaren historischen oder topographischen Buch über Neapel aus diesem Jahrhundert wird auch nur sein Name erwähnt. Sein Haus in der Via Carminiello Nr. 15 (heute Via Carlo de Cesare), wenige Schritte vom Operntheater San Carlo entfernt, steht noch. Über dem Tor in großen Lettern die stolze Inschrift, die die heutigen Bewohner des Hauses nicht mehr zu deuten wissen. Das Stadtpalais Caffarellis ist in ein Mietshaus umgebaut worden, die Hausmeisterin weiß zwar, daß es aus dem 18. Jahrhundert stammt, aber sie hat noch nie davon gehört, daß hier der erfolgreichste Sänger seiner Zeit gelebt hat.

Bevor wir uns von Caffarelli verabschieden, wollen wir daran erinnern, daß er bei all seinem Hochmut, bei all seinen Launen doch ein großer Künstler, einer der größten Sänger aller Zeiten war. Im Februar 1764 hörte der englische Schauspieler David Garrick Caffarelli in Neapel. Garrick kannte aus London die besten Kastraten, er hatte dem jungen Guadagni Schauspielunterricht gegeben und Rauzzini auf der Bühne bewundert. In einem Brief aus Neapel an Charles Burney schreibt er:

Gestern wohnten wir einem Nonnengelübde bei. Die Nonne war die Tochter eines Herzogs, und die ganze Zeremonie verlief mit großer Pracht und Herrlichkeit. Die Kirche war prächtig geschmückt und es gab zwei große Orchester. Die Einsegnung war sehr feierlich, und ich war tief beeindruckt. Um dem Ganzen die Krone aufzusetzen, wurde die Hauptstimme von dem berühmten Caffarelli gesungen, der, obwohl alt, mir mehr gefallen hat, als alle Sänger, die ich bisher gehört habe. Er hat mich bewegt; und es war das erste Mal, daß ich Rührung empfunden habe, seit ich in Italien bin.

In Mozarts «Figaro» wird der Page Cherubino von einem Sopran gesungen. Man könnte fast meinen, Mozart habe diese Rolle für einen Kastraten erdacht. Aber der Cherubino wurde bei der ersten Aufführung des «Figaro» nicht etwa deshalb von einer Sängerin gesungen, weil kein geeigneter Kastrat zur Verfügung stand. Er wurde für eine Sängerin geschrieben. Dennoch ist die Gestalt des Cherubino ein Relikt der Kastratenoper, der Kastratenzeit. Der Cherubino des «Figaro» ist in dem Alter, in dem Kastraten ihr Bühnendebut gaben und damit auch auf die Damenwelt losgelassen wurden. Der junge Page hat die sexuelle Unersättlichkeit, die man den jungen Kastraten nachsagte. Sicherlich haben Da Ponte und Mozart auch diese möglichen Assoziationen bedacht, als sie beschlossen, den Pagen als «Hosenrolle» anzulegen. Für das Publikum von 1786 war es nicht sofort erkennbar, daß Cherubino nicht von einem Mann gesungen wurde.

29

Kritik an den Kastraten

Als Mozart 1781 in München an der Oper «Idomeneo» arbeitete und sich mit seinem «molto amato Castrato del Prato» herumschlug, richtete 240 km weiter westlich in Stuttgart der drei Jahre jüngere Friedrich Schiller sein Schauspiel «Die Räuber» für den Druck ein. Er hatte es während seiner Studienzeit an der «Hohen Carls-Schule» zornig aufs Papier geworfen.

Der württembergische Herzog Carl Eugen hatte die Schule 1761 als Kunstschule für begabte Söhne bedürftiger Eltern gegründet. Auf der außerhalb Stuttgarts gelegenen «Solitude» wurden die Kinder in strenger Isolierung erzogen. Jeder Umgang mit der Familie und jeder Kontakt zum gesellschaftlichen Leben außerhalb der Schule war ihnen untersagt. Zehn Jahre später wurde dieses Institut zur «Militär-Pflanzschule» erweitert. Hinter diesem Namen verbirgt sich keine Ausbildungsstätte für Soldaten im Kindesalter, keine vormilitärische Erziehung, sondern eine Schule mit Internat, in die Militär-Waisen und Söhne unbemittelter niederer Offiziere aufgenommen wurden. Die Schule war der Stolz und das Steckenpferd des Herzogs, um das er sich persönlich und intensiv kümmerte. Christian Friedrich Daniel Schubart schreibt am 12. Dezember 1774 in seiner Zeitschrift «Deutsche Chronik»:

Die Herzogl. Militärschule auf der Solitüde ist wirklich ein Augenmerk von Deutschland, und was kann aber auch Größeres sein als ein Fürst, der seinen meisten Ergötzlichkeiten entsagt, um dem Staate weise und tugendhafte Bürger zu hinterlassen. Man hat zwar verschiedene Militärschulen in Deutschland, aber gewiß keine, wo der Fürst selbst den größten Anteil der Sorgfalt übernimmt, für die Leibs- und Seelengesundheit der Zöglinge wacht, und wo er den Fleiß mit einem Aufwande ermuntert, der seinesgleichen nicht hat.

Der württembergische Herzog gefiel sich in der Rolle des treusorgenden Landesvaters, doch war er zugleich ein zügelloser brutaler Despot, dessen ungehemmte Gier nach Pracht und Luxus sein Land bis an den Rand des völligen Ruins brachte. 1728 in Brüssel geboren, hat Carl Eugen früh seinen Vater verloren. Als Dreizehnjähriger kam er an den Hof Friedrichs des Großen, der gerade mit 28 Jahren König von Preußen geworden war. Drei Jahre später erzwangen Stuttgarter Hofkreise die Rückkehr des unmündigen Thronfolgers. Friedrich der Große setzte beim Kaiser die Volljährigkeitserklärung durch, obwohl Carl Eugen noch nicht ganz 16 Jahre alt war. Durch einen Vertrag mit Frankreich, in dem Württemberg dem Nachbarland 6000 Soldaten zur Verfügung stellte, kam der junge Herzog 1752 in den Besitz beträchtlicher Geldmittel. Aus einem den Gedanken der Aufklärung durchaus aufgeschlossenen Herrscher wurde ein Verschwender, der aus dem Stuttgarter Hof ein zweites Versailles machen wollte. Er verpraßte dabei nicht nur den Reichtum, der ihm aus Frankreich zufloß. Der gigantische Prunk seiner Hofhaltung in Ludwigsburg führte, trotz der hemmungslosen Ausplünderung seines Landes, zu unermeßlichen Schulden. 1765 machten sie den stolzen Betrag von 13 Millionen Gulden aus. Als auch Steuern und Frondienste seiner Bürger nicht mehr ausreichten, verschaffte sich der Herzog Geld durch den Verkauf weiterer Soldaten an fremde Länder. Der Krieg Englands gegen seine abtrünnige Kolonie Amerika wurde für ihn zum Geschäft. Carl Eugen setzte sich über jede rechtliche und sittliche

Ordnung hinweg. Für seine Ausschweifungen verbrauchte er sinn- und zwecklos die Welt. Das Hoftheater in Ludwigsburg wurde Schauplatz prachtvoller Opernaufführungen. Über einen Besuch Stuttgarts im Jahr 1760 berichtet Giacomo Casanova:

Der Hof des Herzogs zu Württemberg war zu jener Zeit der glänzendste von ganz Europa. Die reichlichen Zuschüsse, die Frankreich dem Fürsten dafür bezahlte, daß es ein Heer von über zehntausend Mann zur Verfügung hatte, ließen ihn seine Ausgaben bestreiten. Der Herzog war prachtliebend. Große Ausgaben verursachten herrliche Gebäude, ein großartiger Marstall, eine glänzende Jägerei. Launen aller Art kosteten ihn viel Geld. Ungeheure Summen aber gab er für hohe Besoldung aus und noch größere für sein Theater. Er unterhielt eine Französische Komödie, eine Komische Oper, eine italienische «opera seria», und «opera buffa» und zwanzig italienische Tänzer, von denen jeder an einem der großen Theater Italiens Erster Tänzer gewesen war. Ein geschickter Maschinenmeister und die besten Dekorationsmaler arbeiteten um die Wette und mit großen Kosten, um die Zuschauer zum Glauben an Zauberei zu zwingen. Alle Tänzerinnen waren hübsch, und alle rühmten sich, den liebessüchtigen gnädigen Herrn zum mindesten einmal glücklich gemacht zu haben. Die Subsidien, die der König von Frankreich ihm törichterweise für zwecklose Dienste zahlte, reichten nicht aus für seine Verschwendung. Er überlastete seine Untertanen mit Steuern und Frondiensten so sehr, daß dieses geduldige Volk seine Forderungen nicht mehr erfüllen konnte.

Ich machte nach meiner Ankunft in Stuttgart Toilette und ging in die italienische «opera seria», die der Herzog in dem von ihm erbauten schönen Theater dem Publikum gratis geben ließ. Der Fürst saß im Parterre vor dem Orchester, umgeben von seinem glänzenden Hofe. Ich nahm in einer Loge des ersten Ranges Platz. Unbekannt mit den Gebräuchen gewisser kleiner deutscher Höfe, applaudierte ich bei einem Solo, das von einem Kastraten, dessen Namen ich vergessen habe, entzückend schön gesungen wurde. Einen Augenblick darauf trat ein Offizier in meine Loge, der mir sagte, da der Herrscher sich im Theater befinde, sei es nicht erlaubt zu applaudieren.

«Sehr wohl, Monsieur; ich werde wiederkommen, wenn der Herrscher nicht hier ist; denn wenn eine Arie mir gefällt, ist es mir unmöglich, meinen Beifall nicht auszudrücken.»

Nach dieser Antwort ließ ich meinen Wagen rufen, aber in dem

Augenblick, als ich einsteigen wollte, kam wieder derselbe Offizier
und sagte mir, der Herzog wünsche mit mir zu sprechen. Ich folgte
ihm ins Parterre.

«Sie sind zum ersten Mal in Stuttgart?»

«Ja, Durchlaucht.»

«Gedenken Sie sich länger hier aufzuhalten?»

«Fünf bis sechs Tage, wenn es Eure Durchlaucht mir erlauben
wollen.»

«Recht gern; bleiben Sie solange, wie es Ihnen gefällt, und es soll
Ihnen erlaubt sein, in die Hände zu klatschen, soviel Sie wollen.»

Bei der nächsten Arie applaudierte der Herzog, und alle mach-
ten es ihm nach. Ich aber blieb ganz still, denn ich fand den Ge-
sang sehr mittelmäßig. Nach dem Ballett ging der Herzog in die
Loge der Favoritin, küßte ihr die Hand und entfernte sich.

Wer der Kastrat war, dessen Gesang Casanova so sehr gefallen
hat, läßt sich nicht mehr feststellen. Die Oper, die Casanova hörte,
war wahrscheinlich der «Alessandro nell'Indie» des 1714 in Neapel geborenen Komponisten Niccolò Jommelli, der von 1753 bis
1769 Kapellmeister der Stuttgarter Oper war. Obwohl Jommelli
zur Generation der Porpora-Schüler gehörte (er war nur vier Jahre
jünger als Caffarelli), verkörperte er als Komponist bereits eine
neue Zeit. In seinen Opern überlagert gelegentlich das Orchester
die Singstimme. Hiller sagt, durchaus kritisch: *Man stößt biswei-*
len auf eine Arie, welche zu geräuschig oder zu gespielt in den In-
strumenten ist. Eine andere Äußerung Hillers über Jommelli charakterisiert eher Georg Friedrich Händel: *Er soll im Gesicht viel*
Ähnliches mit Händeln gehabt haben, aber viel gefälliger und höf-
licher als dieser gewesen seyn.

Die Komponisten an den Opern der deutschen Fürstenhäuser
kamen meistens aus Italien, die Kastraten immer. Die wenigen bekannten Kastraten mit deutschen Namen sind in Italien geboren
und haben dort auch ihre musikalische Ausbildung erhalten. Es
hat wohl nur selten Versuche gegeben, das Monopol der Italiener in
der Kastratenproduktion zu brechen. Der württembergische Herzog probierte es zumindest. In seiner «Geschichte der Hohen Carls-
Schule» von 1856 zitiert Heinrich Wagner aus einem älteren Thea-
ter-Lexikon: *Dem Herzog wurden aber doch die enormen Kosten*
nach und nach lästig, und es fiel ihm ein, daß er wohl auch aus
den Schwaben Künstler bilden könnte. Die Carlsschule verdankte
theilweise ihre Gründung dem Wunsche des Herzogs, aus den

nächsten Kreisen für seine Bühne rekrutieren zu können. Die Frei-
gebigkeit, die der Herzog gegen die Fremden bewiesen, übte er nun
nicht mehr. Die heimischen Künstler erhielten kargen Lohn und
mußten durch viele Arbeit die Kosten ihrer Erziehung wieder ersetzen.

Im August des Jahres 1772 hielt sich Charles Burney einige Tage
in Stuttgart auf. Er notierte in seinem Tagebuch: *Zu Solitude,
einem lieblichen Sommerpalaste, hat der Herzog von Württemberg
mit erstaunlichen Kosten eine Schule für die Künste oder ein Konservatorium errichtet zur Erziehung von 200 armer und verlasse-
ner Kinder, welche Fähigkeiten zeigen. Einer großen Anzahl von
diesen wird Musik gelehrt. Unter den Sängern in dieser Schule befinden sich schon 15 Kastraten, denn der Hof hat zwei Bologneser
Wundärzte in Diensten, welche diese Operation sehr gut verstehen
sollen. Eine Lieblingsbeschäftigung des Herzogs ist, diese Schule zu
besuchen und die Kinder essen und lernen zu sehen.*

Fünf Monate nach Burneys Stuttgart-Aufenthalt, im Januar
1773, mußte Vater Schiller seinen dreizehnjährigen Sohn Friedrich
auf Befehl des Herzogs auf die «Hohe Carls-Schule» bringen. Den
kleinen Friedrich erwartete dort ein streng diszipliniertes und
überwachtes Kasernenleben, mit Perücken- und Uniformzwang,
bewußter Absonderung von den Eltern, an deren Stelle der «Vater»
Herzog Carl Eugen trat. Wenn Burney in seinem Tagebuch keine
Märchen erzählt – und seine Aufzeichnungen sind, soweit sich das
heute kontrollieren läßt, mit großer Sorgfalt recherchiert – hat
Schiller also fünfzehn Kastraten zu Mitschülern gehabt. Seltsa-
merweise wird das in keiner Schiller-Biographie erwähnt, und auch
in Schilderungen der «Hohen Carls-Schule» ist von dieser «Ka-
straten-Klasse» und den beiden italienischen Chirurgen sonst nie
die Rede.

Schiller weiß, wovon er spricht, wenn er in den «Räubern» Karl
Moor bei seinem ersten Auftritt ausrufen läßt: *Pfui! pfui über das
schlappe Kastratenjahrhundert, zu nichts nütze, als die Taten der
Vorzeit wiederzukäuen und die Helden des Altertums mit Kom-
mentationen* ⟨erläuternden Abhandlungen⟩ *zu schinden und zu
verhunzen mit Trauerspielen. Die Kraft seiner Lenden ist versiegen
gegangen und nun muß Bierhefe den Menschen fortpflanzen helfen.*

Im Mai 1781 erscheint der Erstdruck der «Räuber», vier Monate
nach der ersten Aufführung von Mozarts «Idomeneo». Auch in Mo-

zarts Oper werden «Taten der Vorzeit wiedergekäut», Schiller aber
will die Gegenwart aufs Theater bringen, die Probleme der Jugend,
die an der Wirklichkeit ihrer Welt verzweifelt. Er will nicht, wie in
der italienischen Oper üblich, die «Helden des Altertums» bis zur
Unerträglichkeit in Edelmut ertränken. In den langen heftigen
Wortausbrüchen seiner «Räuber» zeichnet er Jugendliche seiner
Zeit, voller Unzufriedenheit und voller Tatendrang. Alle Verachtung über die schnöde Wirklichkeit trifft sich in der Verachtung der
«schlappen Kastraten», die für Schiller keine Fabelwesen waren,
sondern Mitschüler, Mitschüler allerdings, bei denen die Bierhefe
die wegoperierte männliche Kraft ersetzen mußte.

Als Schiller die «Räuber» schrieb (und Mozart den «Idomeneo»
komponierte), hörte man seit mehreren Jahren aus dem fernen
Amerika vom Freiheitskampf der Siedler gegen England. Wie kann
da ein junger Mann noch unbeteiligt bleiben, sich mit Göttern oder
Helden aus der griechischen und römischen Antike abgeben? So
fern ist Amerika nicht. Aus vielen deutschen Kleinstaaten, auch aus
Württemberg, sind Soldaten von ihren Landesherrn an England
verkauft und in die «Neue Welt» geschickt worden, gegen die Freiheit zu kämpfen. Schon im ersten Jahr des Krieges nennt Schubart
in seiner «Deutschen Chronik» eine Zahl von mindestens 50.000
Mann, die aus Deutschland nach Amerika verschifft wurden. 1775,
im selben Jahr, in dem Schiller Schubarts Erzählung «Zur Geschichte des menschlichen Herzens» die Anregung für sein Drama
von den «Räubern» entnimmt, schreibt Schubart in seiner «Deutschen Chronik»:

Wunden unseres Jahrhunderts:
Da kommt 'n Bürschlein daher im ellenhohen Tapon, riecht wie
'ne Apothek, ist hohl und dürr, daß er hallt; hat nach der neuesten
Parisermode weder Waden noch Hirn; macht 'n Hasenmäulchen
und spricht im Falsettenton...

Da sieht man geradezu eine der Karikaturen aus Farinellis Jugendzeit vor sich: Der Sänger ist lang und dürr, trägt elegante hohe
Schuhe und spitzt geziert seinen geschminkten Mund.

Nicht alle Menschen des 18. Jahrhunderts liegen den Kastraten
zu Füßen und lassen sich von ihren künstlichen und kunstvollen
Stimmen betören. 1783, ein Jahr nach der Uraufführung der «Räu-
ber», erscheint in Bologna in italienischer Sprache das Buch des
Spaniers Esteban Arteaga über die «italiänische Oper», das Padre
Martini, Farinellis Freund, angeregt hat. Im Jahr zuvor sind Fari-

nelli und Metastasio gestorben, im Jahr des Erscheinens stirbt Caffarelli. Bereits 1789 wird in Leipzig eine deutsche Übersetzung des Buches veröffentlicht. Obwohl Arteaga die Faszination der Kastratenstimme nicht leugnet, siegt bei ihm die «aufgeklärte» Vernunft über den nur genießenden Ästheten. Mit echt mittelmeerischer Suada spuckt er seinen ganzen der Vernunft geschuldeten Ekel aus, den die Kastration in ihm hervorruft. Und dieser Ekel überträgt sich auf die Sänger, auch wenn Arteaga erkennt, daß sie eigentlich die Opfer sind:

Wenn es meine Absicht wäre, die Stimme gegen Mißbräuche zu erheben, so würde ich die grausame und abscheuliche Gewohnheit vor den Richterstuhl der Menschheit, der Philosophie und der Religion fordern, welche man jetzt noch in Italien als ein Überbleibsel der asiatischen Wollust, als Denkmal unserer Laster, zur Schande der Natur beibehält. Ich rede hier davon, daß man so vielen weniger schuldigen als unglücklichen Wesen die Mannheit raubt, um dem Ohr mit dem eitlen und unnützen Vergnügen des Gesanges zu schmeicheln, um ein eigensinniges, müßiges und verdorbenes Publikum in seinem Überdruß zu befriedigen, um einen vorübergehenden und nichtswürdigen Beifall in eben den Theatern ertönen zu lassen, die ehedem mit der Absicht errichtet wurden, den Gemütern des Volks die wichtigsten moralischen Grundsätze einzuprägen, nun aber Schulen der Sittenlosigkeit geworden sind.

Ich schränke mich hier auf mein einziges Vorhaben ein, die Mißbräuche anzuzeigen, welche dadurch in der Oper eingeführt worden sind. Der erste und nicht geringste entsteht unmittelbar aus der Gestalt und physischen Beschaffenheit der Castraten selbst, wodurch sie zwar fähig sind, weibliche Charaktere, auf keine Weise aber männliche Personen mit Schicklichkeit vorzustellen. Was für ein Verhältnis findet das Auge des Zuschauers zwischen der majestätischen und kriegerischen Miene des Themistocles und den glatten Gesichtern dieser Geschöpfe, die weder Mann noch Weib sind? Zwischen der angenehmen und lebhaften Standhaftigkeit des Achill und ihrer matten Stellung? Unter dem entscheidenden und himmlischen Blick des Mars oder des Apollo, und ihrem weibischen und matten Augenverdrehen? Wie ist es möglich, daß ihre weichen und dünnen Stimmen andere Empfindungen einflößen können als Weichheit und Schwachheit? Wie hätte die Musik ihren alten Einfluß auf die Gemüter nicht verlieren sollen?

Warum tun wir das nämliche? Um eine Stimme zu hören, die um eine Oktave höher klingt als andere Stimmen! Man sagt, daß die Wilden am Flusse St. Lorenzo (am St. Lorenz-Strom in Nordamerika), bloß um eine Frucht herunter zu nehmen, den Baum mit der Wurzel herausreißen. Gebildete Italiäner! Seid ihr nicht würdig, an den Fluß St. Lorenzo verpflanzt zu werden!

Zur Unschicklichkeit der Gestalt gesellt sich als eine Folge ihr Mangel an Ausdruck in den Bewegungen, den sie fast mit allen anderen Sängern gemein haben. Bloß mit Gurgeleien beschäftigt, glauben sie, die Aktion und die Stellung des Körpers bedeute nichts, und man sollte fast sagen, sie wollen es bloß mit den Ohren der Zuschauer zu tun haben, ohne sich um ihre Augen im mindesten zu bekümmern.

Wer kann sich des Lachens enthalten, wenn man einen verzweiflungsvollen Timanth oder einen wütenden Farnaces mitten in der Verzweiflung oder im Zorn, wo die Seele Arme, Augen, Gesicht und fast alle Glieder in Zuckungen bringt, und fast aus ihrem Leibe herausspringen möchte, statt dessen unbeweglich, mit offenem Munde, mit gebogenem Arm, und mit der Hand auf der Brust mehrere Minuten hindurch stille stehen sieht, gleichsam als sollten die Kinder der Niobe vorgestellt werden, welche sich in der Galerie zu Florenz finden? Was sollen die vielen Verdrehungen des Halses, das Zucken der Achseln, die beständige Unruhe des Oberleibes bedeuten, wodurch sie denen ähnlich werden, welche Gift bekommen haben, oder von der Tarantel gestochen sind, zu einer Zeit, in welcher man einem Fürsten Gründe für seine Taten vorträgt, oder in welcher Regulus feierlich mit dem römischen Senat spricht? Und welcher Mensch von gesundem Verstande wird nicht darüber murren, wenn er zum Beispiel den Rhadamist, welcher vom Tiridates an einem Arm verwundet worden ist, noch immer fortfahren sieht, die ganze Handlung hindurch Bewegungen mit dem verwundeten Arm zu machen, als wenn er ganz unbeschädigt wäre? Wenn er den Arbaces, der sich eben anschickt, das Gift zu trinken, und mit dem Becher in der Hand eine Arie singt, den Becher hin und her werfen sieht, als wenn er schon leer wäre?

Und was macht unterdessen Vespasian, der Eponina zuhört? Seine kaiserliche Majestät vertreibt sich die Zeit gar artig, trägt eine zerstreuungsvolle Miene zur Schau, betrachtet die mannigfaltigen Zierraten und die vielfarbigen hohen Federn, welche sich in den Logen bewegen, nach der Reihe, grüßt im Parterre seine Bekannten und Freunde, lächelt mit dem Souffleur oder mit dem Or-

chester, besieht seinen Ring, klingelt mit der Uhrkette und macht andere vortreffliche Dinge von dieser Art mehr. Und alles dies, während die arme Eponina sich aus dem Atem singt, um ihn zum Mitleiden zu bewegen.

Die Ursache der erwähnten Fehler liegt zum Teil in der Natur des Gesanges selbst. Denn je mehr Aufmerksamkeit auf Triller und Passagen verwendet werden muß, desto weniger kann auf die schicklichen Gebärden verwendet werden. Großenteils liegt sie aber auch in der Unerfahrenheit der Sänger, in dem wenigen Fleiß, welchen sie auf diese Dinge verwenden, und in den unrichtigen Begriffen, die sie sich von ihrer Beschäftigung machen, indem sie nicht wissen oder nicht wissen wollen, daß die Seele der Empfindungen in der Art sie auszudrücken besteht und daß uns die schönste Poesie von der Welt nicht zu rühren vermag, wenn sie nicht mit einer schicklichen Aktion begleitet wird.

In der Bibliothek des Padre Martini, die Esteban Arteaga für die Arbeit an der «Geschichte der italiänischen Oper» zur Verfügung hatte, befand sich auch das sechzig Jahre alte Buch von Benedetto Marcello, das satirisch «die sichere und leichte Methode, italienische Opern nach modernem Gebrauch gut zu verfertigen und aufzuführen» vermittelte. Aber Arteaga hat nicht einfach nur bei Marcello abgeschrieben. Marcellos Kritik richtet sich vor allem gegen die Unnatürlichkeit auf der Opernbühne. Die Künstlichkeit des Gesangs führt zu einer Künstlichkeit des Dargestellten, die jedem, der «Realismus» zur Maxime der Kunst macht, lächerlich vorkommen muß. Die Künstlichkeit des Gesangsstils erstickt die Handlung des musikalischen Dramas, erstickt das Theater durch Virtuosität. Ausgangspunkt von Arteagas Kritik ist aber nicht die Unnatürlichkeit des Spiels, sondern die Unnatürlichkeit, die Widernatürlichkeit, die zur Produktion dieser Stimmen führt. Im Vordergrund steht die Kritik an der Operation, die nicht nur entehrend für den kleinen Buben ist, der, ohne es schon begreifen zu können, seiner Männlichkeit beraubt wird. Entehrend ist sie für die ganze Menschheit, weil sie die Menschlichkeit negiert.

Die Gedanken von Jean-Jacques Rousseau bestimmen das Denken der «fortschrittlichen» Intellektuellen des ausgehenden 18. Jahrhunderts, zu denen Arteaga sich sicherlich gezählt hat. Rousseaus Schriften, vor allem sein 1767 erschienenes «Wörterbuch der Musik», standen bestimmt auch in der Bibliothek des Padre Martini. Unter dem Stichwort «Castrato» schreibt Rousseau:

In Italien gibt es barbarische Väter, die die Natur dem Profit zum Opfer bringen und ihre Kinder dieser Operation ausliefern – nur zum Vergnügen wollüstiger und grausamer Leute, die sich nicht entblöden, immer wieder nach dem Gesang jener Unglücklichen zu verlangen. Überlassen wir den ehrenwerten Frauen der großen Städte die unterdrückten Lacher und die charmanten Aufforderungen, deren ewiger Gegenstand sie sind; aber laßt, wo immer es geht, die Stimme der Entrüstung und der Menschlichkeit erschallen, die sich laut erheben möge gegen diesen schändlichen Brauch.

Im übrigen wird der Vorteil einer schönen Stimme bei den Kastraten durch viele andere Verluste aufgehoben. Diese Menschen, die so schön, aber ohne Wärme und Leidenschaft singen, sind auf der Bühne die langweiligsten Darsteller der Welt; sie verlieren ihre Stimme sehr früh und bekommen einen abstoßenden Spitzbauch. Sie sprechen und artikulieren schlechter als normale Menschen, und es gibt sogar Buchstaben, wie das «r», die sie überhaupt nicht aussprechen können.

Auf den ersten Blick möchte man meinen, da sei der Moralist mit dem Wissenschaftler durchgegangen, Rousseau habe in seinem Lexikonartikel nur alle Vorurteile aufgezählt, die über die Kastraten zu seiner Zeit im Umlauf waren. Heute ist Rousseau fast nur noch als Philosoph bekannt, er selbst verstand sich aber auch als Musiker und Komponist. Er hat vielleicht sogar seine musikalischen Arbeiten ernster genommen als seine philosophischen. Den wirklich großen Kastratengesang hat er wohl nicht gekannt. Zwar lebte er 1743/44 als Sekretär des französischen Botschafters längere Zeit in Venedig, und als Mitglied der Gesandtschaft hatte er einen festen Logenplatz in allen venezianischen Opernhäusern. Er wurde in Venedig sogar zum Opernenthusiasten, aber in den beiden Jahren seines Aufenthalts in der Lagunenstadt ist keiner der berühmten Kastraten an einem venezianischen Opernhaus aufgetreten (der sensationelle gemeinsame Auftritt von Farinelli und Caffarelli lag erst zehn Jahre zurück – so schnell konnte eine Stadt von der Spitzenklasse zum Mittelmaß herabsinken!). Nur einmal hat Rousseau Carestini gehört (und einmal die Tesi).

Schon in dieser Zeit gab es kritische Bemerkungen zu den Kastraten auf der Opernbühne, die sich – das Rousseausche «Zurück zur Natur» war noch nicht formuliert – an der Künstlichkeit der Stimme im Verhältnis zum dargestellten Helden entzündeten. Schon 1737 schrieb Scheibe in seinem «Critischen Musicus»:

Nunmehro wollen wir erwarten, wer sich zuerst auf der Schaubühne zeigen wird. Die Symphonie (Ouverture) geht zu Ende, der Vorhang wird aufgezogen. Man höret eine weibische, doch helle Stimme, welche von einem Körper gesprochen wird, dessen Kleidung uns das Bild eines Helden darstellen soll. Lasset uns einmal in dem Buche nachsehen, ob dieses ein verkleidetes Frauenzimmer, eine Amazonin, oder eine Person aus der verkehrten Welt ist? Nein, keines von allen diesen: es ist der große Alexander. Wie? der große Alexander? Seit welcher Zeit hat man diesen gewaltigen Weltbezwinger in einen Unvermögenden, oder wohl gar in ein Weib verwandelt?

Doch wer ist denn dieser, der anitzo mit einer matten Altstimme, auf den Knien um die Gunst seiner holden Göttin so beweglich, so weibisch und so niederträchtig seufzet? Ist es nicht einer von den Hofpagen des großen Alexanders? Nein, keineswegs. Es ist der stolze Hephästion, einer der vornehmsten Generale dieses berühmten Königes. Es ist Hephästion, der durch seine Klugheit und Tapferkeit alles, was sich ihm entgegen setzte, zu Boden trat.

Wir werden aber doch einmal einen ähnlichen Charakter finden. Lasset uns nachsehen, wer dieser ist, der sich anitzo in einer kreischenden Sopranstimme über die Grausamkeit des Glückes und über die Unbarmherzigkeit einer vermählten Dame beklaget? Unfehlbar wird dieses ein wollüstiger Schmarutzer sein? Weit gefehlet. Es ist der tugendhafte Lisimachus, der bloß mit seinen Händen und ohne die geringsten Waffen einen Löwen überwand.

Das sind nun die Vorzüge der italienischen Opern, die wir anitzo in Deutschland eingeführet und angenommen haben, und wozu wir sogar aus Italien selbst Sängerinnen und Castraten mit den größten Unkosten kommen lassen. Wie lächerlich ist es nicht, die Könige, die Helden, die Staatsleute, und überhaupt alle männliche Personen durch Frauenzimmer, durch Unvermögende, und folglich durch solche Leute, die schon von Natur dem Charakter widersprechen, vorzustellen? Wie unvollkommen und ekelhaft ist es nicht, wenn wir in einem so großen und starken Stücke nichts anders, als zarte und weibische Stimmen vernehmen?

Dreißig Jahre später, im Jahr nach dem Erscheinen von Rousseaus Lexikonartikel über die Kastraten, bringt Hiller in seiner Musikzeitschrift «Wöchentliche Nachrichten» einen Korrespondentenbericht «Von der Beschaffenheit der Musik in Italien», in dem es heißt: *Übrigens habe ich an demjenigen Vergnügen keinen*

Theil nehmen können, welches die Italiäner an diesen weibischen Stimmen finden. Die Körper, aus denen sie kommen, stimmen mit ihnen so wenig überein, die Glieder dieser Körper haben so wenig Verhältniß mit einander, sie haben so plumpe und ungeschickte Bewegungen auf dem Theater, daß ich dem bewunderungswürdigsten Musico allemal eine gemeine Stimme in einem gewöhnlichen Körper vorgezogen haben würde. Ihre Töne haben in meinem Herzen niemals diejenigen Empfindungen erwecket, welche die Stimme eines Frauenzimmers oder eines Knaben hervorbringet.

Carl Friedrich Cramer schließlich bespricht in seinem «Magazin der Musik» im April 1783 das 1772 anonym veröffentlichte Buch «Le Brigandage de la Musique Italienne – Der Raub der italienischen Musik» und zitiert daraus: *Sobald man in Italien darauf verfiel, die Music zusammengesetzter, wohlklingender, brillanter machen zu wollen, so ward das Gebäude derselben, anstatt sich mehr zu erheben, umgestoßen. Man fügte die Passagien, die Rouladen hinzu, man verfolgte die chromatischen Gänge, man zerschnitt die ausgehaltneren Noten in mehrere Theile, und mußte folglich auch anfangen, an den Menschen zu schneiden. Künstliches Singen trat also an die Stelle des natürlichen. Das hieß freylich die Music in ihrer Quelle verderben, und die Vollkommenheit durch Mangel erreichen wollen. Die Italiener indeß nur allein suchten auf Kosten ihrer Nachkommenschaft die Music empor zu bringen. Alle anderen Nationen wollten lieber Menschen als Sänger haben. Die Spanier, die Portugiesen, die Franzosen waren der Meinung lieber die untern Theile ihres Leibes, die sie für das größte Gut im menschlichen Leben ansehen, behalten zu wollen, als oben in der Kehle zu gewinnen. Die große Schlachtbank wurde also in den Ländern des Papstes errichtet; der ohnehin aus der Bevölkerung niemals viel gemacht hat. Seine Monarchie war bereits mit den celibatairischen Verschnittenen angefüllt, die von Standes wegen das Gelübde gethan, keine Männer zu seyn, das sie demohngeachtet oft genug brachen. Die Wundärzte des Kirchenstaats wurden daher nun wahre Henkersknechte, und zwar um so viel grausamere, weil sie mit einem einzigen Schnitte ganze Menschengeschlechter vernichteten. Die Anatomie lief gewissermaßen der Chirurgie zuvor; man secirte die Menschen noch ehe sie Leichnam waren.*

Und einige Seiten später: *Noch einmal muß ich auf die Tyrannen dieser Music, die Verschnittenen zurückkommen, auf diese Mißgeburten der Menschheit, die gleichwohl mit einer despotischen*

Gewalt, die Herrschaft der Bühne an sich gerissen haben. Die Componisten sind ihren Stimmen unterworfen, und hängen gänzlich von ihrem Eigensinne ab; sie singen immer wie sie wollen, und fast nie, wie sie sollten. Jeder hat seine Methode, und diese Methode ist gemeiniglich ein Verderbniß der Kunst. Die Töne in der Höhe entscheiden bey ihnen über das Talent, und es kommt immer bey ihnen darauf an, wer am weitesten in diesen spitzigen Gipfeln herumklettern kann.

Dazu gesellt sich denn auch noch der Umstand, daß diese verstümmelten Wesen auf dem Theater eine sehr üble Figur machen, und ihre unregelmässige Gestalt ihnen ein linkes Ansehen giebt, das ihre ganze Rolle verdirbt. Kann man sich wohl jemals mit dem Gedanken versöhnen, daß ein Held, ein Alexander auf der Bühne in so einer klaren Mädchenstimme singt? Ein Mann muß durch einen Mann vorgestellt werden; eine Frau durch eine Frau, und beide nicht durch ein Wesen, welches weder Mann noch Frau ist. – Gleichwohl sind diese eben des Umstandes wegen, der sie verächtlich macht, stolz und hochmüthig; und haben bey allem diesem Uebermuthe doch eine kleine und kriechende Seele.

Rousseaus Vorbehalte gegenüber den Kastraten finden wir auch in Schubarts «Ideen zu einer Ästhetik der Tonkunst», die er 1784 während seiner Einzelhaft auf dem Hohenasperg durch eine Wandritze einem Mitgefangenen diktiert hat (Schubart hatte in seiner Zelle weder Tinte noch Papier, denn Herzog Carl Eugen von Württemberg, der Schubart ohne Gerichtsverhandlung mehrere Jahre in Haft hielt, hatte ihm das Schreiben verboten):

Die Welschen kamen zuerst auf den schändlichen Gedanken, die Menschenstimme durch Entmannung fortzupflanzen. Selbst durch ein päpstliches Breve wurden die Kastrationen autorisiert, und dieses Breve hat noch dazu die abscheuliche Klausel: «Ad honorem Dei». Wenn Gott zu seiner Verherlichung Kastrationen verlangte, so würden wir wohl ausdrückliche Befehle in seinem Worte dazu finden; allein Gott und seine herrlich eingerichtete Natur hassen alle Verstümmelungen; nichts beweist dies mehr als die Kastraten selber, die bei aller Kunst, zu welcher sie sich unleugbar aufschwingen, dennoch heulen und krähen. Gott und die Natur gebieten, daß man mit Frauenzimmern Diskant (Sopran) und Alt, mit Mannsleuten aber Tenor und Baß besetzen soll. Übertritt man dies große Gesetz, so rächt sich Mutter Natur durch Mißklang und widrigen Eindruck. Heil unserm Vaterlande, daß wir zwar Kastraten belohnen,

aber keine machen! Wer, wie die Deutschen, die Kunst versteht,
Frauenzimmer gehörig zu bilden, bedarf der Eunuchen nicht.

Charles Burney geht in seiner Musikgeschichte auf einige der
Vorurteile ein, die sich in der «wissenschaftlichen» Literatur seiner
Zeit über die Kastraten festgesetzt hatten:

Ich will versuchen, einige Vorurteile zu beseitigen, und zwar so-
wohl um der Wahrheit als auch um der Menschlichkeit willen.
Denn sie werfen eine unverdiente Verachtung auf diese menschli-
chen Wesen, die auf keinen Fall für die körperliche Unvollkom-
menheit verantwortlich gemacht werden können, die für ihre Ar-
beit notwendig ist. Sie verdienen vielmehr unser größtmögliches
Mitleid und unsere Nachsicht.

Obwohl ich die Täter des schrecklichen Verbrechens wider die
Natur verabscheue und die Eltern verachte, die die liebende Sorge,
die jede andere Kreatur für ihre Nachkommen hat, opfern, nur um
ihrer Habsucht und um ihres Ehrgeizes willen, kann ich doch der
allgemeinen Behauptung nicht zustimmen, daß die «Evirati», die
Entmannten, sämtlich Feiglinge sind und keinerlei Veranlagung
zur Literatur oder sonst einer ernsthaften Wissenschaft haben und
daß selbst ihre Stimme, für deren Verbesserung sie so unmenschlich
behandelt wurden, der Stimme einer Frau oder eines Knaben un-
terlegen ist.

Rousseaus Äußerungen über die Darstellung und die Leidenschaft des Gesangs sind ästhetische Urteile, die vom persönlichen
Geschmack abhängen und sich deshalb weder beweisen noch wi-
derlegen lassen. Seine Aussage über den frühen Verlust der Stimme
dagegen ist objektiv falsch, sie wird durch die langen Karrieren vieler großer Kastraten widerlegt. Es fällt auch auf, daß die meisten
Kastraten, jedenfalls die, deren Lebenslauf wir kennen, sehr alt geworden sind, achtzig Jahre waren keine Seltenheit. Wir könnten
daraus den Schluß ziehen, daß die Operation sehr «gesund» gewesen sein muß. Aber die gegenüber unserer Zeit angeblich so entschieden niedrigere Lebenserwartung in vergangenen Jahrhunderten ist ja nur ein Märchen der Statistik. Da die Kindersterblichkeit
größer war als heute, weil viele Neugeborene starben und auch
Kinderkrankheiten oft zum Tod führten, war natürlich die «durch-
schnittliche» Lebenserwartung damals tatsächlich geringer. Hatte
jedoch ein Mann die Klippe der Kinderkrankheiten überstanden,
so hatte er auch gute Chancen, ein hohes Alter zu erreichen, wenn
er nicht Opfer einer Seuche oder Epidemie wurde.

Die im ersten Moment absurd klingende Behauptung Rousseaus, die Kastraten könnten kein «r» aussprechen, ist dagegen nicht völlig unsinnig. Tatsächlich scheint die veränderte Form ihres Kehlkopfes die Aussprache des italienischen «r» erschwert zu haben.

30

Friedrich der Große

Für Friedrich II., König von Preußen, war alles Französische der Gipfel der Zivilisation. Nur in der Oper hielt er es mit dem Italienischen – und mit den Kastraten. Als Sechzehnjähriger hatte er 1728 bei einem Staatsbesuch in Dresden seine erste Oper gehört. 1735 engagierte der Kronprinz den Sänger und Komponisten Carl Heinrich Graun und andere Musiker an seinen Hof in Schloß Rheinsberg nördlich von Berlin.

1740 besteigt der Achtundzwanzigjährige den Thron. Sofort befiehlt er in Berlin den Bau eines prachtvollen Opernhauses. Georg Wenzeslaus von Knobelsdorff, der später auch Friedrichs Sommerschloß Sanssouci in Potsdam erbauen wird, hat bereits in Rheinsberg die Pläne entworfen. Johann Adam Hiller schreibt in seiner 1784 erschienenen Biographie Grauns: *Noch im Jahre 1740 wurde Graun vom Könige nach Italien gesandt, um die zu einer vollständigen Oper nöthigen Sänger und Sängerinnen in königliche Dienste zu nehmen. Er hielt sich in Italien beynahe ein Jahr auf, besuchte Venedig, Bologna, Florenz, Rom und Neapel, und richtete seinen Auftrag zum Vergnügen des Königs aus.* Schon 1741 wurde zum Karneval in einem provisorisch im Berliner Schloß hergerichteten Theatersaal die erste italienische Oper gespielt, «Rodelinde» von Graun.

In Venedig wird der preußische Minister-Resident Cataneo beauftragt, nach den besten Sängern für den preußischen Hof Ausschau zu halten. Im Mai 1742 schreibt Cataneo an den König, ein junger Schüler Porporas – Felice Salimbeni – habe eine Stimme und ein Talent, das aus ihm einen neuen Farinelli machen könne. Farinelli war zu dieser Zeit seit etwa vier Jahren der Privatsänger des spanischen Königs. Carestini (der als Händels Erster Kastrat Rivale Farinellis in London gewesen war) könne leider noch keinen Vertrag für die Eröffnung des Berliner Opernhauses abschließen, da er für den Herbst in Mailand gebunden sei (als ein-

einhalb Jahre später Carestini für Berlin zur Verfügung steht, schreibt Friedrich auf den entsprechenden Brief Cataneos: *Die Conditiones seynd mir zu onereux und zu kostbahr als dass ich darauf entriren könnte.*) Im Juni 1742 meldet der Kaufmann und Agent Sigismund Streit aus Venedig, er bemühe sich um Salimbeni und Gizziello. Da aber beide Engagements an Theatern im Königreich Sardinien hätten, empfehle er, Friedrich solle einen Brief an den König von Sardinien schreiben und um Freistellung der Kastraten für die Opernhauseröffnung in Berlin bitten. Der preußische «Cabinetts-Kurier» Pierino Spary wird nach Venedig geschickt mit dem Auftrag, sich vor Ort um das Engagement von Sängern zu kümmern. Auch er empfiehlt, Salimbeni zu engagieren. Außerdem macht er den Vorschlag, ganz junge Kastraten zu verpflichten, die auf Kosten des Königs in Italien ausgebildet werden könnten und ihm dann «für immer» zur Verfügung stünden: *Majestät, es gibt hier auch einen Sohn armer Eltern von sechs Jahren, der kastriert ist, einen anderen von vier Jahren und einen 11jährigen.* Friedrich der Große verfügt: *Soll nur die Leute annehmen und Kontrakt machen.* Drei Wochen später meldet Spary Vollzug, seinem italienisch abgefaßten Brief fügt er eine eigene deutsche Übersetzung bei: *ich abe ingagirt 2 gute Castrat. er at di stimm guti, clar, er ist iung. alle 2 Castrat. eine uill aben tausen taler fon trei iar, uill pleiben ander mit 2 tausen taler...*

Obwohl noch kein wirklich erstklassiger Sänger für Berlin fest engagiert ist, schreibt Friedrich am 18. Juli an seinen Freund, den Schriftsteller und Diplomaten Francesco Algarotti: *Melodischer Schwan, das Theater wird im November fertig sein. Ich erwarte alle guten Sänger, die es in Italien gibt. Ich werde die bestsingenden Kapaune von Deutschland haben.*

Am 7. Dezember 1742 wurde das neue Berliner Opernhaus mit der Graun-Oper «Cleopatra e Cesare» festlich eröffnet, obwohl es noch eher einer Baustelle glich. Von den großen italienischen Sängern hatte sich keiner in der kurzen Zeit für Berlin gewinnen lassen, das Ensemble der Eröffnungsoper war eher zweitklassig. Die Titelrolle des Caesar sang ein Stefano Leonardi, genannt Fanesino, von dem sonst nichts zu berichten ist. Dafür kostete allein die Beleuchtung des Theaters pro Abend 2000 Taler. Die Oper in Berlin bezahlte Friedrich der Große vollständig aus seiner Privatschatulle, der Eintritt für das Publikum war frei. Die Opernsaison dauerte von Dezember bis Januar und es wurde nur montags und freitags gespielt.

Ein Jahr später ist Felice Salimbeni der Erste Sänger in Berlin. Salimbeni ist so alt wie der König, bis 1750 bleibt er am preußischen Hof. Hiller schreibt in seiner 1784 veröffentlichten Salimbeni-Biographie (er schreibt «Salinbeni»): *Das Andenken berühmter Sänger zu erhalten, wenn man auch wenig von ihren Lebensumständen zu berichten weiß, scheint um so viel nöthiger, da die Singkunst, in ihrem ganzen Umfange betrachtet, jetzo in Italien selbst sehr abnimmt, und gute Sänger daselbst immer seltener werden*

Felice Salinbeni ist ohngefähr um das Jahr 1712 in Mayland geboren worden. Daß seine Eltern weder von großem Stande noch reich gewesen seyn müssen, kann man daraus abnehmen, daß sie ihn, zu seinem Fortkommen in der Welt, einer beständig hohen Stimme fähig machen ließen. ⟨So zurückhaltend kann man ausdrücken, daß Eltern ihre Kinder kastrieren lassen, weil sie dadurch reich zu werden hoffen.⟩

Im Jahre 1731 wurde zu Rom die Oper «Cajo Fabrizio», von Hassens Composition, mit besonders großem Beyfalle aufgeführt. Salinbeni erschien dabey zum erstenmale auf der Singbühne, und hatte die Rolle der Bircenna auszuführen. Er gefiel in dieser weiblichen Rolle um soviel mehr, da in seinem Gesichte und in seiner ganzen Figur viel Feines und Frauenzimmern Aehnliches war.

Ohngefähr im Jahre 1733 kam Salinbeni nach Wien in kaiserliche Dienste. Die Rollen, die Salinbeni in den Opern machte, sind mit Fleiß vom Metastasio für seine Person und seine Fähigkeiten in der Action eingerichtet worden.

Metastasio hat Salimbeni vielleicht schon bei dem gemeinsamen Lehrer Porpora in Neapel kennengelernt. Auf den fünfunddreißigjährigen Operndichter macht der einundzwanzigjährige Sänger 1733 in Wien einen solchen Eindruck, daß er in den Text der Oper «L'Olimpiade», mit der Salimbeni in Wien debutierte, eine Beschreibung des Kastraten eingebaut hat. *In der Oper «Olimpiade» gegen das Ende der 4ten Scene des ersten Akts findet man sogar, in der Beschreibung, welche Argene von ihrem Liebhaber Megacle macht, die Person des Salinbeni sehr getreu abgebildet. Argene sagt daselbst: «Ich habe sie (seine Gestalt) immer vor Augen. Er hatte blondes Haar, schwarze Augenbrauen, schöne rothe Lippen, aber etwas erhaben und vielleicht ein wenig zuviel; sein Blick war bescheiden und sanft; er erröthete oft, süß war seine Sprache...»*

Im Jahre 1737 nahm Salinbeni von Wien wieder seinen Ab-

schied, und kehrte nach Italien zurück, weil ihm die Compositionen des kaiserlichen Vice-Kapellmeisters Caldara zu altväterisch und nicht brillant genug vorkamen, und weil ihn auch das öftere Singen in der Kirche zu sehr angriff.

In Wien scheint sich also schon Salimbenis Krankheit bemerkbar gemacht zu haben, an der er fünfzehn Jahre später starb. Kurz nach seiner Rückkehr nach Italien muß er die junge Sängerin getroffen haben, die er als «Bellino» ausbildete und die seinem Charme nicht weniger verfiel als der Dichter in Wien und später Friedrich der Große. In dieser Zeit hört ihn auch de Brosses in Mailand in den Vorstellungen, in denen sich die Claqueure Salimbenis und der Primadonna gegenseitig befehden.

Im Jahre 1743 wurde er in königl. Preußische Dienste berufen, und kam im December dieses Jahres in Berlin an. Die Rolle, worin er sich zuerst auf dem Berliner Theater zeigte, war Caesar in der Metastasischen Oper «Catone in Utica». Der Beyfall, welchen er vom Könige sowohl, als vom ganzen Publiko erhielt, war außerordentlich, und blieb auch eben so, die ganze Zeit seines Aufenthalts in Berlin. Doch betraf dieser Beyfall immer mehr sein Singen, als seine Action; welche freylich sehr mittelmäßig war. Er hat in Berlin überhaupt in vierzehn Graunischen Opern gesungen, und in denselben immer die männliche Hauptrolle gehabt. In den meisten schrieb Graun eine Adagioarie für ihn, die er auch allemal, als ein Meister in dieser Art, ausführte.

Salimbeni glänzte nicht, wie die meisten Kastraten seiner Zeit, durch bloße Virtuosität. Seine Gesangskunst war nicht von der sportlich-zirzensischen Art, er wollte das Publikum nicht mit Effekten überwältigen, sondern verstand es, seine Zuhörer innerlich zu bewegen. Außerdem beherrschte er *das Kunststück, das Atemholen so zu verstecken, daß man es unter zehnmalen kaum einmal gewahr wurde.* Für Hiller gehört Salimbeni zu den Größten des Gesanges: *Er war unstreitig einer der größten Sänger, welche Italien hervorgebracht hat. Zwar war er nicht in allen Singarten ohne Unterschied gleich stark; aber in denen, wozu ihn sein Genie trieb, desto vortrefflicher. Seine Stimme war sehr rein und angenehm; zwar nicht eine der stärksten, aber auch nicht schwach, sondern durchdringend ohne Kreischen, und dabey so ziemlich voll. Auch auf großen Theatern, dergleichen die zu Berlin und Dresden sind, konnte man ihn überall ungemein deutlich hören und verstehen.* ⟨Hillers Anmerkungen müssen wir immer auch so lesen: andere

Felice Salimbeni

Kostümfigurine der Berliner Hofoper

Kastraten hatten diese Vorzüge nicht; ihre Stimmen waren schwach oder kreischend oder drangen im Theater nicht durch). *Seine Intonation war überaus rein. Schwerlich hat ein Sänger das Vermögen seiner Stimme sowohl, als auch einige kleine Schwächen derselben besser gekannt, und die letztern besser vor den Zuhörern zu verbergen gewußt, als Salinbeni. Nie unternahm er im Singen etwas, wovon er nicht vorher gewiß wußte, daß es ihm gelingen würde. Das Adagio war hauptsächlich sein Feld; dieses sang er ungemein rührend. Mehr als einmal hat er dadurch den Zuhörern Thränen ausgepreßt. An schönen und wohl erfundenen willkührlichen Veränderungen war er sehr fruchtbar.*

Im übrigen war seine ganze Singart ungemein nett und sauber.

Die kurzen Triller, die Doppelschläge, und die sogenannten Abzüge nach Vorschlägen machte er überaus gut. Seine langen Triller waren zwar auch nicht schlecht; aber doch ein wenig zu geschwind, und nicht völlig scharf genug. Die Ursache davon lag gewiß nicht am Mangel des Fleißes, sondern, wahrscheinlicher Weise, in der allzugroßen Biegsamkeit der Stimmsaiten in der Luftröhre. Sein Tragen der Stimme, und sein Aushalten der Töne war unverbesserlich schön. Er wußte, bey einer so genannten «messa di voce», die Stimme, mit großer Reinigkeit und Glätte, von der äußersten Schwäche bis zu einem solchen Grade der Stärke zu treiben, daß man einen vortrefflichen starken Trompetenton zu hören glaubte, und daß manchmal den Zuhörern seinethalben darüber bange wurde. Je seltener er aber dergleichen lange in der Höhe ausgehaltene Töne hören ließ, desto mehr Verwunderung erregten sie.

In der Action, besonders wenn sie sehr feurig und heftig seyn sollte, bestand seine Stärke eben nicht. Deswegen waren auch die «Arie parlanti» oder Actionsarien, ihm nicht sonderlich vortheilhaft. Bey andern Arien, besonders bey einem Adagio, fiel es dem Zuhörer kaum einmal ein, daß Salinbeni nicht so steif und unbeweglich, ohne Hand oder Fuß zu regen, auf einer Stelle stehen bleiben sollte, so sehr ward man durch sein Singen bezaubert.

An einem feinen Verstande und einer guten Lebensart im gesellschaftlichen Umgange fehlte es ihm keineswegs. ⟨Hier meint Hiller wohl auch, daß das bei Starsängern eher die Ausnahme war.⟩ *Wenn er nicht höhnisch und unbilliger Weise beleidigt wurde, war er sehr bescheiden und verträglich, so daß, wenn es Streitigkeiten gab, er nie der Urheber davon war.* ⟨Und hier, daß Kastraten häufig «höhnisch und unbilliger Weise beleidigt» wurden.⟩ *Da er seyner eigenen Verdienste gewiß seyn konnte: so ward es ihm gar nicht schwer auch an andern Sängern Verdienste zu erkennen. Er sprach von dem Gesange anderer so wenig übel, daß er vielmehr in billigen und wahren Dingen, ihre Vertheidigung manchmal ungebeten übernahm. Wenn doch ein Theil unserer heutigen sogenannten Sänger und Sängerinnen einen Salinbeni sowohl in seiner Kunst, als in seiner Bescheidenheit nachzuahmen suchen wollten.* Diesen Stoßseufzer tut der sechsundfünfzigjährige Hiller 1784.

Im Dezember 1749 singt Salimbeni in der Uraufführung von Grauns Oper «Coriolan». Das Libretto hat Friedrich der Große selbst entworfen, es wurde, wie es in der Sprache der Zeit hieß, *nach hoher Vorschrift* vom Hofpoeten Leopoldo de Villati *ausge-*

arbeitet. Die Oper hat beim Publikum nicht den gewünschten Erfolg. Der König reagiert empfindlich und sucht nach einem Schuldigen. Er macht öffentlich seinen Ersten Sänger für den Mißerfolg verantwortlich. Es ist nicht ganz sicher, ob Salimbeni deswegen Berlin verließ und ein Engagement in Dresden annahm. Die Nachrichten sind widersprüchlich. Einerseits wird erzählt, Salimbeni habe auf die Vorhaltungen des Königs hin sofort um seinen Abschied gebeten, ihn aber nicht erhalten. Andererseits heißt es, der Kastrat habe bei seinem letzten Auftritt in Berlin im März 1750 besonders schön gesungen, um dem König zu zeigen, was er an ihm verliere, und ihn zur Zurücknahme seiner Entlassung zu bewegen. Wenn es so war, hat er damit aber nur das Gegenteil erreicht, denn der König nahm es übel, daß das Publikum Salimbeni demonstrativ zujubelte. Hiller erzählt nur: *Im Herbste des Jahres 1750 nahm er, zum großen Mißvergnügen der Liebhaber und Kenner des schönen Gesanges, wieder seinen Abschied aus den königlichen Preußischen Diensten, und ging nach Dresden.*

Hillers Buch ist in Berlin erschienen, und im Erscheinungsjahr 1784 lebte der «alte Fritz» noch. Hiller konnte deshalb in seinem Buch keine Einzelheiten über das Zerwürfnis zwischen dem König und seinem langjährigen Ersten Sänger mitteilen. Was wirklich geschehen ist, wissen wir nicht. Salimbeni soll am Tag seiner Abreise von Berlin gesagt haben: «Ich will in Dresden singen, daß man mich bis Berlin hören soll!» Auch das ist wohl nur eine schöne Erfindung.

Vielleicht ist Salimbeni im September 1750 nur deshalb nach Dresden gefahren, um dort einen italienischen Arzt zu konsultieren, denn Salimbeni litt bereits seit einiger Zeit an einer Lungenkrankheit. Am Dresdner Hof war als «Leibmedicus» der Italiener Filippo de Violante angestellt. Italienische Ärzte waren im 18. Jahrhundert nicht nur als Chirurgen für die Kastration berühmt und begehrt. Sie galten allgemein als die besten Europas, und ein reicher italienischer Kastrat ließ sich bei einer ernsthaften Erkrankung natürlich nicht von einem Berliner oder Potsdamer Provinz-Medikus behandeln.

Offenbar ist Salimbeni bei diesem wohl eher privaten Dresden-Besuch von der Oper der sächsischen Hauptstadt abgeworben worden, und das Zerwürfnis mit dem preußischen König mag den Ausschlag gegeben haben, daß er auf das Angebot einging. Zum 1. Januar 1751 wird er mit 4000 Talern Gehalt angestellt. Sein ehemaliger Lehrer Nicola Porpora lebt zu dieser Zeit in Dresden und unterrichtet die Kurprinzessin Maria Antonia Walpurgis. Am 7. Januar singt Salimbeni zum erstenmal in einer Wiederaufnahme von Hasses Oper «Leucippo». Die fünf Arien seiner Rolle werden von Hasse neu komponiert, auf die speziellen Fähigkeiten des Sängers zugeschnitten, *und Salinbeni sang sie so rührend und meisterhaft,* erzählt Hiller, *daß man, bis jetzt noch, sich mit Entzücken des Salinbenischen Parto in Dresden erinnert.*

Das letzte, was Salinbeni in Dresden sang, war die Parthie des Teotimo in dem Oratorio «I Pellegrini» ⟨von Hasse⟩, *welches am Charfreytage Abends in der Kirche aufgeführt wurde. Man bemerkte bey dieser Gelegenheit gar sehr den Abgang der Kräfte, und der kränklichen Leibesumstände, die den Salinbeni nöthigten, leider zu früh die musikalische Laufbahn, die er mit so vielem Ruhm bisher betreten hatte, zu verlassen. Er verließ Dresden bald nach Ostern, um nach Italien zu gehen.*

Was den Zeitpunkt von Salimbenis Abreise aus Dresden angeht, ist Hiller sehr unpräzise. In einem Dekret des sächsischen Hofes vom 9. August 1751 wird Salimbeni Urlaub für eine Italienreise gewährt, damit er seine Krankheit auskurieren kann. Gleichzeitig werden ihm als «erstem Sänger und Musikus Unserer Kapelle» 4000 Taler Pension auf Lebenszeit zugesichert. Diese Zusicherung war offenbar nicht davon abhängig, daß Salimbeni nach Dresden zurückkehrte. So großzügig gaben sich manche Fürstenhäuser damals. Wir dürfen nicht vergessen, daß Salimbeni nicht einmal ein Jahr in sächsischen Diensten gestanden hat.

Diesmal kam diese Großzügigkeit die Staatskasse nicht teuer zu stehen. Hiller fährt in seiner Salimbeni-Biographie fort: *Er konnte aber sein Vaterland nicht erreichen, sondern starb, im Sommer des Jahres 1751, nach einer langen und schweren Krankheit, nicht weit von Laubach in Krain. Die Ursache seiner Krankheit war, aller Wahrscheinlichkeit nach, nicht eben sein Fleiß im Singen, sondern der Mangel an Diät; als welche er, sowohl dem Leibe als dem Gemüthe nach, sehr schlecht in Acht zu nehmen verstand.*

Am 9. November 1751 schreibt der Berliner Kapellmeister Carl Heinrich Graun an seinen Kollegen Georg Philipp Telemann in Hamburg. Er diskutiert in dem Brief die unterschiedliche Singweise in der italienischen und der französischen Oper – ein Hinweis darauf, daß man am Hof des Preußenkönigs natürlich auch die französische Musik kannte und die Bevorzugung der italienischen eine bewußte Entscheidung war. In diesem Zusammenhang schreibt Graun:

Mir deucht, der Franzosen Rezitativ-Singen kommt dem Hunde-Geheule etwas nahe. Der Salimbeni bellt gewiß nicht, wie einige Schöpse von ihrer Nation, und wenn er Akzente anbringt, so haben selbige meistenteils ihren Grund, welcher leichter zu hören als zu schreiben. A propos, Salimbeni liegt in Wien tödlich krank an der Schwindsucht. Es ist schade um ihn.

Im selben Brief schreibt Graun etwas später: *Alleweile vernehme, daß Salimbeni nach 14tägigem Lager in Alvernico, welches wie mich deucht, in Kärnten lieget, auf der Reise nach Mailand gestorben. Er hat auf seinem Sterbebett in Gegenwart eines Kapuziners und eines Jesuiten fortwährend das Kreuz geküßt. Es ist schade, die singende Welt verlieret viel an ihm.*

Salimbeni ist im September 1751, im Alter von nur 39 Jahren, in der Nähe von Laibach, dem heutigen Ljubljana, gestorben. Merkwürdigerweise erwähnt am selben Tag, an dem Graun über Salimbeni schreibt, auch der damals noch unbekannte Begründer der klassischen Altertumswissenschaft, Johann Joachim Winckelmann, in einem Brief den Kastraten: *Sgr. Salimbene ist nicht mehr imstande zu singen und nach Italien zurückgegangen.* Winckelmann hatte Salimbeni in der Karwoche in Dresden bei seinem letzten öffentlichen Auftritt gehört.

Der Komponist Graun und der Kastrat Salimbeni scheinen sich in idealer Weise ergänzt zu haben. Christian Friedrich Daniel Schubart schreibt in seinen «Ideen zu einer Ästhetik der Tonkunst»: *Mit so vielen Eigenschaften vereinigte noch Graun die Kunst, Sänger zu bilden, in einem sehr hohen Grade. Weil er selbst ein großer Sänger war, so gelang ihm dies umso leichter. Sein Erster Sänger Salimbeni gestand, noch viel von Graun gelernt zu haben. Von starken Koloraturen war Graun gar kein Liebhaber. Hingegen gewöhnte er die Menschenstimmen durch die vortrefflichen Singübungen, jeden Ton ganz und rund hervorzubringen, den Text mit der äußersten Deutlichkeit auszudrücken, das Rezitativ verständlich zu deklamieren und die hervorstechenden Stellen sonderlich auch mit dem Herzen vorzutragen.*

Salimbenis Nachfolger in der Gunst Friedrichs des Großen wurde der Kastrat Porporino, der schon seit 1740 in Berlin lebte, er war einer der Kastraten, die Graun aus Italien mitgebracht hatte. Im Jahr, in dem Porporino nach Berlin engagiert wurde, hat de Brosses den jungen Kastraten in Rom gesehen: *ein junger Schüler von Porpora und hübsch wie das hübscheste junge Mädchen.*

Porporino hieß eigentlich Antonio Huber. Sein Vater war ein Deutscher, der als Söldner beim venezianischen Militär in Verona in Dienst stand. Er heiratete dort eine Italienerin. Antonio war ihr jüngstes Kind. In einer Geschichte der Berliner Oper aus der Mitte des 19. Jahrhunderts wird von der Operation des kleinen Buben erzählt, die 1732 stattgefunden haben soll: *Im 13ten Jahre seines Alters spielte er mit mehreren Kindern, und übte sich besonders über Pfähle zu springen. Ein Sprung war unglücklich und zog ihm eine gefährliche Quetschung zu. Aus Furcht verschwieg er es seinen Eltern, wodurch Hülfe unmöglich wurde; er mußte operirt und castrirt werden. Die Eltern waren sehr betrübt darüber, als ein Bekannter vom Hause, ein Capellmeister und Priester, an dem Sohne eine gute Stimme bemerkte, und ihn im Singen unterrichtete. Nachdem er Fertigkeit erlangt und sich bei der Kirchen-Musik in Verona ausgezeichnet, ging er nach Neapel zum Kapellmeister Porpora, von welchem er den Namen Porporino erhielt. Er sang in Rom, Messina, Palermo usw., bis ihn der König Friedrich II. 1740 in Dienst nahm. Er hatte eine schöne helle Stimme, sang sehr richtig, und seine Hauptstärke bestand in dem edlen Vortrage des Adagio, wozu auch noch ein damals ungewöhnliches Talent der Darstellung kam, wodurch er sich vortheilhaft vor seinen übrigen Collegen auszeichnete.* Porporino blieb bis zu seinem Tod im Jahr 1783 in Berlin.

1755 singt Porporino die Altpartie in Grauns Oper «Montezuma». Wieder hat der König selbst das Libretto geschrieben. Zwar steht im Textbuch: «I paroli son da sig. P. Tagliazucchi – der Text ist von Herrn P. Tagliazucchi», aber jeder weiß, daß der Berliner Hofdichter nur den französisch verfaßten Text Friedrichs ins Italienische übersetzt hat. Die Oper schildert das tragische Ende des mexikanischen Kaisers, der in barbarischer Weise der Grausamkeit und Habgier der Spanier, die er wie Gäste empfangen hat, zum Opfer fällt. Als am 6. Januar 1755 die Oper zum erstenmal in Friedrichs Opernhaus Unter den Linden erklingt, spielen im preußischen Hoforchester Johann Joachim Quantz, der Flötenlehrer des Königs, Johann Friedrich Agricola, der Übersetzer von Tosis Gesangslehre, und Johann Sebastian Bachs Sohn Carl Philipp Emanuel.

Porporino
Kostümfigurine der Berliner Hofoper

1768 kam Friedrich der Große auf die Idee, in Grauns Oper «Iphigenie in Aulis» auch die Frauenrollen von Kastraten singen zu lassen, so daß, wie in den Theatern des Kirchenstaates, nur Männer auf der Bühne standen. Doch dabei machten seine Berliner nicht mit. Sie lachten das Experiment aus, und es wurde nicht wiederholt.

Graun starb 1759. Im September 1772 kam Charles Burney auf seiner «musikalischen Reise» auch nach Potsdam und Berlin. Seinem Tagebuch verdanken wir einige interessante Einzelheiten über das Musikleben unter Friedrich dem Großen.

Seine Majestät, der König von Preußen, hält ungemein viel auf die Opern des verstorbenen Kapellmeisters Graun und schätzt sie dermaßen hoch, daß er nicht gern welche von andern Komponisten hören mag. Die vornehmsten Mannsrollen sind besetzt mit Signor Antonio Uberti Porporino, ein Kontraltist; er ist schon über 20 Jahre in des Königs Diensten und wird außerordentlich wegen seines Geschmacks und Ausdrucks bewundert, besonders in seinen Adagios.

Da der König alle Kosten der Oper trägt, so wird für den Eintritt nichts bezahlt, und wird jedermann, der nur anständig gekleidet ist, frei ins Parterre eingelassen. Der König steht fast beständig hinter dem Kapellmeister, welcher die Partitur vor sich hat. Er sieht fleißig hinein, und ist wirklich eben ein so guter Generaldirektor hier als Generalissimus im Felde. Der König hält im Opernhause ebensowohl auf Disziplin wie in der Armee. Und wenn einer unter den italienischen Truppen sich unterstünde, eine einzige Passage in seiner Rolle gegenüber dem in der Partitur Geschriebenen zu vergrößern, zu ändern oder zu vermindern, so würde er eine Ordre empfangen, sich genau an die vorgeschriebenen Noten zu halten. Dies ist gar eine vortreffliche Methode, wenn die Komposition gut und der Sänger zügellos ist; sie steht aber auch gewiß dem Geschmack und dem Raffinement entgegen.

Manchmal sendet Seine Majestät auch einen Tag vor einer Vorstellung eine neue Arie an seinen Kapellmeister, die dann in die Oper eingefügt wird. Und man glaubt allgemein, daß er die dann selbst komponiert hat.

Die Berliner Staatsbibliothek besitzt eine Handschrift mit komponierten Verzierungen zur Arie «Digli ch'io son fedele» aus der Oper «Cleofide» von Johann Adolf Hasse. Auf das Blatt mit der Originalkomposition Hasses hat Carl Philipp Emanuel Bach geschrieben: *Die Veränderungen über diese Arie, welche in diesem Bogen eingeschlagen sind, sind von Friderico Magno, König von Preußen, in einem raren Originahl eigenhändig für Porporino aufgesetzt.*

Friedrichs Aversion gegen improvisierte Verzierungen richtet sich gegen ein Element der Gesangskunst der Kastraten, das, zumal für das Publikum des 18. Jahrhunderts, einen wesentlichen Teil ihres Erfolges ausmachte. Es war ja nicht so, daß die Sänger mit ihren Verzierungen die originale Komposition verfälscht hätten. Die Improvisation war ein integraler Teil der Musik. Sie war vom Komponisten vorgesehen. In der Partitur waren an manchen Stellen nur die Grundzüge der Melodie notiert. Die Komponisten

Handschrift Friedrichs des Großen

Auszierung zu einer Arie aus Hasses «Cleofide» für Porporino,
wahrscheinlich 1777; Deutsche Staatsbibliothek zu Berlin –
Stiftung Preußischer Kulturbesitz

schrieben eine Art Skizze, welche der Sänger oder Instrumentalist in freier Phantasie ausführte und mit musikalischen Verzierungen (italienisch «fioriture») schmückte, eben «willkürlich» veränderte. Das geschah besonders ausführlich am Schluß einer Arie oder eines Konzertsatzes in der sogenannten Kadenz.

Johann Friedrich Agricola berichtet in einer Anmerkung seiner 1757 in Berlin erschienenen Übersetzung von Pier Francesco Tosis Gesangslehre, wie es zu diesen «Kadenzen» gekommen ist: *In den alten Zeiten wurden die Hauptschlüsse, welche man in eigentlichem Verstande Cadenzen nennet, nur so ausgeführet, wie sie, dem Tacte gemäß, geschrieben werden. Auf der mittelsten Note wurde ein Triller gemacht. Hernach fieng man an, auf der Note vor dem Triller eine kleine willkührliche Auszierung anzubringen; wenn nämlich, ohne den Tact aufzuhalten, Zeit dazu war. Darauf fieng man an, den letzten Tact der Singstimme langsamer zu singen und sich etwas aufzuhalten. Endlich suchte man diese Aufhaltung durch allerhand willkührliche Passagien, Läufe, Ziehungen, Sprünge, kurz, was nur für Figuren der Stimme auszuführen möglich sind, auszuschmücken. Diese sind nun noch heutiges Tages üblich: und werden itzo vorzugsweise Cadenzen genennet. Sie sollen zwischen den Jahren 1710 und 1716 ihren Ursprung genommen haben.*

Ganz gleich ob es sich um ein Solistenkonzert oder eine Arie handelte, der Geiger oder der Sänger wußte an bestimmten Stellen, daß er jetzt improvisieren, im Augenblick des Vortrags seine eigene Musik erfinden mußte. Ein großer Reiz der Konzertreisen des «Wunderkindes» Mozart bestand in eben solchen Improvisationen am Cembalo, die auch später in Wien noch zu seinen herausragenden Fähigkeiten zählten.

Die Improvisation fiel bei dem einen Sänger virtuos aus, bei einem anderen mehr gefühlvoll und melodisch. Auf jeden Fall glich kaum eine musikalische Aufführung genau einer anderen. Gerade in der Oper, bei der das Publikum meist jede Vorstellung besuchte, wartete man gespannt darauf, welche neuen Überraschungen ein Sänger an diesem Abend bieten würde. *Je mehr Unerwartetes in eine Cadenz gebracht werden kann; je schöner ist sie*, stellt Agricola fest. Stendhal berichtet, daß Luigi Marchesi bei seinem Auftreten in Mailand 1794 jeden Abend alle «fioriture» seiner Arien veränderte.

Die neapolitanische Arie, deren Form sich weitgehend in der italienischen Oper des 18. Jahrhunderts durchgesetzt hatte, bestand aus drei Teilen. Der dritte Teil sah allenfalls in der Partitur wie eine simple Wiederholung des ersten Teils aus. Der Sänger hatte hier die Melodie von sich aus zu variieren. Pier Francesco Tosi schreibt in seiner 1723 erschienenen Gesangslehre im Kapitel «Von den Arien»: *Wenn derjenige, welcher zuerst den Gebrauch, die Arien von vorn zu wiederholen, eingeführet, die Absicht gehabt hat, den Sängern Gelegenheit zu geben, ihre Geschicklichkeit im Verändern der schon einmal gesungenen Sätze zu zeigen: so kann ein Liebhaber der Musik diese Erfindung nicht tadeln: doch ist dem Nachdrucke der Worte dadurch ein Großes entgangen.*

Oft notieren die Komponisten einfach nur «passagio» in der Partitur, wo sie eine selbständige Verzierung ihrer Sänger erwarten. Tosi sagt dazu: *Ob die Passagien gleich, in sich selbst, nicht die Kraft haben diejenige Anmuth hervor zu bringen, welche das Herz rühret; indem sie vornehmlich nur dazu dienen, daß sie an einem Sänger das Glück einer biegsamen Stimme bewundern machen: so ist es doch höchst nöthig, daß der Meister seinen Schüler wohl darinn unterrichte; damit dieser sie mit Leichtigkeit, Geschwindigkeit, und richtiger Intonation ausführen lerne. Denn wenn sie am gehörigen Orte gut vorgetragen werden; so verdienen sie allerdings Beyfall, und machen daß der Sänger allgemein, und in allen Setzarten zu singen fähig wird.*

Auch die «da capo»-Rufe, also die Aufforderung an den Sänger, eine besonders beeindruckende Arie zu wiederholen, wurden von der Erwartung begleitet, daß der Sänger bei der Wiederholung neue Proben seiner Improvisationskunst in den Verzierungen ablieferte. Hillers Italien-Korrespondent bemerkt dazu in den «Wöchentlichen Nachrichten und Anmerkungen die Musik betreffend» im Dezember 1767: *Man weiß, daß in den italiänischen Opern, wenn eine Arie den Zuhörern gefällt, das Händeklatschen am Ende derselben ein Zeichen ist, daß man sie von vorne wieder anfangen solle. Das Orchester fängt alsdann das Vorspiel wieder an, der Castrate spaziret im Kreise herum, und singt die Arie noch einmal, die nach einem abermaligen Händeklatschen nochmals wiederholet wird. Dieß geschieht zuweylen fünf bis sechsmal, und bey diesen Wiederholungen erschöpfet der Sänger alle Handgriffe der Natur und Kunst, indem er bey den Tönen, der Modulation, und allem, was nur von dem Ausdrucke abhängt, alle nur möglichen Veränderungen anbringet. So unmerklich auch diese Ver-*

änderungen sind, so entwischet deren doch keine den italiänischen Ohren; sie bemerken, fühlen und empfinden sie mit einem Vergnügen, welches man in Italien den Vorschmack der Freuden des Paradieses nennet.

Da in dieser Zeit Opern üblicherweise nicht «nachgespielt», sondern für die jeweilige Aufführung neu komponiert worden sind, wurden sie auch vom Komponisten einstudiert, der, zumindest die ersten Aufführungen, vom Cembalo aus dirigierte. Bei der Wiederaufnahme einer bereits gespielten Oper bearbeitete der Komponist sein Werk für das jeweilige Orchester und Sängerensemble. Es war deshalb eine intensive Zusammenarbeit zwischen Komponist und Sänger üblich, die nicht immer problemlos war. Wir haben bei Händel mehrfach gesehen, daß der Komponist mit seinen Starsängern zu kämpfen hatte. Die Einstudierung der Oper durch den Komponisten sorgte aber insgesamt dafür, daß bei den Improvisationen die Intentionen des Komponisten nicht völlig vom Sänger mißachtet wurden. Das konnte auch, wie wir am Beispiel des «Orpheus» in Wien gesehen haben, dazu führen, daß ein Komponist seinem Sänger die üblichen Improvisationen untersagte. Das heißt aber nicht, daß Guadagni den Orpheus gänzlich ohne Auszierungen gesungen hätte.

Wenn heute Aufführungen von Kastraten-Opern oft blutleer und akademisch erscheinen, dann liegt es nicht selten daran, daß die eigentlichen musikalischen Höhepunkte fehlen. Sänger, die aus einer mißverstandenen «Werktreue» heraus nur die in der Partitur notierten Noten singen, oder Dirigenten, die das von ihren Sängern verlangen, verfälschen damit die Komposition.

Welche Auswüchse die «willkürlichen Veränderungen» jedoch auch annehmen konnten, beschrieb schon 1720 Benedetto Marcello in seiner Satire vom «modernen» Theater: *Nicht sehr notwendig ist es, daß der Sänger den Sinn des Textes versteht. Wohl aber, daß er Sinn, Buchstaben und Silben durcheinanderwirft, um galante Passagen, Triller, Vorschläge und endlose Kadenzen anzubringen. Kommt der Sänger bei der Kadenz an, so lasse der Kapellmeister das ganze Orchester ruhen und überlasse dem Virtuosen das Gutdünken, sich zu verweilen, solange es ihm paßt. Das Zeitmaß der Arien beschleunige und verlangsame er ganz nach der Eingebung der Sänger und schlucke jede ihrer Unarten hinunter, denn er sage sich, daß seine eigene Ehre, sein Ansehen und Vorteil in ihrer Hand liegt.*

Die Lust an der Improvisation war im 18. Jahrhundert nicht auf die Musik beschränkt. Auch in der Dichtung liebte man die im Augenblick des Vortrags entstehende Poesie. Die italienische Commedia dell'arte lebte ganz von diesem Stegreifspiel. Es gab Stegreifdichterinnen – eine der wenigen Kunstgattungen, in denen Frauen dominierten –, die durchs Land zogen. Manche brachten es zu Ruhm und Wohlstand. Eine der erfolgreichsten war Maria Maddalena Morelli, die 1750 in Rom in die Dichterakademie der Arcadia aufgenommen wurde und den Künstlernamen Corilla Olimpica annahm. Sie bereiste ganz Italien und wurde 1765 auch nach Innsbruck eingeladen, um dort vor dem österreichischen Hof ihre Kunst vorzuführen. Am 31. August 1776 wurde sie in Rom vom Papst zur Dichterin gekrönt. Archenholtz bemerkt dazu:

Wenn aber eine Corilla diesen Lorbeer erhält, so hört er auf, eine Ehre zu sein, und diese Zeremonie wird zu einer lächerlichen Farce. Diese so unverdient berühmt gewordene Person ist als Dichterin so tief unter unserer Karschin ⟨Anna Luise Karsch, 1722 geboren, reiste als Improvisationsdichterin durch Deutschland, trat auch vor Friedrich dem Großen auf; sie wurde, nicht ohne Ironie, die «deutsche Sappho» genannt⟩, *daß eine Parallele zwischen beiden ziehen, letztere beschimpfen hieße. Das ganze Verdienst dieser Signora besteht im Improvisieren, wodurch sie gewöhnlich bei Alltagsköpfen Bewunderung erregt. An eine poetische Krönung wäre nie gedacht worden, wenn nicht die mächtige Protektion von einem der vornehmsten Kardinäle, von dem man berichtete, daß er etwas mehr als Freundschaft für die Stegreifdichterin empfand, diese Krönungssache durchgesetzt hätte.*

Es war der Wunsch und die Attraktion, dem kreativen Augenblick beizuwohnen, der den Erfolg der Improvisationskünstler des 18. Jahrhunderts bedingte. Vielleicht kann man das Vergnügen, das die Improvisation den Menschen des 18. Jahrhunderts bereitete, ein wenig mit dem Reiz vergleichen, den heute «live»-Sendungen im Fernsehen ausüben können. Jedenfalls gehörte bei den «arkadischen» Dichtergemeinschaften, die es in vielen italienischen Städten gab, das improvisierende Reimen von Sonetten und Canzonetten zu den beliebten künstlerischen Unterhaltungen. Die Freude am Spiel des schöpferischen Phantasierens findet ihren Gipfel, wenn bei einer Gesellschaft ein anwesender Komponist aus einer gerade eben, in der Stimmung des Augenblicks entstandenen Dichtung eine Arie macht, die ein ebenfalls anwesender Sänger vorträgt, wobei er der Komposition seine freie Gesangsimprovisation hinzufügt.

Die im Konservatorium ausgebildeten Kastraten hatten deshalb auch intensiven Kompositionsunterricht erhalten, aber es versteht sich von selbst, daß nicht jeder Sänger gleichzeitig auch der stilsichere und geschmackvolle Komponist war, der er hätte sein müssen, wenn seine improvisierten Verzierungen Niveau haben sollten. Johann Kuhnau, Johann Sebastian Bachs Vorgänger als Organist an der Thomaskirche in Leipzig, schrieb im Jahr 1700, ein Jahr bevor er Kantor an der Thomasschule wurde:

Dahero kömmt es auch, daß die Castrati, die doch sonsten den Titul der vortrefflichsten Sänger affectieren, wenn sie von der Composition keine Wissenschafft, öffters mit solchen Manieren angestochen kommen, die so wenig zu ihrem Part und dem darunter gesetzten basso continuo passen, als eine Faust auff ein Auge.

Mancher Sänger, der immerhin soviel Selbstkritik aufbrachte, daß er das wußte, ließ sich «Improvisationen» aufschreiben und lernte sie auswendig. Tosi bemerkt dazu in seiner Gesangslehre: *Wenn man auch gleich vielen schwachen Sängern es allenfalls nicht übel nimmt, wenn sie sich die willkührlichen Veränderungen von andern aufschreiben lassen: so darf doch ein Studierender, der ein guter Sänger werden will, ihrem Beyspiele hierin nicht folgen. Wer sich ein mal gewöhnet, sich alles, was er verändern soll, wie einen Brey in den Mund einstreichen zu lassen, der wird trocken und unfruchtbar und macht sich zum Sklaven seines Gedächtnisses.* Und Agricola bemerkt an einer anderen Stelle seiner Übersetzung, wenn ein Sänger schon eine vorkomponierte Kadenz vortrage, müsse er sie *so einzurichten wissen, daß es doch nicht ein jeder Zuhörer merken könne, daß sie auswendig gelernet worden sey.*

Für Sänger, deren eigenes Improvisationstalent nicht ausreichte, gab es Musterbücher für solche «Passagien». Der Sänger konnte sich damit seine Einlagen aus vorkomponierten Versatzstücken zusammensetzen. Caffarelli behauptete vor dem ungeliebten Auftritt in der Hochzeitsoper von Turin, sein Verzierungs-Album verloren zu haben. Aber auch, wenn ein Sänger auf fremde Verzierungen zurückgriff, mußte er Stilgefühl und musikalischen Geschmack haben, wenn sein Gesang eine harmonische Einheit bilden sollte.

Der Komponist und Flötenvirtuose Johann Joachim Quantz, der als Mitglied der Hofkapelle Friedrichs des Großen wahrscheinlich bei allen Auftritten Salimbenis und Porporinos in Berlin im Orchester gespielt hat, schreibt 1752, zwei Jahre nachdem Salimbeni Berlin verlassen hat:

Die Passagien mögen wohl Anfangs, einigen guten Sängern zu Gefallen, so häufig eingeführet worden sein, um die Geschiklichkeit ihrer Kehle zu zeigen. Es ist aber nachher ein Misbrauch daraus erwachsen; so daß man glaubet, eine Arie ohne Passagien sey nicht schön, oder ein Sänger singe nicht gut, oder tauge gar nichts, wenn er nicht auch gleich, wie ein Instrumentist, viele schwere Passagien zu machen wisse: ohne zu bedenken, ob der Text Passagien erlaube oder nicht.

Am Ende des 18. Jahrhunderts schreibt der französische Komponist André-Ernest-Modeste Grétry, der selbst über fünfzig Opern komponiert hat: *Woher kommen die Verzierungen? Von einigen geschickten Sängern, wie Gizziello, die mehr Kenntnis und mehr Phantasie hatten als gewisse Komponisten, deren Musik sie sangen. Aber wie viele mittelmäßige Sänger mißbrauchen eine Verfahrensweise, die nur den geschickten Sängern ansteht! Armer, kleiner verzierender Sänger, du kennst nicht einmal die Reihe der Akkorde! Wenn ein Kenner zu dir sagte: «Intoniere einen Tritonus oder eine große Septime», wärest du schon erledigt, und wenn der Komponist weiß gemeint hat, meinst du schwarz und umgekehrt. Du glaubst, das ganze Geheimnis läge darin, das Geschriebene zu verändern. Wisse deshalb und zittere, so du es begreifst, daß man eine Melodie nur verändern darf, um sie besser zu machen, wisse, daß der Sänger fast alle Regeln der Harmonie und die guten und die schlechten Noten kennen muß, auf die man kein größeres Intervall als die Sekunde folgen lassen darf, um es wagen zu können, die niedergeschriebene Gesangslinie zu varüeren.*

1789 sieht der inzwischen fünfzigjährige Komponist Karl Ditters von Dittersdorf bei einem Besuch in Berlin die Oper «Medea» von Johann Gottlieb Naumann, inzwischen ein in ganz Europa berühmter Opernkomponist. Friedrich der Große ist seit drei Jahren tot, sein Neffe Friedrich Wilhelm II. ist König von Preußen. Seit mehr als zwanzig Jahren singt an der Berliner Oper der Kastrat Carlo Concialini, der 1765 von München nach Berlin gekommen ist. *Concialini ist, nachdem er vielerlei Schulden und Prellereien verübt, unwissend wohin durchgegangen,* meldete damals eine Münchner Zeitung nach seinem plötzlichen Verschwinden aus der bayerischen Hauptstadt.

Zur Hochzeit des Kronprinzen Friedrich Wilhelm, Neffe Friedrichs des Großen, debutiert Concialini in Johann Friedrich Agricolas «Achille in Sciro». Er hat einen solchen Erfolg, daß er sofort für 3000 Taler engagiert wird, sein Vertrag enthält außerdem eine Pensionszusage. In Berlin ist Concialini bald der Liebling des Publikums, und er versteht es, seine Beliebtheit durch wirksame Aktionen zu steigern. Nicolaus Forkel berichtet 1778 in seiner «Musikalisch-Kritischen Bibliothek»: *Der königl. Sänger, Sign. Concialini hat kürzlich einen Beweis seines menschenfreundlichen Herzens gegeben, indem er am 14. Oct. 1777 ein öffentliches Concert zum Besten einer braven und verunglückten Wittwe mit 4 Kindern gab. Die ganze Capelle besetzte dieses Concert, und die Einnahme desselben, welche der Wittwe ganz zu Theil wurde, bestand in 445 Thalern.*

Durch so rührselig veröffentlichte Wohltätigkeit wurde Concialini ebenso wie durch seine Gesangskunst der Liebling aller Damen. Friedrich Wilhelm Marpurg berichtet 1786, drei Jahre vor Ditterdorfs Berlin-Besuch, die folgende Anekdote: *Ich gebe Ihnen zu, sagte beim Herausgehen aus einer Oper zu Berlin, ein unschuldiges junges Fräulein zu einer anderen Dame, daß unser göttlicher Concialini der erste Sänger der Welt ist. Aber bey allem diesem will doch meine Mama behaupten, daß ihm etwas fehlet; und ich traue dem Urtheil meiner Mama.* Im selben Jahr geht Concialini auf eine Gastspielreise nach Italien. Dort macht er keinen Eindruck.

Als Dittersdorf Concialini in der «Medea» hörte, war der Sänger 47 Jahre alt. Dittersdorf erinnert sich noch nach Jahren an die Aufführung, der er in der Loge der Madame Rietz beiwohnte. Aber weder die Musik noch die Qualität des Sängers hat diesen bleibenden Eindruck auf ihn gemacht.

So kurz der Komponist sich auch hatte fassen wollen, so dauerte die Oper doch volle 6 Stunden. Ein unverzeihlicher Fehler des Dichters, der dadurch nicht allein sich selbst Schaden tut und das Publikum, das unendlich sich dabei langweilen muß, martert und quält, sondern auch den besten Komponisten dabei opfert. Madame Todi und Signor Concialini, die die ersten Rollen spielten, zeichneten sich im Gesang und Vortrag sehr aus. Eine besonders jämmerliche Personnage aber war der Drache, der das Goldene Vlies bewachte. Überdem so beging noch Concialini, der den Jason spielte, den Unverstand, daß er diesen miserablen Drachen, den er erlegen sollte, mit der Fläche seines Schwertes einigemal auf den von Pappendeckel gemachten Ranzen schlug, welches gerade so klatschte, als jene Hiebe, die die komischen Karussellritter im Schloßhof bei dem Bacchantenfeste von den ausgestopften Satyren empfingen. Mein Ekel hierüber war so groß, daß ich mich vergaß und «pfui!» rief. Madame Rietz sah sich um und sagte: «Ooch ich finde diese Aktion sehr jarstig. Ich werde ihm aber morgenden Tages sagen, daß ein Kunstrichter von Jewicht diese Bemerkung gemacht, und ich stehe Ihnen dafür ein, daß er janz jewiß seine Aktion ändern wird; denn er is mein Hausfreund un nimmt jerne juten Rat von mir an.»

«Madame Rietz» ist die spätere Gräfin Lichtenau, 1752 in Potsdam als Tochter eines Musikers der königlichen Kapelle geboren. Als Dreizehnjährige wurde sie vom Kronprinzen Friedrich Wilhelm «entdeckt» und zur Ausbildung nach Paris geschickt. Mit sechzehn wird sie die offizielle Geliebte des Kronprinzen, der ihr ein Haus in Charlottenburg einrichtet und sie 1782 mit seinem Kammerdiener Rietz verheiratet. 1789, als Dittersdorf in ihrer Loge zu Gast ist, ist Friedrich Wilhelm seit drei Jahren König von Preußen. 1796 verleiht er seiner offiziellen Geliebten, von der er drei Kinder hat, den Titel einer Gräfin von Lichtenau. Ein Jahr später stirbt Friedrich Wilhelm II. Die Gräfin Lichtenau wird verhaftet und wegen Bereicherung zum Nachteil des Staates angeklagt. Der Prozeß endet zwar ohne Schuldspruch, die Gräfin Lichtenau wird aber erst nach Verzicht auf ihr gesamtes Vermögen freigelassen. Durch Napoleon erhält sie einen Teil ihrer Güter zurück. 1808 läßt sie eine «Apologie der Gräfin Lichtenau gegen die Beschuldigungen mehrerer Schriftsteller, von ihr selbst entworfen» veröffentlichen. Darin geht sie auch auf das Buch «Karl von Dittersdorfs Lebensbeschreibung. Seinem Sohne in die Feder diktiert» ein, das 1801 erschienen war. Sie bestreitet, Dittersdorf überhaupt kennengelernt zu haben. Vor allem legt sie Wert auf die Feststellung, sie habe niemals Berliner Dialekt gesprochen: *Ich muß gestehen, daß, wenn sich auch alles so verhielte, so wäre es doch von Ditters, der soeben meine Gastfreundschaft gerühmt, sehr unartig, mich in diesem Pöbeldialekte dem Publikum vorzuführen. In der Tat aber habe ich ihn nie gehabt, da mein Vater ein Sachse, der sehr reines Deutsch sprach, und meine Mutter eine Breisgauerin aus Freiburg war, und ein Kind ja doch wohl zumeist den Dialekt seiner Eltern annimmt.*

Daß der gefeierte Kastrat ihr «Hausfreund» war, bestreitet die

Carlo Concialini
Zeitgenössischer Stich

Gräfin nicht. Sie berichtet ausführlich, wie diese Freundschaft zerbrach: *Es tut mir leid, eine unangenehme Wahrheit entdecken zu müssen; aber meine Ehre fordert es! Der Sänger Concialini war vormals fast täglich in meinem Hause, ich bewunderte in ihm einen großen Künstler; ich sang oft und viel mit ihm und brachte auf diese Art manche Stunde sehr vergnügt zu. Gelegentlich erzählte er mir, daß seine Familie noch in Siena lebe und daß er ihr jährlich 500 Rtlr. schicke. Diese Familie interessierte mich, und bei meiner späteren Reise durch Siena ersuchte ich den mich begleitenden Herrn von Filistri, diese Familie aufzusuchen und sie mir bekannt zu machen, was auch geschah. Ich besuchte sie und fand Concialinis Bruder, einen Violinisten, samt seiner Frau und vier Kindern und seiner blinden Mutter in der dürftigsten Armut. Die Mutter, schon viele Jahre des Augenlichts beraubt, der Sohn mit seiner Frau durch Not und Kummer entstellt, die vier Kinder an Händen und Füßen erfroren und mit Lumpen bedeckt – dies war die Fami-*

lie, die ich in einer kleinen traurigen Wohnung und beinahe mit den nötigsten Bedürfnissen ringend, antraf. Ich bat sie abends zu mir, unterhielt mich mit ihnen und äußerte mein Befremden über ihre ungünstige Lage, indem ich doch wüßte, daß sie durch den Kammersänger Concialini, ihren nächsten Verwandten, mit jährlich 500 Rtlr. unterstützt würden. Sie versicherten mich aber, daß sie von ihm, außer einigen kleinen unbedeutenden Summen, niemals etwas, viel weniger bestimmte 500 Rtlr. erhalten hätten. Auch antwortete er ihnen schon längere Zeit auf ihre Briefe, worin sie ihn um Unterstützung anflehten, gar nicht mehr! – Den folgenden Tag zog ich von dieser Familie nähere Nachricht ein, und erfuhr zu meinem Vergnügen, daß sie zwar äußerst arme, aber gute, redliche und fleißige Menschen wären. Vor meiner Abreise aus Siena machte ich ihnen aus meiner eigenen Börse ein Geschenk von mehreren Louisdor, schilderte in einem Brief an den König die Lage dieser unglücklichen Familie – ganz so wie sie war – und bat ihn, er möchte doch den Concialini, welcher einen so großen Gehalt hätte, zur Unterstützung seiner Familie anhalten. Der König, von diesem Briefe und der Billigkeit meiner Bitte tief gerührt, erfüllte meinen Wunsch. Ich erfuhr, Concialini sei in der Folge zu einer bestimmten jährlichen Abgabe von seinem Gehalte, zugunsten seiner leidenden Familie, angehalten worden.

Nach Empfang des Briefes mit der überraschenden Entdeckung ließ König Friedrich Wilhelm unverzüglich die folgende Cabinetsordre an Concialini schicken: *Mein lieber Getreuer! Da Ich mit Vergnügen in Erfahrung gebracht, daß Ihr Euren armen Verwandten in Siena jährlich 600 Reichsthaler Unterstützung gebet, so will ich Euch als einen Beweis Meines Wohlgefallens künftig die Kosten und Weitläuftigkeiten der Uebersendung ersparen und habe Befehl gegeben, dass Euch von jetzt an diese 600 Reichsthaler von Eurem Gehalt abgezogen und direct durch meinen Gesandten dorthin geschickt werden sollen.*

Concialini hatte damals – 1795 – eine Jahresgage von 4000 Talern. Der Gräfin Lichtenau genügte die Bestrafung noch nicht. Einen Tag nach ihrer Rückkehr aus Italien wurde der einundfünfzigjährige Concialini 1796 mit einer Pension von nur 1200 Talern entlassen, und davon wurden weiterhin die 600 Taler für seine Verwandten abgezogen. Schließlich wurde nach mehreren Gnadengesuchen sein Anteil auf 800 Taler erhöht. Im Oktober 1812 besuchte Concialini den damals siebenundzwanzigjährigen Grafen Hermann Pückler auf seinem Schloß in Muskau (er wurde später als «Fürst Pückler» nicht nur durch eine Eisspezialität berühmt, sondern auch durch den ersten «englischen» Landschaftsgarten auf deutschem Boden). Der junge Pückler hatte erst im Jahr zuvor das Erbe seines Vaters angetreten, er war ein – auch politisch – aufsässiger junger Mann, und wenn er den bei Hof in Ungnade gefallenen Kastraten zu sich einlud, geschah das sicher mit Absicht. Kurz nach seiner Ankunft in Muskau starb Concialini am 28. Oktober mit 68 Jahren an einem Schlaganfall.

31

Napoleon und Crescentini

Rousseau und seine Anhänger lehnten die Kastraten ab, weil sie gegen alles, was nicht natürlich war, zu Felde zogen. Friedrich der Große und der französische Komponist Grétry wollten ihnen die Improvisation verbieten, wodurch ihre Gesangskunst um den wirkungsvollsten Effekt gebracht wurde. Eine weitere Gefahr erwuchs den Kastraten durch die politischen Veränderungen in Europa.

1799 eroberten französische Truppen Neapel. Napoleon machte aus dem Königreich beider Sizilien die «Parthenopäische Republik». Sechs Jahre später konnte sich Napoleon König von Italien nennen. Sein Bruder Joseph übernahm die Herrschaft in Neapel. Im November 1807 hob er die beiden verbliebenen Konservatorien auf und errichtete statt ihrer das «Collegio Reale di Musica». In ihm sollten künftig keine Kastraten mehr ausgebildet werden.

Das Ende der Kastraten wird in vielen musikhistorischen Büchern mit der politischen Entwicklung in Europa in Verbindung gebracht. Danach soll das napoleonische Frankreich das Verschwinden der Kastraten von den Opernbühnen bewirkt haben. Frankreich, das die Kastraten nach dem Bürgerkrieg der Fronde nie mehr wirklich akzeptiert hat, habe sie schließlich ganz ausgerottet. So logisch das scheint – es stimmt nicht. Das französische Verbot wurde in Neapel und in Italien so wenig beachtet wie vorher das päpstliche. Überhaupt blieb die französische Herrschaft eine kurze Episode.

Auch im 19. Jahrhundert gab es Kastraten auf den Opernbühnen, sowohl in Italien als auch nördlich der Alpen. Napoleon selbst war 1805 in Wien vom Gesang des Kastraten Girolamo Crescentini so beeindruckt, daß er ihn als Gesanglehrer der kaiserlichen Familie nach Paris berief. Sechs Jahre blieb Crescentini in der französischen Hauptstadt.

1762 geboren, hatte Crescentini schon in jungen Jahren großen Erfolg an vielen italienischen Opernhäusern. In Livorno sang er 1783 in der Uraufführung des «Artaserse», einer frühen Oper von Luigi Cherubini. Durch seine Gestaltung der Rolle des Romeo in Nicola Antonio Zingarellis Oper «Giulietta e Romeo» (Zingarelli war der Lehrer von Vincenzo Bellini) wurde Crescentini 1796 zum Star unter den Kastraten der Jahrhundertwende. Der Sänger fügte bei allen Aufführungen der Oper im dritten Akt ein von ihm selbst komponiertes Gebet «Ombra adorata, aspetta» ein, das zum Ärger des Komponisten Zingarelli bald die berühmteste Nummer seiner Oper war. In Wien wurde Crescentini nach dem Vortrag dieser Arie auf der Bühne mit einem Lorbeerkranz geehrt. Die «Allgemeine Musikalische Zeitung» berichtet im Mai 1804:

Wien d. 2ten May. Der berühmte Castrat Crescentini, welcher schon vor sieben Jahren hier mit ungemeinem Beifalle gesungen hatte, trat den 28ten April wieder in «Giulietta e Romeo» auf. Er machte viel Sensation, ich will mich deswegen in ein näheres Detail einlassen. Shakespeares «Romeo und Julie» ist von dem italienischen Dichter ⟨des Librettos⟩ ein wenig unbarmherzig mitgenommen worden. Romeo's Vater, der rauhe aber brave Tybalt, der ehrwürdige Mönch, die geschwätzige Amme sind verschwunden, und ein Freund beider Häuser ists, der Julien den unheilbringenden Trank reicht. Auch hat der italienische Dichter Shakespearn dadurch zu verbessern gesucht, daß er Julien noch vor Romeo's Tode erwachen läßt. Doch genug von einem Stoffe, bey welchem des Dichters Bestreben einzig dahin ging, einen Sänger, koste es was es wolle, glänzen zu lassen.

Crescentini ist ohne Zweifel einer der ersten Sänger, die jetzt in Europa leben. Seine Stimme, die er mit weiser Zurückhaltung braucht, ist unbeschreiblich angenehm, rund, rein und biegsam; seine Manieren voll hoher Kunst und ästhetischer Richtigkeit, ohne im geringsten überladen zu seyn. Besonders schön und eigen ist das reine, immer verstärkte Schweben seiner hinreißenden Stimme, womit er in einer Stelle immer crescendo bis zum höchsten a emporstieg, und dann diese Note mit klingender, volltönender Gewalt durch mehrere Takte aushielt. Da C. höchst richtig intonirt, und mit diesen musikalischen Vorzügen auch ein angenehmes, zuweilen

sehr feuriges Spiel verbindet, so kann man einen kleinen Mangel an
tieferen Tönen sehr leicht bei ihm entschuldigen.

Die von Crescentini komponierte Einlage-Arie des Romeo rührte
Napoleon zu Tränen. Noch weit ins 19. Jahrhundert hinein bewegte
sie die Gemüter. Der sechsunddreißigjährige E. T. A. Hoffmann
widmet im Sommer 1812 der Arie «Ombra adorata» in seiner
«Kreisleriana» ein ganzes Kapitel.

Ziemlich lange mochte die Pause gedauert haben, als endlich
das Ritornell einer Arie anfing. Es war sehr zart gehalten und
schien in einfachen, aber tief in das Innerste dringenden Tönen von
der Sehnsucht zu reden, in der sich das fromme Gemüt zum Him-
mel aufschwingt und alles Geliebte wiederfindet, was ihm hinieden
entrissen.

Wer vermag die Empfindung zu beschreiben, die mich durch-
drang! – Wie löste sich der Schmerz, der in meinem Innern nagte,
auf in wehmütige Sehnsucht, die himmlischen Balsam in alle Wun-
den goß. – Alles war vergessen, und ich horchte nur entzückt auf
die Töne, die , wie aus einer anderen Welt niedersteigend, mich trö-
stend umfingen.

Ebenso einfach wie das Rezitativ ist das Thema der folgenden
Arie «Ombra adorata» gehalten; aber ebenso seelenvoll, ebenso in
das Innere dringend spricht es den Zustand des Gemüts aus, das
von der seligen Hoffnung, in einer höheren, besseren Welt bald al-
les ihm Verheißene erfüllt zu sehen, sich über den irdischen
Schmerz hinwegschwingt. – Wie reiht sich in dieser einfachen Kom-
position alles so kunstlos, so natürlich aneinander; nur in der To-
nika und in der Dominante bewegen sich die Sätze, keine grelle
Ausweichung, keine gesuchte Figur, der Gesang fließt dahin wie ein
silberheller Strom zwischen leuchtenden Blumen. Aber ist dies
nicht eben der geheimnisvolle Zauber, der dem Meister zu Gebote
stand, daß er der einfachsten Melodie, der kunstlosesten Struktur
diese unbeschreibliche Macht der unwiderstehlichsten Wirkung auf
jedes empfängliche Gemüt zu geben vermochte? In den wunderbar
hell und klar tönenden Melismen fliegt die Seele mit raschem Fit-
tich durch die glänzenden Wolken – es ist der jauchzende Jubel ver-
klärter Geister.

Die Komposition verlangt wie jede, die so tief im Innern von dem
Meister gefühlt wurde, auch tief aufgefaßt und mit dem Gemüt, ich
möchte sagen mit der rein ausgesprochenen Ahnung des Übersinn-
lichen, wie die Melodie es in sich trägt, vorgetragen zu werden.

Auch wurde, wie der Genius des italienischen Gesanges es verlangt,
sowohl in dem Rezitativ als in der Arie auf gewisse Verzierungen ge-
rechnet; aber ist es nicht schön, daß wie durch eine Tradition die
Art, wie der Komponist, der hohe Meister des Gesanges, Crescen-
tini, die Arie vortrug und verzierte, fortgepflanzt wird, so daß es
wohl niemand wagen dürfte, ungestraft wenigstens, fremdartige
Schnörkel hineinzubringen? – Wie verständig, wie das Ganze bele-
bend hat Crescentini diese zufälligen Verzierungen angebracht –
sie sind der glänzende Schmuck, welcher der Geliebten holdes Ant-
litz verschönert, daß die Augen heller strahlen und höherer Purpur
Lippen und Wangen färbt.

Auch in Hoffmanns Text spüren wir eine Reserve gegenüber der
Improvisation. Der Geschmack hat sich geändert. Die Sprache
Hoffmanns läßt uns erkennen, daß eine neue Zeit angebrochen ist,
nicht nur ein neues Jahrhundert. Nicht mehr die Virtuosität der
Stimme bewegt die Menschen, sie wollen in ihrem Gefühl ange-
sprochen werden.

Ein Jahr bevor der sechsunddreißigjährige Napoleon den Sänger
gehört hat, begeistert dieser in Wien auch den siebzehnjährigen Arthur Schopenhauer. In seinem Tagebuch hält er den Eindruck fest,
den Crescentini auf ihn und das Wiener Publikum gemacht hat.

Einen großen Glanz erhält die Oper durch Crescentini ⟨Scho-
penhauer schreibt: Erescentini⟩, vielleicht der berühmteste aller
Castraten. Er spielte hier für jetzt nur Gastrollen, und bey verdop-
pelten Preisen war das Haus gedrängt voll. Seine übernatürlich
schöne Stimme kann mit keiner Frauenzimmerstimme verglichen
werden: es gibt keinen vollern schönen Ton, und in dieser silbernen
Reinheit hebt er ihn bald zu einer unbegreiflichen Stärcke, daß er
in allen Ecken des Hauses wiederklingt, und bald verliert er sich in
das leiseste Pianissimo: dies Schwellen und Sinken des Tons ist ihm
besonders eigen. Auch singt er mit sehr vielem Ausdruck; und, was
man nicht erwarten sollte, er ist ein guter Schauspieler, wobey ihm
indessen seine Figur nicht zu statten kömmt, überhaupt contra-
stiert die beynahe riesenmäßige und übermäßig dicke Gestalt mit
seiner Stimme dermaßen, daß sie mir bey jeder Vorstellung im er-
sten Akt lächerlich war, hernach gewöhnt man sich daran. Seine
Gesichtsbildung ist nicht schön, doch nicht so häßlich, wie ihn viele
machen. Er erndtete hier gränzenlose Bewunderung ein, sein Auf-
tritt war immer mit fünf Minuten Applaudissement begleitet, und
in Gesellschaft war er beständig ein Hauptgegenstand der Con-

versation. Seine Force-Rolle in der er besonders hinreißend ist, ist der Romeo; bey weitem nicht so sehr hat er mir im Pigmalion gefallen.

Anfang Dezember 1805, einige Tage nach der «Dreikaiserschlacht» bei Austerlitz, in der Napoleon die vereinigten Truppen der Österreicher und Russen besiegte und damit praktisch zum Herrscher Europas wurde, trifft die sechsunddreißigjährige Caroline Pichler, bekannt geworden als Schriftstellerin historischer Romane, den Kastraten:

Es war an dem Tage, als die Nachricht von jener Unglücksschlacht in Wien bekannt wurde, daß ich zu einer Freundin gebeten war, um mit zwei merkwürdigen Männern jener Zeit, mit dem Tonsetzer Cherubini und dem lieblichen Sänger des Romeo, Crescentini, bei ihr zu speisen. Cherubini war ein junger Mann von etwa 30 Jahren ⟨Cherubini war tatsächlich schon 45 Jahre alt, seine «Medea» war 1797 uraufgeführt worden. Crescentini war zwei Jahre jünger⟩. *Im Gespräche zeigte er Verstand und Bildung, mehr, wie gewöhnlich Kompositoren besitzen.*

Aber viel mehr und tiefer fühlte ich mich von Crescentini's Wesen angesprochen. Auch sein Äußeres war vortheilhaft; etwas größer und bedeutend stärker als bei Cherubini sprach sich in Allem, was und wie er es sagte, ein zartes Gefühl und ein tiefes Gemüth aus, dem ein Anstrich von Melancholie, welche über sein ganzes Wesen verbreitet war, noch mehr Reiz ertheilte. Mit warmer Theilnahme äußerte er sich über das Unglück, welches Österreich bereits getroffen hatte und uns noch bevorstand, und wenn uns Cherubini nur als ein feinfühlender Mensch von der feindlichen Partei schonend und billig gegenüberstand ⟨Cherubini lebte seit 1788 in Paris⟩, *so schien Crescentini unsere Sache zu der seinigen gemacht zu haben und mit uns tief und schmerzlich zu fühlen. Das gewann ihm denn ganz meine Dankbarkeit, und noch jetzt denke ich, nach dreißig langen Jahren, mit Vergnügen jener beiden interessanten Bekanntschaften.*

Eine Folge des Ausgangs der Schlacht von Austerlitz war, daß Crescentini nach Paris engagiert wurde. Die «Allgemeine Musikalische Zeitung» schreibt im Februar 1806 spöttisch: *Es ist schon aus mehren andern öffentlichen Blättern bekannt, daß der berühmte Sänger Cr. unter die Kunstschätze gehört, die der Kaiser Napoleon von Wien nach Paris versetzt. Cr. erhält 30.000 Livres Gehalt. Die französischen Journale haben auch darüber Hymnen* angestimmt: *Nun endlich wird auch in der echt italienischen Oper Paris das Höchste, das Größte besitzen usw. – Erste Liebhaber und Helden, die Diskant singen!* Man hat sich aber zu früh komplimentiert, denn der Kaiser hat Cr. versprochen, er solle zur Schonung seiner Stimme nicht auf dem Theater singen.

Crescentini ist in Paris allerdings doch in der Oper aufgetreten. 1808 sang er dort seine Glanzrolle, den Romeo. Der Komponist und Musikwissenschaftler Fétis schreibt über diesen Auftritt: *Niemals wurde die Erhabenheit des Gesanges und der dramatischen Kunst höher getrieben. Romeos Auftreten im 3. Akt, sein Gebet, seine Verzweiflungsrufe, die Arie «Ombra adorata, aspetta» war von solcher Wirkung, daß Napoleon und alle Zuhörer in Tränen zerflossen und der Kaiser nicht anders ihm seine Genugtuung auszudrücken wußte, als daß er ihm den Orden der Eisernen Krone übersandte, wodurch er in den Adelsstand erhoben wurde.*

1812 sang Crescentini im Elysée-Palast im «Stabat Mater» von Zingarelli. Auf Wunsch Napoleons wiederholte er seine Arie «Vidit suum dulcem natum» und begleitete sich dabei selbst an der Orgel. Im selben Jahr kehrte Crescentini nach Italien zurück. Er lebte zunächst in Bologna, dann in Rom. Schließlich ließ er sich in Neapel nieder, wo er bis zu seinem Tod 1846 als Gesanglehrer tätig war.

Als der deutsche Komponist und Violinvirtuose Louis Spohr im Alter von 32 Jahren eine Italienreise machte, traf er den einstmals berühmten Sänger im Dezember 1816 bei einer Opernaufführung in Rom im Publikum. Spohr berichtet in seinen Lebenserinnerungen: *Ich saß neben dem ehemals so ausgezeichneten Sänger Crescentini (der aber jetzt seine Stimme ganz verloren haben soll, obgleich er kaum 50 Jahre alt sein wird* ⟨Crescentini war 54 Jahre alt⟩ *und hatte die Freude, sein Urteil über den jetzigen Musikzustand Italiens ganz mit dem meinigen übereinstimmend zu finden. Sein Gespräch verriet den vorurteilsfreien, gebildeten Künstler. Er klagte mir, daß in der neueren Zeit die gute Gesangsschule, das einzige, wodurch sich die Italiener ausgezeichnet hätten, immer seltener werde, und daß er besonders bei seiner letzten Zurückkunft nach Italien (ich glaube, er war in Paris) einen so verdorbenen, frivolen Geschmack vorgefunden habe, daß keine Spur die ehemalige, einfach große Methode seiner Zeit mehr verrate. Auch ihm, der in Deutschland und Frankreich viel gute Musik gehört hat, ist die Fadheit und Inkorrektheit der neueren italienischen Musik ein Greuel.*

Wie hätten wohl erst Nicola Porpora oder gar Antonio Bernacchi über den Verfall der italienischen Gesangskunst geklagt, wenn sie 1816 in Rom in die Oper gegangen wären!

Im Jahr darauf spielt Spohr ein Konzert im Teatro San Carlo zu Neapel. Nach dem Konzert spricht ihn Crescentini, der inzwischen in Neapel lebt, an: *Der Minister des Inneren gehe damit um, das Konservatorium der Musik neu zu organisieren, da es sehr in Verfall geraten sei. Der jetzige Direktor Zingarelli ⟨der Komponist des «Romeo»⟩, der bei seiner frommen Richtung zwar fleißig mit den Schülern bete, aber wenig musiziere, solle in Ruhe gesetzt werden, und er, Crescentini, bewerbe sich um dessen Stelle. Da er aber von der Instrumentalmusik nichts verstehe, so beabsichtige der Minister, für diese noch einen zweiten Direktor anzustellen, und habe sein Auge auf mich geworfen.*

Doch eine Woche nach der anderen verging, ohne daß der Minister wieder etwas von sich hören ließ, und von Crescentini erfuhren wir, daß das Projekt an dem Kostenpunkte zu scheitern drohe.

32

Rossini und Velluti

1813, ein Jahr, nachdem Crescentini aus Paris nach Italien zurückgekehrt war und E. T. A. Hoffmann seine begeisterte Hymne auf Crescentinis Arie «Ombra adorata» schrieb, studierte der zweiundzwanzigjährige Gioacchino Rossini in Mailand eine neue Oper ein. Der junge Komponist hatte bereits zehn Opern geschrieben, von denen die meisten in Venedig uraufgeführt worden waren. Im Jahr 1813 waren dort sein «Tancredi» und «Die Italienerin in Algier» herausgekommen. Im selben Jahr sollte als Weihnachtsoper im Teatro alla Scala in Mailand Rossinis «Aureliano in Palmira» gegeben werden. Für die Rolle des persischen Prinzen Arsace, unter dessen Einfluß sich die kriegerische Königin Zenobia zur liebenden Frau wandelt, war der zu dieser Zeit bekannteste Kastrat Giovanni Battista Velluti engagiert.

Velluti wurde 1780 geboren, zwei bzw. drei Jahre vor dem Tod von Farinelli und Caffarelli. Nach einer Gesangsausbildung in Ravenna bekam Velluti rasch Engagements an den großen italienischen Opernhäusern. Er sang in Neapel, Rom und Mailand. 1810 hörte ihn Napoleon in Venedig. Er soll danach gesagt haben:

«Und man muß nur ein halber Mann sein, um so singen zu können.»

Der französische Schriftsteller Henri Beyle, der sich Stendhal nannte, beschreibt in seiner 1824 veröffentlichten Rossini-Biographie die Vorbereitungen zur Mailänder Uraufführung des «Aureliano». Er schmückt seine Schilderung romanhaft aus, aber in seinen, fast möchte man sagen: «Verzierungen», liegt wahrscheinlich mehr Wahrheit als im sachlichen Bericht eines Chronisten.

Rossini kommt 1814 ⟨die Uraufführung der Oper fand bereits am 26. Dezember 1813 statt⟩ *nach Mailand, um «Aureliano in Palmira» zu schreiben; er trifft dort Velluti, der in seiner Oper singen sollte. Velluti, der damals in der Blüte seiner Jugend und seines Talents und einer der hübschesten Männer des Jahrhunderts ist* ⟨Velluti ist 33 Jahre alt⟩, *mißbraucht aus purem Vergnügen seine wunderbaren Möglichkeiten. Rossini hat diesen großen Sänger bisher noch nie gehört. Er schreibt für ihn die Kavatine in seiner Rolle.*

Bei der ersten Probe mit dem Orchester singt Velluti, und Rossini erstarrt in Bewunderung. Bei der zweiten Probe beginnt Velluti zu verzieren (fiorire), Rossini entdeckt passende und sehr schöne Effekte, er heißt es gut. Bei der dritten Probe sind die Grundzüge der Kantilene vor lauter Verzierungen kaum mehr wahrzunehmen. Endlich kommt der Tag der Uraufführung. Die Kavatine und die ganze Rolle von Velluti machen Furore; aber Rossini, der schon kaum mehr erkennen kann, was Velluti singt, hört nicht mehr die Musik, die er komponiert hat. Vellutis Gesang ist gleichwohl voller Schönheiten und kommt beim Publikum wunderbar an, das schließlich durchaus recht hat, das zu beklatschen, was ihm so viel Freude bereitet.

Die Eigenliebe des Komponisten war schwer verletzt; seine Oper fiel durch, und nur der Sopran war erfolgreich.

Rossinis gespanntes Verhältnis zu Kastraten mag auch mit auf eine Erinnerung aus seiner Kindheit zurückzuführen sein. Der französische Autor Edmond Michotte berichtet in einem 1858, also noch zu Rossinis Lebzeiten, erschienenen Aufsatz von einer Unterhaltung mit dem Komponisten, in der dieser erzählt habe: *Können Sie sich übrigens denken, daß ich um ein Haar dieser berühmten Korporation oder vielmehr Dekorporation angehört hätte. Als Kind hatte ich eine sehr hübsche Stimme, und meine Eltern ließen mich in Kirchen singen, um ein paar Paoli zu verdienen. Ein Onkel von mir, der Bruder meiner Mutter und von Beruf Barbier, hatte mei-*

nen Vater von der Möglichkeit überzeugt zu verhindern, daß der Stimmwechsel ein Organ zerstörte, das bei unserer Armut und meiner gewissen Veranlagung zur Musik eine sichere zukünftige Einkommensquelle für uns alle werden könnte. Tatsächlich leben die meisten Castrati, besonders wenn sie sich einer Karriere im Theater widmen, im Überfluß. Doch meine tapfere Mutter wollte um keinen Preis ihre Zustimmung geben.

Eine der ersten Opern Rossinis mit dem Titel «L'Equivoco stravagante – Das wunderliche Mißverständnis» handelt von zwei jungen Männern, die in dasselbe Mädchen verliebt sind. Einer der beiden Rivalen redet dem anderen ein, sie sei in Wirklichkeit ein verkleideter Kastrat. Die im Oktober 1811 in Bologna uraufgeführte Oper brachte es nur auf drei Aufführungen, weil das Libretto Anstoß erregte. Man hatte zwar versucht, durch die Eliminierung allzu obszöner Wortspiele dem drohenden Verbot der Zensur zuvorzukommen, aber das genügte nicht, wie eine Zeitungsnotiz ein paar Tage nach der Uraufführung zeigt: *Da sich der Inhalt des Librettos gerade um eine vermutliche Verstümmelung dreht, die natürlich Raum für viele zweideutige Ausdrücke läßt, so genügt es nicht, einige Teile zusammenzustreichen, sondern es ist nötig, die Wurzel des Skandals auszureißen, indem man das Libretto verbietet.* Und bald kann die Zeitung Bestätigung ihrer Ansicht melden: *Daß das Libretto, mit Verlaub gesagt, unmoralisch ist, wird durch den Beschluß der sehr aufmerksamen Präfektur bewiesen, die weitere Aufführungen verboten hat.*

In seiner Rossini-Biographie behauptet Stendhal, Rossini sei über die eigenmächtigen Verzierungen Vellutis bei der Uraufführung des «Aureliano» so erbost gewesen, daß er geschworen habe, nie mehr für diesen Sänger, ja überhaupt nie mehr für einen Kastraten, zu komponieren. Das ist eine romanhafte Erfindung, die sich als «sachliche Aussage» in manche Rossini-Biographien eingeschlichen hat. Tatsächlich hat der Komponist schon vor dem «Aureliano» eine Männerrolle für eine Sängerin geschrieben. Die virtuose Titelpartie des Tancredi ist von ihm als «Hosenrolle» angelegt, wahrscheinlich, weil 1813 in Venedig zur Uraufführung kein geeigneter Kastrat zur Verfügung stand. Der Tancredi ist bei späteren Aufführungen der Oper allerdings auch von Kastraten gesungen worden.

Rossini hat auch nach dem «Aureliano» noch für Velluti komponiert, wenn auch keine Oper mehr. Am 3. Dezember 1822 wurde

in Verona anläßlich einer Sitzung des «Wiener Kongresses», zu der
Zar Alexander I. und der österreichische Kaiser Franz I. in die
Stadt gekommen waren, im Teatro Filarmonico die festliche Kan-
tate «Il vero omaggio» aufgeführt. Rossini war mit der Komposi-
tion beauftragt worden, in der Velluti eine Sopranpartie sang. Das
Theater war mit 472 venezianischen Wachskerzen und vier
Fackeln erleuchtet, außerdem brannten im Garten des Museo La-
pidario 575 Pechfackeln.

Die Abkehr Rossinis vom Kastratengesang ist keine aus ge-
kränkter Eitelkeit geborene Entscheidung. Die Instrumentation
und damit auch die Kompositionstechnik hatte sich weiterent-
wickelt, die Gesangskunst hatte sich verändert. Stendhal läßt Rossini nach der Uraufführung des «Aureliano» das folgende Selbst-
gespräch führen:

*«Durch einen glücklichen Zufall hat Velluti Geist und Ge-
schmack; aber wer sagt mir, daß ich nicht im erstbesten Theater,
für das ich komponiere, einen anderen Sänger treffe, der mir mit
einer ähnlich wandlungsfähigen Stimme und derselben Manie, «fioriture» zu machen, meine Musik nicht nur für mich unkenntlich
macht, sondern auch langweilig für das Publikum? Diese Gefahr
für meine Musik ist um so bedrohlicher, als es in Italien keine Gesangsschulen mehr gibt. Die Theater sind voll mit Leuten, die die
Musik von irgendeinem schlechten Musiklehrer auf dem Lande gelernt haben. Diese Art, Violinkonzerte zu singen, Variationen ohne
Ende, wird nicht nur das Talent des Sängers zerstören, sondern
auch den Publikumsgeschmack verderben. Alle Sänger werden Velluti nachahmen, jeder nach dem eigenen Stimmumfang. Wir werden keine schlichten Kantilenen mehr hören; sie würden sich ärm-
lich und frostig ausnehmen. Alles wird sich ändern, bis hin zur
Natur der Stimmen.*

*Ich kann singen; jedermann billigt mir dieses Talent zu; meine
«fioriture» werden geschmackvoll sein; im übrigen werde ich auf der
Stelle die Stärken und Schwächen meiner Sänger entdecken und
für sie nur schreiben, was sie auch ausführen können. Die Sache
ist entschieden, ich werde ihnen keinen Raum mehr für die geringste «appoggiatura» ⟨Vorschlag⟩ lassen. Die «fioriture», die Verzierungen, werden ein integraler Bestandteil des Gesangs sein, und
alle in der Partitur geschrieben stehen.»*

*Sie werden schon gemerkt haben, daß ich in meiner Eigenschaft
als Historiker Titus Livius nachgeahmt habe. Ich habe meinem*

Helden eine Rede in den Mund gelegt, von der er mir ganz sicher nie etwas erzählt hat; aber es ist unmöglich, daß Rossini zu irgendeinem Zeitpunkt in den ersten Jahren seiner Karriere nicht diesen inneren Monolog gehalten hat, seine Partituren beweisen das.

Nicht die Politik hat die Kastraten von der Opernbühne verdrängt, sondern die Komponisten können und wollen ihre Gesangskunst nicht mehr in ihr Werk integrieren. Stendhal stellt fest: *Wenn man die Begleitungen komplizierter gestaltet, schränkt man die Freiheit des Sängers ein; er hat nicht mehr die Auswahl zwischen den verschiedensten Verzierungen, was ihm freigestanden hätte, wenn es weniger Akkorde in der Begleitung gegeben hätte. Mit Begleitungen nach deutscher Art läuft der Sänger, der Verzierungen wagt, jederzeit Gefahr, gegen die Harmonie zu verstoßen. Ich meine, daß die deutschen Begleitungen dem Sänger jegliche Freiheit nehmen, die Verzierungen zu machen, die sein Genie ihm eingegeben hätte. Die deutsche Instrumentierung verbietet dem Sänger nachdrücklich, alle Ausdrucksmittel seiner Kunst zu benutzen.*

Genau fünfzig Jahre zuvor hatten sich in Wien Charles Burney und Metastasio über das Problem des modischen Geschmacks in der Musik unterhalten. Natürlich sah der alte Theaterdichter in der Gesangskultur seiner Jugendzeit und seiner Altersgenossen Farinelli und Caffarelli den Höhepunkt der Musik. Schon 1772 ist das größer gewordene Opernorchester und damit die veränderte Kompositionsweise ein Grund für die Veränderung der Gesangskunst. Burney notierte nach dem Gespräch mit Metastasio in seinem Tagebuch:

Metastasio glaubte nicht, daß noch ein Sänger übrig wäre, der seine Stimme so brauchen könnte, als die alten Sänger gelehrt wurden. Er war mit mir einig, daß die Theatermusik instrumentalisch geworden wäre, und daß die Kantaten aus dem Anfange des gegenwärtigen Jahrhunderts, die keine andere Begleitung hatten als ein Clavicimbel oder ein Violoncell, viel mehr Singekunst erforderten, als unsere neumodischen Arien, bei welchen das rauschende Akkompagnement sowohl Fehler als Schönheiten verbergen und dem Sänger forthelfen kann.

Über den Verfall der Gesangskunst zu Rossinis Zeit sagt Stendhal:

Als dieser große Komponist seine Laufbahn begann, war der Ge-

sang von allen Schönen Künsten diejenige Kunst, die die verhäng-
nisvollen Auswirkungen einer Epoche hehrer Kriege und grausamer
Reaktionen am meisten zu spüren bekommen hatte. In Neapel gab
es kein einziges der früher so berühmten Konservatorien mehr, die
Europa schon so lange die Maestri und Sänger lieferten, die Begei-
sterungsstürme entfachen und die Macht der Musik zeigen konnten. Gesang wurde nur noch in einigen finsteren Kirchen gelehrt.
Marchesi war nicht mehr am Theater. Der erhabene Pacchierotti
erlebte unter Tränen den Niedergang einer Kunst, die den Reiz und
den Ruhm seines Lebens ausgemacht hatte. Von welcher Geringschätzung mußte die Seele dieses echten Künstlers erfüllt sein, der
sich nie einen Ton oder ein Tempo erlaubt hatte, ohne sie auf die
momentanen Bedürfnisse des Zuschauers abzustellen, als er einen
Sänger sah, der keinen anderen Ehrgeiz hatte, als die mechanische
Übung, der erfolgreiche Rivale einer Geige zu werden in einer Va-
riation mit 32 Zweiunddreißigstelnoten pro Takt! Die ehedem
rührendste Kunst wird vor unseren Augen friedlich zu einem sim-
plen Beruf. Nach Pacchierotti, Marchesi und Crescentini ist die Gesangskunst so tief gesunken, daß sie heute nur noch in der getreuen
und lieblosen Ausführung der Noten besteht. Das ist im Jahre 1823
das äußerste an Geschick, das ein Sänger zu bieten hat. Man hat
die augenblickliche Erfindung aus einer Kunst verbannt, in der sich
die schönsten Effekte oft durch die Improvisation des Sängers erzielen lassen; und ich klage Rossini an, daß er diese große Veränderung bewirkt hat.

Im Dezember 1816 sah Stendhal in Mailand eine Komödie um
die Liebeshändel eines Kastraten. Seine Randbemerkungen bei der
Schilderung des Theaterstücks zeigen die Vorurteile und die Verachtung, die zu dieser Zeit den Kastraten entgegengebracht werden. Und sicherlich nicht erst in dieser Zeit. Seit der Aufführung
des «Aureliano», in der Velluti die Zuhörer bezaubert hat, sind nur
zwei Jahre vergangen. Das Publikum, das sich jetzt über den Kastraten auf der Schauspielbühne amüsiert, ist vielleicht dasselbe,
das Velluti zugejubelt hat. Stendhal erzählt:

Der Protagonist ist, wie man hier sagt, ein «soprano» ⟨also ein
Kastrat⟩ von der Scala. Aus Furcht vor der Rache des Gouverneurs
von Mailand, dem er die erste Sängerin entführt hat, zieht er Frauenkleider an und flüchtet nach Barlassina, einem Dorf in der Umgebung. Der «soprano» ist fünf Fuß und zehn Zoll ⟨ca. 1,85 m⟩ groß
und erscheint in dem Heldenkostüm des Achill, das kaum verdeckt

wird von einem bunten Baumwollkleid, welches er sich von der Kammerfrau der Primadonna, seiner Geliebten, geliehen hat. Die furchtbare Eifersucht des Gouverneurs von Mailand hat ihn gezwungen, mitten aus der Vorstellung der Oper «Achille» von Metastasio zu fliehen. Kaum im Dorf, treibt ihn die unglaubliche, den «soprani» eigene Eitelkeit dazu, von Musik zu reden und Anspielungen auf den Beifall zu machen, den er in dieser und jener Stadt erntete. Sogleich verliebt sich ein «dilettante» ⟨Kunstliebhaber⟩ der Gegend in Achill und wird zu allem Überfluß noch zudringlich. Signore Locatelli spielte höchst feurig und vollendet einfältig die lächerliche Rolle des «soprano», in dem Eitelkeit und Dummheit sich den Vorrang streitig machen. Er sang sogar eine große Arie.

Die «soprani» sind ziemlich leicht veranlagt. Aus diesem Grunde wechseln sie auch ihre Leidenschaften wie Kinder. Signor Locatelli hat diesen Charakterzug ausgezeichnet erfaßt. Diese kleine Komödie wäre unseres Theaters würdig, wenn das französische Publikum eine Vorstellung von der Dummheit eines «soprano» und der prepotenza ⟨Anmaßung⟩ eines italienischen Gouverneurs des alten Regimes hätte.

33

Velluti und Meyerbeer

Drei Jahre nach der Uraufführung von Rossinis erster und einziger Kastratenoper kommt ein junger deutscher Komponist nach Italien. Jakob Liebmann Meyer Beer ist 1791 bei Berlin geboren. Schon mit zehn Jahren tritt er öffentlich als Pianist auf, erhält Kompositionsunterricht beim Leiter der Berliner Singakademie Carl Friedrich Zelter. Er ist gerade einundzwanzig Jahre alt, als seine erste Oper «Jephtas Gelübde» im Königlichen Hof- und Nationaltheater in München uraufgeführt wird. Er nennt sich jetzt Jacques Meyerbeer. 1816 reist er nach Italien, schreibt italienische Opern und hat damit Erfolg. Beinahe jedes Jahr wird an einem italienischen Opernhaus eine Meyerbeer-Oper uraufgeführt, in Padua, Turin, Venedig und Mailand. Dennoch ist ihm auch mit seiner fünften italienischen Oper der große internationale Durchbruch, den er sich in Italien erhofft, noch nicht gelungen. Da greift er nach dem Mittel, auf dem schon Porpora hundert Jahre vorher seine

Karriere aufgebaut hat. In seiner sechsten italienischen Oper soll ein Star singen, dessen Auftritt allein die Aufführung zur Sensation machen muß. Er bemüht sich um Giovanni Battista Velluti. Der ist zwar schon dreiundvierzig Jahre alt, aber er gilt immer noch als einer der größten lebenden Sänger.

Das Libretto zu der Oper «Il crociato in Egitto – Der Kreuzfahrer in Ägypten» bringt noch einmal alle Effekte und Klischees der alten Kastratenoper. Es ist dabei gleichzeitig schon ein Werk des 19. Jahrhunderts.

Vellutis Rolle ist die des Kreuzritters Armando. Als einziger christlicher Ritter hat er eine Schlacht gegen die Sarazenen überlebt. Auf dem Schlachtfeld hat er seine Rüstung mit der eines gefallenen ägyptischen Kriegers vertauscht. In dieser Verkleidung rettet er dem Sultan Aladin das Leben. Armando lernt im Dienst des Sultans dessen Tochter Palmide kennen. Er vergißt sein Gelübde, das ihn zum Kampf um die Heiligen Stätten in Palästina verpflichtet, er vergißt auch seine Braut Felicia, mit der er sich vor seinem Aufbruch zum Kreuzzug verlobt hat. Palmide wird schwanger und gebiert heimlich einen Sohn.

Als ägyptischer Feldherr hat Armando eine neue Schlacht siegreich beendet. Zur Belohnung will der Sultan ihm seine Tochter zur Frau geben und ihn zum Thronerben einsetzen. Mit einer Abordnung der Kreuzritter, die die Friedensbedingungen aushandeln soll, kommt Armandos Onkel Adriano, der Großmeister der Kreuzritter, nach Ägypten; mit ihm, in Männerkleidern, Armandos Braut. Armando bekennt sich zu seinem Glauben, der Sultan läßt ihn in den Kerker werfen und verurteilt die Kreuzritter zum Tode.

Inzwischen hat der eifersüchtige Wesir Osmin dem Sultan das Geheimnis seiner Tochter verraten. Der befiehlt, das Kind zu töten, doch seine Tochter kann ihn versöhnen. Eine Verschwörung Osmins zum Sturz des Sultans kann Armando vereiteln. Er rettet so zum zweitenmal das Leben des Sultans. Da inzwischen auch ein päpstlicher Dispens aus Rom eingetroffen ist, der Armando die Heirat mit der Sultanstochter ermöglicht, steht einem Friedensvertrag und einer Hochzeit nichts mehr im Wege.

Am 7. März 1824 findet die Uraufführung im Teatro La Fenice in Venedig statt. Der «Crociato» hat den sensationellen Erfolg, den Meyerbeer sich seit langem erhofft. Bald darauf wird die Oper auch in Florenz gespielt. Von dort schreibt Meyerbeer an den Redakteur der «Gazetta di Milano», Francesco Pezzi:

344

Ich kann Ihnen einen der brillantesten Erfolge ankündigen, den ich bisher errungen habe. Die Oper ist mit wahrem Enthusiasmus aufgenommen worden. Während der drei ersten Vorstellungen hat mich das Publikum jeden Abend viermal auf die Bühne gerufen, dieselbe Ehre wurde auch den Sängern nach ihren Favoritstücken zuteil. Velluti hat von neuem den ganzen Charme seines großen und flexiblen Talents entfaltet. Von einem Augenblick zum andern zart und energisch hat sein Gesang Beifallsstürme entfacht, selbst bei seinen ausgesprochenen Gegnern. Unsere Tosi ⟨die Sängerin der Palmide, die siebenundzwanzigjährige Adelaide Tosi⟩ *war bei der ersten Vorstellung indisponiert und konnte nicht so singen, wie das Publikum mit Recht von ihr erwartete (unter uns gesagt, war auch ein wenig Böswilligkeit im Spiel, weil es zwischen ihr und Velluti wegen der Rollen Verstimmung gegeben hatte). Während der zweiten Vorstellung, wo sie besser bei Stimme war, hat sie allerdings ausgezeichnet gesungen, und das Publikum hat ihr unendlich applaudiert.*

Im Moment, wo ich dieses schreibe, gibt es noch keine Artikel über meine Oper in den Zeitungen von Florenz. Ich werde meinen Brief nicht abgehen lassen, bis etwas erschienen ist, um es Ihnen beizufügen. Weil ich doch weiß, daß man hier überaus schlecht schreibt, so hoffe ich, daß Sie nur die notwendigsten Dinge stehen lassen und daß Sie den größten Teil verändern. Ich wage zu hoffen, daß Sie mir diesen erbetenen Dienst erweisen wollen, wie Sie die Güte hatten, mir spontan bei meiner Abreise aus Mailand zu versprechen. Eine andere Bitte, die ich noch hinzufügen möchte, wäre, Ihren Artikel sobald als möglich zu veröffentlichen, damit er vor meiner Ankunft in Mailand in Ihrer Zeitung erscheint.

Im Herbst wird Meyerbeers Oper in Florenz wiederaufgenommen. Der dreiundvierzigjährige preußische Architekt und Maler Karl Friedrich Schinkel notiert am 29. Oktober in seinem Tagebuch: *Abends wird eine neue Oper im Teatro della Pergola aufgeführt, «Kreuzfahrer in Ägypten», von dem Juden Meyerbeer, ein tolles, unverdauliches, süßsauer, trivial empfindendes und gemein lärmendes Musikgewäsch. Der berühmte Kastrat Velluti, ein großer Mann, sang sehr schön, soweit sich dergleichen Musik singen läßt. (Eine Frau hört man einzeln doch lieber).*

Meyerbeer hat sehr bewußt und zielstrebig an seiner Karriere gearbeitet, aber die enthusiastische Aufnahme seiner Oper hat er gegenüber dem Redakteur der Mailänder Zeitung nicht übertrieben, um in der «Gazetta» eine positive Besprechung zu erhalten. Den Erfolg der Oper bezeugt auch Heinrich Heine (allerdings hat er die Oper wahrscheinlich nicht in Italien, sondern vor seiner Italienreise im Mai oder Juni 1828 in München gesehen). In seinen «Reisebildern» schreibt er: *Habe ich jemals menschliche Raserei gesehen, so war es bei einer Aufführung des «Crociato in Egitto», wenn die Musik manchmal aus dem weichen, wehmütigen Ton plötzlich in jauchzenden Schmerz übersprang. Jene Raserei heißt in Italien: furore.*

Der dreiunddreißigjährige Meyerbeer hat es geschafft. Mit Vellutis Hilfe ist er berühmt geworden, weltberühmt. Nicht nur in Italien wird seine Oper in vielen Städten gespielt, auch in London und Paris wird sie angenommen. Meyerbeer ist bei der ersten Londoner Aufführung seiner Oper am 29. Juni 1825 nicht anwesend, da er zu dieser Zeit bereits die Pariser Premiere vorbereitet. Von dort schreibt er dem befreundeten Mailänder Redakteur:

Der «Crociato» hat in London einen brillanten und vollen Erfolg errungen. Velluti hat dabei debutiert. Er mußte am ersten Abend gegen eine starke Opposition kämpfen. Diese Opposition war nicht gegen sein Talent gerichtet, sondern gegen seine Person, weil ein Teil des Publikums es unanständig und wider die Moral fand, einem Kastraten zu erlauben, auf der Bühne zu erscheinen. Velluti behielt die Nerven, sich nicht durch das Murren und Pfeifen abschrecken zu lassen, er besiegte glorreich alle seine Gegner und machte Furore. Die englischen Zeitungen, deren Berichte ich Ihnen in Übersetzung beilege, melden, daß die zweite und dritte Vorstellung dieses großen Künstlers einen allgemeinen Enthusiasmus erregten. Ich wäre sehr erfreut, wenn Sie einen Artikel in Ihr Feuilleton aufnähmen. Sie könnten dem italienischen Publikum den Erfolg des «Crociato» in London bekanntmachen. Sie haben so oft mit Ihrem Blatt wirksam bei der Verbreitung meines kleinen Ruhms mitgeholfen.

Am 25. September 1825 findet endlich die Pariser Premiere von Meyerbeers Oper statt. Die zweite Vorstellung besucht König Friedrich Wilhelm III. von Preußen, der sich anläßlich eines Staatsbesuchs in der französischen Hauptstadt aufhält. Im Oktober fragt der Intendant der Berliner Hofoper, Graf Brühl, bei Meyerbeer an, ob es bereits eine deutsche Übersetzung des «Crociato» gebe, da er das Werk in Berlin herausbringen möchte. Meyerbeer antwortet hinhaltend:

Es haben mir zwar bereits zu diesem Zwecke mehrere Dichter die Partitur begehrt, allein ich habe sie stets abgeschlagen, da es meine feste Überzeugung ist, daß der «Crociato» in deutscher Übertragung auf deutschen Bühnen nur einen gänzlich ungünstigen Erfolg haben kann. In der Musik selbst würden gewiß viele Einzelheiten der Gesangsformen (durch die Individualität der italienischen Sänger und den Geschmack des italienischen Publikums bedingt) ein deutsches Publikum, besonders als Produkt eines deutschen Tonsetzers, nicht ansprechen, und doch sind wiederum diese Gesangsformen, wie zufällig und außerordentlich sie auch erscheinen mögen, so fest in der Wesenheit des Ganzen eingewoben, daß auch die kleinste Änderung derselben ohne Zerstörung der Totalwirkung nicht geschehen kann.

Wie umständlich der Komponist darum herumredet, daß die Hauptrolle seiner Oper für einen Kastraten geschrieben ist und daß der Erfolg in Italien nicht zuletzt auf die Gesangskunst dieses Kastraten zurückzuführen ist. Vielleicht hat der Eklat, den das Auftreten seines Kastraten in London anfangs hervorgerufen hat, Meyerbeer so verschreckt, daß er lieber darauf verzichtet, die Oper in seiner Heimatstadt auf der Bühne zu sehen. Ihm liegt allerdings inzwischen auch nicht mehr viel daran, in Berlin aufgeführt zu werden. Für ihn gibt es nur noch Paris. Bereits vor der erfolgreichen Uraufführung des «Crociato» hatte er mit dem Teatro San Carlo in Neapel einen Vertrag über eine neue Oper abgeschlossen. Er wird diesen Vertrag nicht erfüllen. Seine ganze Kraft richtet er jetzt auf eine französische Oper für Paris. Es wird noch fünf Jahre dauern, bis «Robert der Teufel» seine Uraufführung erlebt. Die männliche Hauptrolle singt ein Tenor.

Velluti ist inzwischen in England ein akzeptierter Gesangsstar geworden. Wie die großen Kastraten des 18. Jahrhunderts wird er zu Hauskonzerten in die Palais des Adels eingeladen. Als Carl Maria von Weber im Frühjahr 1826 in London die Uraufführung seiner Oper «Oberon» vorbereitete, wurde auch er gebeten, Abendgesellschaften des Adels musikalischen Glanz zu geben. Bei einer solchen Gelegenheit hat er Velluti getroffen. Weber berichtet seiner Frau in einem Brief vom März 1826:

Den 21. um einhalb elf Uhr fuhr ich zu Lord Hertford. Gott, welch große Gesellschaft! Herrlicher Saal, 500 bis 600 Personen da. Alles im höchsten Glanze. Fast die ganze italienische Opern-Gesellschaft, auch Velluti etc., zwei Trompeter, ein Waldhornist (der

*berühmte Puzzi) und ein Contrabaß, der ebenso berühmte Drago-
netti. Da wurden Finales gesungen etc., aber kein Mensch hörte zu.
Das Geschwirr und Geplauder der Menschenmenge war entsetz-
lich. Wie ich meine Polacca in Es spielte, suchte man einige Ruhe
zu stiften, und ungefähr 100 Personen sammelten sich theilneh-
mendst um mich; was sie aber gehört haben, weiß Gott, denn ich
hörte selbst nicht viel davon. Ich dachte dabei fleißig an meine 30
Guineen und war so ganz geduldig. Gegen zwei Uhr ging man endlich zum Souper, wo ich mich aber empfahl und in mein Bett eilte.*

Im Sommer des nächsten Jahres hörte Fürst Pückler in London
Velluti in einem privaten Konzert. Der Fürst war durch seine Manie, seinen Besitz in der Lausitz in einen Landschaftsgarten im
englischen Stil zu verwandeln, in den Bankrott getrieben worden.
In England suchte er eine reiche Erbin, die ihn heiraten und mit
ihrer Mitgift seine Güter sanieren sollte. Er hatte sich zu diesem
Zweck pro forma von seiner Frau scheiden lassen. An sie schrieb
er am 13. Juni 1827:

Heute war Konzert beim großen Herzog ⟨wahrscheinlich ist der
Herzog von Wellington, der Besieger Napoleons, gemeint⟩, *in dem
der alte Velluti wie ein Kapaun krähte, worüber dennoch alles in
Entzücken geriet, weil er einst gut sang, hier aber immer noch den
alten Ruhm usurpiert.*

Kurz vor Vellutis Abreise aus England kam Felix Mendelssohn
Bartholdy nach London. Er hörte Velluti in einem Duett mit der
gefeierten Sängerin Henriette Sontag. An Eduard Devrient schrieb
er: *Eben geht der verfluchte Velluti vor meinem Fenster vorbei; er
ist ein erbärmlicher, jämmerlicher Kerl, dessen Gesang mich so
anekelte, daß ich in der Nacht davon träumte.*

34

Das Erbe: Der Tenor

Im April 1774 bearbeitet Gluck seine Oper «Orpheus und
Eurydike» für eine Aufführung in Paris. Kurz zuvor hat er dort mit
«Iphigenie in Aulis» einen großen Erfolg gehabt. Einhundertzwanzig Jahre nach der Aufführung des «Orfeo» von Luigi Rossi
erlebt die französische Hauptstadt wieder eine «Orpheus»-Oper.
Für die Aufführung in Paris muß nicht nur das Libretto ins Französische übersetzt werden. Die Oper wird, ähnlich wie zwei Jahre

zuvor in London, auf eine «abendfüllende» Länge gebracht. Für die «Pariser Fassung» des «Orpheus» komponiert Gluck mehr als dreißig Minuten zusätzliche Ballettmusik. Vor allem aber schreibt er die Partie des Orpheus um, denn in Paris wird ein Tenor die Hauptrolle singen.

Während die Komponisten durch eine kunstvollere Behandlung des Orchesters in der Oper die «willkürlichen Veränderungen» der Sänger erschweren, erwächst den Kastraten im Tenor ein ernstzunehmender Rivale. Und der Tenor hat sein Wirkungsfeld in Paris. Das Pariser Publikum beurteilte, wenn wir Charles Burney glauben dürfen, im 18. Jahrhundert die Qualität eines Sängers mehr nach der Lautstärke seiner Stimme als nach der Geläufigkeit seiner «Gurgel». Der Engländer berichtet in seinem Tagebuch vom Fronleichnamskonzert im großen Saal des Louvre im Jahr 1770: *Der erste Alt hatte einige Zeilen Solo zu singen, welche er mit solcher Gewalt herausschrie, als wenn er mit dem Messer an der Kehle um Hilfe riefe. Allein, so betäubt ich auch davon ward, so sah ich doch deutlich an dem Lächeln der unaussprechlichen Zufriedenheit, das sich in 99 von 100 Gesichtern in der Gesellschaft zeigte, und hörte in den lautesten Tönen des Beifalls, welchen ein entzücktes Auditorium geben kann, daß dies gerade das war, was ihr Herz empfand und ihre Seele liebte. «C'est superbe! ⟨das ist wundervoll!⟩» hallte durch das ganze Haus von einem zum andern wider.*

Das Italien des 18. Jahrhunderts wurde zwar immer wieder von Kriegen heimgesucht, aber es stand im Mittelpunkt des politischen Interesses. Die napoleonischen Kriege haben zur Folge, daß die ehemals reichen italienischen Fürstentümer in Bedeutungslosigkeit versinken. Nach Napoleon ist Neapel nicht mehr stolze Hauptstadt eines Königreichs, sondern eine Provinzstadt.

Wie es die deutschen Komponisten des 18. Jahrhunderts nach Italien zog, zieht es die italienischen der ersten Hälfte des 19. Jahrhunderts nach Frankreich. Gioacchino Rossini lebt seit 1824 in Paris und leitet das Théâtre Italien. Luigi Cherubini kam bereits 1788 in die französische Hauptstadt. Für Meyerbeer war Italien nur das Sprungbrett für eine Karriere in Paris. Und in Paris hatte ein Tenor die männliche Hauptrolle zu singen.

Am 20. November 1805 wurde im Theater an der Wien die Oper «Leonore» von Ludwig van Beethoven aufgeführt, die Urfassung des «Fidelio». Im selben Jahr war Girolamo Crescentini in Wien an der Hofoper engagiert, und Napoleon hörte ihn dort (die von Caroline Pichler geschilderte Begegnung mit Crescentini und Cherubini fand zwei Wochen nach der Uraufführung der «Leonore» statt). Der Sopran singende Gefängnisdiener Fidelio hat sicherlich auf die Zuschauer, die im Opernhaus noch Kastraten gewohnt waren, anders gewirkt als auf ein Publikum des 20. Jahrhunderts. Leonore verriet ihr wahres Geschlecht nicht schon durch die Stimme. Ihre Verkleidung war bei ihrem ersten Auftritt nicht bereits zu «hören», und ihr Ausbruch: «Töt' erst sein Weib» wird eine ganz andere Wirkung gehabt haben als heute.

Die Leonore Beethovens von 1805 hätte auch musikalisch durchaus eine Kastratenpartie sein können. Ihre große Szene und Arie «Abscheulicher, wo eilst du hin» hatte in der ersten Fassung noch umfangreiche, von Beethoven komponierte Verzierungen im Gesangsstil des 18. Jahrhunderts. Beethoven hat den «Fidelio» zweimal umgearbeitet. Im Mai 1814 wurde die dritte, heute gespielte Fassung der Oper zum erstenmal aufgeführt. In der Berliner Staatsbibliothek wird ein Album aufbewahrt, in dem die Leonoren-Arie von 1805 mit den Änderungen Beethovens für die Aufführung von 1814 enthalten ist. In ihm hat Beethoven die Koloraturen der Arie radikal zusammengestrichen. An die Stelle akrobatischer Verzierungen treten pathetisch ausgehaltene Töne. Anekdotische Überlieferung will wissen, Beethoven habe die Koloraturen gestrichen, weil die Sängerin Anna Milder sie nicht singen wollte (sie hatte die Partie auch schon bei der Uraufführung der ersten Fassung gesungen, kannte die Koloraturen also). Es ist viel wahrscheinlicher, daß Beethoven diese äußerliche Vereinfachung der Arie zur Steigerung der künstlerischen Wirkung vorgenommen hat, daß er bewußt von der «Castraten-Gurgeley» wegkommen wollte.

Das Wiener Publikum erlebt im «Fidelio» aber noch etwas Neues. Im zweiten Akt taucht mit Florestan ein Tenor als «Held» auf. Er hat noch nicht die Titelrolle, aber doch von den musikalischen Effekten her die zweite Hauptrolle neben der Primadonna.

Nur sieben Jahre nach der Uraufführung der dritten Fassung des «Fidelio» hat in Berlin eine andere «deutsche» Oper Premiere, die ebenfalls einen Tenor zum Titel-«Helden» der Oper macht: Carl-Maria von Webers «Der Freischütz». Die Uraufführung 1821 findet bezeichnenderweise nicht in der Berliner Hofoper Unter den Linden statt (die ist der italienischen Oper vorbehalten), sondern im Königlichen Schauspielhaus am Gendarmenmarkt. (Meyerbeer hat seinen Durchbruch mit Hilfe des Kastraten Velluti in Venedig

erst drei Jahre später.) Der Tenor hat auch die deutschen Opernbühnen erobert, und die italienischen werden bald folgen.

Weber ist zu dieser Zeit Kapellmeister in Dresden. Hier gab es zu
dieser Zeit eine «italienische» und eine «deutsche» Oper, die durchaus miteinander konkurrierten. An der Dresdner «italienischen»
Oper war der Kastrat Filippo Sassaroli engagiert. Weber schrieb
für ihn den Sopranpart in seinen beiden 1818 und 1819 aufgeführten Dresdner Messen, das Offertorium der Messe in G-Dur, der
«Jubelmesse», ist auf königlichen Wunsch besonders virtuos den
Fähigkeiten Sassarolis angepaßt, von dem Weber sagt, daß er
einen *Athem wie ein Pferd* habe. Weber war mit Sassaroli befreun-
det und hat – nach den Mitteilungen seines Sohnes – den Kastraten so beschrieben:

*Als Künstler war Sassaroli in seiner Art unvergleichlich; sein
Portamento, sein Vortrag der Cantilene ist nicht wieder erreicht
worden, ebenso die Kunst der Athemverteilung. Er war im Stande,
den Ton kraftvoll 25–30 Secunden auszuhalten. In einer Messe von
Naumann hatte er das f auf der fünften Linie 8 Tacte zu halten,
nach dem 4. verwandelte er ihn in einen Triller, was von gewalti-
ger Wirkung war. Der Timbre seiner Stimme hatte die Klangfarbe
einer hellschwingenden Glasglocke und füllte die Räume der katholischen Kirche wie mit Engelsstimmen. Der Arme war ein leidenschaftlicher Freund der Kinder, die er, wo er konnte, oft mit
Thränen liebkoste. Sein edles Herz hatte nur Raum für den Hass
gegen einen einzigen Menschen, und dies war sein grausamer Vater. Nichtsdestoweniger unterstützte er ihn grossmüthig.*

Richard Wagners Schwester Clara hatte in Dresden bereits mit
sechzehn Jahren ihr Debut als Opernsängerin. Sowohl der deutsche
Kapellmeister Weber als auch der italienische Kastrat Sassaroli waren gelegentliche Gäste im Hause Wagner. In «Mein Leben» erinnert sich Wagner an Diskussionen über deutsche und italienische
Oper zwischen dem Komponisten und dem Kastraten. Das muß
1825 gewesen sein, als Wagner zwölf Jahre alt war, denn 1826 bereitete Weber seinen «Oberon» in London vor und starb dort bald
nach der Uraufführung. Wagner erzählt in der ab 1865 nach seinem Diktat von Cosima niedergeschriebenen Autobiographie:

*Der skandalösen Gestalt Sassarolis gegenüber erfaßte mich We-
bers überaus zarte, leidende und geistverklärte Erscheinung mit
ekstatischer Teilnahme. Der italienische Sopransänger, ein unge-
heurer, rundbäuchiger Koloß, entsetzte mich durch seine hohe Wei-*

berstimme, seine erstaunliche Volubilität ⟨Geläufigkeit⟩ im Sprechen und sein kreischendes, stets bereites Lachen. Trotz seiner
großen Gutmütigkeit und Beliebtheit namentlich auch in meiner
Familie, war dieser Mensch mir gespenstisch widerwärtig; italienisch sprechen und singen hören, erschien mir als das Teufelswerk
dieser Spukmaschine, und als ich infolge des Mißgeschicks meiner
armen Schwester ⟨sie verlor ihre Gesangsstimme⟩ noch häufig von
italienischen Intrigen und Kabalen sprechen hörte, begründete
sich in mir ein so starker Widerwille gegen dieses Element, daß ich
noch in spätesten Zeiten mich entsinne, bis zu leidenschaftlicher
Abneigung dadurch verführt worden zu sein.

Als Richard Wagner Sassaroli kennenlernte, war der Kastrat bereits 50 Jahre alt. Ein 1878 erschienenes Buch über die Dresdner
Oper bestätigt Wagners Erinnerung über das Aussehen Sassarolis,
wenn auch in zurückhaltenderen Worten: *Auf der Bühne wurde die
Vortrefflichkeit seines Gesangs und Vortrags, z. B. als Tancred* ⟨in
der Oper von Rossini⟩, *durch das Ungünstige seiner Erscheinung
beeinträchtigt.* Sassaroli erhielt 1828 mit 53 Jahren in Dresden
seine Entlassung.

Es ist kaum vorstellbar, daß bei den Diskussionen im Hause
Wagner nicht auch der Erfolg von Meyerbeer und Velluti in Venedig zur Sprache gekommen ist.

In der Mainzer Musikzeitschrift «Caecilia», die ein enger Freund
Meyerbeers, der Komponist und Musiktheoretiker Gottfried Weber,
herausgibt, erscheint 1828 ein längerer Aufsatz mit dem Titel «Zur
Geschichte der Castraten». Darin heißt es:

*Die Königin Semiramis wird als die erste genannt, welche eine so
grausame, die menschliche Natur beleidigende Operation eingeführt. Indessen scheint in den früheren Zeiten nicht der Gesang die
nächste Veranlassung gegeben zu haben, sondern die Eifersucht.*

*Nach den neuesten Nachrichten wird die Zeit um das Jahr 1600
angegeben, wo in Italien zuerst in des Papstes Clemens VIII. Cappella Castraten eingeführt wurden. Dieser Papst ertheilte auch ein
Breve, wodurch die Castration authorisiert wurde.*

*Kein anderes Volk, kein anderes Land in Europa, hat sich eines
solchen, die menschliche Natur entehrenden Verbrechens blos um
eines erbärmlichen Ohrenkitzels willen schuldig gemacht, als Italien und die Italiäner. Alle anderen Nationen wollten lieber Menschen als Sänger haben; nur die Italiäner suchten die Musik auf
Kosten ihrer Nachkommenschaft empor zu bringen.*

Sehr bald brachte man die Castraten auf das Theater, und sie machten, trotz ihrer kläglichen Stimme und noch kläglicheren Figur, umgemein großes Glück daselbst.

Nun opferten nicht nur die Väter ihre Söhne der Muse des Gesanges und dem Gott des Goldes, sondern die Söhne drangen selbst darauf.

Künstliches Singen trat also an die Stelle des natürlichen. Dies hieß freilich, die heilige Tonkunst an ihrer Quelle entweihen, und die ihr noch fehlende Vollkommenheit durch Mangel erreichen wollen.

Die erste Erscheinung der Castraten in England, Holland und im Norden erregte beinahe Aufruhr. Man konnte sich nicht an ihre riesenmäßigen Körper, an ihre blassen Gestalten und an ihre dicken Beine gewöhnen.

Wilhelm Heinse sagt im Enthusiasmus (in seinem musikalischen Roman «Hildegard von Hohenthal», 1795, S. 27): «Eine schöne jugendliche, völlig ausgebildete Castratenstimme geht über alles in der Musik. Kein Frauenzimmer hat die Festigkeit, Stärke und Süßigkeit des Tons und so aushaltende Längen.»

Bei aller Kunst, zu welcher sie sich unläugbar aufschwingen, heulen und krähen die Castraten dennoch. Die auserlesenste Castratenstimme hat immer etwas sehr widerliches, welches ihr durch keine Kunst völlig benommen werden kann. Man will auch bemerkt haben, daß die Verstandeskräfte durch die Castration leiden.

Der Mensch entweiht die Tonkunst, weil er glaubt, auch über Künste zu herrschen. Die Kunst entflieht ihm, und ein Schatten bleibt zurück.

Als dieser Aufsatz erschien, sang Velluti noch in London. 1829 kehrte er nach Italien zurück. 1831 hörte Stendhal ihn in einem Hauskonzert in Venedig: *Ich habe Velluti gehört, in einem Salon am Markusplatz. Nie hat Velluti besser gesungen. Er hat das Aussehen eines jungen Mannes von 36 oder 38 Jahren, obwohl er schon 52 ist* ⟨Velluti war tatsächlich erst 50 Jahre alt⟩.

Velluti zieht sich von der Bühne zurück und betreibt in der Nähe von Venedig am Ufer der Brenta Landwirtschaft. Während des Krieges von 1849 wird der Achtundsechzigjährige auf dem Weg zum Arzt von einer österreichischen Patrouille gestellt. Der Offizier ist zufällig selbst im Zivilberuf Arzt und fragt den alten Mann nach seinen Beschwerden, fragt ihn auch nach seinem Beruf. Als Velluti sagt, daß er Sänger ist, meint der Offizier, er solle einfach etwas singen, Singen sei für ihn die beste Medizin. Velluti singt eine Arie aus der Oper «Iphigenie in Tauris» von Tommaso Traetta. Die Oper war 1758 in Wien uraufgeführt worden. Der Offizier fragt den Sänger erstaunt, woher er diese altmodische Arie kenne. Vor Jahrzehnten habe sie der berühmte Sänger Velluti in Wien in einem Konzert gesungen. Sein Vater habe immer davon geschwärmt und gesagt, diese Arie, von Velluti gesungen, sei das Schönste gewesen, was er je im Leben gehört habe. «Ich bin Velluti», sagt da der alte Mann. Sein Auftritt in Wien lag siebenunddreißig Jahre zurück.

1856 trifft Meyerbeer auf einer Italienreise seinen früheren Starsänger in Venedig wieder. Mit seinen französischen Opern «Robert der Teufel», «Die Hugenotten» und «Der Prophet» ist Meyerbeer inzwischen der erfolgreichste Opernkomponist Europas. Dem Sänger, dem er mit dem Erfolg seiner letzten italienischen Oper den künstlerischen Durchbruch zu verdanken hat, fühlt er sich auch mehr als dreißig Jahre nach ihrem gemeinsamen Triumph noch immer freundschaftlich verbunden. Einige Tage nach dem Wiedersehen schreibt Meyerbeer aus Venedig einen Brief an Velluti in dessen Landhaus:

Lieber illustrer Freund! – Ich habe von einem Tag zum andern gezögert, zu Ihrem Landsitz zu kommen, um Ihrer Einladung zu folgen, weil ich zuerst meinen hartnäckigen Husten auskurieren wollte, um mich ganz unbeschwert dem Vergnügen eines Ausflugs zum Tuskulum des unsterblichen Künstlers hinzugeben, der den Namen Velluti trägt. Aber leider bin ich noch nicht geheilt, und ein Brief, den ich soeben erhalten, zwingt mich, unverzüglich nach Berlin zu reisen. Ich werde nun der Freude beraubt, Sie noch einmal zu sehen, mein lieber illustrer Freund. Aber lassen Sie mich wenigstens durch diese Zeilen sagen, wie glücklich ich war, Sie in Venedig nach so vielen Jahren der Trennung wiederzusehen: Sie mein illustrer Velluti, den ich als einen der größten Sänger verehre, den Ihr so reich gesegnetes Vaterland hervorgebracht hat, und den ich zugleich als einen der nobelsten und herausragendsten Charaktere liebe. Ich bin stolz und glücklich über Ihre Freundschaft, die mich ehrt, und ich bitte, sie mir zu erhalten, so wie ich Ihnen mein ganzes Leben lang meine tiefste Dankbarkeit für Ihre bewundernswerte Creation der Rolle des «Crociato» bewahren werde. Ihr schulde ich den Erfolg dieses Werkes, der ihm glücklicherweise zuteil wurde.

Adieu, lieber und illustrer Freund. Sobald ich in Berlin ange-

kommen bin, werde ich Ihnen eine Lithographie meiner armen teu-
ren Mutter senden, die Sie so sehr liebte und bewunderte.
   Ihr ganz ergebener Freund und Bewunderer Meyerbeer.

Von Januar bis April 1856 ist Meyerbeer in Italien gewesen. In
dieser Zeit besucht er fleißig die Oper. In Venedig hört er im Januar
im Teatro la Fenice Verdis «Troubadour» und «Traviata»; im Februar «Rigoletto» und «Die sizilianische Vesper», im März «Na-
bucco». 1850 ist in Weimar Wagners «Lohengrin» uraufgeführt
worden. Die Tenöre haben auf der Opernbühne die Herrschaft
übernommen. Die Carusos und Pavarottis treten das Erbe der Kastraten an.

Giambattista Velluti, der letzte Kastrat, für den große Opernkomponisten Rollen geschrieben haben, stirbt 1861 mit achtzig
Jahren. Der Sänger ist bereits so zur Legende geworden, daß bei
der Nachricht von seinem Tod alle Welt sich wundert, daß er noch
gelebt hat.

35

Epilog

Im Jahr der Uraufführung von Meyerbeers letzter Kastraten-Oper
«Il crociato in Egitto» schrieb Heinrich Heine ein Gedicht, das er
in seinem «Buch der Lieder» im Abschnitt «Die Heimkehr» veröffentlichte.

> *Doch die Kastraten klagten,*
> *Als ich meine Stimm' erhob;*
> *Sie klagten und sie sagten,*
> *Ich sänge viel zu grob.*

> *Und lieblich erhoben sie alle*
> *Die kleinen Stimmelein.*
> *Die Trillerchen, wie Krystalle,*
> *Sie klangen so fein und rein.*

> *Sie sangen von Liebessehnen,*
> *Von Liebe und Liebeserguß;*
> *Die Damen schwammen in Tränen*
> *Bei solchem Kunstgenuß.*

ANHANG

LEXIKON DER KASTRATEN

Girolamo ROSINI (1581–1644)
Loreto VITTORI (1604–1670)
Giovanni Andrea BONTEMPI (um 1624–1705)
Atto MELANI (1626–1693)
Domenico MELANI (1629–1693)
Bartolomeo SORLISI (1632–1672)
SIFACE ⟨Giovanni Francesco Grossi⟩ (1653–1697)
Pier Francesco TOSI (1654–1732)
Francesco Antonio PISTOCCHI (1659–1726)
Andrea Adami da BOLSENA (1663–1742)
MATTEUCCIO ⟨Matteo Sassano⟩ (1667–1737)
NICOLINI ⟨Nicolo Grimaldi⟩ (1673–1732)
Filippo BALATRI (1676–1756)
SENESINO ⟨Francesco Bernardi⟩ (um 1680–1759)
Antonio Maria BERNACCHI (1685–1756)
Antonio CAMPIOLI (um 1685 bis nach 1738)
Gaetano BAERENSTADT (um 1690 bis nach 1734)
Matteo BERSELLI (um 1690 bis nach 1720)
FARINELLI ⟨Carlo Broschi⟩ (1705–1782)
Domenico ANNIBALI (um 1705–1779)
Giovanni CARESTINI (um 1705 bis um 1760)
Filippo FINAZZI (um 1706–1776)
CAFFARELLI ⟨Gaetano Majorano⟩ (1710–1783)
Nicola REGINELLA (1710–1751)
Felice SALIMBENI (1712–1751)
Giambattista MANCINI (1714–1800)
GIZZIELLO ⟨Gioacchino Conti⟩ (1714–1761)
PORPORINO ⟨Antonio Uberti⟩ (1719–1783)
Giovanni MANZUOLI (um 1720–1782)
Giovanni Battista ANDREONI (um 1720–1797)

357

Giuseppe RICCIARELLI (um 1722–1776)
Gaetano GUADAGNI (um 1725–1792)
Giuseppe APRILE (1732–1813)
Giusto Ferdinando TENDUCCI (um 1736–1790)
Gasparo PACCHIEROTTI (1740–1821)
Carlo CONCIALINI (1744–1812)
Venanzio RAUZZINI (1746–1810)
Francesco CECCARELLI (1752–1814)
Luigi MARCHESI (1755–1829)
Vincenzo dal PRATO (1756–1828)
Girolamo CRESCENTINI (1762–1846)
Filippo SASSAROLI (1775 bis nach 1828)
Giovanni Battista VELLUTI (1780–1861)
Domenico MUSTAFÁ (1829–1912)
Alessandro MORESCHI (1858–1922)

ANDREONI, Giovanni Battista

geb. um 1720 in Lucca; wird dort 1736 Mitglied der fürstlichen Kapelle und hat weiterhin Gesangsunterricht in Bologna; 1738/39 in Venedig, von dort 1739 nach London engagiert, wo er bis 1742 bleibt (u. a. Ulisse/Odysseus in Händels letzter Oper «Deidamia»); 1742/43 und 1747/48 in Florenz, zwischenzeitlich in Spanien; läßt sich in Rom zum Priester weihen; 1785 Entlassung aus der fürstlichen Kapelle in Lucca; stirbt dort am 23. 4. 1797.

ANNIBALI, Domenico

geb. um 1705 in Macerata; erste bezeugte Opernrolle 1725 in Rom in einer Porpora-Oper; 1727–1729 in Venedig, von wo er nach Dresden engagiert wird, dort singt er bis 1756 (Unterbrechung der Opernaufführungen wegen des Siebenjährigen Krieges) vor allem in Hasse-Opern; während seines Dresdner Engagements erhält Annibali häufige Urlaube für Gastspiele, u.a. 1730, 1732, 1739 in Rom, 1731 in Wien; 1736/37 benutzt er ein Gastspiel in London (u.a. Titelrolle in Händels «Giustino») dazu, seine Dresdner Gage kräftig zu erhöhen; kehrt nach Beendigung des Krieges 1764 nach Italien zurück und stirbt 1779 (oder später, wahrscheinlich in Rom).

APRILE, Giuseppe

geb. 28. 10. 1732 in Martina Franca, Apulien; Gesangsausbildung in Neapel; Operndebut in Neapel 1753, danach Auftritte in Rom, Parma und anderen italienischen Städten; 1756–1769 in Stuttgart, vornehmlich in Opern von Niccolò Jommelli; während dieser Zeit mehrfach zu Gastspielen in Italien; 1769 verläßt er Stuttgart unter Hinterlassung beträchtlicher Schulden; 1770–1783 Engagements an verschiedenen italienischen Theatern,

Wolfgang Amadeus Mozart hört ihn 1770 mehrfach in Mailand, Bologna und Neapel; ab 1783 als Gesanglehrer in Neapel, zu seinen Schülern zählen Domenico Cimarosa, Michael Kelly; zieht sich 1798 in seine Geburtsstadt Martina Franca zurück, wo er am 11. 1. 1813 stirbt.

BAERENSTADT, Gaetano (auch: Berenstadt, Bernstadt)
geb. um 1690 in Italien als Sohn deutscher Eltern; einer der wenigen bekannten Kastraten, die nie erste Rollen sangen; zwischen 1708 und 1711 Opernauftritte in Neapel, 1712–1714 in Düsseldorf, 1716/17 in London (Wiederaufnahme von Händels «Rinaldo» mit Nicolini), anschließend im Dresdner Ensemble; 1721 in Venedig, 1722/23 wieder in London (Tolomeo in Händels «Caesar», Titelrolle in «Flavio», in einer Szene dieser Oper hat Vanderbank ihn in einer Karikatur dargestellt); 1727–1734 in Neapel, mit Gastspielen in Florenz und Rom (wo er durch ein «Schnupftabakattentat» in der Generalprobe eine Oper von Porpora ruiniert haben soll); nach dem Abzug der Österreicher 1734 verläßt er Neapel und lebt danach wahrscheinlich in Deutschland; Todesdatum unbekannt.

BALATRI, Filippo
geb. 1676 in Alfea bei Pisa; Debut wahrscheinlich in Florenz, von wo ihn Cosimo de'Medici 1790 an den Hof Peters des Großen nach Moskau schickt; 1691 begleitet er eine Gesandtschaft zum Großkhan der Tartarei; Rückkehr nach Italien, Reisen nach Frankreich, England und Deutschland; Engagement in München, wo er 1724 sein Bühnendebut hat, bis 1739; bei einem Gastspiel in Wien singt er 1724 mit der Sängerin Faustina Bordoni (der späteren Ehefrau Hasses); 1739 tritt er ins Kloster Fürstenfeld ein, wo er am 10. 9. 1756 stirbt; hinterläßt eine in Versen geschriebene Autobiographie (Handschrift in der Bayerischen Staatsbibliothek, München; 1924 veröffentlicht).

BERNACCHI, Antonio Maria
geb. 23. 6. 1685 in Bologna; Schüler von Antonio Pistocchi; 1701 in Mannheim und Wien, Operndebut 1703 in Genua; 1709/10 in Venedig; 1716/17 und 1729 in London (u.a. Wiederaufnahme von Händels «Rinaldo»); zwischen 1719 und 1735 mehrere längere Engagements in Wien; 1727 in Bologna «Wettsingen» mit dem jungen Farinelli, der bei Bernacchi Gesangsunterricht nimmt; ab 1736 in Bologna als Gesanglehrer, zu seinen Schülern zählen u.a. der Tenor Anton Raaff (Mozarts erster Idomeneo) und Giambattista Mancini, der 1774 in Wien eine Gesangslehre herausgibt; gest. am 13. 3. 1756 in Bologna.

BERSELLI, Matteo
geb. um 1690 wahrscheinlich in Venedig; dort 1709 erster nachweisbarer Opernauftritt; 1711–1716 Engagements in Novara, Rom, Mailand und Neapel; 1717–1720 in Dresden, 1720/21 in London (u. a. in Wiederauf-

nahme von Händels «Radamisto»); über seinen weiteren Lebenslauf ist nichts bekannt.

BOLSENA, Andrea Adami da
geb. 1663 in Bolsena; wird 1678 Mitglied der päpstlichen Kapelle in Rom und ist 1700–1714 Leiter des Chors; Erzpriester an S. Maria Maggiore; gibt 1711 ein Buch über den Chor der päpstlichen Kapelle heraus; gest. 1742 in Rom.

BONTEMPI, Giovanni Andrea
geb. um 1624 in Perugia; Ausbildung in Rom an der Gesangsschule der päpstlichen Kapelle; 1643–1650 Sänger am Markusdom Venedig, u.a. unter Monteverdi; 1650 Engagement nach Dresden, wo ihn 1651 Heinrich Schütz vergeblich als seinen Stellvertreter vorschlägt; in Dresden nicht mehr als Sänger tätig, sondern als Komponist und Kapellmeister; 1662 wird als erste italienische Oper in Dresden (und im nördlichen Europa) Bontempis «Il Paride» aufgeführt; 1664 Direktor der Dresdner Oper und Bühnenbildner, daneben Arbeit als Historiker (u.a. «Historien des Durchlauchtigsten Hauses Sachsen», 1666); 1666–1679 Aufenthalt in Italien, ab 1671 wieder in Dresden; verschiedene historische Schriften; 1680 endgültige Rückkehr nach Italien, lebt bei Perugia, wo er bis 1686 im Kirchenchor singt; 1695 erscheint in Perugia seine «Historia Musica»; gest. 1.7.1705.

CAFFARELLI (Gaetano Majorano; auch: Caffarello, Caffariello u.a.)
geb. 12. 4. 1710 in Bitonto bei Bari; in Neapel Schüler von Nicola Porpora; Debut 1726 in Rom in einer Frauenrolle; Engagements in Venedig, Turin, Mailand, Florenz, Bologna; singt 1734 mit seinem älteren Mitschüler Farinelli in Venedig in einer Wiederaufnahme von Hasses «Artaserse»; ab 1735 in Neapel; 1737/38 (nach Farinellis Abreise) in London (u.a. Titelrolle in Händels «Xerxes»); 1739 in Madrid zur Hochzeit des spanischen Infanten Philipp; 1740–1768 zahlreiche Auftritte am Teatro San Carlo in Neapel; 1749 Gastspiel in Wien, wo er anfangs keinen Erfolg hat; in Neapel 1752 in Glucks «La clemenza di Tito»; 1753 in Lissabon; in Neapel baut er 1754 unweit des Teatro San Carlo ein Stadtpalais, über dessen Eingang die Inschrift steht: «Amphyon Thebas – Ego Domum, Amphion erbaute Theben, ich dieses Haus» (heute Via C. de Cesare 15); singt nach 1768 nur noch in privatem Kreis (Burney hört ihn 1770, im selben Jahr trifft ihn auch der junge Mozart) und bei kirchlichen Feiern; Caffarelli gilt nach dem Rückzug Farinellis von der Bühne als der beste (und kapriziöseste) Sänger der Welt; gest. 31.1.1783 in Neapel.

CAMPIOLI, Antonio
geb. um 1685 in Deutschland als Sohn italienischer Eltern; nach Gesangsausbildung in Italien kehrt er nach Deutschland zurück; 1704 in Stuttgart,

1708–1711 in Berlin in der Hofkapelle Friedrichs I.; 1720–1722 in Wolfenbüttel, 1725–1728 in Hamburg, danach in Venedig; 1730 in Dresden, 1731/32 in London, danach wieder in Dresden; geht 1738 nach Italien; Todesdatum unbekannt.

CARESTINI, Giovanni (auch: Cusanino)
geb. um 1705 in Monte Filottrano bei Ancona; Ausbildung in Mailand; Debut 1721 in Rom in einer Frauenrolle (in «Griselda» von A. Scarlatti); 1723 in Wien und zur Krönung Karls VI. in Prag; ab 1725 wieder in Italien (u.a. Venedig, Rom, Neapel); 1729 hört ihn Händel, der ihm vor Farinelli den Vorzug gibt; 1733–1735 in London (u.a. in Händels «Alcina»), dort nochmals 1739/40; wahrscheinlich der Sänger auf dem 4. Bild von Hogarths Zyklus «Marriage à la Mode»; singt zur Eröffnung des Teatro Regio Turin in Feos «Arsace» (Ölgemälde mit Szene aus der Oper von Pietro Domenico Olivero); 1746–1750 in Dresden (u.a. in «Demofoonte» von Hasse), 1749 zu Gastspielen in Venedig und Mailand; 1750–1754 in Berlin, 1755–1758 in St. Petersburg; gest. um 1760 in Ancona.

CECCARELLI, Francesco
geb. 1752 in Foligno; 1777 nach Salzburg engagiert, wo er zehn Jahre bleibt; Mozart schreibt für ihn mehrere Arien, u.a. KV 374; geht 1795 nach Dresden, wo er 1814 stirbt.

CONCIALINI, Carlo
geb. 1744 in Siena; Debut in Venedig; 1762 Engagement in München; ab 1765 unter Friedrich dem Großen nach Berlin engagiert, wo er bald der beliebteste Sänger ist; 1796 unter Friedrich Wilhelm II. auf Grund einer Intervention der Gräfin Lichtenau unehrenhaft entlassen; stirbt 1812 auf Schloß Muskau.

CRESCENTINI, Girolamo
geb. 2. 2. 1762 bei Urbino; Operndebut 1782 in Padua; 1783 in Livorno in Cherubinis «Artaserse», außerdem Auftritte in Rom, Venedig, Turin; 1785 ohne großen Erfolg in London; danach in Mailand, Neapel, Bologna, Rom und Venedig; 1796 Uraufführung von Zingarellis «Giulietta e Romeo» in Mailand, danach an vielen italienischen Opernhäusern (wird als «Orfeo italiano» gefeiert); 1799–1803 in Lissabon, danach wieder in Italien; 1805 in Wien, Napoleon engagiert ihn als Gesanglehrer der kaiserlichen Familie nach Paris; 1812 Abschied von der Bühne und Rückkehr nach Italien; als Gesanglehrer in Bologna und Rom, dann in Neapel (dort ist u.a. Isabella Colbran, Primadonna – und seit 1822 auch Ehefrau – Rossinis, seine Schülerin); gest. in Neapel am 24. 4. 1846.

FARINELLI (Carlo Broschi; auch: Farinello)
geb. 24. 1. 1705 in Andria, Apulien; Gesangsunterricht in Neapel bei Nicola Porpora; Operndebut 1721 in Rom in einer Frauenrolle; verschiedene

Opern in Rom und Neapel, 1724 Konzert am Kaiserhof in Wien; 1725–1728 Auftritte in Neapel, Venedig, Parma, Mailand und Bologna (dort 1727 in einer Opernaufführung «Wettsingen» mit Antonio Bernacchi); 1728 nochmals Konzert in Wien, danach Gastspiel in München; 1729–1734 zahlreiche Auftritte in Venedig, daneben Neapel, Bologna, Turin und andere italienische Städte; im Herbst 1734 an Porporas «Adelsoper» in London engagiert, dort bis 1737 in 15 Opern; im Herbst 1736 Konzerte in Paris; 1737 Ruf an den spanischen Königshof nach Madrid, auf der Reise Konzert in Versailles; erstes Auftreten in Madrid am 7. August, seitdem Privatsänger des gemütskranken Königs Philipp V. und praktisch Premierminister von Spanien; unter Philipps Nachfolger Ferdinand VI. auch Operndirektor in Madrid; 1759 von Karl III. aus Spanien ausgewiesen, lebt als Privatmann in Bologna und stirbt dort 1782.

FINAZZI, Filippo
geb. um 1706 in Bergamo; Mitglied von Wanderbühnen in Italien, erstes bezeugtes Auftreten 1726 in Venedig, dann Bologna und Modena, dort auch als Komponist; 1728/29 in Breslau, 1732 wieder in Venedig; mit der Wandertruppe Mingottis in Prag, Linz und wiederholt in Hamburg, wo er ab 1746 wohnt und als Opernkomponist erfolgreich ist; erwirbt 1756 einen Landsitz bei Bargteheide, lebt mit einer Witwe zusammen, die er 1762 heiratet; stirbt dort am 21. 4. 1776.

GIZZIELLO (Gioacchino Conti; auch: Egizziello)
geb. 28. 2. 1714 in Arpino bei Neapel; ab 1722 Gesangsunterricht bei D. Gizzi in Neapel; Operndebut 1730 in Rom in Vincis «Artaserse» (den Erfolg der Oper versucht Baerenstadt durch sein «Schnupftabakattentat» zu sichern); 1732/33 in Neapel, 1734 in Wien; 1736 von Händel nach London engagiert (u.a. Wiederaufnahme von «Ariodante», «Alcina», Anastasio in «Giustino»); 1737 Rückkehr nach Italien; 1742 erkrankt Gizziello und tritt längere Zeit nicht auf; 1747 singt er zur Eröffnung des Teatro San Carlo in Neapel mit Caffarelli; 1749–1752 in Madrid an Farinellis Oper; 1752 Operndirektor in Lissabon, wo Gaetano Guadagni sein Schüler wird; das verheerende Erdbeben von 1755 verstört ihn so nachhaltig, daß er seine Sängerkarriere aufgibt; stirbt 1761 in Rom.

GUADAGNI, Gaetano
geb. um 1725 in Lodi bei Mailand; erster nachweisbarer Opernauftritt 1746 in Venedig, 1748 als Mitglied einer Wanderbühne in London, wird von Händel für Oratorien engagiert (u.a. Wiederaufführung des «Messias» und Didimus in «Teodora»); 1752 in Lissabon Schüler von Gizziello; 1754 in Paris, dann wieder in Italien; 1762 in Wien Glucks erster Orpheus; 1764 zur Kaiserkrönung Josephs II. in Frankfurt; 1767–1769 in Venedig, 1769/70 in London («Orpheus» mit von Johann Christian Bach hinzukomponierten Arien); nach kurzem Italienaufenthalt 1770–1775 als Pro-

tegé der sächsischen Kurfürstenwitwe Maria Antonia in München (dort u.a. «Orpheus» von Gluck); 1776 Reise nach Potsdam, Konzert vor Friedrich dem Großen; seit 1777 in Padua, wo er Mitglied des Chors der Antonius-kirche ist; dort im November 1792 gestorben.

MANCINI, Giambattista
geb. am 1. 1. 1714 in Ascoli bei Piacenza; Gesangsunterricht in Neapel, dann in Bologna bei Antonio Bernacchi; als Sänger seit 1736 tätig; wird 1757 von Maria Theresia als Gesanglehrer ihrer Töchter nach Wien enga-giert; veröffentlicht 1774 in Wien eine Gesangslehre, «Pensieri e riflessioni pratiche sopra il canto figurato»; stirbt in Wien am 4. 1. 1800 als «pensio-nierter Hofsingemeister».

MANZUOLI, Giovanni
geb. um 1720 in Florenz; Operndebut 1731 in Florenz; nach Auftritten in Italien 1749 von Farinelli nach Madrid engagiert (bis 1753); 1754 in Lis-sabon, nach dem Erdbeben von 1755 über Madrid Rückkehr nach Italien; 1760 Gastspiel in Wien; 1763 Eröffnung des Teatro Comunale Bologna mit Glucks «Trionfo di Clelia»; 1764/65 in London, wo ihn der achtjährige Mozart hört; Manzuolis Auftritt in Mozarts «Ascanio in Alba» und Hasses «Ruggiero», 1771 in Mailand, nach dem es zum Eklat wegen der Gage des Sängers kommt, ist vermutlich sein letzter Auftritt auf der Opernbühne; stirbt 1782 in Florenz.

MARCHESI, Luigi
geb. 8. 8. 1755 in Mailand; soll sich gegen den Willen seiner Eltern zur Ka-stration entschlossen haben; während seiner Gesangsausbildung in Mailand lernt er 1770 den etwa gleichaltrigen Mozart kennen, der für ihn eine Mo-tette schreibt; 1772 Operndebut in Rom in einer Frauenrolle; 1776–1778 in München, danach in Florenz, Neapel, Mailand, Turin; gründet 1783 in Mailand eine Stiftung für Witwen und Waisen von Musikern («Pio Istituto Filarmonico»), für die jährlich vier Konzerte veranstaltet werden; 1785 auf dem Weg nach St. Petersburg Gastspiel in Wien und Warschau, Eröffnung des Theaters in der Ermitage am 1. 1. 1786; auf der Heimreise 1787 in Ber-lin; 1788 in London, danach in Italien, vor allem in Mailand («Iphigenie in Aulis» von Cherubini, «Olimpiade» von Cimarosa); Abschied von der Bühne 1806, Gesanglehrer bis zu seinem Tod am 14. Dezember 1829.

MATTEUCCIO (Matteo Sassano)
geb. 1667 in Foggia; die Mutter verkauft das uneheliche Kind an Kastraten-agenten; Ausbildung im Conservatorio dei Poveri di Gesù Cristo in Neapel; Operndebut 1693 am Teatro San Benedetto (u.a. Opern von A. Scarlatti), wird die «Nachtigall von Neapel» genannt; 1695 Engagement nach Wien; 1698 schickt ihn der Kaiserhof nach Madrid, um den gemütskranken spa-nischen König Karl II. mit seinem Gesang aufzuheitern; nach dessen Tod und nach Ausbruch des spanischen Erbfolgekriegs kehrt er 1700 nach Wien

zurück; ab 1702 in Neapel als Erster Sänger der königlichen Kapelle (1735 wird Caffarelli sein Nachfolger); gestorben in Neapel am 15.10.1737.

MELANI, Atto
getauft 31. März 1626 in Pistoia; Unterricht bei Luigi Rossi; seit 1642 Kammersänger des Fürsten Mattias de'Medici in Florenz; 1644 von Kardinal Mazarin zu Konzerten nach Paris eingeladen, 1645 Rückkehr nach Florenz; 1647 in Paris Titelrolle in Luigi Rossis Oper «Orfeo» (erste Aufführung einer italienischen Oper außerhalb Italiens); Geliebter der Königinwitwe Anna von Österreich (Mutter Ludwigs XIV.); in den folgenden Jahren als Geheimagent Mazarins zahlreiche Reisen zwischen Italien und Frankreich; 1660 zur Hochzeit Ludwigs XIV. in Cavallis Oper «Serse» im Louvre; 1661 nach dem Tod Mazarins und der Verhaftung Fouquets Verbannung aus Frankreich; tritt in Rom in den Dienst des Kardinals Giulio Rospigliosi (ab 1667 Papst Clemens IX.); letzter nachweisbarer Auftritt 1668 im Palazzo Rospigliosi in Rom; um 1679 Rückkehr nach Paris, dort 1693 gestorben.

Mehrere Brüder und Vettern sind ebenfalls Kastraten, darunter Domenico MELANI, geb. 7. 3. 1629 in Pistoia, 1652–1654 in Diensten der abgedankten schwedischen Königin Christina in Rom; ab 1654 im Dienst des sächsischen Kurfürsten in Dresden; 1680 Rückkehr nach Italien; stirbt am 12.7.1693 in Florenz.

MORESCHI, Alessandro
geb. 11.11.1858 in Montecompatri bei Rom; Gesangsstudium seit 1871 in Rom, 1873 Sopranist der Kapelle der Laterankirche, 1883 Mitglied der Cappella Sistina (bis 1913), «Engel von Rom» genannt; singt 1878 zum Begräbnis von König Vittorio Emmanuele II. und 1900 von Umberto I. im Pantheon; 1902 und 1904 Schallplattenaufnahmen; gestorben am 21.4.1922 in Rom.

MUSTAFÁ, Domenico
geb. 14. April 1829 bei Perugia; wird 1848 Mitglied der Cappella Sistina, später deren Leiter (bis 1895); Richard Wagner plant vorübergehend, den Klingsor im «Parsifal» mit ihm zu besetzen; stirbt am 18.3.1912 in Montefalco bei Perugia.

NICOLINI (Nicolo Grimaldi)
getauft 5.4.1673 in Neapel; Operndebut mit zwölf Jahren in einer Pagenrolle; bis 1705 in Neapel (u.a. verschiedene Opern von A. Scarlatti) mit Gastspielen in Rom, Bologna und Venedig, wo er von 1705 bis 1708 engagiert ist; 1708 erster Kastrat auf einer Londoner Bühne; dort 1711 Uraufführung von Händels «Rinaldo»; 1712–1715 in Neapel und Venedig, ab Mai 1715 wieder in London; 1717 in Neapel und Venedig; gest. 1.1.1732 in Neapel.

PACCHIEROTTI, Gasparo (auch: Pacchiarotti)
getauft 21. 5. 1740 in Fabriano bei Ancona; ausgebildet in Venedig, 1765 im Chor der Markuskirche, 1766–1769 auch kleine Rollen in Opern; 1770 in Palermo, ab 1772 in Neapel mit Gastspielen in vielen italienischen Städten (1774 in Neapel Titelrolle in Glucks «Orfeo»); 1778 in Mailand zur Eröffnung des Teatro alla Scala; 1778–1780 in London, dort nochmals 1782–1784 (Mitwirkung bei der Gedächtnisfeier zu Händels 100. Geburtstag am 27. 5. 1784); 1784–1789 in Italien (Venedig, Padua u.a.); 1791 erneut in London, wo er Haydns Kantate «Arianna in Nasso» singt; 1793 beendet er seine Bühnenlaufbahn, lebt ab 1801 in Padua und stirbt dort am 28. 10. 1821.

PISTOCCHI, Francesco Antonio
geb. 1659 in Palermo; lebt seit 1661 in Bologna; 1674 erster Bühnenauftritt in Ferrara; mit zwanzig Jahren hat er eine Stimmkrise und pausiert ca. zehn Jahre als Sänger; nach 1687 Auftritte in Parma, Piacenza, Modena, Bologna, Rom; 1696 Kapellmeister Friedrichs III. von Brandenburg in Ansbach; 1699 in Wien; ab 1700 wieder in Italien; 1705 Abschied von der Bühne und Tätigkeit als Gesanglehrer in Bologna; 1709 zum Priester geweiht, tritt er 1715 in Forlì in ein Kloster ein, das er um 1720 verläßt um in Bologna wieder seine Tätigkeit als Gesanglehrer aufzunehmen; zu seinen Schülern gehören die Sänger Antonio Bernacchi und Siface sowie der Kompositionslehrer Padre Martini; gest. 13. 5. 1726 in Bologna.

PORPORINO (Antonio Uberti/Anton Huber)
geb. 1719 in Verona; Schüler von Nicola Porpora; 1740 in Rom, seit 1741 in Berlin, wo er am 20. Januar 1783 stirbt.

PRATO, Vincenzo dal
geb. 1756 in Imola; Operndebut 1772 in Fano; 1779 in Stuttgart, 1780 Engagement nach München, wo er 1781 in Mozarts «Idomeneo» den Idamante singt; bis 1805 als Sänger in München, stirbt dort 1828.

RAUZZINI, Venanzio
getauft 19. 12. 1746 in Camerino bei Rom; erster Gesangs- und Kompositionsunterricht in Rom, dann in Neapel bei Nicola Porpora; Operndebut 1765 in Rom in einer Frauenrolle; 1766/67 in Venedig; 1767 Engagement nach München, wo er auch als Opernkomponist hervortritt; 1772 muß er München wegen einer Liebesaffäre mit einer «hochgestellten» Person verlassen; im Dezember 1772 in Mailand in Mozarts «Lucio Silla», Januar 1773 komponiert Mozart für ihn die Kantate «Exsultate, jubilate»; 1774 in London; 1777 gibt er wegen seiner Körperfülle seine Bühnenlaufbahn auf und arbeitet als Konzertunternehmer, Komponist und Gesanglehrer (zu seinen Schülern gehören Michael Kelly und Nancy Storace); ab 1787 lebt er ständig in Bath, wo ihn im August 1794 Joseph Haydn besucht; stirbt in Bath am 8. 4. 1810.

REGINELLA, Nicola (auch: Nicolo Reginelli)
geb. 14. 12. 1710 in Bari; dort 1726 im Chor der Basilika, danach in Neapel; 1739 prügelt er sich mit Caffarelli bei einem Nonnengelübde; geht nach Catania und Palermo, wo er bis 1742 tätig ist; danach in Spanien und Portugal; ab 1746 wieder in Neapel, auch in Venedig; erkrankt auf einer Reise in Brüssel und stirbt dort 1751.

RICCIARELLI, Giuseppe («Beppino della Mammana»)
geb. um 1722; Operndebut in Rom 1738, wo er bis 1743 bleibt; 1744 in Turin, 1747–1749 in Venedig, danach in München und 1752 in Prag; 1752/53 Engagement in Berlin, wo er keinen Erfolg hat, 1753/54 in Kopenhagen, anschließend in Hamburg in Mingottis Wandertruppe; im November 1754 in London, wo er bis mindestens 1759 bleibt; gestorben 1776.

ROSINI, Girolamo (auch: Rossini)
geb. 1581 in Perugia; wird 1601 als Sopranist in die päpstliche Kapelle aufgenommen; 1619 Leiter der päpstlichen Kapelle; geht 1626 in Pension; gestorben am 22. 9. 1644 in Rom.

SALIMBENI, Felice
geb. 1712 in Mailand; Schüler von Nicola Porpora in Neapel; Operndebut 1731 in Rom in einer Frauenrolle in Hasses «Cajo Fabrizio»; 1733–1739 in Wien, wo Metastasio (der Salimbeni vom gemeinsamen Studium in Neapel kennt) zahlreiche Opernrollen für ihn schreibt; 1742 in Venedig in Glucks «Demetrio»; in dieser Zeit lernt Salimbeni nach Casanova eine junge Sängerin kennen, die er als Kastraten («Bellino») ausbildet, um mit ihr zusammenleben zu können; 1743–1750 Erster Sänger an der Hofoper Friedrichs des Großen in Berlin; 1750/51 in Dresden; stirbt im September 1751 in der Nähe von Laibach (Ljubljana) auf einer Erholungsreise nach Italien.

SASSAROLI, Filippo
geb. 1775; seit 1802 in Dresden (singt in der Oper u.a. Titelrolle in Rossinis «Tancredi»), Carl Maria von Weber schreibt für ihn 1818/19 die Sopranpartien seiner beiden Dresdner Messen; Gesanglehrer von Richard Wagners Schwester Clara; in Dresden am 30. 9. 1828 entlassen.

SENESINO (Francesco Bernardi)
geb. um 1680 in Siena; Gesangsunterricht in Bologna bei Antonio Bernacchi; Operndebut 1707 in Bologna, 1713/14 in Venedig, 1715/16 in Neapel; 1717–1719 in Dresden, wo ihn Händel in Lottis «Teofane» hört und nach London engagiert; 1720–1728 und 1730–1733 Protagonist in zahlreichen Händel-Opern; 1734 Mitglied der mit Händel konkurrierenden «Adelsoper» Nicola Porporas; 1737 in Florenz, 1738/39 in Neapel, wo er wenig Erfolg hat, da er «altmodisch» singt; 1739 in Florenz Zusammen-

treffen mit der jungen (späteren Kaiserin) Maria Theresia, der er Musikunterricht gibt; letzter Opernauftritt in Neapel 1740 in Porporas «Il trionfo di Camilla»; gest. im Januar 1759 in Siena.

SIFACE (Giovanni Francesco Grossi)
geb. 12. 2. 1653 in Chiesina Uzzanese (Toskana); Debut 1671 in Rom;
1675 Mitglied der päpstlichen Kapelle; singt 1678 bei der Eröffnung des
Teatro San Giovanni Grisostomo in Venedig die Partie des Siface in Cavallis «Scipione Africano», wovon er seinen Künstlernamen bekommt; 1679
im Dienst des Herzogs von Modena; Auftritte in Venedig, Rom, Neapel, Florenz; 1687 in England, wo er sich weigert, öffentlich aufzutreten und nur
in privaten Zirkeln singt; noch im selben Jahr kehrt er nach Italien zurück;
in den folgenden zehn Jahren nur noch gelegentliche Auftritte in Modena,
Parma, Bologna; am 26. Mai 1697 wird er wegen einer Liebesaffäre auf der
Reise von Ferrara nach Bologna von gedungenen Mördern umgebracht.

SORLISI, Bartolomeo (Bartolomeo de Sorlisi)
geb. 1632; singt 1662 bei der ersten italienischen Opernaufführung in
Dresden (Bontempis «Il Paride»); 1666 geadelt, im Januar 1667 Heirat mit
Dorothea Lichtwer; die «Capaunen-Heirat» provoziert einen fünfjährigen
kirchenrechtlichen Streit um die Rechtmäßigkeit einer Kastraten-Ehe;
stirbt am 3. März 1672.

TENDUCCI, Giusto Ferdinando
geb. um 1736 in Siena (wird deswegen auch, wie Francesco Bernardi, gelegentlich «Senesino» genannt); Operndebut 1753 in Venedig; 1755/56 in
Prag und Wien, 1757 in Neapel; seit 1758 in London (verbringt 1760 mindestens acht Monate im Schuldgefängnis); 1765 Gastspiel in Dublin, wo er
die sechzehnjährige Irin Dorothy Mannsell entführt und heiratet, die Ehe
wird später wegen Nichtvollzugs geschieden; 1772–1775 in Italien, in Neapel wird er in einen Ehebruchsprozeß verwickelt; 1777 ist er wieder in London, von wo er 1778 wegen seiner Schulden fliehen muß; mit J. Chr. Bach
reist er nach Frankreich, wo er Mozart trifft (den er als Achtjährigen 1764
in London kennengelernt hat); 1779–1786 wieder in England, danach endgültige Rückkehr nach Italien, stirbt am 25. 1. 1790 in Genua an einem
Schlaganfall.

TOSI, Pier Francesco
geb. 1654 in Cesena; nach eigenem Zeugnis als Sänger «an nahezu allen
Höfen Europas» aufgetreten; ab 1682 mehrere Jahre als Gesanglehrer und
Komponist in London; 1690 in Venedig Aufführung seiner Oper «Pirro e
Demetrio»; 1705–1711 als Hofkomponist in Wien; 1719 in Dresden, da-
nach wieder in Wien; veröffentlicht 1723 in Bologna das Gesangslehrbuch
«Opinioni de'cantori antichi e moderni»; danach erneut in London, ab
1730 wieder in Italien; gestorben 1732 in Faenza.

VELLUTI, Giovanni Battista

geb. 28. 1. 1780 in Montolmo bei Ancona; Ausbildung in Bologna und Ravenna; Operndebut in Forlì 1801, danach in Rom und Neapel; 1808 in Mailand, 1810 in Venedig und Turin; 1812 in Wien und München; 1813 singt er den Arsace in Rossinis «Aureliano in Palmira» in Mailand; 1824 Titelrolle in Meyerbeers «Crociato in Egitto» in Venedig, singt diese Rolle auch an mehreren italienischen Theatern und in London 1825; nach seiner Rückkehr aus England erwirbt er 1829 ein Landgut bei Venedig an der Brenta und betreibt Landwirtschaft; gest. am 22. 1. 1861 in Sambruson (Dolo) bei Venedig.

VITTORI, Loreto

geb. 1604 in Spoleto; 1619 Titelrolle in Peris «Medoro» in Florenz; ab 1622 in Rom im Dienst des Kardinals Ludovico Ludovisi, danach des Kardinals Antonio Barberini, gleichzeitig Mitglied der päpstlichen Kapelle; 1642 in Luigi Rossis «Il palazzo incantato di Atalante» im Teatro Barberini in der Rolle der Angelica; 1643 Priesterweihe; verläßt 1647 die päpstliche Kapelle und stirbt am 23. 4. 1670 in Spoleto.

QUELLENANGABEN

Wo es die Lesbarkeit erleichtert, sind die Texte behutsam der heute üblichen Schreibweise angepaßt, insbesondere in der Groß- und Kleinschreibung und der Zeichensetzung. Offensichtliche Druckfehler wurden berichtigt, ebenfalls falsch geschriebene Namen. Kürzungen sind nicht im Text angezeigt, sondern in den nachfolgenden Angaben durch «pass.» bezeichnet. Bei fremdsprachigen Werken wurde, soweit vorhanden, eine zeitgenössische oder zeitnahe deutsche Übersetzung genutzt, gelegentlich nach dem Original ergänzt oder korrigiert. Die genauen bibliographischen Angaben enthält das Literaturverzeichnis.

7 MALAPARTE, Die Haut/La Pelle, 1949; deutsch Hamburg 1988, 123f. (Kap. 4)

12 FÉTIS, Curiosités, 386f.

16/17 BONTEMPI, Historia Musica, 170 (deutsch in: Allg. Musikal. Zeitung, 33 (1831) 446 f.)

18 TOSI/AGRICOLA, Singkunst, 24 (Ziff. 6, 8, 11)

19 ANCILLON, Traité des Eunuques, 9

19–21 SCHMIDT, Encyklopädie, II, 15 und 18 pass.

23 nach HUCKE, Sixtinische Kapelle, 386, Anm. 30; 387, Anm. 33

25/26 ARTEAGA, italiänische Oper, I, 338

26/27 MIZLER, Musicalische Bibliothek, 64 (I/3)

28 MARPURG, Historisch-Kritische Beyträge, II (1756) 431 (Besprechung von: Le glorie della poesia, nebst einem Verzeichnis der in Venedig aufgeführten Opern)

28/29 LUDOLF (PRITIUS), Schau-Bühne, V (1731) 373

30 EVELYN, Diary, II, 449f. (Juni 1645)

31 DONI nach STORCK, Geschichte der Musik, I, 335
TOSI/AGRICOLA, Singkunst, 4

32 FINK, Oper, 221

33 VOLTAIRE, Candide, 78f. (Kap. XI/XII) pass.
SCHMIDT, Encyklopädie II, 16
DE BROSSES, Vertrauliche Briefe II, 289 (50. Brief)

35 BURNEY, Tagebuch, 165f. (nach engl. Original korrigiert)

36 BURNEY, History, II, 530 Anm. (a)
FORKEL, Almanach 1783, 159f.

39 BALATRI, Frutti del mondo, 69f.

43 DE BROSSES, Vertrauliche Briefe, II, 290 (50. Brief)

44 DELLA VALLE, Della musica, nach BURNEY, History II, 531 (bei GORI, De'trattati, II, 256)

45 TOSI/AGRICOLA, Singkunst, 165f. (Original 51)

46 TOSI/AGRICOLA, Singkunst, 144
BURNEY, Tagebuch, 178 (31. 10. 1770)

46 KELLY, Reminiscences, 21f.

47 MARCELLO, Theater, 98

48/49 GROSLEY, Observations, III, 427

49/50 nach LEUCHTMANN, Orlando di Lasso, II, 91; I, 82; II, 92

50 FORKEL, Almanach 1784, 161

51 MARCELLO, Theater, 38

52/53 WIEL, Teatri, 59, Nr. 190

53 MARCELLO, Theater 15
RAGUENET, Comparison, 37, Anm. 24

54/55 MARCELLO, Theater, 16, 33

55 MARCELLO, Theater, 24

56/57 SPECTATOR, I, 80f. (No. 18 v. 21. 3. 1711 ⟨Addison⟩)

57 TATLER, III, 6f. (No. 115 v. 3. 1. 1710)
TOSI/AGRICOLA, Singkunst, 158 (f)

57–60 SPECTATOR, I, 55–59 pass. (No. 13 v. 15. 3. 1711 ⟨Addison⟩)

60 MONTAGU, Letters, 27. 3. 1710 (an Mrs. Frances Hewet)

61/62 SPECTATOR, III, 138f. (No. 314 v. 29. 2. 1712 ⟨Steele⟩)

62 SPECTATOR, III, 513f. (No. 405 v. 14. 6. 1712 ⟨Addison⟩)

64/65 QUANTZ, Lebenslauf, 213

65 HILLER, Lebensbeschreibungen, 191f. (Pisendel)

67 QUANTZ, Lebenslauf, 214f.

68 VOLKMANN, England, 365f. (27. Brief) nach GÄRTNER, J. C.
Bach, 225f.

69 Radamisto II/2; Libretto von Nicola Haym, nach CHRYSANDER,
Händel, II, 37
MAINWARING/MATTHESON, Händel, 84, 90

70/71 MAINWARING/MATTHESON, Händel, 88

71/72 BURNEY, Händel, XXX

72 DE BROSSES, Vertrauliche Briefe, I, 308 (30. Brief, Rom, 24. 11.
1739); II, 286 (50. Brief)
BURNEY, Tagebuch, 284 (Wien, Sept. 1772)

73 WALPOLE, Letters, I, 41

73 QUANTZ, Lebenslauf, 240

73/74 HARRIS, Librettos, III, 348

75 MONTESQIEU, Voyages, I, 220f.

75/76 DE BROSSES, Vertrauliche Briefe, II, 291 (50. Brief)

76 RAGUENET, Comparison, 47f.

76/77 CASANOVA VII/11, 261ff. pass.

78 ARCHENHOLTZ, Italien, V, 148f.

79–81 CASANOVA II/2, 32–36 pass.

84/85 ARTEAGA, italiänische Oper, I, 340f.

86–88 BURNEY, Italy, 213f.

88 QUANTZ, Lebenslauf, 234

90 TOSI/AGRICOLA, Singkunst, 215

139/40 BURNEY, Händel, XXXI, n. 47
  140 ARTEAGA, italiänische Oper, I, 334
140/41 ARTEAGA, italiänische Oper, I, 60f.
  141 MARCELLO, Theater, 7, 10
  142 RAGUENET, Comparison, 56f.
  143 SCHEIBE, Critischer Musicus, 223f. (23. Stück, 17. 1. 1738)
  144 HILLER, Wöchentliche Nachrichten, 190 (14. 12. 1767, 2. Jahr-
       gang, 24. Stück)
  145 Theaterzettel nach BURNEY, History, II, 814 (7. 7. 1737)
145/46 MATTHESON, Capellmeister, 27
  146 Zeitungsnotiz nach BURNEY, History, II, 813
146/47 WENTWORTH, Papers, 539
  148 SERSE, Nr. 1 (Rezitativ und Arie des Xerxes), Libretto von Silvio
       Stampiglia
  149 POGGIALI, Memorie historiche de Piacenza, nach COXE, Me-
       moirs, II, 173
150/51 BURNEY, History, II, 173 pass.; Tagebuch 122f. (Original 218)
  152 MATTHESON, Capellmeister, 27
152–54 BURNEY, History, II, 302
154/55 QUANTZ, Lebenslauf, 227
155/58 DITTERSDORF, Lebensbescheibung, 36–39 pass.
158/59 BURNEY, Tagebuch, 253 (München, August 1772)
159/60 METASTASIO, Lettere, 27. 5. 1750 (an Farinelli)
160/61 METASTASIO, Lettere, 12. 10. 1757 (an Farinelli)
162/64 METASTASIO, Lettere, 28. 7. 1753 (an Farinelli)
164/65 FORKEL, Bibliothek, II, 221f. (BARETTI, Reisen, II, 101)
  165 HILLER, Wöchentliche Nachrichten, II/24, 186 (14. 12. 1767)
       METASTASIO, Lettere, 18. 7. 1765 (an Farinelli)
  167 METASTASIO, Lettere, 28. 5. 1749 (an Farinelli)
168/70 METASTASIO, Lettere, 5. 7. 1749 (an Anna Francesca Pignatelli
       di Belmonte in Neapel)
171/72 BURNEY, History, II, 818 Anm. (n)
  172 CASANOVA III/6, 117
  174 WINCKELMANN, Briefe, 288 (an Freiherrn von Schlabrendorff,
       Rom, 19. 10. 1765)
  175 NICOLAI, Anekdoten, II, 210–212 pass.
  177 MARPURG, Legende, 216–218 pass.
177/78 QUANTZ, Lebenslauf, 237f.
  178 GOLDONI, Mein Theater, 421f. (III, 6)
178/79 CASANOVA III/8, 155
  179 BALATRI, Frutti del mondo, 196f.
       RICCOBONI, Reflexions, nach BURNEY, Tagebuch 217
  180 ERYTHRAEUS nach RAU, Vittori, 20
  181 ROLLAND, Musiker von einst, 74

183   GOBERT nach ROLLAND, Musiker von einst, 80
183/84 MOTTEVILLE nach ROLLAND, Musiker von einst, 92
184/85 LUDOLF, Schau-Bühne, II (1701) 1455–1457 pass.
185/86 LUDOLF (JUNCKER), Schau-Bühne, III (1713) 301
186   GOULAS nach ROLLAND, Musiker von einst, 99f.
187/88 LUDOLF (JUNCKER), Schau-Bühne, III (1713) 1300f.
189   SCHÜTZ, Memorial an den Kurfürsten von Sachsen v. 14. 1.
        1651, nach FÜRSTENAU, Dresden, I, 11f.
190   SCHÜTZ, Memorial an den Kurfürsten von Sachsen v. 14. 1.
        1651, nach FÜRSTENAU, Dresden, I, 37
190–92 BONTEMPI, Il Paride/Der Schäffer Pariß (Libretto von Bon-
        tempi)
192–95 DELPHINUS, Eunuchi Conjugium pass.
196   EICHHORN, Schmiedeberg, 5
        BONTEMPI nach FÜRSTENAU, Dresden, I, 226f.
198–202 DELPHINUS, Eunuchi Conjugium, pass.
202   GEYER nach FÜRSTENAU, Dresden, I, 240f.
203   DE BROSSES, Vertrauliche Briefe, II, 290 (50. Brief)
204   EVELYN, Diary, 19. 4. 1687
        TOSI/GALLIARD, Observations, 102
        TOSI/AGRICOLA, Singkunst, 181 (e); 179 (Original 65)
205   Hamburgisches Staatsarchiv nach MÜLLER VON ASOW, Min-
        gotti, 205f.
206   MONTAGU, Briefe, 223 f., Genua, 28. 8. 1718 (an Gräfin Mar)
207   HEINSE, Begebenheiten, 185
        MARPURG, Beiträge, I (1754) 353 (Besprechung von Schmidts
        «Anwendung musikalischer Wahrheiten»)
208   STENDHAL, Haydn, 23f. (Dritter Brief, Wien, 24. 5. 1808)
209   KELLY, Reminiscences, 36f.
210   BURNEY, History, II, 889; 888 pass.
        Morning Chronicle v. 23. 2. 1790, nach POHL, Haydn in London,
        117
211   MOZART, Briefe, 2. 8. 1782 (an Baronin von Waldstädten)
212   ARCHENHOLTZ, Italien, V, 172
        CASANOVA X/1, 20
212/13 Mrs. Tenducci, nach NETTL, Casanova, 88f.
213   DE BROSSES, Vertrauliche Briefe, II, 289f. (50. Brief)
214   BURNEY, Tagebuch, 283f. (Wien, Sept. 1772)
217   CASANOVA III/9, 163
217/18 FORKEL, Almanach 1783, 160
218/20 DITTERSDORF, Lebensbeschreibung, 196–199 pass.
220   CRAMER, Magazin, II/1, 376 (20. 1. 1785)
221   CASANOVA V/2, 40f.
222/23 Widmung der Oper «Alceste», 1769, nach EINSTEIN, Gluck, 115

223/24 Leserbrief nach MARX, Gluck, II, 31–33 pass.

225 DITTERSDORF, Lebensbeschreibung, 124f.

225/26 BURNEY, History, II, 876, Anm. (t)

227/29 BURNEY, History, II, 876f.

230 Zueignung zu «Paride e Helena», nach MARX, Gluck, I, 442

230/31 DITTERSDORF, Lebensbeschreibung, 111f.

231 NAUMANN nach GÄRTNER, J. C. Bach, 194

231/32 DITTERSDORF, Lebensbeschreibung, 111

232 nach MARX, Gluck, I, 82 (Brief vom 12. 10. 1773)
MAINWARING nach SIEGMUND-SCHULTZE, Händel, 111f.

232/33 DITTERSDORF, Lebensbeschreibung, 110

233/34 nach MARX, Gluck, II, 243

234 ROUSSEAU an Corancey, Journal de Paris, Nr. 231, 1788, nach
MARX, Gluck II, 406

234/35 DITTERSDORF, Lebensbeschreibung, 114f.

235 FORKEL, Almanach 1783, 84

235–37 DITTERSDORF, Lebensbeschreibung, 117–120 pass.

240 HAYDN, Briefe, 77

240/41 METASTASIO, Lettere, 5. 5. 1757 (oder 5. 3. 1759, an Farinelli)

242/43 CASANOVA XII/7, 142f.

243 METASTASIO, Lettere, 30. 11. 1768 (an Farinelli)
METASTASIO, Lettere, 9. 2. 1776 (an Farinelli)

244 BURNEY, Tagebuch, 240

244/45 BURNEY, Tagebuch, 242–244 pass.

245/46 GERBER, Lexikon, II, 557

246 KELLY, Reminiscences, 75f.

246/47 FORKEL, Almanach 1783, 160f.

247 FORKEL, Almanach 1782, 88f.
MOZART, Briefe, 28. 11. 1785 (Leopold an seine Tochter aus
Salzburg)

247/48 KELLY, Reminiscences, 5f.

248 BURNEY, Tagebuch, 81

249/50 SITTARD, Stuttgart, 57

250 ARCHENHOLTZ, Italien, V, 157
HILLER, Wöchentliche Nachrichten, II/24, 185 (14. 12. 1767)

251 STENDHAL, Rom, Neapel, Florenz, 328f. (1. 8. 1817)
STENDHAL, Rom, Neapel, Florenz, 329f. (8. und 15. 8. 1817)

253 HABÖCK, Kastraten und ihre Gesangskunst, 208

253/54 VOLKMANN, Italien, III, 168–170 pass.

255 ARCHENHOLTZ, Italien, V, 170–172 pass.

256 CASANOVA II/5, 142

257 BURNEY, Tagebuch, 165

258 BURNEY, Tagebuch, 166
HILLER, Anweisungen, VII

258 BURNEY, Tagebuch, 167 (18. 10. 1770)

260/61 WINCKELMANN, Briefe, 156f.; 160 pass. (an Berendis aus Rom, 20. 12. 1755)

261 MIZLER, Bibliothek, III, 3

262 Eckardtisches Tagebuch, 2.Band, 5.Jahrgang, Zittau 1774, 4
GOLDONI, Impresario von Smyrna, 128

263 KELLY, Reminiscences, 53

264 Hamburger Akten nach MÜLLER VON ASOW, Mingotti, 133/CXCII
CASANOVA I/9, 247
«The Connoiseur» nach HIGHFILL, Biographical Dictionary, 12, 322

265 WEISE, Quacksalber nach KUHNAU, Quacksalber, 268f.

265/66 MATTHESON, Critica Musica, 111, Anm. (Parallele II, 4)

266 DELLA VALLE nach HABÖCK, Kastraten und ihre Gesangs-kunst, 161
DE BROSSES, Vertrauliche Briefe, II, 289 (50. Brief)
DE BROSSES, Vertrauliche Briefe, II, 306 (50. Brief)

267/68 GRIMM, Wörterbuch, X, 321

268 MOZART, Briefe, 27.3.1770 (Leopold an seine Frau aus Bologna)

270 MOZART, Briefe, I, 363 (Nr. 192/39)

271 BURNEY, Italy, 364
VOLKMANN, Italien, III, 167f.

272 ARTEAGA, italiänische Oper, I, 343

272/73 BURNEY, Tagebuch, 189f. (Neapel, Nov. 1770)

273/74 BURNEY, History, II, 868

274 METASTASIO, Lettere, 13. 10. 1760 (an A. F. Pignatelli di Belmonte in Neapel)

275 GRIMM nach DEUTSCH, Mozart, 55 (15.7.1766)

278 TURINETTI nach GUGITZ, Casanova, 346f.

279 MOZART, Briefe, 2. 1. 1773 (Leopold an seine Frau aus Mailand)

280 MOZART, Briefe, 16. 1. 1773 (W. A. an seine Schwester aus Mailand)

281 HAYDN, Briefe, 539
MOZART, Briefe, 1. 5. 1778 (W. A. an seinen Vater aus Paris)

283/84 MOZART, Briefe, 27. 8. 1778 (W. A. an seinen Vater aus Saint-Germain-en-Laye)

285 MOZART, Briefe, 13. 11., 22. 11., 27. 12. 1780 pass. (W. A. an seinen Vater aus München)

286 MOZART, Briefe, 30. 12. 1780 (W. A. an seinen Vater aus München)

287/88 MOZART, Briefe, 4. 1. 1781 (Leopold an seinen Sohn aus Salzburg)

288 DE STAEL, Corinna, 119 (VI/2)

290 KELLY, Reminiscences, 49

290/91 FORKEL, Almanach 1783, 129

291 CRAMER, Magazin, I, 369f. (27. 3. 1783)

291/92 BURNEY, History, II, 902

292 STENDHAL, Rossini, 99

292/93 KELLY, Reminiscences, 30f.

293/94 BURNEY, History, II, 818f. (Brief v. 5. 2. 1764)

295 SCHUBART, Deutsche Chronik, 79 (74. Stück v. 12. 12. 1774)

296/97 CASANOVA VI/3, 85–88 pass.

297 HILLER, Lebensbeschreibungen, 180f. (Jomelli)

297/98 WAGNER, Carls-Schule, I, 481

298 BURNEY, Tagebuch, 231f. (Stuttgart 9. 8. 1772)
      SCHILLER, Die Räuber, I. Akt, 2. Auftritt

299 SCHUBART, Deutsche Chronik, 117 (36. Stück v. 4. 5. 1775)

300/02 ARTEAGA, italiänische Oper, II, 295–304 pass.

303 ROUSSEAU, Musik und Sprache, 232

304 SCHEIBE, Critischer Musicus, 153–155 pass. (16. Stück v. 1. 10.
      1737)

304/05 HILLER, Wöchentliche Nachrichten, II/24, 185 (14. 12. 1767)

305/06 CRAMER, Magazin, I, 416f. und 438f. (4. 4. 1783, Besprechung
      v. GOUDAR, Brigandage, dort 47 und 128)

306/07 SCHUBART, Ideen, 64f.

307 BURNEY, History II, 528f.

308 HILLER, Lebensbeschreibungen, 89 (Graun)

309 Brief Cataneo SCHNEIDER, Berlin, Beilage XIV, S. 34
      Brief Spary SCHNEIDER, Berlin, Beilage VII, S. 28
      Brief Spary SCHNEIDER, Berlin, Beilage VIII, S. 29
      HEIN, Briefe Friedrichs des Großen, I, 213f.

310–15 HILLER, Lebensbeschreibungen, 232–240 pass. (Salinbeni)

316 GRAUN an Telemann, 9. 11. 1751
      WINCKELMANN, Briefe, 100 (an Uden, Nöthnitz, 9. 11. 1751)
      SCHUBART, Ideen, 91

317 DE BROSSES, Vertrauliche Briefe, II, 291 (50. Brief)
      SCHNEIDER, Berlin, 89, Anm.

318/19 BURNEY, Tagebuch, 378 f., 437 und History, II, 962 pass.

319 FRIEDRICH II., Auszierung (Faksimile)

321 TOSI/AGRICOLA, Singkunst, 195f. (e)
      TOSI/AGRICOLA, Singkunst, 204 (p, 7)

322 TOSI/AGRICOLA, Singkunst, 172 (Original 58)
      TOSI/AGRICOLA, Singkunst, 123 (Original 30)

322/23 HILLER, Wöchentliche Nachrichten, 196 (II/25 v. 21. 12. 1767)

323 MARCELLO, Theater, 31, 23f. pass.

324 ARCHENHOLTZ, Italien, V, 104

325 KUHNAU, Quack-Salber, 245
TOSI/AGRICOLA, Singkunst, 170 (Original 56)
TOSI/AGRICOLA, Singkunst, 205 (p)
326 QUANTZ, Flöte, 318f. (XVIII/69)
GRÉTRY, Memoiren, 419
Zeitungsmeldung über Concialini nach RUDHART, München, I,
147
327 FORKEL, Bibliothek, 391f. (II/1778)
MARPURG, Legende, 57
327/28 DITTERSDORF, Lebensbeschreibung, 231f.
328 ADLER, Lichtenau, 130
329/30 ADLER, Lichtenau, 85–87 pass.
330 Cabinettsordre nach SCHNEIDER, Berlin, 267f.
332/33 Allgemeine Musikalische Zeitung, 8 (1806) 301 (Februar)
333/34 SCHOPENHAUER, Reisetagebücher, 268f. (27.6.1804)
335 PICHLER, Denkwürdigkeiten, II, 79f.
335/36 Allgem. Musikal. Zeitung, 8.Jahrg., Febr. 1806, 301
336 FÉTIS nach HABÖCK, Kastraten und ihre Gesangskunst, 371
SPOHR, Lebenserinnerungen, I, 298f. (Rom, 20. 12. 1816)
SPOHR, Lebenserinnerungen, II, 43 (1817)
338 STENDHAL, Rossini, 278f.
338/339 MICHOTTE nach WEINSTOCK, Rossini, 15f.
339 Redattore del Reno v. 29. 10. 1811, nach WEINSTOCK, Rossini,
28 II
340/41 STENDHAL, Rossini, 279f.
341 STENDHAL, Rossini, 113f.
BURNEY, Tagebuch, 308 (Wien, Sept. 1772)
341/42 STENDHAL, Rossini, 276f.
342/43 STENDHAL, Rom, Neapel, Florenz, 90f. (3. 12. 1816)
345 MEYERBEER, Briefwechsel, Florenz, 3. 6. 1824 (an Francesco
Pezzi in Mailand)
SCHINKEL, Italien, 233
346 HEINE, Reisebilder, II, Kap. XXVII
MEYERBEER, Briefwechsel, Paris, 10. 7. 1825 (an Francesco
Pezzi in Mailand)
347 MEYERBEER, Briefwechsel, Berlin, 11. 12. 1825 (an Karl Graf
von Brühl)
347/48 WEBER, Briefe, London, 23. 3. 1826 (an Caroline Weber)
348 PÜCKLER-MUSKAU, Briefe, 669 (16. Brief, Richmond, 13. 6.
1827)
MENDELSSOHN BARTHOLDY nach HABÖCK, Kastraten und
ihre Gesangskunst, 500
349 BURNEY, Tagebuch, 34f. (Paris, 14. 6. 1770)
351 WEBER, Briefe, 24./26. 12. 1818 (an Gänsbacher)

351 Sohn C. M. v. Webers nach PRÖLSS, Dresden, 243
351/52 WAGNER, Mein Leben, 35
352 PRÖLSS, Dresden, 243
352/53 BECHER, Castraten, in «Caecilia» 1828, pass.
353 STENDHAL nach HERIOT, Castrati, 198
354/55 MEYERBEER, Briefwechsel, Venedig, 25. 4. 1856 (an Velluti)
355 HEINE, Buch der Lieder/Die Heimkehr, Nr. 79

ABERT, Hermann
W. A. Mozart, 1919; Leipzig 1989[11]
ADLER, Max
Memoiren der Gräfin Lichtenau, Dresden 1922 (darin: Apologie der Gräfin Lichtenau, Leipzig 1808)
Allgemeine Musikalische Zeitung, herausgegeben v. Friedrich ROCHLITZ, 1828 fortgeführt von Gottfried Wilhelm FINK, Leipzig 1798 ff.
ANCILLON, Charles d' (Ollincan)
Traité des Eunuques, 1707
ARCHENHOLTZ, Johann Wilhelm
England und Italien, Karlsruhe 1787
ARTEAGA, Esteban (Stefano)
Le rivoluzioni del teatro musicale italiano, Bologna 1783
Geschichte der italiänischen Oper, deutsch von Johann Nicolaus FORKEL, Leipzig 1789 (Nachdruck Heidelberg 1973)
BALATRI, Filippo
Frutti del mondo, Sandron 1924 (Collezione Settecentesca 24)
BARBIER, Patrick
Histoire des Castrats, Paris 1989
BECHER, E.F.
Zur Geschichte der Castraten, in: CAECILIA – Eine Zeitschrift für die musikalische Welt, Mainz 1828
BLANCHARD, Roger und CANDÉ, Roland
Dieux et Divas de l'Opéra, Paris 1986
BOLSENA, Andrea Adami da
Osservazioni per ben regolare il coro dei cantori della Cappella pontifica, Rom 1711
BONTEMPI, Giovanni Andrea
Il Paride/Der Schäffer Pariß, Dresden 1662
BONTEMPI, Giovanni Andrea
Historia Musica, Perugia 1695
(deutsch auszugsweise in: Allgemeine Musikalische Zeitung 33 ⟨1831⟩ 446f.)
BROSSES, Charles de
Lettres familières sur l'Italie, Paris 1869
Des Präsidenten De Brosses Vertrauliche Briefe aus Italien an seine Freunde in Dijon, München 1922
BURNEY, Charles
The Present State of Music in France and Italy, London 1771 (Nachdruck der zweiten Auflage von 1773, New York 1976)
The Present State of Music in Germany, the Netherlands and United Provinces, London 1773

Tagebuch einer musikalischen Reise, Hamburg 1772/73 (Nachdruck Wilhelmshaven 1980)

BURNEY, Charles
A General History of Music, London 1776–1789 (Nachdruck New York 1957)

BURNEY, Charles
Memoirs of the Life and Writings of the Abbate Metastasio, London 1796

BURNEY, Charles
Sketch of the Life of Handel, London 1785
Dr. Karl Burney's Nachricht von Georg Friedrich Händels Lebensumständen, Berlin 1785 (Nachdruck Leipzig 1965)

CASANOVA, Giacomo
Histoire de ma vie, Leipzig 1907–1909
Geschichte meines Lebens, Leipzig 1983–1988

CHRYSANDER, Friedrich
G. F. Händel, Leipzig 1860

COXE, William
Memoirs of the Kings of Spain, London 1815²

CRAMER, Carl Friedrich
Magazin der Musik, Hamburg 1783–1786 (Nachdruck Hildesheim 1971)

DELLA VALLE, Pietro
Della musica dell'età nostra, Rom 1640 (s. auch GORI)

DELPHINUS, Hieronymus
Eunuchi Conjugium, Die Capaunen-Heyrath, Halle 1685

DEUTSCH, Otto Erich
Mozart. Die Dokumente seines Lebens, Kassel 1961

DITTERSDORF, Karl Ditters von
Lebensbeschreibung. Seinem Sohne in die Feder diktiert, Leipzig 1801 (Nachdruck Regensburg 1944)

DONI, Giovanni Battista
De praestantia musicae veteris (s. auch GORI)

EICHBORN, Paul
Geschichtliches über Schmiedeberg bis zum Jahre 1839, Dresden 1895

EINSTEIN, Alfred
Gluck – Sein Leben, seine Werke, Kassel 1987

EVELYN, John
The Diary, edited by E.S. de Beer, Oxford 1955

FÉTIS, François-Joseph
Curiosités historiques de la Musique, Paris 1830

FINK, Gottfried Wilhelm
Wesen und Geschichte der Oper, Leipzig 1838

FORKEL, Johann Nicolaus
Musikalisch-Kritische Bibliothek, Gotha 1778

FORKEL, Johann Nicolaus
Musikalischer Almanach für Deutschland auf das Jahr 1782, 1783, 1784, 1789, Leipzig 1781–83,1788 (Nachdruck Hildesheim 1974)

FRIEDRICH II.
Auszierung zur Arie «Digli ch'io son fedele» aus der Oper «Cleofide» von Johann Adolf Hasse, Faksimile, Wiesbaden 1992

FÜRSTENAU, Moritz
Zur Geschichte der Musik und des Theaters am Hofe zu Dresden, Dresden 1861 (Nachdruck Leipzig 1979)

GÄRTNER, Heinz
Johann Christian Bach, München 1989

GERBER, Ernst Ludwig
Historisch-Biographisches Lexikon der Tonkünstler, 1790–1792 (Nachdruck Graz 1977)

GIOVINE, Alfredo
Il musico Gaetano Maiorano detto Caffarelli, Bari 1969

GIOVINE, Alfredo
Musicisti e cantanti di terra di Bari, Bari 1968

GOLDONI, Carlo
Mémoires pour servir à l'histoire de sa vie et à celle de son théâtre, Paris 1787
Mein Theater – mein Leben, Berlin 1949

GOLDONI
Il Impresario di Smyrna, 1755
Der Impresario von Smyrna, Wien 1959 (Lustspiele, Band III)

GORI, Antonio Francesco (Hrsg.)
De'trattati di musica di Gio. Battista Doni, Florenz 1763 (Nachdruck Bologna 1974), darin: DONI, De praestantia musicae veteris, I, 71–180; DELLA VALLE, Della musica dell'età nostra, II, 249–264

GOUDAR, Ange (zugeschrieben)
Le Brigandage de la Musique Italienne, 1777 (deutsch auszugsweise in CRAMER, Magazin der Musik, I, 413–442)

GRÉTRY, André-Ernest-Modeste
Mémoires ou Essais sur la Musique, Paris 1797
Memoiren, deutsch Leipzig 1973

GRIMM, Jacob und Wilhelm
Deutsches Wörterbuch, Leipzig 1854 ff. (Stichwort «Hämmling» Bd. 10 ⟨1877⟩ 321)

GROSLEY, Pierre-Jean
Observations sur l'Italie et sur les Italiens, 1764

GUGITZ, Gustav
Casanova und sein Lebensroman, Wien 1921

HAAS, Robert
  Gluck und Durazzo im Burgtheater, Zürich 1925
HABÖCK, Franz
  Die Gesangskunst der Kastraten, Wien 1923
  Die Kastraten und ihre Gesangskunst, Stuttgart 1927
HAEFLIGER, Ernst
  Die Singstimme, Bern 1983
HARRIS, Ellen T. (Hrsg.)
  The librettos of Handel's Operas, New York 1989
HARRIS, Marcia
  Porpora's Elements of Singing, extracted from the Archives at Naples,
  London 1841
HAYDN, Joseph
  Gesammelte Briefe und Aufzeichnungen, Kassel 1965
HAWKINS, John
  A General History of the Science and Practice of Music, London 1776
  (deutsch auszugsweise in: FORKEL, Musikalisch-Kritische Bibliothek,
  II, 212ff.)
HEIN, Max
  Briefe Friedrichs des Großen, Berlin 1914
HEINE, Heinrich
  Das Buch der Lieder, 1827
  Reisebilder, 1826–1831
HEINSE, Wilhelm
  Begebenheiten des Enkolp, Aus dem Satyricon des PETRON übersetzt,
  Rom 1773 (Nachdruck Berlin 1989)
HERIOT, Angus
  The Castrati in Opera, London 1956
HIGHFILL, Philip H.
  A Biographical Dictionary of Actors, Actresses, Musicians, Dancers, Ma-
  nagers & other Stage Personal in London 1660–1800, Carbondale
  1973–1991
HILDESHEIMER, Wolfgang
  Warum weinte Mozart? in: Katalog zur Ausstellung «W. A. Mozart,
  Idomeneo» (Hrsg. Robert MÜNSTER), München 1981
HILLER, Johann Adam
  Wöchentliche Nachrichten und Anmerkungen die Musik betreffend,
  Leipzig 1766 ff.
HILLER, Johann Adam
  Lebensbeschreibungen berühmter Musikgelehrten und Tonkünstler
  neuerer Zeit, Leipzig 1784 (Nachdruck Leipzig 1975)
HILLER, Johann Adam
  Anweisung zum musikalisch-zierlichen Gesange, Leipzig 1780 (Nach-
  druck Leipzig 1976)

HOFFMANN, Ernst Theodor Amadeus
Kreisleriana, 1812

HUCKE, Helmut
Die Besetzung von Sopran und Alt in der Sixtinischen Kapelle, in: Miscelánea en homenaje a Monsenor Higino Anglés, Barcelona 1958, I, S. 379–396

KELLY, Michael
Reminiscences, London 1826 (Nachdruck London 1975)

KESTING, Jürgen
Die großen Sänger, Düsseldorf 1986

KEYSSLER, Johann Georg
Neueste Reisen durch Teutschland, Böhmen, Ungarn, die Schweiz, Italien und Lothringen, Hannover 1751/52

KUHNAU, Johann
Der Musicalische Quack-Salber, Leipzig 1700 (Nachdruck Liechtenstein 1968)

LEUCHTMANN, Horst
Orlando di Lasso, Wiesbaden 1976

LUDOLF, Hiob
Schau-Bühne der Welt Oder: Beschreibung der vornehmsten Welt-Geschichte des Siebenzehenden Jahr-Hunderts (fortgesetzet von Christian JUNCKER und Georg PRITIUS), Frankfurt/M. Bd. II (1631–1650) 1701; Bd. III (1651–1663) 1713; Bd. V (1675–1688) 1731

MAINWARING, John
Memoirs of the Life of the late George Frederic Handel, London 1760
Georg Friedrich Händels Lebensbeschreibung, übersetzt von Johann MATTHESON, Hamburg 1761 (Nachdruck Zürich 1947)

MANCINI, Giovanni Battista
Pensieri e riflessioni pratiche sopra il canto figurato, Wien 1774

MARCELLO, Benedetto
Il teatro alla moda, Venedig 1720
Das Theater nach der Mode, deutsch von Alfred EINSTEIN, München 1917

MARPURG, Friedrich Wilhelm
Kritische Briefe über die Tonkunst, Berlin 1760–1764

MARPURG, Friedrich Wilhelm
Historisch-Kritische Beyträge zur Aufnahme der Musik, Berlin 1754, 1756, 1757, 1758, 1760 (Nachdruck Hildesheim 1970)

MARPURG, Friedrich Wilhelm
Legende einiger Musikheiligen, Köln 1786 (Nachdruck Frankfurt/M. 1977)

MARX, Adolf Bernhard
Gluck und die Oper, Berlin 1863 (Nachdruck Hildesheim 1980)

MATTHESON, Johann
Critica Musica, Hamburg 1722–1725 (Nachdruck 1964)

MATTHESON, Johann
Der vollkommene Capellmeister, Hamburg 1739 (Nachdruck Kassel 1969)

METASTASIO, Pietro
Lettere (Tutte le opere, III–V), Mailand 1959

MEYERBEER, Giacomo
Briefwechsel und Tagebücher, Berlin 1959–1985 (Briefe auszugsweise deutsch in: Heinz und Gudrun BECKER, Giacomo Meyerbeer. Ein Leben in Briefen, Leipzig 1987)

MICHOTTE, Edmond
Une Soirée chez Rossini à Beau-Séjour, Passy 1858

MIZLER, Lorenz Christoph
Musicalische Bibliothek, Leipzig 1737

MONTAGU, Lady Mary Wortley
The Complete Letters, edited by Robert HALSBAND, Oxford 1965
Briefe aus dem Orient, Frankfurt/M. 1982

MONTESQUIEU, Charles de
Voyages, ed. de Albert de Montesquieu, Paris 1894

MOZART, Leopold und Wolfgang Amadeus
Briefe und Aufzeichnungen, Kassel 1962–1975

MÜLLER VON ASOW, Erich Hermann
Angelo und Pietro Mingotti, Dresden 1917

NETTL, Paul
Casanova und seine Zeit, Esslingen 1949

NICOLAI, Friedrich
Anekdoten von König Friedrich II. von Preussen, Berlin 1788/89

PAULSON, Ronald
Hogarth's Graphic Works, London 1970

PICHLER, Caroline
Denkwürdigkeiten aus meinem Leben, Wien 1844

POHL, Carl Ferdinand
Mozart und Haydn in London, Wien 1867 (Nachdruck New York 1970)

PRÖLSS, Robert
Geschichte des Hoftheaters zu Dresden, Dresden 1878

PÜCKLER-MUSKAU, Hermann Fürst von
Briefe eines Verstorbenen, 1829 (Nachdruck Berlin 1986)

QUANTZ, Johann Joachim
Herrn Johann Joachim Quantzens Lebenslauf, von ihm selbst entworfen, Potsdam 1754 (in: MARPURG, Historisch-Kritische Beyträge, I/3, 197–250)

QUANTZ, Johann Joachim
Versuch einer Anweisung die Flöte traversière zu spielen, Berlin 1752
(Nachdruck Kassel 1992)
RAGUENET, François
Parallèle des Italiens et des Français, Paris 1702
A Comparison Between the French and Italian Musick and Operas, London 1709 (Nachdruck Farnborough 1968)
RAU, Carl August
Loreto Vittori, München 1913
RICCOBONI, Luigi
Reflexions historiques et critiques sur les différents théâtres de l'Europe, Paris 1738
ROLLAND, Romain
Musiciens d'autrefois, Paris 1901
Musiker von einst, Berlin 1976
ROUSSEAU, Jean-Jacques
Dictionnaire de Musique, Genf 1767
Wörterbuch der Musik, in: Musik und Sprache, Leipzig 1989
RUDHART, Fr. M.
Geschichte der Oper am Hofe zu München, Freising 1865
SACCHI, Giovenale
Vita del Cav. Don Carlo Broschi, Venedig 1784 (dazu: FORKEL, Almanach auf das Jahr 1789, 113ff.)
SCHEIBE, Johann Adolph
Critischer Musicus, Leipzig 1738 (2. Auflage 1745)
SCHILLER, Friedrich
Die Räuber, 1781
SCHINKEL, Carl Friedrich
Reisen nach Italien, Berlin 1979
SCHMIDT, Carl Christian
Encyklopädie der gesammten Medizin, Leipzig 1841
SCHMITZ, Hans Peter
Die Kunst der Verzierung im 18. Jahrhundert, Kassel 1965[2]
SCHNEIDER, Louis
Geschichte der Oper und des Königlichen Opernhauses in Berlin, Berlin 1852
SCHOPENHAUER, Arthur
Reisetagebücher aus den Jahren 1803/04, Leipzig 1923
SCHUBART, Christian Friedrich Daniel
Ideen zu einer Ästhetik der Tonkunst, Wien 1806 (Nachdruck Leipzig 1977)
SCHUBART, Christian Friedrich Daniel
Deutsche Chronik, 1774–1777 / 1787–1791 (auszugsweiser Nachdruck Leipzig 1988)

SCRIBE, Eugène
  La Part du Diable (Libretto zur Oper von D.F.E. AUBER), 1843
  Des Teufels Anteil (Carlo Broschi), Leipzig 1900
SCULTETUS, Johannes
  Wund-Artzneyisches Zeug-Hauss, Frankfurt/Main 1666 (Nachdruck
  Stuttgart 1974)
SIEGMUND-SCHULTZE, Walther (Hrsg.)
  Georg Friedrich Händel, Beiträge zu seiner Biographie aus dem 18. Jahr-
  hundert, Leipzig 1977
SITTARD, Josef
  Zur Geschichte der Musik und des Theaters am Württembergischen
  Hofe, Stuttgart 1890
SPECTATOR, The (1711–1714)
  edited by Donald F. BOND, Oxford 1965
SPOHR, Louis
  Lebenserinnerungen, Tutzing 1968
STAEL, Germaine de
  Corinne ou l'Italie, 1807
  Corinna oder Italien, deutsch von Dorothea Schlegel, 1807 (Nachdruck
  München 1979)
STÄHLIN, Jakob von
  Zur Geschichte des Theaters in Rußland, Riga 1769/70 (Nachdruck
  Leipzig 1982)
STENDHAL (Henri Beyle)
  Vie de Rossini, 1824
  Rossini, Frankfurt/M. 1988
STENDHAL
  La Vie de Haydn, Paris 1814
  Briefe über den berühmten Komponisten Joseph Haydn, Leipzig 1922
STENDHAL
  Rome, Naples et Florence, Paris 1824
  Rom, Neapel und Florenz, Berlin 1980
STORCK, Karl
  Geschichte der Musik, Stuttgart 1922
TATLER, The (1709/10)
  ed. by George A. AITKEN, Hildesheim 1970
TOSI, Pier Francesco
  Opinioni de'cantori antichi e moderni o sieno osservazioni sopra il canto
  figurato, Bologna 1723
  Observations on the Florid Song, engl. von John Ernest GALLIARD,
  London 1743 (Nachdruck Genf 1978)
  Anleitung zur Sing-Kunst, deutsch von Johann Friedrich AGRICOLA,
  Berlin 1757 (Nachdruck Leipzig 1966)

VOLKMANN, Johann Jakob
Historisch-kritische Nachrichten von Italien, Leipzig 1770 (2. verbesserte Auflage 1777)
VOLKMANNN, Johann Jakob
Neueste Reisen durch England, Leipzig 1781–1783
VOLTAIRE,
Candide, 1759 (deutsch Berlin 1964)
WAGNER, Heinrich
Geschichte der Hohen Carls-Schule, Würzburg 1856/57
WAGNER, Richard
Mein Leben (Privatdruck 1880), München 1976
WALPOLE, Horace
The Letters of Horace Walpole, New Haven 1937 ff.
WEBER, Carl Maria von
Briefe, Frankfurt/M. 1982
WEINSTOCK, Herbert
Rossini, deutsch Adliswil 1981
WEISE, Christian
Der politische Quacksalber, 1684 (in: Johann KUHNAU, Der Musikalische Quack-Salber, 1700; Nachdruck Berlin 1968)
WENTWORTH, Thomas
The Wentworth Papers 1705–1739, edited by J.J. CARTWRIGHT, London 1883
WIEL, Taddeo
I teatri musicali Veneziani del Settecento, Venedig 1897
WINCKELMANN, Johann Joachim
Ausgewählte Briefe, Leipzig 1925

und in romanhafter Form:

FERNANDEZ, Dominique
Porporino ou les mystères de Naples, Paris 1974
Porporino oder die Geheimnisse von Neapel, Reinbek 1974

Campioli, Antonio (um 1690–?), Kastrat und Gesanglehrer, 238, 360f.

Capocci, Gaetano (1811–1898), Organist und Gesanglehrer, 251

Carestini, Giovanni (um 1705–um 1760), Kastrat, 96, 106, 130f., 135, 138ff., 261, 267, 303, 308f., 361

Carl Eugen (1728–1793), seit 1745 Herzog von Württemberg, 294ff., 306

Caroline von Ansbach (1683–1737), seit 1705 mit Georg von Hannover verheiratet (seit 1725 als Georg II. König von England), 114

Casanova, Giacomo (1725–1798), Abenteurer und Schriftsteller, 76ff., 119, 172, 178, 208, 212, 217, 221, 226, 229, 242f., 256, 264, 278, 296f., 366

Cato, M. Porcius (234–149 v. Chr.), röm. Staatsmann, Titelrolle in «Catone in Utica», 117

Cavalli, Francesco (1602–1676), Komponist, Sänger und Kapellmeister an San Marco in Venedig, mehr als 40 Opern, 1662 zur Hochzeit Ludwigs XIV. in Paris «L'Ercole amante», 187f., 203, 364, 367

Ceccarelli, Francesco (1752–1814), Kastrat, 282, 361

Cherubini, Luigi (1760–1801), Komponist, ging nach Opernerfolgen in Italien 1788 nach Paris, 332, 335, 349f., 361, 363

Christina (1626–1698), seit 1644 Königin von Schweden, 1654 abgedankt, lebt seitdem vornehmlich in Rom, 189, 364

Cibber, Mrs. Colley ⟨Katherine, geb. Shore⟩ (1669–1734), Schauspielerin und Sängerin, 145

Cimarosa, Domenico (1749–1801), Komponist, nach Opernerfolgen in Neapel und Rom 1787–1791 in St. Petersburg, danach wieder in Italien, 15, 359, 363

Clemens VIII. ⟨Ippolito Aldobrandini⟩ (1536–1605), Papst seit 1592, 22ff., 352

Clemens IX. ⟨Giulio Rospigliosi⟩ (1600–1669), Papst seit 1667, 180, 364

Concialini, Carlo (1744–1812), Kastrat, 326ff., 361

Congreve, William (1670–1729), Dramatiker, 127

Conti, Gioacchino, siehe: Gizziello

Corilla Olimpica ⟨Maria Maddalena Morelli⟩ (1727–1800), Stegreifdichterin, 324

Cornelys, Mrs. ⟨Teresa Imer⟩ (1723–1797), Sängerin, seit 1760 Ballhausdirektorin in London, 229

Corselli, Francesco (1702–1778), Komponist, seit 1734 in Madrid als Kapellmeister und Musiklehrer der kgl. Familie, 154f.

Cramer, Carl Friedrich (1752–1807), Philosophieprofessor und Verleger (Magazin der Musik, 1783–1786), 220, 291, 305f.

Crescentini, Girolamo (1762–1846), Kastrat, 331ff., 342, 349f., 361

Cuzzoni, Francesca (1700–1770), Sängerin, 1722–1728 in London, danach in Venedig, 1734–1751 (mit Unterbrechungen) wieder in London, 52, 61, 73f., 102, 123, 126f., 131f., 135

Galuppi, Baldassare ⟨Buranello⟩ (1706–1785), Komponist, Schüler von Lotti in Venedig, 1765–1768 Hofkapellmeister in St. Petersburg, über 100 (vor allem komische) Opern, zu vielen schrieb Goldoni das Libretto, 113

Garrick, David (1717–1779), engl. Schauspieler, 217, 280, 293

Gasparini, Francesco (1668–1727), Komponist, zahlreiche Opern, Lehrer von D. Scarlatti, Quantz und B. Marcello, 62

Gay, John (1685–1732), Librettist («The Beggar's Opera» 1728), 127

Georg II. (1683–1760), seit 1727 König von England, 129, 136

Georg Ludwig, Kurfürst von Hannover, seit 1714 König von England, 62 f.

Georg, Prince of Wales (1738–1820), ab 1760 König Georg III., 129, 134, 137

Geyer, D. Martin, Oberhofprediger in Dresden, hält 1672 Totenpredigt für Heinrich Schütz, 202

Ghezzi, Pierleone (1674–1755), Karikaturist, 86

Giacomelli, Geminiano (um 1692–1740), Komponist, seit 1719 Kapellmeister am Hof von Parma, schrieb 19 Opern, 151

Gizzi, Domenico (1680–1758), Komponist und Gesanglehrer, 214, 362

Gizziello ⟨Gioacchino Conti⟩, (1714–1761), Kastrat, 158, 214 ff., 309, 326, 362

Gluck, Christoph Willibald (1714–1787), Komponist, 34, 118, 155, 173 f., 215, 221 ff., 230 ff., 257, 283, 348 f., 360, 363, 365, 366

Gobert, Thomas (um 1600–1672), Komponist, seit 1638 Mitglied der kgl. Kapelle in Paris, 183

Goethe, Johann Wolfgang (1749–1832), Dichter, 224

Goldoni, Carlo (1707–1793), Dramatiker und Librettist, 109 ff., 118, 147, 178, 215, 220 f., 262

Gottsched, Johann Christoph (1700–1766), Dramatiker und Literaturkritiker, 274

Goulas, Nicolas (1603–1683), Kammerherr des Herzogs von Orléans («Monsieur»), hinterließ Memoiren, 186

Gounod, Charles (1818–1893), Komponist, 252 f.

Graun, Carl Heinrich (1703–1759), Komponist, seit 1735 Kapellmeister des preuß. Kronprinzen Friedrich (seit 1740 König Friedrich II.), fast alle Opern, die bis zu Grauns Tod im Berliner Opernhaus aufgeführt wurden, waren von ihm komponiert, 308 f., 311, 315 ff.

Grétry, André-Ernest-Modeste (1741–1813), Komponist und Musikwissenschaftler (Mémoirs, 1797), 326, 331

Grimaldi, Honoré Graf von (1720–1795), Prinz von Monaco, 217

Grimaldi, Nicolo, siehe: Nicolini

Grimm, Friedrich Melchior, Baron von (1723–1813), Journalist in Paris (seit 1753 Correspondence littéraire), 274 f., 282

Grimm, Jacob (1785–1863) und Wilhelm (1786–1859), Sprachwissenschaftler, Herausgeber des Deutschen Wörterbuchs (ab 1854), 267 f.

Grosley, Pierre-Jean (1718–1785), Schriftsteller und Historiker, 1745/46 bei der frz. Italien-Armee (Observations sur l'Italie, 1764), 48 f.

Grossatesta, Gaetano, ⟨auch Testagrossa⟩, Ballettmeister, tätig zwischen 1720 und 1745 vor allem in Venedig, 111 f.

Grossi, Giovanni Francesco, siehe: Siface

Guadagni, Gaetano (um 1725–1792), Kastrat, 118, 215 ff., 224 f., 227 ff., 243 ff., 248 f., 268, 293, 323, 362 f.

Guglielmi, Pietro Alessandro (1728–1804), Komponist, Ausbildung in Neapel, 1767–1772 in London, danach wieder in Italien, seit 1793 Kapellmeister an St. Peter in Rom, komponiert für seine Frau Lelia zusätzliche Arien zur Aufführung von Glucks «Orfeo» in London, 226

Haböck, Franz, gest. 1921, Gesangsprofessor in Wien, Musikschriftsteller (Die Kastraten und ihre Gesangskunst, 1927), 253

Händel, Georg Friedrich (1685–1759), Komponist, 1706–1709 in Italien, seit 1710 vornehmlich in London, komponiert dort bis 1741 mehr als 30 Opern (seit 1720 als Leiter der «Königlichen Musikakademie»), 55 f., 62 f., 65, 68 ff., 73, 85, 102, 123, 127, 129 ff., 135, 137, 142 ff., 146 ff., 166, 177, 215 f., 232, 238, 244, 261, 265, 267, 273, 297, 308, 323, 358–360, 362, 365, 366

Hagenauer, Johann Lorenz (1712–1792), Freund der Familie Mozart in Salzburg, Besitzer des Hauses Getreidegasse 9, 275

Harrach, Graf Alois (1669–1742), 1728–1734 österr. Vizekönig von Neapel, 215

Hasse, Johann Adolf (1699–1783), Komponist, 1722 in Neapel Schüler von A. Scarlatti und Porpora, 1727 Kapellmeister in Venedig, 1730–1763 Hofkapellmeister in Dresden, seit 1730 verheiratet mit der Sängerin Faustina Bordoni, 15, 34, 61, 110, 115, 118, 122 f., 131, 137, 172, 208 f., 232, 238 f., 277, 310, 358, 361, 363, 366

Haydn, Joseph (1732–1809), Komponist, in Wien zeitweilig Kompositionsschüler von Porpora, schrieb während einer Englandreise 1790 für den Kastraten Pacchierotti die Kantate «Arianna in Nasso», 210, 239 f., 280 f., 365

Heidegger, John James ⟨Johann Jakob⟩ (1666–1749), Theaterdirektor in London, 126 f.

Heine, Heinrich (1797–1856), Dichter, 346, 355

Heinichen, Johann David (1683–1729), Kapellmeister und Komponist, Schüler der Thomasschule in Leipzig, 1710–1716 in Italien, seit 1717 Kapellmeister in Dresden, 66 f., 95, 238

Heinrich IV. (1553–1610), seit 1589 König von Frankreich, 25, 60

Heinse, Wilhelm (1746–1803), Dichter, 206 f., 353

Hiller, Johann Adam (1728–1804), Komponist, Kapellmeister, Musikschrifsteller, in Leipzig Dirigent der «Gewandhauskonzerte» und seit

Antonia Walpurgis und Maximilian III., 1742 als Karl VII. zum deutschen Kaiser gewählt, 237

Karsch, Anna Luise (1722–1791), Stegreifdichterin, 324

Katharina II., die Große (1729–1796), Tochter des Fürsten Christian-August von Anhalt-Zerbst, Gemahlin von Zar Peter III., nach dessen Ermordung 1762 Zarin von Rußland, 275, 289

Kelly, Michael (1762–1826), Sänger und Theaterdirektor, Schüler der Kastraten Rauzzini (in England) und Aprile (1779 in Neapel), 1784–1787 in Wien, danach in London, seit 1793 Direktor des King's Theatre, 46, 209, 246f., 263, 289f., 292f., 359, 365

Keyssler, Johann Georg (1693–1743), veröffentlicht 1751 ein Reisebuch u. a. über Italien, 96

Knobelsdorff, Georg Wenzeslaus von (1699–1753), Architekt Friedrichs d. Gr., Erbauer des Berliner Opernhauses, 308

Kühn, Matthias (1614–1671), seit 1642 Pfarrer von Sadisdorf, traut 1662 den Kastraten Sorlisi, 195

Kuhnau, Johann (1660–1722), Komponist, seit 1701 Thomaskantor in Leipzig, 325

Lalande, Joseph Jerôme de (1732–1807), Astronom und Schriftsteller, Italienreise 1765/66, 35ff.

Lampe, Johann Friedrich ⟨John Frederick⟩ (1703–1751), Komponist, seit 1725 in London, schrieb 1737 die satirische Oper «The Dragon of Wantley», 144

Landi, Stefano (um 1590–um 1655), Komponist, seit 1624 in Rom, 1632 geistl. Oper «Il Sant'Alessio», 180

Lasso, Orlando di ⟨Orlandus Lassus⟩ (1532–1594), Komponist, soll als Kind entführt und nach Italien verschleppt worden sein, dort in Mantua, Sizilien, Mailand, Neapel und Rom, seit 1556 in München, ab 1564 Leiter der Hofkapelle, 23, 50

Leo, Leonardo (1694–1744), Komponist, Lehrer an versch. Konservatorien in Neapel (u. a. von Piccinni und Jommelli), 108

Leo XIII. ⟨Vicenzo Gioacchino Pecci⟩ (1810–1903), Papst seit 1878, 251f.

Leonardo, Stefano ⟨Fanesino⟩, Kastrat, um 1742 in Berlin, 309

Leopold (1747–1792), seit 1765 Großherzog der Toskana, seit 1790 Kaiser Leopold II., 222

Lichtenau, Wilhelmine Gräfin von ⟨Wilhelmine Rietz⟩ (1752–1820), Geliebte Friedrich Wilhelms II. von Preußen, 327ff., 361

Lichtenberg, Georg Christoph (1742–1799), Physiker und Aphoristiker, 267

Lichtwer, Dorothea, geb. um 1750, heiratet 1767 den Kastraten Bartolomeo Sorlisi, 194f., 198f., 367

Livius, Titus (59. v.–17 n. Chr.), röm. Geschichtsschreiber, 340

397

Lotti, Antonio (1667–1740), Komponist, Organist und Kapellmeister an San Marco in Venedig, 1717–1719 in Dresden, schrieb Kirchenmusik und 21 Opern, 64 ff., 366

Ludolf, Hiob (1624–1704), Orientalist und Historiker, Herausgeber der Schau-Bühne der Welt (ab 1701), 184 ff.

Ludwig XIII. (1601–1643), seit 1610 (1614) König von Frankreich, 180 f.

Ludwig XIV. (1638–1715), Sohn Ludwigs XIII., seit 1643 König von Frankreich, 8, 30, 148, 176, 179, 181, 187, 364

Ludwig XV. (1710–1774), Urenkel Ludwigs XIV., seit 1715 (1723) König von Frankreich, 173 f., 177

Ludwig, König von Spanien (1707–1724), Sohn Philipps V., König von Spanien 1724, 150

Ludwig, Dauphin von Frankreich (1729–1765), Sohn Ludwigs XV., 172

Lukas, Evangelist, soll das Marienbildnis einer Kirche bei Bologna gemalt haben, 235

Lully, Jean-Baptiste ⟨Giovanni Battista Lulli⟩ (1632–1687), Komponist, kam als Kind von Italien nach Paris, als Geiger am Hof Ludwigs XIV., seit 1653 Hofkomponist, seit 1672 Leiter der neu gegründeten Königlichen Musikakademie, Schöpfer der franz. Nationaloper (Tragédie lyrique), 175 f., 179, 187 f.

Mainwaring, John (1735–1807), erster Händelbiograph (1760), 69, 232

Majorano, Gaetano, siehe: Caffarelli

Malaparte, Curzio ⟨Kurt Erich Suckert⟩ (1898–1957), Schriftsteller, 7

Malibran, Maria (1808–1836), Sängerin, 124

Mancini, Francesco (1672–1737), Komponist, Ausbildung in Neapel, dort Hofkomponist und Direktor des Conserv. S. Maria di Loreto, 57, 62

Mancini, Giovanni Battista (1714–1800), Kastrat und Gesanglehrer, 92 f., 359, 363

Manelli, Francesco (1584–1667), Komponist und Sänger, 1605 Chormitglied der Kathedrale von Tivoli, 1624 in Rom, 1633 in Modena, 1637–1645 in Venedig, dort 1637 Aufführung der ersten Oper, Mitglied des Chors von San Marco, 28

Mannsell, Dorothy, geb. um 1750, 1766 Heirat mit dem Kastraten Tenducci, 212 f., 283, 367

Manzuoli, Giovanni (um 1720–1782), Kastrat, 215, 233, 273 ff., 284, 363

Marcello, Benedetto (1686–1739), Amateurkomponist und Schriftsteller (Il teatro alla moda, 1720), 47, 50 ff., 63, 97, 106, 110, 129, 141, 143, 302, 323

Marchesi, Luigi (1755–1829), Kastrat, 287 ff., 321, 342, 363

Maria Amalia, Prinzessin von Sachsen (1724–1760), Tochter Friedrich Augusts II., seit 1738 mit Karl III., König von Neapel, verheiratet, 166

Maria Antonia, Prinzessin von Spanien, geb. 1729, Tochter Philipps V., seit 1750 mit Vittorio Amadeo von Savoyen verheiratet, 170 ff.

Moreschi, Alessandro (1858–1922), Kastrat, 251 ff., 364

Moses (15.–13. Jh. v. Chr.), Gesetzgeber Israels, 254

Motteville, Madame de (1621–1689), Hofdame der frz. Königin Anna, 183

Mozart, Konstanze geb. Weber (1762–1842), Sängerin, seit 1782 verheiratet mit Wolfgang Amadeus M., 211

Mozart, Leopold (1719–1787) Komponist, Vater von Wolfgang Amadeus M., 268 ff., 279, 281, 286 f.

Mozart, Maria Anna ⟨Nannerl⟩ (1751–1829), Pianistin, Schwester von Wolfgang Amadeus M., 273

Mozart, Wolfgang Amadeus (1756–1791), Komponist, 118, 211, 215, 233 f., 268 ff., 294, 298 f., 321, 359, 360 f., 363 f., 365, 367

Mustafá, Domenico (1829–1912), Kastrat, 253, 364

Napoleon I. Bonaparte (1769–1821), 1804–1814 Kaiser der Franzosen, 328, 331, 333, 335 ff., 349, 361

Naudé, Gabriel (1600–1653), Leibarzt Ludwigs XIII., Bibliothekar Mazarins, 186

Naumann, Johann Gottlieb (1741–1801), Komponist, in Italien Schüler von Padre Martini, seit 1776 Hofkapellmeister in Dresden, vorübergehend auch in Stockholm und Kopenhagen, 231 f., 244, 326 f., 351

Nicolai, Friedrich (1733–1811), Verleger und Schriftsteller, 175

Nicolini ⟨Nicolo Grimaldi⟩ (1673–1732), Kastrat, 56 ff., 61 f., 123, 131, 141, 143, 167, 205, 359, 364

Nicolini, Carlo, geb. um 1740, Kastrat, 234 f., 266

Noailles, Louis de (1713–1793), Herzog von Ayen, Marschall von Frankreich, 284

Olivero, Pietro Domenico (1679–1755), Genremaler in Turin, 105 f., 361

Orlandini, Giuseppe Maria (1675–1760), Komponist, tätig in Florenz und Bologna, zahlreiche Opern, 88

Orsini, Anna Maria, Prinzessin (1643–1722), Tochter des Prinzen von Trémouille, in zweiter Ehe verheiratet mit dem Herzog Orsini, Kammerfrau der Königin Maria Luisa und Geliebte Philipps V. von Spanien, 1714 aus Spanien verbannt, stirbt in Rom, 149 f.

Osti, Giovanni ⟨Giovanni di Borghese⟩, Kastrat, um 1760 in Rom, 76 f.

Otto II. (955–983), 972 Hochzeit mit Theophanu, seit 973 deutscher Kaiser, Rolle in Lottis «Teofane», 64

Pacchierotti, Gasparo (1740–1821), Kastrat, 208 ff., 246, 263, 288 f., 342, 365

Paisiello, Giovanni (1740–1816), Komponist der Opera buffa, 258, 270

Palestrina, Giovanni Pierluigi da (1525–1594), Komponist, seit 1551 Kapellmeister an verschiedenen Kirchen Roms, seit 1571 an St. Peter, seine «Missa Papae Marcelli» soll das auf dem Konzil von Trient

(1545–1563) beabsichtigte Verbot mehrstimmiger Kirchenmusik verhindert haben, 22

Pampani, Antonio Gaetano (gest. 1769), venezian. Opernkomponist, 216

Paulus (um 10–um 67), Apostel, 21

Pepusch, John Christopher (1667–1752), Komponist, kam 1700 aus Deutschland nach London, schrieb Bühnenmusik für das Lincoln's Inn Fields Theatre, arrangierte 1728 die Musik zur «Beggar's Opera», 127

Pepys, Samuel (1633–1703), seit 1763 Sekretär der Admiralität in London, Büchersammler und Amateurmusiker, 204

Pergolesi, Giovanni Battista (1710–1736), Komponist, Ausbildung in Neapel, 1734/35 in Rom, 15, 105

Peri, Jacopo (1561–1633), Sänger und Komponist, seit 1591 Kapellmeister am Hof der Medici in Florenz, führt dort 1598 die (verschollene) «Dafne» auf, die als erste «Oper» gilt, 24f., 368

Peter I. «der Große» (1672–1725), seit 1682 Zar von Rußland, 39, 359

Peterborough, Charles Mordaunt, Earl of (um 1660–1735), seit 1722 verheiratet mit der Sängerin Anastasia Robinson, 69

Petron ⟨Gaius Petronius Arbiter⟩ (vor 25–66), röm. Dichter, 207

Pezzi, Francesco, um 1820 Redakteur der «Gazzetta di Milano», 344f.

Philipp V. (1683–1746), Enkel Ludwigs XIV. von Frankreich, seit 1701 (1713) König von Spanien, 8, 148ff., 158f., 162, 170, 172, 215, 242, 362

Philipp, Infant von Spanien (1720–1765), Herzog von Parma, Sohn Philipps V., seit 1738 verheiratet mit Louise-Elisabeth, Tochter Ludwigs XV. von Frankreich, 154, 360

Piccinni, Nicolà (1728–1800), Komponist, Ausbildung in Neapel, 1776–1789 und ab 1798 in Paris, schrieb weit über 100 Opern, 257

Pichler, Caroline (1769–1843), Schriftstellerin, 335, 350

Pindar (um 522–488 v. Chr.), griech. Dichter, 118

Pisani, Matteo, Neffe Farinellis, heiratet 1768 Anna Gotteschi, 242f.

Pisendel, Johann Georg (1687–1755), Geiger, Schüler von Antonio Vivaldi, 1728 Konzertmeister der Dresdner Hofkapelle, 65

Pistocchi, Francesco Antonio (1659–1726), Kastrat und Gesanglehrer, 56, 90ff., 203, 359, 365

Pius IV. ⟨Giovanni Angelo de'Medici⟩ (1499–1565), Papst seit 1559, 23

Pius X. ⟨Giuseppe Sarto⟩ (1835–1914), Papst seit 1903, 251

Pollarolo, Antonio (1676–1746), Komponist, Schüler von Lotti in Venedig, mehrere Opern, 52

Pompadour, Jeanne Antoinette, Marquise de (1721–1764), Mätresse Ludwigs XV., 221

Poplinière, Alexandre-Jean-Joseph Le Riche de la (1692–1762), Generalsteuerpächter, 177

Pöppelmann, Matthes Daniel (1662–1736), Architekt, Erbauer des zweiten Dresdner Opernhauses am Zwinger, 64

war 1758 in Rom (Freundschaft mit Winckelmann und Mengs), 68, 120, 253 ff., 271

Voltaire ⟨François-Marie Arouet⟩ (1694–1778), Schriftsteller, 33, 261

Volumier, Jean-Baptiste, (1677–1728), Geiger, seit 1709 Konzertmeister in Dresden, 65

Wagner, Richard (1813–1883), Komponist, 253, 351 f., 355, 364, 366

Waldstädten, Martha Elisabeth Baronin von (1744–1811), Freundin Mozarts in Wien, 211

Walpole, Horace (1717–1797), Schriftsteller, 73

Watteau, Antoine (1684–1721), Maler, 176

Weber, Carl Maria von (1786–1826), Komponist, 347 f., 350 f., 366

Weber, Gottfried (1779–1839), Komponist und Musiktheoretiker, Herausgeber der Musikzeitschrift «Caecilia», 352

Weber, Konstanze (1762–1842), Sängerin, seit 1782 verheiratet mit W. A. Mozart, 211

Weill, Kurt (1900–1950), Komponist der «Dreigroschenoper», 128

Weise, Christian (1642–1708), Lehrer, Schriftsteller und Komponist, seit 1673 Rektor am Gymnasium in Zittau (1684 Drama «Der politische Quacksalber»), 265

Wellington, Arthur Wellesley Herzog von (1769–1852), Politiker und Feldherr, Besieger Napoleons bei Waterloo, 348

Wieland, Christoph Martin (1733–1813), Dichter, 268

Wilhelm V. «der Fromme», seit 1579 Herzog von Bayern, zieht sich 1597 in ein Kloster zurück, 49

Winckelmann, Johann Joachim (1717–1768), Begründer der klass. Altertumswissenschaft, 174, 260 f., 316

Xerxes I., 485–465 persischer König, Vater von Artaxerxes I., Titelrolle in Händels «Serse», 120, 147

Zamperina, Antonia, Sängerin, 1761–1766 sowie 1771–1777 in Venedig, dazwischen in London und Lissabon, Geliebte des Londoner Theaterdirektors Hobart, 229

Zanetti, Antonio Maria (1680–1757), Karikaturist, 124 f.

Zelter, Carl Friedrich (1758–1832), Komponist, seit 1800 Leiter der Berliner Singakademie, Lehrer von Meyerbeer und Mendelssohn Bartholdy, 343

Zethos, sagenhafter König von Theben, Bruder des Amphion, 268 ff.

Zingarelli, Nicola Antonio (1752–1837), Komponist, Ausbildung in Neapel, 1804 Kapellmeister der Peterskirche in Rom, seit 1813 Direktor des Königlichen Konservatoriums in Neapel, schrieb über 30 Opern, 332, 336 f., 361

Zinzendorf, Karl Graf (1739–1813), österr. Politiker, Tagebuchschreiber, 234

OPERN UND ANDERE MUSIKSTÜCKE
nach Titeln

Achille in Sciro (Caldara) Wien 1736, 119
Achille in Sciro (Agricola) Berlin 1765, 327
Admeto (Händel) London 1727, 73
Agrippina (Händel) Venedig 1709, 123
Alceste (Gluck) Wien 1767, 222 f.
Alceste in Ebuda (Paisiello) Neapel 1768, 270
Alcina (Händel) London 1735, 139, 361, 362
Alessandro nell'Indie (Vinci) Rom 1730, 102, 130
Alessandro nell'Indie (Jommelli) Stuttgart 1760, 297
Amadigi (Händel) London 1715, 62
Amadis de Gaules (Joh. Chr. Bach) Paris 1779, 283 f.
Angelica e Medoro – Kantate (Porpora) Neapel 1720, 9
Andromeda (Manelli) Venedig 1637, 28
Antioco (Gasparini) London 1712, 62
Arianna, L' (Monteverdi) Venedig 1640, 28
Arianna e Teseo (Porpora) London 1733, 131
Arianna in Nasso – Kantate (Haydn) London 1790, 210, 365
Ariodante (Händel) London 1736, 215, 362
Arsace (Feo) Turin 1740, 105 f., 361
Artaserse (Hasse) Venedig 1730/1734, London 1734, 61, 102, 121 ff.,
    131 ff., 136, 147, 151, 360
Artaserse (Vinci) Rom 1730, 102, 130, 362
Artaserse (Scolari) Venedig 1758, 220
Artaserse (Cherubini) Turin 1783, 332, 361
Artaserse (Bertoni) Rom 1785, 208
Artaxerxes (Arne) London 1763, 226
Ascanio in Alba (Mozart) Mailand 1771, 277 f., 363
Aureliano in Palmira (Rossini) Mailand 1813, 327 ff., 368
Ave Maria – geistliches Lied (Gounod), 253

Barbiere di Siviglia, Il (Paisiello), 258
Barbiere di Siviglia, Il (Rossini), 259
Beggar's Opera, The (Gay/Pepusch) London 1728, 127, 144
Berenice (Händel) London 1737, 215

Cajo Fabrizio (Hasse) Rom 1731, 310, 366
Castore e Polluce (Bianchi) Florenz 1780, 290
Catone in Utica (Vinci) Rom 1727, 117
Catone in Utica (Graun) Berlin 1743, 311
Christus am Ölberg – Oratorium (Beethoven), 251
Clemenza di Tito, La (Gluck) Neapel 1752, 118, 173 f., 360

Stabat Mater (Zingarelli) Paris 1812, 336

Talestri (Maria Antonia Walpurgis) München 1772, 244
Tancredi (Rossini) Venedig 1813, 337, 339, 366
Temistocle (Finazzi) Hamburg 1746, 205
Teodora – Oratorium (Händel) London 1749, 362
Teofane (Lotti) Dresden 1719, 64, 366
Teseo, Il (Komponist unbekannt) Dresden 1667, 196
Traviata, La (Verdi), 355
Trionfo di Camilla, Il (Porpora) Neapel 1740, 366
Trionfo di Clelia, Il (Gluck) Bologna 1763, 230, 233, 363
Trovatore, Il (Verdi), 355
Turk was a faithful dog – Kanon (Haydn) 1794, 281

Vero omaggio, Il (Rossini) Verona 1822, 340
Vespri siciliani, I (Verdi), 355
Vittoria d'Imeneo, La (Komponist unbekannt) Turin 1750, 171

Weihnachtshistoria (Schütz) Dresden 1660, 191

Zufriedengestellte Äolus, Der – Kantate (J.S.Bach), 265

OPERN UND ANDERE MUSIKSTÜCKE
nach Komponisten

AGRICOLA
  Achille in Sciro
ALBINONI
  Didone abbandonata
ARNE
  Artaxerxes
  Rule Britannia
AUBER
  La part du diable
BACH, Joh. Chr.
  Amadis de Gaules
  Einlagearien für «Orfeo
  ed Euridice»
BACH, J. S.
  Phöbus und Pan
  Der zufriedengestellte Äolus
BEETHOVEN
  Christus am Ölberg
  Fidelio
  Leonore
BERTONI
  Artaserse
BIANCHI
  Castore e Polluce
BONTEMPI
  Il Paride
BROSCHI, R.
  L'isola d'Alcina
  Son qual nave
CALDARA
  L'Olimpiade
CAVALLI
  L'Ercole amante
  Scipione Africano
  Serse
  Siface
CHERUBINI
  Artaserse
  Ifigenia in Aulide
  Medea
CIMAROSA

L'Olimpiade
CORSELLI ›
  Farnace
CRESCENTINI
  Ombra adorata, aspetta
DITTERSDORF
  Doktor und Apotheker
FEO
  Arsace
FINAZZI
  Temistocle
FRIEDRICH II.
  Diglio, ch'io son fedele
GASPARINI
  Antioco
GIACOMELLI
  Qual'usignuole
GLUCK
  Alceste
  La clemenza di Tito
  Demetrio
  Iphigénie en Aulide
  Orfeo ed Euridice
  Paride ed Elena
GOUNOD
  Ave Maria
  Faust
GRAUN
  Catone in Utica
  Cleopatre e Cesare
  Coriolan
  Ifigenia en Aulide
  Montezuma
  Rodelinde
GUGLIELMI
  Einlagearien für «Orfeo
  ed Euridice»
HÄNDEL
  Admeto
  Agrippina
  Alcina

Amadigi
Ariodante
Berenice
Deidamia
Faramondo
Flavio, rè de'Longobardi
Giulio Cesare
Giustino
The Messiah
Radamisto
Rinaldo
Serse
Teodora

HASSE
Artaserse
Cajo Fabrizio
Cleofide
Demofoonte
Didone abbandonata
Euristeo
Leucippo
I pellegrini
Ruggiero
Il Sesostrate

HAYDN
Arianna a Nasso
Turk was a faithful dog

JOMMELLI
Allessandro nell'Indie
Didone abbandonata

LAMPE
The Dragon of Wantley

LANDI
Il Sant'Alessio

LEO
Scipione

LOTTI
Giove in Argo
Teofane

LULLY
Les fêtes de l'Amour et
de Bacchus

MANCINI
Idaspe fedele

MANELLI
Andromeda

MARIA ANTONIA WALPURGIS
Talestri

MEYERBEER
Il crociato in Egitto
Les Huguenots
Jephtas Gelübde
Le Prophète
Robert le diable

MONTEVERDI
L'Arianna
L'incoronazione di Poppea
Orfeo

MOZART
Ascanio in Alba
La clemenza di Tito
Die Entführung aus dem
Serail
Exsultate, jubilate
Idomeneo
Lucio Silla
Mitridate, rè di Ponto
Il nozze di Figaro
Quaere superna

NAUMANN
Medea

ORLANDINI
La fedeltá coronata

PAISIELLO
Alceste in Ebuda
Il barbiere di Siviglia

PAMPANI
Artaserse

PEPUSCH
The Beggar's Opera

PERI
Dafne
Euridice
Medoro

POLLAROLO
Plautilla

PORPORA
Angelica e Medoro

Fotonachweis: Fondazione Cini, Venedig Abb. S. 41, 61, 70, 89, 91, 125, 153, 157, 216; Staatsgalerie Stuttgart: Abb. S. 163; Staatliche Kunstsammlungen Dresden: Abb. S. 239; Bayerische Staatsbibliothek München: Abb. S. 271; Staatsbibliothek zu Berlin – Preußischer Kulturbesitz: Abb. S. 320; Händel-Haus Halle: Vorsatz, Abb. S. 74, 127, 134, 139; Archiv des Autors: Abb. S. 269.

nach Büchern: Abb. S. 105, 124, 227 nach: Musikgeschichte in Bildern, Hellmuth Christian Wolff, Oper, Leipzig 1968; Abb. S. 66 nach: Werner Rackwitz, Georg Friedrich Händel – Lebensbeschreibung in Bildern, Leipzig 1988; Abb. S. 312, 318, 329 nach: 200 Jahre Staatsoper im Bild, hg. Julius Knapp, Berlin 1942; Abb. S. 32 nach: Alfredo Giovine, Il musico Gaetano Maiorano detto Caffarelli, Bari 1969; Abb. S. 197 nach: Moritz Fürstenau, Zur Geschichte der Musik und des Theaters am Hofe zu Dresden, Dresden 1861 (Nachdruk Leipzig 1979); Abb. S. 10, 11 nach: Marcia Harris, Porpora's Elements of Singing, extracted from the Archives at Naples, London 1841; Abb. S. 20 nach: Johannes Scultetus, Wundt-Artzneyisches Zeug-Hauss, Frankfurt/M. 1666